중남미 이해

02

중남미 이해
02
기현서

2023년 3월 30일 초판 1쇄 발행

지은이 기현서
펴낸이 조동욱
기 획 조기수
펴낸곳 헥사곤 Hexagon Publishing Co.
등 록 제 2018-000011호 (2010. 7. 13)
주 소 경기도 성남시 분당구 성남대로 51, 270
전 화 070-7743-8000
팩 스 0303-3444-0089
이 메 일 joy@hexagonbook.com
웹사이트 www.hexagonbook.com

ISBN 979-11-92756-13-4 04950
ISBN 979-11-92756-11-0 (세트)

중남미 이해

02

기현서

HEXAGON

머리말

이 책을 쓰게 된 동기는 2008년 늦가을 중남미 관련 강의 요청에 대한 자료를 준비하면서 느꼈던 필자 스스로에 대한 실망감이었다.

필자는 대학에서 스페인어를 전공한 것을 인연으로 30년 넘게 중남미 지역에 대해 많은 관심을 가지고 공무를 수행했다. 1981년 베네수엘라에서 시작한 해외 생활은 도미니카(공), 미국 마이애미, 아르헨티나, 스페인, 멕시코, 칠레 등으로 이어지며 중남미와 그 연관지역에서 거주한 기간만 해도 20년에 이른다.

이제는 역사가 되어버린 많은 사건들을 현장에서 보고 느꼈고 여기에 공무를 수행하면서 많은 자료와 서적을 접하며 끊임없이 정보와 지식을 흡수해왔기 때문에 나름대로 중남미에 대한 높은 이해도를 가지고 있다고 생각했다.

그런데 실상은 그렇지 못했다. 필자는 당시 자료를 충분하게 잘 작성할 정도로 체계적인 준비가 되지 않았음을 스스로 알게 되었고 크게 당황하며 충격을 받았다. 이 충격을 계기로 마음을 새롭게 하며 중남미 지역 연구를 2~3년 해보자 하고 시작했던 것이 벌써 14년이 지났다. 그리고 이제 겨우 중남미에 대한 원론적 성격의 책의 집필을 마치고 머리말을 쓰고 있다.

바로 이 순간 또다시 마음에 스며들고 있는 생각은 이 정도의 책을 쓰는데 이 긴 시간을 보내야만 했는가에 대한 필자의 무능에 대한 부끄러움과 집필의 결과물인 책의 내용에 대한 독자의 평가에 대한 두려움이다. 그럼에도 불구하고 이제 출간의 용기를 가져본다.

이 책이 추구하고 있는 것은 중남미 정치와 경제 그리고 사회적 사건이나 현상의 배경이 된다고 생각되는 이슈들을 가급적 제한된 공간에서 최대한 객관적으로 자세히 설명하는 것이다. 따라서 필자가 개인적으로 특별하게 주장하는 내용은 없다. 다만 이슈의 선정, 설명, 편집 과정에서 필자의 의도가 개입될 수 있다는 점은 부정하지 않겠다.

이슈를 선정하고 조정하는 데 있어서 의외로 많은 고민이 있었고 시간이 필요했다. 이 책에 나오는 17개 이슈와 세부 목차를 지금 볼 때 이 정도를 가지고 그래야만 했을까 하고 생각되지만 필자는 오랜 시간 동안 선택과 조정을 했으며 구체적 표현을 두고 고민했다. 이슈들은 중남미 지역 정치와 경제 그리고 사회적 사건과 현상을 이해하고 분석하며 앞으로의 동향을 예측하는 데 필요한 분석의 틀을 제공해야 한다는 데 초점을 맞춰 선정했음을 밝혀둔다.

다만 이 이슈들은 모두 동등한 가치들이 있다거나 절대적이지는 않다는 것을 미리 말해둔다. 즉 이슈의 주제와 범위는 이 글을 읽는 학자, 전문가, 독자들의 견해에 따라 더 넓어질 수도 있고 좁아질 수도 있으며 빠지거나 더해질 수 있을 것이다. 바라는 것은 독자들이 이슈라는 현미경을 가지고 중남미에서 일어나고 있는 사건과 현상을 보다 균형감 있게 분석하고 이해하여 미래에 일어날 일에 대한 합리적 전망을 할 수 있게 되는 것이다.

참고로 선정된 개별 이슈에 대한 분석을 위해 필요한 자료와 서적을 확보하는 데 적지 않은 시간과 비용이 필요했다는 것과 이들을 읽어내고 조각 정보들을 찾아내 연결하고 정리하는 일련의 과정이 결코 만만하지 않았음을 밝혀둔다.

이 책은 크게 환경, 정치, 경제, 사회, 대외관계 등 5개의 부문으로 나뉘어 있다. 환경 부문은 자연, 자원, 문화, 비즈니스 환경 등 4개 이슈를 포함하고 있다. 이어서 정치 부문은 정치, 통합, 전쟁 등 3개 이슈, 경제 부문은 경제사, 산업, 소비시장 등 3개 이슈, 사회 부문은 부패, 범죄와 폭력, 사회운동 등 3개 이슈, 대외관계 부문은 미국, 중국, 쿠바, 한국 등 4개 이슈로 총 17개 이슈로 구성되어 있다. 이들 17개 이슈들을 5개 부문으로 분류하는 것도 전적으로 필자의 판단에 의한 것인데 이견이 있을 수 있다.

필자가 상정하고 있는 이 책의 독자들은 우선 중남미 지역 진출 정책을 입안하고 시장개척을 하고자 하는 우리 기업의 정책입안자들과 비즈니스맨들이다. 이는 평생을 이 영역에서 일해 온 필자의 당연한 바램이다. 이 책이 중남미 시장에 대한 단편적 이해에서 올 수 있는 편견을 최대한 떨치고 보다 균형감이 있는 관점을 가질 수 있도록 기여했으면 좋겠다.

다음은 중남미 지역에 관심을 가지고 있는 미래의 자산인 학생들이다. 필자가 교수 등으로 대표되는 학자가 아니라는 분명한 한계가 있음을 인정하면서 평생을 이 지역에서 활동해왔고 중남미 지역 현장경험을 충실하게 가지고 있으며 문제해결에 능한 전문가로서 말해주고 싶은 관점이기 때문이다.

문득 생각해보니 필자는 칠레의 경우 오랜 시간에 걸쳐 피노체트, 아일린, 프레이, 라고스, 바첼레트, 피녜라 등 6명의 대통령을 모두 만나 악수하거나 면담 또는 오찬을 했으며 페루의 후지모리 대통령, 브라질의 룰라 대통령, 도미니카(공)의 발라게르 대통령, 베네수엘라의 에르레라 캄핀스, 차베스 대통령, 아르헨티나의 키르츠네르, 크리스티나 대통령을 통역, 면담, 행사 참가 등을 계기로 만나거나 악수한 적이 있다. 이러한 경험도 중남미를 연구해온 사람으로서 느낄 수 있는 잔잔한 만족감이다.

끝으로 중남미 지역에 대한 관심을 가지고 있는 여행자들을 포함한 일반 독자들인데 모쪼록 생소한 지역에 대한 보다 많은 이해를 도모하는 데 도움이 되기를 바란다.

이 책은 개정판을 출간하지 않을 생각을 가지고 집필하였다. 그 이유는 필자의 연령이 이미 일흔을 넘겼기 때문에 시간적인 제약이 있을 것이라는 생각 때문이었다. 그러나 기술상 불가피하게 통계를 인용하다 보니 종종 개정의 필요성이 나타날 수밖에 없다. 그럼에도 불구하고 전체의 맥락을 이해하는데 무리가 없는 한 앞으로 개정할 일은 없을 것이다.

마지막으로 이 책을 집필하는 오랜 기간 동안 음양으로 필자를 지원해준 아내 수연, 딸과 아들 영현과 호재 그리고 며느리 영은에게 감사하다는 마음을 전한다.

2023년 3월
필자 씀

차 례

Part 4. 사회

CHAPTER 11.   **부패**

1. 부패의 정의 ·· 019

2. 부패의 범위(Scale), 영역(Sector) 그리고 유형(Method) ············· 020

3. 부패의 문제점 ·· 023
    가. 사회적 영향 # 024
    나. 경제적 영향 # 024
    다. 정치적 영향 # 025
    라. 안보에 대한 영향 # 026

4. 부패측정과 국제투명성기구(TI) ··· 027
    가. 부패측정 방법 # 027
    나. 국제투명성기구 부패측정 # 028

5. 중남미 부패현황 ··· 029
    가. 국제투명성기구(TI) 평가 # 029
        중남미 부패인식지수(CPI) · 중남미부패바로미터(GCB)분석
    나. 부패의 원인 # 032
        정치적 요소 · 경제적 요소 · 문화적 요소
    다. 국가별 상황 # 036
        1) 아르헨티나 # 036
            세관 · 외환통제 · 급격한 정책변화 · 친구간 자본주의
        2) 브라질 # 038
            정교한 부패 · 복잡하고 독특한 법규체계 · 개인적 인간관계
            브라질 방식 · 정당
        3) 칠레 # 041
            기업형사책임 · 준법감시프로그램증명서
        4) 콜롬비아 # 042
            마약 및 테러 · 군부와 교류 · 지방정부/사회적 투자 · 준법감시체제
        5) 멕시코 # 045
            경찰 · 안전/금품강요 · 정부구매 · 정치적 연루 · 복잡한 규정
        6) 페루 # 047
            변호사와 면책 · 비즈니스 업계의 관용 · 독특한 광업 리스크
            인허가가 제한된 산업분야 · 경찰

　　　7) 베네수엘라　∥049
　　　　　광범위한 국유화 정책 · 외환통제 · 공정가격법
　　　　　치안위협 · 고급인력 해외유출
　　라. 부패유형　∥052
　　　　공공입찰 조작 · 규제위험 · 세관위험 · 경찰과 공무원의 뇌물강요 · 선물과 환대
　　　　로비 자금(Facilitating Payments) · 가족기업 · 독점과 준법감시 위험 · 버블 붕괴 위험

6. 대응방안 ·· 059
　　가. 정부의 대응　∥060
　　　1) 행정부　∥060
　　　2) 사법부　∥061
　　　3) 입법부　∥061
　　　4) 국가별 현황　∥062
　　　　　아르헨티나 · 볼리비아 · 브라질 · 칠레 · 콜롬비아 · 에콰도르 · 멕시코
　　　　　파라과이 · 페루 우루과이 · 베네수엘라 · 중미국가
　　나. 기업의 대응　∥078
　　　1) 상황 예시　∥078
　　　2) 통상적 부패유형과 대응방안　∥079
　　　　　뇌물 · 스피드 모니 · 금품강요 · 종업원 부패행위
　　　3) FCPA 대응방안　∥082
　　　　　기업특화 중남미 반부패 전략 마련 · 제3자 뇌물행위 관리 · 문화요소 활용

7. 부패척결을 위한 국제적 노력 ································· 085
　　가. 경제협력개발기구 반부패협정 (Anti-Bribery Convention)　∥086
　　나. 유엔 반부패협정 (U.N. Conventon Against Corruption)　∥086
　　다. 미주 반부패협정 (Inter-American Convention Against Corruption)　∥087

8. 결론 ·· 087

1. 개관 ·· 091

2. 범죄와 폭력의 정의 ·· 093

3. 중남미 범죄와 폭력 ·· 094
    가. 전체 상황 // 094
    나. 국별 상황 // 096
        1) 멕시코 // 096
        2) 브라질 // 098
        3) 콜롬비아 // 101
        4) 중미국가 // 103
           엘살바도르 · 온두라스 · 과테말라 · 베네수엘라

4. 중남미 마약카르텔 ·· 113
    가. 정의 및 구조 // 113
    나. 주요 마약 범죄조직 // 114
        1) 콜롬비아 // 114
        가) 마약 카르텔 등 범죄조직 // 115
           ① 1세대(1st Generation) 마약카르텔 // 116
               메데인카르텔(Medellin Cartel) · 칼리카르텔(Calí Cartel)
           ② 2세대(2nd Generation) 카르텔 // 118
               북부계곡카르텔(Norte de Valle Cartel) · 북부해안카르텔(North Coast Cartel)
           ③ 3세대(3rd Generation) 카르텔 // 119
               클란 데 골포(Clan de Golfo) · 로스 라스트로호스(Los Rastrojos)
        나) 좌우파무장단체 // 121
           ① 콜롬비아무장혁명군(FARC)
           ② 국가해방군(ELN)
           ③ 콜롬비아통합자위대(AUC)
        2) 멕시코 // 125
           과달라하라 카르텔(Guadalajara Cartel) · 티후아나 카르텔
           후아레스 카르텔(Juárez Cartel) · 걸프 카르텔(Gulf Cartel)
           시날로아 카르텔(Sinaloa Cartel) · 소노라 카르텔(Sonora Cartel)
           미초아칸 가족 카르텔(The Michoacan Family Cartel)
           템플기사단 카르텔(The Knights Templar Cartel)
           로스 제타스(Los Zetas) · 벨트란 레이바 카르텔(Beltrán Leyba Cartel)
           밀레니오 카르텔(The Milenio Cartel)
           신세대 할리스코 카르텔(CJNG: Jalisco New Generation Cartel)

　　　3) 브라질 *# 138*
　　　　붉은 특공대(Comando Vermelho)
　　　　수도 제1특공대(PCC: Primeiro Comando da Capital)
　　　4) 기타 *# 139*
　　　　마라 살바투르차(MS-13) · 18번가 갱(18th Street Gang)

5. 멕시코 마약전쟁　　　　　　　　　　　　　　　　　　141
　　가. 배경 *# 141*
　　나. 진행 *# 142*
　　　1) 펠리페 칼데론(2006~12)과 페냐 니에토(2012~18) 대통령 시기 *# 142*
　　　2) 안드레스 마누엘 로페스 오브라도르(AMLO) 대통령(2018~이후) 시기 *# 144*
　　다. 평가 *# 144*

6. 미국의 중남미 마약전쟁　　　　　　　　　　　　　　　145
　　가. 콜롬비아 플랜(Plan Colombia) *# 147*
　　나. 메리다 이니셔티브(Mérida Initiative) *# 148*

7. 범죄와 폭력 그리고 경제　　　　　　　　　　　　　　150

8. 범죄와 폭력과 외국인투자　　　　　　　　　　　　　152

CHAPTER 13.　　　　　　　　　　　　　　　　　　　　사회운동

1. 개관　　　　　　　　　　　　　　　　　　　　　　157

2. 사회운동의 정의와 구분　　　　　　　　　　　　　　159

3. 사회운동의 단계　　　　　　　　　　　　　　　　　160

4. 중남미 사회운동　　　　　　　　　　　　　　　　　161
　　가. 신자유주의정책 실시와 사회적 저항(1980~1990년대) *# 163*
　　나. 좌파정부 등장과 사회운동(2000년대 이후) *# 165*
　　다. 환경론자와 원주민의 저항 *# 167*
　　라. 중남미 사회운동과 비정부기구(NGOs) 활동 *# 170*
　　마. 국가별 주요 사회운동 동향 *# 173*
　　　1) 멕시코 사파티스타 자치운동(Zapatista Autonomy Movement) *# 174*
　　　2) 아르헨티나 1993-2006년 사회운동 특성과 동향 *# 176*

   3) 브라질 토지무소유농촌노동자운동(MST) *179*

   4) 에콰도르 파차쿠티크(Pachacutik)와 원주민정당 정치운동 *182*

   5) 볼리비아 '강탈에 의한 축적'에 대한 저항: 물 전쟁과 가스 전쟁 *185*

   6) 페루 대규모 광산개발 프로젝트 사회적 저항 운동 *188*

5. 위기시기의 중남미 사회운동 191

  가. 2000-02년 위기와 사회운동 *192*

     브라질 · 에콰도르 · 베네수엘라 · 볼리비아 · 아르헨티나 · 기타 국가

  나. 2002-08년 일차산품 붐과 사회운동 *197*

     브라질 · 아르헨티나 · 우루과이 · 볼리비아 · 에콰도르 · 베네수엘라

6. 도전 과제 203

Part 5. 대외관계

CHAPTER 14.   미국

1. 개관 209
2. 제국주의 시대 210

  가. 유럽국가들의 경쟁 *211*

  나. 미국의 등장 *213*

   1) 영토 확대 *214*

    가) 루이지애나 취득 *215*

    나) 플로리다(Florida) 취득 *215*

    다) 멕시코 영토 취득 *217*

      ① 텍사스 합병

      ② 미-멕 전쟁과 과달루페 이달고 조약

    라) 쿠바에 눈독 *219*

    마) 파나마운하지대(Panama Canal Zone) 지배권 확보 *220*

    바) 중미 및 카리브 국가에 대한 간섭 강화 *221*

    사) 범미주공동체 구축(The Pan-American Community) *223*

   2) 미국의 중남미 정책에 대한 이념적 기반과 외교정책 *224*

    가) 명백한 운명(Manifest Destiny) *225*

    나) 빅스틱 정책(Big Stick Policy) *226*

    다) 선린정책(Good Neighbor Policy) *227*

다. 중남미 국가들의 대응 *//* 228
   1) 볼리바르의 꿈(Bolivarian Dream) *//* 229
   2) 외부세력(External Powers) 활용 *//* 230
   3) 역내주도권 확보와 대응(Rivalry and Subregional Hegemony) *//* 231
   4) 국제법 호소(Doctrines and Diplomacy) *//* 232
라. 중남미 국가들의 반미정서 태동 *//* 233

3. 냉전시대 ·· 234
가. 우방진영 결속과 유대강화 *//* 234
   1) 냉전초기 미국의 중남미 외교 *//* 235
   2) 중남미 독재자(Dictators)들과의 관계강화 *//* 236
   3) 닉슨 중남미 순방과 친구 만들기 *//* 239
   4) 쿠바혁명 발생과 진보동맹(Alliance for Progress) *//* 240
   5) 군부 독재정권 출현과 관계강화 *//* 243
나. 비 우방진영에 대한 강경정책 실행 *//* 244
   1) 과테말라 침공 *//* 244
   2) 쿠바, 카스트로 그리고 피그만 침공 *//* 246
   3) 도미니카공화국 침공 *//* 248
   4) 칠레 아옌데 정권 전복 *//* 249
   5) 그레나다 침공 *//* 251
   6) 니카라과 혁명과 콘트라 전쟁(The Contra War) *//* 252
다. 중남미 국가의 대응 *//* 254
   1) 사회주의 또는 공산주의 국가로 체제변환 *//* 254
   2) 반공노선 참여 *//* 255
   3) 제 3의 길 모색 *//* 256

4. 불확실성의 시기(Decade of Uncertainty) ······················ 257
가. 미국의 경제체제 이식 *//* 258
   1) 새로운 경제의제: 워싱턴 컨센서스(Washington Consensus) *//* 258
     중남미 외채위기(Debt Crisis) · 워싱턴 컨센서스(Washington Consensus)
     북미자유무역협정(NAFTA)과 미주자유무역지대(FTAA)
나. 불법 마약유통과 이주 *//* 262
   1) 불법마약유통과 마약전쟁 *//* 263
   가) 불법마약유통 *//* 263
   나) 마약과의 전쟁(War on Drugs) *//* 264
     차단 작전(Operation Intercept) · 대의명분 작전(Operation Just Cause)
     콜롬비아계획(Plan Colombia) · 메리다 이니셔티브(Mérida Initiative)
     온두라스 작전(Operations in Honduras) · 살충제 공중 살포(Aerial herbicide application)
   2) 불법이주 *//* 268
     미국의 중남미인 이민정책 · 멕시코인 이주 · 쿠바인 이주 · 중미국가인 이주

다. 중남미 국가의 대응 *272*

무역다변화를 통한 간섭 최소화 · 미국과 협력 강화 · 역내 자강정책 · 외연확장

5. 테러와의 전쟁(The War on Terror) 시기 ··· **278**

가. 미국의 중남미 정책 *280*

이민개혁 · 미국식 중남미 자유무역 · 불법마약유통

나. 중남미 국가의 대응 *285*

1) 중남미 상황 *285*

2) 핑크 타이드(The Pink Tide)와 대미관계 *287*

3) 외연확장 *288*

유럽 · 일본 · 중국

CHAPTER 15.   중국

1. 시대별 구분 ··· **293**

가. 인민교류단계(1949-69년) *293*

나. 외교관계 수립단계(1970-77년) *294*

다. 평등과 호혜, 협력개발단계(1978-92년) *295*

라. 전략적 동반자 관계 수립단계(1993-2000년) *295*

마. 약진단계(2000년 이후) *296*

2. 21세기 중국과 중남미 관계 ··· **298**

가. 경제관계 *298*

1) 중남미에 대한 경제적 이해관계 *299*

2) 중남미의 중국에 대한 경제적 이해관계 *300*

나. 무역관계 *301*

다. 투자관계 *303*

라. 금융관계 *308*

마. 도전과제 *309*

3. 주요국별 경제협력 사례 ··· **310**

아르헨티나 · 브라질 · 칠레 · 콜롬비아 · 페루 · 베네수엘라 · 볼리비아

4. 중국과 라틴아메리카·카리브 국가공동체(CELAC) ·· **324**

가. 라틴아메리카·카리브 국가공동체(CELAC) *324*

나. 중국과 관계강화 *325*

다. 2015~19년 협력 프로그램 *326*

라. 중남미와 일대일로 이니셔티브 *327*

5. 중국의 약진과 미국관계 ··· **329**

CHAPTER 16.   쿠바와 미국

1. 개관 ·· 333

2. 역사적 유산 ·· 334

3. 카스트로 정권과 미국 관계(1959~현재) ····················· 336
    가. 쿠바 혁명 // 336
    나. 혁명이후 미-쿠바 관계 // 338
        아이젠하워 행정부 초기 무역제제와 외교단절 · 케네디 행정부 피그만 침공과 통상금지 조치
        쿠바 미사일 위기(Cuban Missile Crisis) · 여행금지 강화
        쿠바민주화법(Cuban Democracy Act) · 헬름스-버튼법(Helms-Burton Act)
        오바마 행정부의 재제완화 · 외교관계 개설
    다. 쿠바 정치와 경제 // 345
        1) 바티스타 정권 시기 // 346
        2) 피델 카스트로 시기 // 348
            쿠바 혁명과 공산주의 국가 건설 · 특별시기(Special Period) · 핑크 타이드(Pink Tide) 시기
        3) 라울 카스트로(Raúl Castro) 시기 // 353

4. 라울 카스트로 정권의 개혁개방정책 ··························· 356
    가. 쿠바경제의 특성과 한계 // 356
    나. 라울 카스트로의 경제개혁조치 // 357

5. 카스트로 사망과 대미관계 ·· 358

CHAPTER 17.   한국

1. 인적교류 ·· 363
    가. 재외동포 현황 // 363
    나. 한인 중남미 이민 역사 // 365
        이민 시기 구분 · 멕시코 이민 · 브라질 이민 · 아르헨티나 이민 · 파라과이 이민

2. 무역관계 ·· 379
    가. 한국과 중남미 무역 // 379
    나. 자유무역협정 // 381
        한-칠레 자유무역협정 · 한-페루 자유무역협정
        한-콜롬비아 자유무역협정 · 한-중미 자유무역협정

3. 투자 관계 ··· 386
    가. 한국과 중남미 투자 // 386
    나. 주요 국가별 현황 // 387

Part 00. 참고문헌

Part 4.
사회

CHAPTER 11.

부패

1.부패의 정의

　부패는 인류 역사가 시작되면서 존재했고 지금도 문제가 되고 있다. 로마제국의 붕괴는 도덕적 가치의 해이와 함께 부패가 그 시작이었고 종교개혁도 가톨릭교회의 면죄부 판매 등을 포함한 다양한 부패가 그 원인이었다.

　전통적인 의미의 부패(corruption)는 '도덕적으로 불순한 행위'를 말하고 있다. 특히 부패의 영어 어원은 라틴어로 Cor(함께)와 Rupt(파멸하다)의 합성어로 '공멸'을 의미하고 있는데 문맥에 따라 '썩음(spoil), 오염(pollute), 남용(abuse), 파괴(destroy)' 등으로 사용되었다.

　현대적 의미의 부패는 넓은 의미로 '정당한 규범에서 일탈한 행위'를 의미하고 있다. 그러나 '정당한 규범'의 개념은 시대에 따라 변화해왔고 문화적 배경에 따라 서로 다르게 해석되어 왔다. 따라서 '정당한 규범에서 일탈한 부적절한 행위로서의 부패'에는 과연 무엇이 어떤 범위로 포함될 수 있을 것인가에 대해 그동안 많은 논의가 있어 왔다.

　이러한 상황을 반영해 부패의 정의는 국제적으로 공인된 유일한 법적문서인 유엔반부패협약(UNCAC: UN Convention Against Corruption)[1]에도 명확하게 규정되어 있지 않다.

　국제투명성기구(TI)는 2012년까지 부패의 정의를 '개인적 이익을 얻기 위해 공직을 남용하는 것(the abuse of public office for private gain)'으로 정의했지만 2013년부터는 그 범위를 확대해 '개인적 이익을 위해 위임받은 권력을 남용하는 것(the abuse of entrusted power for private gain)'으로 정의하고 있다.[2] 그러나 여기에서도 '위임받은 권력', '개인적

---

1 2003년 10월 31일 UN총회에서 결정(Resolution) 58/4로 채택되었다. 2018년 8월 현재 182개 UN회원국을 포함한 186개 회원 보유

2 Transparancy International 홈페이지 'How do you define corruption?'

이익', '남용'의 정의와 범위 등에 대해 다양한 담론이 있다.

따라서 국제투명성기구(TI)는 부패의 정의를 경직되게 운용하지 않고 개별 국가 국민들이 공공부문의 부패를 어느 정도 그리고 어떻게 인식하고 있는가 즉 부패인식(the perception of corruption) 수준을 다양한 창구를 통해 측정하고 지수화해 매년 국가별 순위를 매겨 발표하고 있다.[3]

여기에서 부패인식이란 일종의 문화적 현상으로 한 사회가 주어진 규범(rules)을 어떻게 이해하고 받아들이며 그리고 어떤 것들이 규범을 어기는 행위로 인지하는가 하는 것이다.[4] 부패인식은 개별 사회가 가지고 있는 역사적 유산 그리고 문화와 함께 개인의 가치관에 따라 이루어지고 있기 때문에 개별 국가별로 다양한 수준을 보여주고 있다.

2. 부패의 범위(Scale), 영역(Sector) 그리고 유형(Method)

부패의 범위와 영역 그리고 유형은 부패를 어떻게 정의하는가에 따라 달라진다. 학자들과 부패 관련 기관들은 이에 대한 기준을 만들어 비교분석하고 부패문제 해결을 위한 지침으로 삼고 있다.

부패범위에 대해 하이딘하이머(Arnold Heidenheimer)교수는 백색부패(white), 회색부패(gray), 흑색부패(black)로 구분해 설명하고 있다. 흑색부패는 한 사회를 구성하는 엘리트계층과 일반 시민계층 양자가 부패라고 인정하고 처벌을 받아야 한다는 공감대가 있는 부패, 회색부패는 처벌에 관해 양자 간 입장차이가 있는 부패, 백색부패는 양 계층이 부패를 인정하지만 처벌까지는 아니라는 공감대가 있는 부패 유형이다.

---

3 Transparancy International각 국가별로 12개 기관(institutions)으로 부터 최근 2년 기간 중 13개 부문 정보를 받아 일정한 분석틀을 활용 부패인식지수(CPI:Corruption Perception Index)를 만들고 있으며 부패인식지수 평가범위는 0~100인데 수치가 높을수록 부패인식 수준이 높음

4 Natalia Melgar, Maximo Rossi, Tom W. Smith, The Perception of Corruption, 2009.

아울러 그는 직책중심부패, 시장중심부패, 공익중심부패로 구분하기도 하는데 직책중심부패는 직책으로부터 직접 부적절한 이득을 취하는 부패행위, 시장중심부패는 직책을 이용해 시장에서 사익을 취하는 행위, 공익중심부패는 직위를 이용해 사익을 취하며 일반 국민에게 해를 입히는 행위를 말한다.

미국 뉴욕경찰국(NYPD) 반부패기구인 크나프위원회(Knapp Commission)[5]는 부패를 공권력을 가진 자가 수동적으로 부패를 받아들이는 초식성부패와 능동적으로 부패(뇌물)를 요구하는 육식성부패로 구분하고 이를 자신들의 부패행위 사정에 적용하고 있다.

국제투명성기구(TI)는 부패를 '개인적 이익을 위해 위임받은 권력을 남용하는 것(the abuse of entrusted power for private gain)'으로 정의하면서 그 범위를 소형부패(petty corruption), 대형부패(grand corruption), 정치부패(political corruption) 등 3가지로 구분한다.

소형부패는 중하급 관리들과 일반 시민들이 일상적인 공공서비스 - 교육, 보건의료, 복지, 세무, 치안 등 -를 주고받으며 일어나는 여러 가지 유형의 부적절하고 공정하지 못한 행위들을 말하고 있다.

대형부패는 고위급 관리들이 공공자원을 운영하면서 일정한 보상을 얻기 위하여 정부정책이나 국가기능의 왜곡을 일으키는 것을 의미한다.

정치부패는 정치인들이 권력유지, 부의 축적, 영향력 확대 등을 목적으로 국가자원을 배분함에 있어 정치적 의사결정권을 남용해 합법적으로 이루어진 것 같이 조작하는 행위를 말한다.

부패영역(sector)은 부패행위가 발생하는 부문인데 부패의 정의를 넓게 해석할 것인가 아니면 좁게 해석할 것인가에 따라 그 영역이 달라진다.

넓은 의미로 정의할 때 부패는 공공부문과 민간부문의 모든 영역을 포함한다. 즉 정부로 이해되고 있는 공공부문뿐만 아니라 교육부문, 의료부문,

---

5 뉴욕 경찰의 부패행위를 사정하기 위해 1970년에 설치. 당시 의장이었던 Whitman Knapp의 이름을 따 명명함

노동조합, 종교부문, 기업, 비정부기구 등이 이에 해당된다.

부패를 좁은 의미로 정의하면 공공부문 즉 통상적으로 정당, 입법부, 행정부, 사법부 등으로 대표되는 정부를 의미한다. 구체적으로는 모든 정치기구와 그 의사결정 및 집행과정 그리고 공공재와 서비스를 생산하고 분배하는 모든 입법, 행정 및 사법기구와 그 의사결정 및 집행과정을 포함한다.

부패유형에는 뇌물수수(bribery), 횡령(embezzlement), 부정이득(graft), 착취(extortion), 협박(blackmail), 재량권남용(abuse of discretion), 영향력 행사(influence peddling), 정실주의(favoritism), 족벌주의(nepotism), 파벌주의(clientalism), 관계형성(networking)등 매우 다양한 형태가 있다.

현실 사회에서 보면 부패유형은 부패의 영역에 따라 그 구성이 달라진다. 예를 들면 경찰 및 사법영역에서는 주로 착취와 협박 등이 많고 정치부패 영역에서는 뇌물수수, 부정이득, 영향력행사, 파벌주의, 관계형성 등이 섞여 나타나고 있다.

그러나 어떤 행위가 부패한 것인지 여부에 대한 판단은 뇌물과 선물의 차이에 대해 명쾌한 구분을 할 수 없는 것과 같이 간단하지가 않다. 이에 대해 홈스(Leslie Holms) 교수는 어떤 행위가 부패한 것인가를 판정하는 다섯 가지 기준을 제시하고 있다.[6]

첫째 개인 또는 집단이 작위 또는 부작위를 할 수 있는 공직에 선출되거나 지명되어야 한다. 둘째 공직에 있는 개인과 집단이 의사결정권, 집행권 등을 가지고 있어야 한다, 셋째 사익 또는 집단의 이익을 위해 최소한 일정한 작위 또는 부작위를 해야 한다. 넷째 작위 또는 부작위가 부분적 또는 전체적으로 행해질 때 은밀해야 하며 그들 스스로 불법적이라는 것을 인지(aware)하고 있어야 한다. 다섯째 작위 또는 부작위가 국민과 정부에 의해 부패행위로 인식(perception)되어야 한다는 것 등이다.

---

6 Leslie Holms. Profesor of Political Science, Univ. of Melbourn, Corruption, Oxford University Press, 2015, pp17

3. 부패의 문제점

　부패는 정치, 경제, 사회, 환경, 치안, 국제관계 등 다양한 부문에서 개인과 사회 그리고 국가에 부정적인 영향을 끼치고 있다. 특히 현실 사회에서 일어나고 있는 부패행위는 매우 복합적인 것이어서 대형 부패사건이 한 번 발생하게 될 경우 그것이 정치, 경제, 사회, 국제관계 전반에 미치는 영향이 매우 크다.

　최근 사례로 브라질에서 발생한 '세차작전(Operation Car Wash)' 스캔들을 들 수 있는데 이 스캔들이 브라질은 물론이고 페루, 멕시코, 콜롬비아, 아르헨티나 등 주변 국가들에게까지 부정적 영향을 끼쳤다.[7]

　세차작전스캔들 여파로 인해 - 같은 기간 중 일차 산품 가격하락의 영향도 크지만 - 브라질 경제는 몇 년째 마이너스 경제성장을 이어가고 있다.

　특히 사회적 불신과 긴장도가 높아져 사회적 저항이 확대되고 범죄와 폭력이 크게 증가해 전반적으로 국가 불안정성도 높아졌다.

　긍정적인 측면으로는 브라질 일반 국민들이 고위층 부패행위에 대해 그동안 가져왔던 시민들의 무력감과 관용의식이 불식되는 매우 중대한 계기가 되었다는 정도이다.

---

7 세차작전(Operation Car Wash) 스캔들은 당초 2008년 브라질 연방경찰 쿠리치바(Curitiba) 경찰서가 소재 지역 세차장에서 이루어지고 있는 자금세탁을 수사하면서 시작했음. 이후 동 수사는 최대 국영기업인 석유공사(Petrobras)를 중심으로 행정부, 정치권(정당 및 의회), 기업 등이 연계된 브라질 최대 뇌물 스캔들로 수사로 확장되었으며 2018년 현재에도 조사와 법적처벌이 진행되고 있음. 2017년 7월까지 확인된 부패규모는 95억불에 달하고 있고 스캔들에 연루된 천여 명 이상의 정치인, 관료, 기업가 등이 연루되어 기소되거나 투옥되었음. 또한 이 스캔들에 깊이 개입되어 있는 브라질 최대 건설기업인 오데브레히트(Odebrecht)가 인근 국가 건설 프로젝트를 수주하며 제공한 뇌물들이 공개되면서 수뢰로 연루된 멕시코, 페루, 아르헨티나, 파나마, 베네수엘라의 주요 정치인들이 기소되고 있음. 특히 페루 쿠친스키 대통령은 2018년 3월 오데브레히트 뇌물수뢰 혐의로 탄핵소추 상황에 처하자 사임하였고 브라질 룰라 대통령은 동 사의 뇌물수뢰 혐의가 확정되어 12년 형을 받고 투옥되었음

가. 사회적 영향

부패는 다양한 형태로 사회 전체에 영향을 미치고 있다. 특히 자원낭비, 분열, 불평등, 불신, 범죄와 폭력 등을 불러오고 있다.

정치인과 고위관리들의 국고횡령은 국가자원 낭비의 전형적인 사례이다. 국책사업 수행이나 자원배분 과정에서 발생하는 부패 유형들 가운데 국고 횡령이 있는데 이는 국가경제 기반을 위태롭게 할 뿐만 아니라 사회적 불신을 가져와 국가의 안정성을 해친다.

특히 권력의 특혜를 누리는 계층과 그렇지 못한 소외된 계층 간에는 경제사회적 불평등 관계가 수직적으로 형성된다. 소외된 계층 내에서도 부패에 동조하거나 참여하고 있는가 아니면 그렇지 못한가 여부에 따라 수평적인 불평등이 발생한다. 이는 사회적 불신과 계층 간 긴장으로 이어지고 결국 사회적 저항으로 나타난다.

또한 늘어난 가난한 다수 계층(the poorest majority)은 범죄와 폭력의 온상이 된다. 최근 브라질, 베네수엘라, 멕시코, 온두라스, 엘살바도르, 과테말라 등에서 크게 확산하고 있는 범죄와 폭력의 원인으로 이 지역에 뿌리 깊게 확산된 부패상황이 지적되고 있다.

나. 경제적 영향

1960년대에 '부패가 경제성장을 촉진 한다'라는 주장이 있었다. 소위 '효율적 윤활유' 가설로 사업추진허가를 빨리 받기 위해 뇌물을 주는 것은 결국 경제성장에 속도를 내게 한다는 것이다.

그러나 1990년대 중반 경제학자 파올로 마우로(Paulo Mauro)[8]는 많은 자료를 가지고 비교연구한 후 '부패는 결국 투자왜축을 가져와 경제성장을 저해 한다'고 결론지었다.

경제성장을 이끌어갈 기업들이 생산과 영업활동 과정에서 정치인과 관료들의 부패 문화에 광범위하게 노출되면 비용이 발생하게 되어 기업경쟁력 약화로 이어질 수밖에 없다. 이러한 상황이 일반화되면 기업인들은 다른 국가로 투자이전을 도모하기 때문에 자본유출이 일어난다.

특히 개도국에서 이루어지는 각종 부패행위는 족벌주의, 파벌주의, 정실주의와 함께 어우러져 공정경쟁을 제한하고 기업가정신을 훼손하며 정직하고 잘 훈련된 인력을 차별해 인력유출을 가져오는 등 경제성장을 저해한다.

그 사례로 2003년 베네수엘라 차베스 대통령은 석유공사(PDVSA)를 재국유화한 뒤 정권에 동조하지 않는 많은 전문 인력을 대량 해고한 바 있다. 이 때 해고된 전문 인력들은 이후 콜롬비아와 에콰도르 석유공사에 취업해 이들 국가 석유산업 발전에 크게 기여하였다. 반면 베네수엘라 석유공사는 전문 인력 부족으로 기업경영에 많은 어려움에 처했다.

다. 정치적 영향

2013년 1월 유럽평의회(Council of Europe) 사무총장은 '부패는 오늘날 유럽 민주주의에 가장 크고 유일한 위협이다. 많은 유럽인들은 점점 법의 지배에 대한 믿음을 잃어버리고 있다'라고 말했다. 이는 유럽 선진국에

---

8 a visiting professor of the Johns Hopkins Univ. Carey Business School, a senior fellow at the Peterson Institute for International Economics, Senior researcher at IMF for 20 years

서도 부패 증가가 민주주의와 법의 지배 체계를 파괴할 수 있다는 우려를 보여준 것이다.

개도국에서는 일상적으로 일어나고 있는 부패가 국민들의 무력감과 절망 감을 확대시켜 사회적 불안정성이 매우 높아지고 있다. 국민들은 민주주의가 부패를 만연하게 하는 환경이라고 생각하며 불신하기 시작하고 오히려 시민의 자유와 인권을 제약하는 권위주의 통치를 동경하게 된다.

이러한 일련의 흐름은 최근 중남미에서 실시되고 있는 여론조사에서 나타나기 시작해 극우파 정권 출현의 배경이 되었다.

라. 안보에 대한 영향 —————————————

부패와 국력은 서로 상관관계에 있다. 부패 수준이 높은 국가의 국력이 강해질 수 없다. 1990년대 쏘련 붕괴 이후 러시아와 우크라이나의 부패 관리들이 핵물질과 무기를 국제범죄조직과 테러리스트들에게 매도하였는데 이는 관리들이 국력이 약해진 틈을 노린 부패 사례이다.

2014년 3월 미국에서 발생한 캘리포니아 주 상원의원 불법무기판매 개입사건에서 볼 수 있는 바와 같이[9] 부패가 국가안보에 영향을 주는 사례는 꼭 개도국에만 국한되는 것은 아니다. 오히려 서방의 무기제조판매 회사들이 무기를 구매하는 개도국 관리들에게 수뢰를 제공하는 등 야합하는 사례가 많다.

이러한 부패행태는 선진국과 개도국 모두에게 국가안보에 대한 위험요소이다.

---

9 Fox News, 2014.Apr.4th, California Senator, others indicted in corruption case: 미국 FBI 는 2014년 3월 26일 캘리포니아 주 상원의원 Leland Yee 외 19명을 중국 범죄조직에게 무기를 알선해주고 선거자금을 받은 혐의로 체포하고 기소했음. 기타 동 상원의원은 정치적 영향력을 행사해주고 현금을 수수한 혐의로도 기소됨.

가. 부패측정 방법

나임(Moises Naim)은 1995년 글로벌 '부패의 분출(corruption erup-tion)'이라는 용어를 처음 사용했다. 이는 부패가 전 세계적으로 확산되고 있다는 것을 지적한 것이다.[10]

그러나 부패가 실제로 분출이라는 표현을 사용할 정도로 과거에 비해 증가하고 있는가 또는 어떤 국가가 더 부패한가 등을 측정하는 것은 매우 어려운 일이다. 그 이유는 크게 두 가지가 있다.

첫째는 무엇이 부패를 구성하는가 하는 부패의 정의와 관련되어 있고 둘째는 부패행위에 대한 객관적이고 명료한 정보수집이 어려운 것인데 그 이유는 은밀하게 행해지는 부패행위 수혜자는 특정 소수인 반면 피해자는 국가, 사회, 공동체, 시민 등 불특정 다수이기 때문이다.

그럼에도 불구하고 부패수준을 측정하는 것은 이를 줄이기 위해 필요한 과정이다. 부패측정 방식은 일반적으로 공식통계 조사, 부패에 대한 인식 및 태도조사, 경험적 부패행위 조사, 추적 조사 등이 있다.

공식통계 조사 방식은 부패규모를 측정하는 시작으로 이미 보고된 부패건수, 조사건수, 기소건수, 유죄확정건수, 판결건수 등 5가지 범위를 조사한다.

부패에 대한 인식 및 태도조사 방식은 1995년부터 국제투명성기구(TI)가 사용해온 방법인데 부패에 대한 일반 국민들의 인식수준과 태도를 조사해 표준화 한다.

경험적 부패행위 조사방식은 대상자 자신이 부패행위를 했거나 가담한

---

10 Corruption Eruption, Moise Naim, Brown Journal of World Affairs, June 01, 1955 Carnegie Endowment for International Peace

직접 경험이니 가족, 친지 및 친구 등의 부패행위를 청취하거나 목격한 간접 경험을 조사한다.

추적 조사는 세계은행(WB)이 개도국에게 지원된 원조자금이 제대로 사용되고 있는가를 추적하기 위해 사용한 방식인데 특정 지원 프로그램 실행 국가를 방문 현장조사를 하는 것이다.

이상과 같은 네 가지 방식 모두 나름대로의 논리적 근거와 장점이 있는 반면 일정한 한계가 있다. 따라서 현실적으로 부패수준을 보다 객관적으로 측정하기 위해서 이러한 방식들이 상호 보완적으로 사용되고 있다.

나. 국제투명성기구 부패측정

현재 가장 많이 인용되고 권위를 인정받고 있는 부패수준 측정 지수는 국제투명성기구가 1995년 이후 매년 발표하는 부패인식지수(CPI: Corruption Perception Index)이다.

국제투명성기구는 매년 국가별 부패인식도를 측정하여 국별 등위와 함께 종합평점 및 세부평점을 발표하고 있다. 1995년 41개 국가를 대상으로 부패수준을 측정 발표한 이후 매년 측정대상 국가 수를 증가시키고 있다.

그동안 매년 측정대상 국가 수를 증가시켜왔기 때문에 비교평가의 등위범위도 넓어졌다. 따라서 국별로 전년대비 등위가 어떻게 변했는가를 가지고 투명도 개선상황을 비교평가 하는 것은 다소 무리가 있다. 특정 국가의 부패상황을 인식하기 위해서는 등위변화와 함께 종합평점과 세부항목별 평점을 비교해야 한다.

평점은 2011년까지는 0(매우 부패)~10(매우 청렴)의 범위 속에서 소수점 2자리까지 표시했다. 그러나 2012년부터 0(매우 부패)~100(매우 청렴)으로 변경하였다.

국제투명성기구의 부패인식지수는 조사대상이 비즈니스 인사를 포함한 특정 전문직 계층으로 일반 대중을 대상으로 하고 있지 않다는 비판을 받고 있다.

이러한 비판을 감안해 2003년부터 1~2년 간격으로 일반 대중을 대상으로 부패인식도를 조사한 글로벌부패바로미터(GCB: Global Corruption Barometer)를 발표하고 있다.[11] 부패인식지수(CPI)와 글로벌부패바로미터(GCB)간 상관관계는 매우 높은 것으로 나타났다.

5. 중남미 부패현황

가. 국제투명성기구(TI) 평가

1) 중남미 부패인식지수(CPI)

국제투명성기구 중남미 부패인식지수는 매년 점점 나빠지고 있다. 이는 정치권, 정부기관, 개별 공무원들의 부패행위에 시민들의 부패 인식이 악화하고 있음을 보여주고 있다.

2017년 부패인식지수에 따르면 우루과이(23위, 70점), 칠레(26위, 67점), 코스타리카(38위, 59점)를 제외한 대부분 주요 국가들은 중하위권 등위에 머물고 있으며 종합평점도 20~40점 범위를 넘기지 못하고 있다.

연도별 변화추이를 보면 대부분 국가들의 종합평점이 하향추세를 나타내고 있는데 이는 시민들이 부패에 대한 인식을 더 강하게 하고 있다는 것이다.

---

11 2017년 11월 발표된 세계부패바로미터(GCB) 보고서는 2003년 최초 발표 이후 9 번째 임. 119개 국가를 대상으로 조사(survey)되었음. 참고로 2017년 부패인식지수(CPI) 보고서는 180개 국가를 대상으로 하고 있음.

멕시코. 중미 및 남미 주요국 연도별 부패인식지수

지역 및 국가 / 연도	2017		2016		2015		2014		2013		2012	
	등위	평점	등위	평점	등위	평점	등위	평점	등위	평점	등위	평점
멕시코	135	29	123	30	95	31	103	35	106	34	105	34
아르헨티나	85	39	95	36	107	32	107	34	106	34	102	35
브라질	96	37	79	40	76	38	69	43	72	42	69	43
칠레	26	67	24	66	23	70	21	73	21	71	20	72
콜롬비아	96	37	90	37	83	37	94	37	94	36	94	36
페루	96	37	101	35	88	36	85	38	83	38	83	38
에콰도르	117	32	120	31	107	32	110	33	102	35	118	32
볼리비아	112	33	113	33	99	34	103	35	106	34	105	34
파라과이	135	29	123	30	130	27	150	24	150	24	150	25
우루과이	23	70	21	71	21	74	21	73	19	73	20	72
베네수엘라	169	18	166	17	158	17	161	19	160	20	165	19
과테말라	143	28	136	28	123	28	115	32	123	29	113	33
온두라스	135	29	123	30	112	31	126	29	140	26	133	28
엘살바도르	112	33	95	36	72	39	80	38	83	38	83	38
코스타리카	38	59	41	58	40	55	47	54	49	53	48	54
파나마	96	37	87	38	72	39	94	37	102	35	83	38
등위/평점기준	180	100	176	100	167	100	174	100	175	100	175	100

참고: 평점기준은 0(매우부패)~100(매우청렴) 자료원: 국제투명성기구(TI)

대륙별 주요 국가들과 비교해 보면 중남미 국가들의 부패상황이 더욱 명료하다. 2017년 기준 북미의 미국(16위,75점), 캐나다(8위,82점) 유럽의 영국(8위,82점), 독일(12위,81점), 프랑스(23위,70점) 아시아의 한국(51위,54점), 중국(77위, 41점), 일본(20위,73점), 싱가포르(6위,84점) 등과 비교해 볼 때 중남미 전체의 부패상황이 매우 우려할만한 것임을 알 수 있다.

북미, 구주 및 아주 주요국 연도별 부패인식지수

지역 및 국가 / 연도	2017		2016		2015		2014		2013		2012	
	등위	평점	등위	평점	등위	평점	등위	평점	등위	평점	등위	평점
미국	16	75	18	74	16	76	17	74	19	72	19	69
캐나다	8	82	9	82	10	83	10	81	9	81	9	81
영국	8	82	10	81	11	81	14	78	14	76	17	74
독일	12	81	10	81	11	81	12	79	12	78	13	79
프랑스	23	70	23	69	23	70	26	69	22	71	22	72

지역 및 국가 / 연도	2017		2016		2015		2014		2013		2012	
	등위	평점	등위	평점	등위	평점	등위	평점	등위	평점	등위	평점
아주 한국	51	54	52	53	43	54	44	55	46	55	45	56
중국	77	41	79	40	83	37	100	36	89	40	80	39
일본	20	73	20	72	18	75	15	76	18	74	17	74
싱가포르	6	84	7	84	7	84	7	84	5	86	5	87
등위/평점기준	180	100	176	100	167	100	174	100	175	100	175	100

참고: 평점기준은 0(매우부패)~100(매우청렴) 자료원: 국제투명성기구(TI)

2) 중남미부패바로미터(GCB) 분석

국제투명성기구가 2017년 11월 중남미 20개 국가 일반 시민들을 대상으로 조사한 부패인식 보고서에 따르면[12] 역내 국가들의 공공부문 부패가 계속 증가하고 있는 가운데 특히 정치인과 경찰의 부패가 더욱 깊어지고 있는 것으로 나타났다. 이러한 상황에도 불구하고 정부 대응은 비효율적이며 부패 척결에 무능함을 보이고 있는 것으로 평가되고 있다.

공공부문 부패는 교육과 보건의료 서비스 부문에서 가장 심각하다. 구체적으로는 서비스 제공과 수혜과정에서 뇌물수수가 성행하고 있다. 조사대상 시민의 1/3이 뇌물을 제공한 경험이 있으며 부패 신고는 사후 보복에 대한 두려움으로 매우 저조한 것으로 나타났다.

중남미 국가들의 부패상황 악화는 역내 인권신장과 민주주의 체제를 위협하고 있다. 멕시코, 브라질, 베네수엘라, 중미국가 등에서 볼 수 있는 바와 같이 부패는 법의 지배를 약화시켜서 정치인들에게 면죄부를 주고 사법기관의 무능화를 가져와 법치주의 과정을 왜곡시킨다.

이는 필연적으로 부패에 저항하는 언론과 시민사회 활동을 탄압하여 범

---

12 People and Corruption: Latin America and Caribbean, Global Corruption Barometer, Transparency International, 2017.11.

죄와 폭력이 증가하는 환경으로 이어져 사회적 불안정을 조성한다. 시민들은 권위주의적 통치체제가 오히려 더 낫다는 생각을 하며 민주주의에 대한 기대를 저버리게 되고 이 결과 민주적 통치체제가 점차 약화되는 여건이 만들어진다.

현재 중남미 전체적으로 이러한 흐름이 새로운 정치사회적 환경을 조성하고 있다. 2018년 멕시코의 오브라도르(Andrés Manuel Lopez Obrador) 좌파정권 탄생과 브라질의 보우소나루(Jair Bolsonaro) 극우정권 등장은 이에 대한 중요한 신호일 수 있다.

2017년 글로벌부패바로미터(GCB) 보고서는 역내 부패축소를 위해 정부의 부패척결 노력이 강화되어야 함을 주장하고 있다. 이를 위해 시민사회의 관심과 참여확대, 강력한 법집행, 사법기관 역할 강화, 부패신고자 보호 등을 대안으로 제시하고 있다.

나. 부패의 원인

중남미 정치는 종종 부패를 연상시킨다. 부정축재 정치가, 대형 부패사건, 반부패 시위, 권력세습 등 부패관습이 중남미의 오래된 특징으로 '부패는 중남미 문화이다'라는 인식이 널리 퍼져 있다. 이러한 상황은 국제투명성기구(TI)의 부패인식지수에도 나타나 있다.

부패를 용인하고 기꺼이 받아들이는 문화나 지도자들의 부패를 기꺼이 이해하고 용인하는 국민들은 현실적으로 존재하지 않는다. 브라질, 멕시코, 베네수엘라, 온두라스, 과테말라 등 부패수준이 높다고 평가되고 있는 국가에서도 반부패 시위가 계속 발생하고 있는데서 볼 수 있듯이 중남미 역내 전체적으로 국민들의 부패에 대한 거부감이 과거와는 다르게 계속 커지고 있다.

일반적으로 부패는 기회가 있고 제재가 충분하지 못할 때 발생한다.[13] 부패 원인과 결과는 개별 국가별 정치, 경제, 문화적 요소들이 복합적으로 작용하여 생성되고 있다.

예를 들면 중남미 국가 중 우루과이, 칠레, 코스타리카 등은 부패수준이 낮은 반면 베네수엘라, 멕시코, 브라질, 중미국가들의 부패 수준은 같은 지리적 권역이지만 매우 높다.

1) 정치적 요소

정치적 요소가 부패 수준에 많은 영향을 준다는 학자들의 연구가 많다. 이에 따르면 정치적 자유가 보장되고 건전한 정당이 많으면 국민들의 민주주의에 대한 신뢰감이 높아져 부패인식 수준이 낮아지는 것으로 나타나고 있다. 다만 민주주의 정치제도의 공고화로 부패를 줄일 수 있지만 긴 시간이 필요하다.

부패 수준은 국가 규모, 국력, 효율성, 민주주의 수준 등 정치적 요소와 연관되어 있음은 확실하지만 그 상관관계가 계량적으로 명료하게 계산될 수는 없다. 다만 최근 계량적 연구에서도 대체적으로 그 상관관계가 약한 것으로 나타나고 있다.[14] 그러나 이 연구에 활용된 지표가 과연 적정한가에 대한 논의가 있을 수 있기 때문에 꼭 그렇다고 단정지을 수는 없다.

전체적으로 볼 때 민주주의 정치제도가 원활하게 운용되면서 법에 의한 지배 체제가 강한 국가일수록 부패 수준이 낮다는 것은 투명성기구가 발표한 중남미 국가들의 부패 수준 상황에서도 충분하게 파악될 수 있다.

---

13 Alexandra Wrage, President of Trace International, 'Corruption occurs when opportunity is combined with insufficient penalties.'

14 Stephen D. Morris, Univ. of South Alabama, Corruption in Latin Americ: An Empirical Overview

2) 경제적 요소

부패에 영향을 주는 경제적 요소로 소득불평등, 경제개방성, 경제적 자유 등이 있다. 경제적 부와 소득의 불평등한 분배는 정치사회적 권력 소유 차이로 이어진다. 경제적 부와 정치사회적 권력을 차지한 계층은 다시 가난하고 약한 계층을 상대로 권력을 남용해 부패행위를 하며 이를 은폐한다. 이렇게 해서 확산된 부패는 다시 경제적 불평등을 깊게 하는 원인이 되어 악순환이 생성되고 있다.

가난하고 약한 계층은 부와 권력을 차지한 계층과 종종 후원관계(Clientelism 또는 Patronage)가 형성되어 현실적으로 정치적 책임을 물을 수도 없는 여건에 처해 있다. 이 상황은 역내 개별 국가별 민주주의제도의 성숙 정도에 따라 차이를 보이며 부패 수준에 영향을 주고 있다.

국제통화기금(IMF)과 세계은행(WB)은 경제가 개방되면 지대추구행위(Rent-seeking behaviour)[15]와 부패로 발생된 비효율을 제거할 수 있다고 주장하고 있다. 그리고 그 반대이면 지대추구행위가 부패를 확산시키고 경제 전반에 부정적 영향을 주게 된다는 것이다.

3) 문화적 요소

사회에 깊고 넓게 내재되어 있는 종교, 권력거리(Power Distance), 대인관계 신뢰(Interpersonal Trust) 등 문화요소가 부패 수준과 관계가 있다는 많은 연구 결과가 있다.

---

15 지대추구(Rent Seeking)는 공급량이 제한된 재화나 서비스를 독과점하는 방식으로 쉽게 이익을 얻으려고 하는 것을 말한다. 이 경우 기업들 간 비생산적 경쟁이 초래된다. 매경 시사용어사전

사회적 자본(Social Capital)[16] 이론에 따르면 부패 수준은 대인 간 신뢰가 낮은 국가에서 더 높게 나타나고 있다.[17] 그러나 칠레와 파라과이 경우에서 볼 수 있는 바와 같이 양 국가의 대인 간 신뢰도 수준이 비슷한데도 불구하고 칠레 부패 수준이 파라과이 보다 크게 낮은 상황은 어떻게 설명할 것인가 라는 반론이 있다는 것에 유의할 필요가 있다.[18]

인종 언어적 분화(Ethno-linguistic Fragmentation) 정도가 부패 수준을 결정한다는 연구가 있다. 중남미 국가 중 인종 언어적 분화가 적은 국가일수록 부패 수준이 낮은 것으로 나타나고 있기도 하다. 그러나 볼리비아, 에콰도르, 파라과이 등의 부패 수준이 역내 평균 수준보다 매우 높은 것과 백인 국가로 인종 언어적 분화가 적은 아르헨티나의 높은 부패 수준은 어떻게 해석될 것인가 라는 문제가 있다.

호프스테드(G H Hofstede) 권력거리지수가(PDI)[19] 높을수록 부패 수준이 높아진다는 논의가 있다. 북유럽 국가들을 포함한 대부분 선진국들은 권력거리지수가 낮고 부패 수준도 매우 낮은 현상을 보여주고 있다. 반면 중남미 국가들 대부분은 권력거리지수가 높으면서 부패 수준도 높은것을 보면 긍정적인 측면이 있다.

---

16 Wikipedia, The term generally refers to (a) resources, and the value of these resources, both tangible (public spaces, private property) and intangible ("actors", "human capital", people), (b) the relationships among these resources, and (c) the impact that these relationships have on the resources involved in each relationship, and on larger groups. It is generally seen as a form of capital that produces public goods for a common good.

17 Fukuyama, Francis (1995) Trust: The Social Virtues and the Creation of Prosperity. New York: Free Press.

18 Stephen D. Morris, Univ. of South Alabama, Corruption in Latin Americ: An Empirical Overview

19 The Power Distance Index is designed to measure 'the extent to which power differs within the society, organization and institutions (like the family) are accepted by the less powerful members'.

다. 국가별 상황 ────────────────

미국 해외부패방지법(Foreign Corruption Practice Law, FCPA)의 과거 기록과 경험적 자료에 따르면 아르헨티나, 브라질, 칠레, 콜롬비아, 멕시코, 페루, 베네수엘라 등 국가에서 기업들이 부패 위험도가 매우 높은 것으로 나타나고 있다.

브라질에서 발생한 '세차작전(Operation Car Wash)' 스캔들로 많은 기업들이 미국 해외부패방지법(FCPA)[20]의 소추 대상으로 영향을 받고 있는 것이 최근 주요 사례이다.

따라서 중남미 국가에 진출하고자 하는 기업들은 중남미 개별 국가들의 부패 환경을 잘 숙지하고 적절한 대응을 해야 한다.

1) 아르헨티나

1990년 대 메넴(Carlos Menem) 대통령은 적색 페라리 스포츠카를 운전하고 다닌다는 비난에 직면하자 '나는 이 차를 국가재산으로 남겨놓을 것이다. 그러나 그 동안은 내가 사용하겠다'라고 말했다. 그러나 그의 지지도는 떨어지지 않았다. 이는 아르헨티나 국민들이 부패의 심각성을 인식하고 있지만 동시에 부패에 대한 관대함을 보여준 한 사례이다.

2017년 국제투명성기구 부패인식지수는 평점 39/100, 등위 85/180으로 과거 보다 다소 개선되었으나 여전히 낮은 수준이다.

────────────────────

20 Wikipedia, The Foreign Corrupt Practices Act of 1977 (FCPA) is a United States federal law known primarily for two of its main provisions: one that addresses accounting transparency requirements under the Securities Exchange Act of 1934 and another concerning bribery of foreign officials. The Act was amended in 1988 and in 1998, and has been subject to continued congressional concerns,[2] namely whether its enforcement discourages U.S. companies from investing abroad.

가) 세관

아르헨티나 세관은 부패하다는 나쁜 평판을 가지고 있다. 랄프 로렌 (Ralph Lauren)과 볼사(Ball Corp.)의 아르헨티나 현지법인들은 상품의 조기통관과 금지품목의 불법수입을 목적으로 브로커를 이용해 세관공무원들에게 뇌물을 제공했다는 혐의로 미국해외부패방지법의 제제를 받았다.

이러한 제제는 다국적기업뿐만 아니라 국내기업에게도 해당된다. 현지 변호사들은 조기통관과 관련된 부패위험을 피하기 위해 자신들의 고객들에게 수입통관기간을 통상적으로 6개월을 산정해 사업을 계획하라고 충고하고 있다. 이는 아르헨티나에서 세관공무원에게 뇌물을 공여하지 않고 빠르게 통관하는 것이 얼마나 어려운 것인가를 단적으로 보여주고 있다.

나) 외환통제

아르헨티나 정부는 2011년 초부터 외환도피를 방지하기 위해 강력한 외환통제정책을 실시해 왔다. 이 정책은 개인과 기업의 사업능력을 현저하게 저해하였다.

특히 현지화 하락에 따른 환차손 회피를 위해 이들은 불투명하고 위험한 지불방법을 고안해 사용하기 시작했는데 이러한 행위들은 당연히 미국의 자금세탁방지법이나 해외부패방지법의 제재 대상이다.

다) 급격한 정책변화

아르헨티나의 급격한 경제정책 방향전환은 부패의 온상이 되었다. 메넴 대통령이 집권한 뒤 실시된 시장개방과 국영기업민영화 과정에서 많은 부패의 기회가 만들어졌다. 특히 국영기업민영화가 부실하게 진행되며 많은 부패의 흔적이 남았다.

키르츠네르 대통령과 페르난데스 대통령은 각자 집권 뒤 메넴 정책의 근간인 시장개방과 국영기업민영화를 폐기하고 보호무역과 국영기업재국유화를 포함하는 시장과 경제에 대한 정부역할을 늘렸다. 그러나 정부의 경제에 대한 역할과 간섭의 확대는 또 다른 형태의 부패를 가져왔다.

페르난데스 대통령을 이은 마크리(Mauricio Macri) 정부는 다시 페르난데스 정부가 추진했던 경제정책을 폐기하고 시장과 금융개방정책을 실시하였다.

아르헨티나의 정권교체에 따른 경제정책 패러다임의 급격한 변화는 결국 국내외적으로 정부에 대한 불신과 정책에 대한 신뢰 저하로 이어졌다.

라) 친구간 자본주의

아르헨티나에서는 '친구간 자본주의(capitalism among friends)'라는 표현이 일반적으로 사용되고 있다. 이는 공무원들이 자신과 관계가 있는 기업에 특혜를 부여하는 부패유형으로 공공입찰에서 많이 발생하고 있다. 키르츠네르 대통령과 페르난데스 대통령이 임기 중 자신들의 출신지역인 산타 크루스(Santa Cruz)주 친지들이 정부계약을 수임하도록 부당한 영향력을 행사한 것으로 기소된 사건들이 그 사례이다.

2) 브라질

최근 몇 년 동안 브라질에서 진행되고 있는 부패척결 과정이 매우 극적이다. 소위 '세차작전 스캔들'로 알려진 브라질 최대 부패사건에는 의회, 정당, 정부, 국영석유공사(Petrobras), 오데브레흐트(Odebrecht) 건설사 등 다수의 공공 및 민간부문에서 일천 명 이상의 인사들이 연루되어 기소되었다.

특히 2011년에 성공한 대통령으로 찬사를 받으며 퇴임한 룰라(Luis Inácio Lula da Silva) 대통령도 건설회사로부터 수뢰한 혐의로 수감되었고 브라질국영석유공사 사장을 역임하고 대통령에 당선된 뒤 2016년 탄핵소추를 당한 호세프(Dilma Rousseff) 대통령과 그 뒤를 이은 테메르(Michel Temer) 대통령도 부패혐의로 기소 중이다. 브라질 정부는 이를 계기로 브라질 청렴회사 법령(Brazilian Clean Company Act)[21]을 제정했다.

이러한 흐름 속에서 브라질 국민들은 이제 지도자들의 부패행위에 대해 어떻게 할 수 없다는 좌절감에서 오는 관대함에서 벗어나 부패가 국민들의 삶에 주는 심각한 악영향을 새롭게 인식하고 사회적 저항을 하기 시작했다.

국민들의 지도자들의 부패에 대한 관대함의 포기와 사회적 저항은 기업의 사업 환경이 변하고 있는 중요한 신호로 해석되고 있다.

브라질에서 기업가들이 사업 활동할 때 유념해야 될 위험요소를 보면 다음과 같다.

가) 정교한 부패

브라질은 '바나나 공화국(Banana Republic)'도 아니고 캐나다와 같은 성숙한 선진국도 아니다. 매우 현대적이며 세련되고 영악한 민간부문이 있는 한편 이를 지지해주는 정부제도(government institution)는 상대적으로 보수적이고 역량이 부족하다.

브라질에 진출하는 외국 기업들은 필연적으로 세련되고 영악한 브라질 기업들을 조우하게 된다. 이들의 부패와 음모는 아주 치밀하게 계획되고 실행된다. 따라서 외국투자기업들은 경쟁자간 가격담합, 정교한 공공입찰 조작 등 치밀한 부패와 음모를 회피하거나 방어하기 위한 방안을 마련하는 등 경계심을 가질 필요가 있다.

---

21 GAN Integrity, Brazil's Clean Company Act 2014 (Law No. 12,846) holds companies responsible for the corrupt acts of their employees and introduces strict liability for those offences, meaning a company can be liable without a finding of fault. The Act provides strict civil and administrative penalties but no criminal penalties for companies. However, the Criminal Code establishes domestic criminal offences.

나) 복잡하고 독특한 법규체계

브라질은 각종 규제가 정교하게 실시되고 있는 국가이다. 2014년 프라이스 워터하우스(PricewaterhouseCoopers)가 발표한 세계납세보고서에 따르면 브라질의 납세소요시간이 세계에서 가장 많은 것으로 나타났다. 미국의 연간 납세 소요시간은 175 시간이었지만 브라질은 2,600 시간에 달했다.

특히 납세, 환경보호, 공공입찰 등에서 매우 복잡하고 난해한 규정들이 많아 동의할 수 없는 지불이 발생하므로 기업들은 이 지불이 적정하고 필요한 것인지를 알기위해 컨설팅 회사의 전문적인 도움을 받아야 한다.

다) 개인적 인간관계

브라질에서 인간관계는 개인적인 것과 직업적인 것이 서로 복잡하게 연계된다. 고객 또는 사업 파트너와 사업을 얘기하긴 전에 스포츠, 가족, 음악 등 서로 편안한 주제를 가지고 친교를 형성하는 것이 필요하다.

그러나 친교형성은 브라질에서 사업을 하는데 필요하지만 종종 불법한 사업관계로 이어지기도 하므로 경계심이 필요하다.

라) 브라질 방식

'Jeitinho Brasileiro(Brazilian Way)'라는 현지어 표현이 브라질인들의 행동방식을 상징하고 있다. 이는 브라질인들이 상황을 인식하고 일을 수행하며 문제를 해결하는 데 있어서 자기들만의 방식 즉 '브라질식 해결방식'대로 해야 한다는 것을 의미한다.

브라질에서 사업하는 기업은 이러한 행동방식을 경계할 필요가 있으며 지속적인 감시와 내부통제가 필요한 영역이다.

마) 정당

세차작전 스캔들에서 볼 수 있듯이 정당 등 정치인들은 기업과 연계되어 부패에 깊숙이 개입하고 있다. 국영석유공사(Petrobras) 조사에서 들어난 바와 같이 정당을 포함한 정치인들은 관료들을 통해 불법적인 리베이트(kickback scheme)를 받아 자금세탁을 한 뒤 착복하거나 정치자금으로 사용해 왔다. 물론 이 과정에서 관료들의 착복도 동시에 이루어지고 있다.

국제투명성기구가 실시한 2016년 중남미 부패 설문조사에 의하면 설문 대상자의 94%가 이러한 형태의 부패구조를 이미 인지하고 있었다.

3) 칠레

칠레는 모든 측면에서 부패 수준이 낮은 국가이다. 국제투명성기구의 부패인식지수(CPI)도 1996년 최초 발표된 이래 선진국 수준을 계속 유지하고 있다. 법으로 규정된 절차는 건강하고 법의 집행도 신뢰할만한 것으로 평가되어 전체적으로 볼 때 법의 지배(Rule of Law)가 확립되어 있다. 여타 중남미 국가들과 달리 법의 억지력이 잘 작동하고 있다.

칠레에서 활동하는 기업들은 미국해외부패방지법 뿐만 아니라 칠레 국내법도 잘 준수해야 한다. 칠레 정부는 기업의 사기, 수뢰, 자금세탁 등 부패 행위에 대해 강력하게 처벌하고 있다. 따라서 칠레에 투자한 해외 기업들은 현지 반부패시스템에 대한 충분한 이해가 필요하다.

가) 기업형사책임

아르헨티나, 브라질, 페루 등이 기업형사책임 입법을 거부하고 있는 반면 칠레는 2009년 '기업형사책임법(Corporate Criminal Liability Law)'을 제정했다. 기업이 고의적 범행의도(mens rea)를 가질 수 있는가에 대한 논란이 있었지만 칠레 최대 경제단체인 생산상공인연합회의 지지를 받으며 정부가 의지를 가지고 입법을 완수했다.[22]

참고로 칠레 기업형사책임법은 기업 법인 자체에 대한 형사책임은 묻지 않는다. 이는 '법인은 고의성이 없다.'라는 논의에 기초하고 있다.

나) 준법감시프로그램증명서

칠레 기업형사책임법은 명시적으로 기업들이 수뢰와 같은 특정 부패범죄를 예방하기 위해 준법감시 프로그램 운용을 규정하고 있고 운영증명서를 발행해주고 있다.

증명서의 성격과 관련하여 이것이 면책권인지 아니면 지키지 않을 경우 오히려 책임만 높아지는 것인지에 대한 논란이 있다. 그러나 확실한 것은 이 증명서가 없을 경우 부패행위 방지에 기업이 충분한 의무를 이행했다고 증명할 수 없다는 것이다.

4) 콜롬비아

세계은행과 국제통화기금에 따르면 콜롬비아는 중남미 역내에서 네 번째로 큰 경제규모를 가지고 있으며 높은 경제성장이 전망되는 국가이다. 특히 정치경제적으로 어려움을 겪고 있는 인근의 베네수엘라 기업들이 보고타, 카르타헤나, 바랑키야 등에서 사업 둥지를 틀고 있다.

콜롬비아는 경제협력개발기구 반부패협약 회원국으로 2011년에 국가반부패규약(National Anti-Corruption Statute)을 개정하고 2015년에는

---

22 칠레 정부는 OECD 회원국으로 가입하기 위해 OECD 반부패협약(Anti-Corruption Convention) 이 요구하는 기업형사책임을 받아들여야 했다. 칠레는 2010년 1월 OECD 정식 회원국으로 가입했다.

해외뇌물법(Foreign Bribery Law)을 제정했다.

국제투명성기구 부패인식지수(CPI)는 37, 등위는 96/180(2017년)로 전반적으로 부패 수준은 높은 것으로 나타나고 있다. 세관통관, 공공입찰 등에서 부패는 계속되고 있고 현지의 각종 규제환경도 부패의 온상이 되고 있다.

기업들이 콜롬비아에서 사업을 추진할 때 다음 사항에 주의를 기울일 필요가 있다.

가) 마약 및 테러

기업가들은 과거 수십 년 동안 살인, 납치, 폭탄투척 등 마약 불법유통과 관련된 위협으로 부터 고통을 받아왔다. 그러나 최근 콜롬비아 치안상황은 극적으로 개선되고 있다. 특히 2016년 11월 16일 정부와 콜롬비아무장혁명군(FARC)간 평화협정의 체결로 60년 동안 지속된 내전도 사실상 종식되었다.

그럼에도 불구하고 기업의 준법감시관들은 개인안전을 위협받으며 부패문제를 대응해야 하는 문제를 안고 있다.

마약과 관련된 폭력은 감소하였지만 마약 불법유통이 계속되고 있는데 마약 카르텔들은 그 수익을 정상적인 경제로 유입시키기 위해 자금을 세탁하기도 하고 정치권을 후원하며 이를 위한 입법을 부추기기도 한다.

외국투자기업들은 마약자금 세탁과 관련된 기업여부인지를 항상 염두에 두고 현지 협력 기업이나 파트너들을 상대해야 한다.

나) 군부와 교류

광업, 통신, 석유개발 등 비도시 지역에서 사업을 추진하는 기업들은 보다 높은 수준의 치안확보가 필요하다. 필요할 경우 그 지역을 관할하는 군부와 협력해야 한다. 문제는 이러한 협력관계가 미국해외부패방지법에 위배되는지 여부이다.

따라서 기업은 항상 문서로 협약을 체결하고 자금은 군부로 직접 송금하며 현지법에 의한 적법성 확보, 비용에 따른 적절한 서비스의 이행 여부 확인 등 사전 그리고 사후적 필요 조치를 취해야 한다.

다) 지방정부/사회적 투자

지리적 환경과 현지법에 따라 지방정부는 높은 수준의 자치권을 가지고 있다. 또한 지방의 여러 원주민 부족 대표들도 부족공동체에서 나름대로 공적 임무를 수행하고 있다.

기업들이 현지 진출할 때 지방정부 관리들과 부족 대표들이 부패를 조장하는 주체세력이 될 수 있다. 이들은 기업의 현지 활동 조건으로 사회투자를 종용하고 이를 수용하지 않을 때 도로 봉쇄, 시위 등을 하며 기업을 압박한다.

학교나 의료시설을 건설하는 등 사회투자 그 자체는 미국해외부패방지법에 반드시 저촉되는 것은 아니지만 위험요소가 있다.

따라서 기업들은 사회투자 프로젝트를 시행할 때 반드시 현지법에 따라 적법성을 확보하고 개인이 아닌 관련기관과 문서협약을 하는 것이 필수적이다. 사회투자 자금이 개인적으로 유용되지 않도록 감시해야 하며 가능하다면 중앙정부와 협력해 사후관리를 하는 것이 좋다.

라) 준법감시체제

콜롬비아의 많은 기업들은 내부적인 준법감시제도를 갖추고 있다. 이러한 시스템은 앞으로 국가 반부패활동에 매우 긍정적으로 작용할 것이다.

5) 멕시코

국제투명성기구 부패인식지수(CPI)는 29, 등위는 135/180(2017)로 전반적으로 부패가 역내 평균 수준보다 높은 것으로 나타나고 있다. 또한 2016년 실시한 중남미 부패 설문조사에서 멕시코는 베네수엘라, 브라질에 이어 3번째로 부패한 국가로 지목되었다.

멕시코 FTI Consulting사[23]가 2014년 실시한 설문조사에서 대상기업인 중 43%가 정부가 부패하다고 답변했으며 2015년에는 이 수준이 76%로 상승했다. 이들은 증명서 발급, 등록 등 행정업무 처리, 통관, 입찰 등 모든 업무 영역에서 공무원들의 금전요구를 받은 바 있다고 답했다.

기업들이 일반적으로 경험할 수 있는 현지 부패 위험은 다음과 같다.

가) 경찰

경찰이 시내도로나 고속도로에서 교통규칙을 위반했다는 핑계로 운전자에게 금품을 요구하거나 차를 압류하고 뇌물을 받은 후 내어 주는 등의 부패행위는 매우 흔한 일이다.

멕시코에서 활동하고 있는 기업들은 종업원들이 이러한 상황에 잘 대응할 수 있도록 적절한 행동계획을 수립해 교육 훈련시킬 필요가 있다.

나) 안전/금품강요

멕시코는 범죄자들의 납치 행위나 공무원들의 금품 강요 등 치안사건과 부패행위가 넘쳐나고 있다. 미국해외부패방지법은 이 부문에 대한 구체적

---

23 FTI Consulting is a business advisory firm headquartered in Washington, D.C.. The company specializes in the fields of corporate finance and restructuring, economic consulting, forensic and litigation consulting, strategic communications and technology. Founded as Forensic Technologies International Ltd in 1982, FTI Consulting employs more than 4,600 staff in 28 countries. Wikipedia

인 규정을 가지고 있지 않다.

그러나 과거의 사례를 보면 만약 강요나 압박에 의해 뇌물을 제공한 경우 제공자의 전향적인 부패 의향이 있었다고 볼 수 없기 때문에 문제화하지 않는 것으로 나타나고 있다.

그러나 해당 기업은 사건의 자초지종을 기록하고 지불금액등도 정확하게 기장해야 한다. 또한 향후에 같은 사건이 발생하지 않도록 예방조치를 취하는 것이 좋으며 관련 업무가 안전문제나 금품강요와 같은 요구들이 발생할 위험이 있다는 변호사 의견을 확보해두는 것도 필요하다.

다) 정부구매

멕시코의 정부구매 규모는 매우 크며 통상적으로 부패환경이 조성된다. 기업들은 부패 스캔들에 말려들지 않기 위해서 사전적 예방조치를 취해야 하며 내부적으로 준법감시체제를 강화해야 한다.

라) 정치적 연루

멕시코는 정치적 그리고 경제적 권력을 동시에 보유하고 있는 몇몇 가문의 소규모 엘리트들의 영향력이 강한 국가이다. 소규모 엘리트 그룹 내부에서는 정치와 경제권력 그리고 공공과 개인이익간의 경계가 명료하지 않아 부패환경이 상존한다. 예를 들면 재무장관이 은행 가문 출신으로 금융정책을 입안하고 실행하기도 한다.

따라서 외국투자기업가들은 상대하고 있는 파트너의 배경에 대해 잘 파악하고 있을 필요가 있다.

마) 복잡한 규정

멕시코의 법과 규범 체계는 매우 복잡한데 이러한 복잡한 규정이 부패의 온상이 된다. 현지 변호사들의 자문없이 어떤 지불이 적법한 것인가를 판단하는 것이 쉽지 않다.

이를 개선하기 위해 멕시코 정부는 2012년 공공입찰 반부패 법을 제정하고 2015년에는 헌법 개정을 통해 국가 반부패 시스템을 만드는 등 노력을 하고 있지만 부패를 근절하기 위해서는 더 많은 조치와 시간이 필요하다.

6) 페루

국제투명성기구 부패인식지수 37, 등위 96/180(2017)으로 전반적인 부패 상황은 역내 평균 수준이다. 그러나 정부 고위층의 부패 사건이 끊임없이 정국을 흔들고 있다.

후지모리(Alberto Fujimori, 1990~2000) 대통령은 과거 공금횡령 및 수뢰혐의로 25년형을 받아 수감 중이다. 톨레도(Alejandro Toledo, 2001~2006) 대통령, 후말라(Ollanta Humala, 2011~2016), 쿠진스키(Pedro Pablo Kuczynski, 2016~2018) 대통령도 퇴임 후 부패혐의로 기소되거나 대통령 직을 사임하였다. 또한 후지모리 대통령의 딸이면서 제1야당 당수이고 2011년, 2016년 유력 대선후보이었던 케이코 후지모리(Keiko Fujimori)의원도 브라질 건설업체의 수뢰혐의로 2018년 10월 구금되기도 했다.[24]

페루에서 사업할 때 관심이 필요한 부패관련 유의사항은 다음과 같다.

가) 변호사와 면책

페루에는 현지에서 활동능력을 인정받고 있는 다수의 법률회사들이 있다. 현지 사법부는 업무폭주 등을 이유로 재판을 지연시키고 있는 경우가

---

[24] Alberto Fujimori, Alejandro Toledo, Ollanta Humala, Pedrp Pablo Kuczynski, Keiko Fujimori, Wikipedia

많은데 소위 활동능력을 인정받고 있다는 법률회사들은 신속한 재판을 받을 수 있도록 재판부에 뇌물공여 등을 통해 거래하고 있다.

국제투명성기구 페루 소재 회원사인 프로에티카(Proetica)가 실시한 설문조사에 따르면 페루 국민의 56%는 사법부가 부패한 것으로 믿고 있다. 판사들은 면책될 수 있다는 생각을 가지고 있기 때문에 뇌물수수도 복잡한 과정이 없이 노골적일 때가 많다.

나) 비즈니스 업계의 관용

페루에서 활동 중인 외국기업들은 현지기업들이 부패행위에 대해 매우 관대한 태도를 가지고 있다는 인식을 할 경우가 많다. 소위 '후지모리의 유산'으로 일컫는 이러한 태도는 현지 비즈니스 업계의 후지모리 대통령에 대한 지지를 상징적으로 보여주고 있다.

후지모리 대통령은 취임 중에 좌파 게릴라 활동을 무력으로 종료시키고 이룬 사회적 안정을 기반으로 외국인직접투자를 유치하는 등 경제를 크게 활성화시켰다.

현지 비즈니스 업계는 후지모리 대통령이 당시 이룬 성과를 높게 평가하고 동경하며 부패를 경제 활성화 과정에서 있을 수 있는 촉매제 또는 필요악으로 보는 입장을 견지하고 있다. 이러한 인식 속에서 이들은 반부패활동인 준법감시활동도 회의적 시각으로 보고 있다.

다) 독특한 광업 리스크

페루에서 광업은 매우 중요한 산업이다. 정부가 광산개발권을 내주는 과정에 부패의 개입이 전혀 없다고 볼 수는 없지만 일반적으로 전문적이며 투명하게 처리되고 있는 것으로 평가되고 있다.

그러나 문제는 다른 곳에 있다. 현지 법률에 의하면 광산개발권 확보를 위해서 현지 원주민공동체와 합의에 기초한 협약을 체결해야 한다. 이 과정에서 원주민공동체는 광산개발기업에게 지대 납부, 자선기금 기여, 학교, 도로, 병원 등 인프라 건설, 원주민 의무고용 등 많은 요구를 하고 있다. 그런데 이들과의 협상과정에서 광산개발기업과 지방정부 및 원주민공동체간 불법 뇌물거래 환경이 조성될 수 있다.

라) 인허가가 제한된 산업분야

석유, 가스, 건설, 어업, 삼림목재 등 산업은 현지법률에 따라 광업보다 인허가가 더 제한되어 있다. 따라서 이 부문에 대한 개발 인허가권을 확보하기 위한 경합이 치열할 수밖에 없으며 이 지점에서 부패의 토양이 마련된다.

인허가권 입찰을 관장하는 정부공무원들은 노골적으로 '완벽한 제안서란 없다'라고 말하며 완벽하지 못한 부분을 다른 수단으로 보완하기를 유도한다.

통상적으로 중개인(operator)이라고 부르는 제3자를 넣어 입찰을 진행하는데 입찰자간에 서로 담합하기도 한다.

마) 경찰

페루 경찰은 일반적으로 부패한 것으로 인식되고 있다. 프로에티카(Pro-etica)의 조사결과에 따르면 2011년과 2012년 중 6,000명 이상이 부패 혐의로 수사를 받았고 이 결과 2013년에는 경찰력의 80% 순환 배치하기도 했다.

7) 베네수엘라

차베스(Hugo Chavez) 대통령은 수십 년 동안 지속되어온 과두 엘리트 정치가들의 부패에 대한 국민의 불만을 배경으로 1999년 대선에서 집권에 성공했다. 그러나 그의 집권시기에도 소위 볼리가키(Boligarchy)[25]로 불리는 좌파 집권세력의 부패는 끊임없이 계속되었다.

차베스 사후에 등장한 마두로(Nicolas Maduro) 정권의 부패상황도 전혀 개선되지 못했다. 오히려 유가하락에 따른 경제침체와 이에 따른 정치사회적 불안 가중으로 인해 부패는 더욱 확산되고 악화되었다.

베네수엘라의 국제투명성기구 부패인식지수는 18, 등위는 169/180(2017)로 세계 전체에서 최하위권이며 중남미 역내에서 가장 낮은 등위이다. 또한 국제투명성기구가 2016년 실시한 설문조사에서 국민들의 93%는 부패를 국가발전의 가장 심각한 장애요소로 응답했다.

특히 최근 몇 년 동안 정치경제적 상황이 혼란해지면서 좌파집권세력의 부패가 크게 확대되었다. 이러한 환경 속에서 현지 기업은 현실적으로 자체적 준법감시를 할 수 없어 미국해외부패방지법 등에 저촉될 수 있는 상황에 처하게 되었다.

가) 광범위한 국유화 정책

차베스 대통령은 집권한 뒤 석유 및 가스, 식품, 의류, 통신, 자동차 등 중요 산업을 합작투자나 몰수 등의 방식으로 국유화시켰다.

베네수엘라 석유가스 산업을 이끄는 국영석유공사(PDVSA)는 베네수엘라 경제를 지탱하는 가장 중요한 국영기업이다. 석유가스의 생산, 정제, 유통, 수출을 전체적으로 통제하며 산하에 많은 자회사들이 있어 다양한 이권을 가지고 있다.

베네수엘라에서 이권을 많이 가지고 있다는 것은 그만큼 부패의 온상이 된다는 의미이기도 하다. 국영석유공사와 거래하는 해외 기업들은 당연하

---

25 Bolivarian Oligarchy의 줄임말로 볼리바르 혁명을 주장하는 좌파 과두정치가 집단을 지칭하는 비하적인 표현이다

게 다양한 방식으로 뇌물제공 압박을 받는다. 그리고 뇌물제공이 적정하게 이루어지지 않으면 사업의 취소나 사업기간 만료 후 갱신이 거부되는 등 불이익을 당하게 된다.

나) 외환통제

베네수엘라 외환정책의 목표는 외화도피 방지와 인플레 억제이다. 그러나 결과적으로 볼 때 그 어느 것도 성공하지 못했다.

부족한 외환보유고를 지키기 위해 외환통제정책을 강력하게 운용하지만 외채 원리금과 이자상환, 수입 등 외환수요 압박이 커서 현지화 가치는 크게 폭락하였다.

개인과 기업은 불법적 방법을 사용해 자산을 외환으로 바꿔 미국, 파나마 등 해외로 도피시키고 있다. 이러한 경제 환경은 해외부패방지법 회계 규정에 저촉되는데 현지에서 활동하고 있는 외국기업은 이를 유념하는 것이 필요하다.

다) 공정가격법

마두로 정부는 2014년에 '공정가격법'을[26] 제정해 실행하고 있다. 공정가격법에 따르면 생산원가를 중앙정부가 강력한 통제를 하기 때문에 기업이 이윤을 거두기 어렵다.

그렇다고 기업이 생산중단이나 축소를 하면 이를 생산 보이콧 또는 사보타지로 간주해 벌금부과, 영업허가 취소, 상품과 공장시설 몰수 등의 조치를 당하고 경영주는 범죄자로 간주되어 투옥된다.

이 과정에서 기업가들은 불법적으로 원가를 확대해 이윤을 취하거나 징벌회피를 위해 공무원들에게 뇌물상납을 해야 하는 상황에 처한다.

---

26 Ley Organica de Precios Justos(Law of Fair Price)

라) 치안위협

범죄와 폭력에 따른 치안불안도 간과할 수 없는 심각한 상황이다. 2015년 기준 살인범죄가 많은 세계 50대 위험도시 리스트에 8개의 베네수엘라 도시가 포함되어 있다. 특히 수도 카라카스(Caracas)는 가장 위험한 도시로 인구 10만 명 당 120명이 살해당하고 있는 것으로 보고되었다.

종업원들에게 신체적 위험을 감수하며 부패위험 회피를 요구는 것은 현실적으로 어렵다. 또한 이들은 범죄자들의 위협뿐만 아니라 공권력 협박도 두려워하기 때문에 뇌물제공을 거부하지 못한다. 특히 베네수엘라 경찰과 경찰군의 일반 시민들을 향한 부패행위는 악명이 높다.

마) 고급인력 해외유출

차베스 대통령 사후 이어지는 정치 및 경제 그리고 사회적 혼란으로 고급 인력이 해외로 유출되고 있다. 과거 국영석유공사에서 근무했던 많은 석유 가스 부문 전문 인력이 콜롬비아, 에콰도르, 페루 등 인근국가로 유출되었던 것이 그 한 사례이다.

영어사용이 가능한 유능한 경영자, 회계사 등 고급인력을 확보하는 것이 용이하지 않다. 내부준법감시를 할 수 있는 자질을 가진 인사 확보는 더욱 그렇다.

라. 부패유형

중남미는 33개 독립국가로 구성된 매우 다양한 자연지리 환경과 문화를 가지고 있다. 아르헨티나와 칠레는 긴 국경을 가지고 서로 마주보고 있지만 각자 서로 다른 문화 환경을 가지고 있다. 동일한 국가라 하더라도 아마존 강변 브라질의 마나우스(Manaus)는 자연 정글이지만 상업도시 사웅파

울로는 콘크리트 정글이다.

중남미 지역에서 발생하고 있는 부패도 국가별로 그리고 지역별로 서로 다른 유형으로 나타난다. 예를 들어 저개발국가인 아이티에서는 공공입찰에 참여하는 해외기업은 공무원에게 뇌물을 직접 제공하지만 아르헨티나에서는 여러 당사자들이 참여하는 복잡한 네트워크를 통해 제공한다.

기업소재지, 정부형태, 분권화, 불평등 수준 등에 따라 부패 유형도 다르게 형성된다.

따라서 중남미 지역에서 발생하고 있는 부패 유형을 명료하게 일반화한다는 것은 어렵다. 그럼에도 불구하고 다음과 같이 몇 가지 부패유형을 일반화 할 수 있다.

1) 공공입찰 조작

경제개발기구가 2014년 12월에 발간한 해외뇌물보고서에[27] 따르면 '공공입찰은 어느 국가에서나 부패의 소지가 가장 많은 영역이다'라고 지적하고 있다. 경제개발기구는 반부패협약(OECD Anti-Bribery Convention)이 발효된 이후 발생한 427건의 해외부패사례를 조사했는데 이중 57%가 공공입찰과 관련된 것이었다.

중남미 국가들도 예외가 아니다. 공공입찰 부패혐의로 미국해외부패방지법에 따라 벌과금을 낸 다수의 사례가 있다.[28] 공공입찰의 부패 비리는 주로 정부나 국영기업이 건설사업, 자재 및 장비구입, 통신사업, 석유개발서비스, 의료장비 구입, 발전소 건설 등 각종 사업을 실행하는 과정에서 발

---

27 OECD(2014) FOREIGN BRIBERY REPORT: An analysis of the crime of bribery of foreign public officials
28 2010년 ALCATEL의 코스타리카 통신입찰 부패, 2012년 Eli Lilly의 브라질 의약품 입찰 비리, 2012년 BizJet의 멕시코, 파나마, 브라질의 항공기 서비스 입찰 비리 등

생하고 있다.

입찰비리는 입찰시행 공무원의 입찰 참가 회사에게 리베이트 환불중개인 임명요청, 리베이트 환불 수단과 네트워크의 조직, 입찰기관 전직관료 고용 로비, 입찰관련 기술스펙 조작, 입찰가격 정보누출 등 매우 다양하다.

참고로 개도국에 개발자금 금융지원을 하고 있는 세계은행(WB)은 내부 지침서를[29] 통해 만약 개발자금을 사용한 공공입찰에서 최저가 입찰자 선정배제, 동일업체 반복낙찰, 입찰 중 조건과 스펙 변경, 낙찰 예정가격 근접 제시 등 의심사항이 발생하면 자금운용감독관이 해당 입찰시행기관에 대한 준법감시를 실행하도록 권고하고 있다.

2) 규제위험

중남미는 다른 지역과 비교해 상대적으로 규제 제도의 질이 떨어지는 것으로 평가되고 있다.

2019년 세계은행 기업환경평가보고서(Doing Business 2019) 규제부문 평가에 따르면 190개 국가 중 멕시코(54위), 칠레(56위), 콜롬비아(65위), 코스타리카(67위), 페루(68위) 등이 중위권에 머물고 브라질(109위), 아르헨티나(119위), 에콰도르(123위), 볼리비아(156위), 베네수엘라(188위) 등은 하위권에 속해 있어 규제의 투명성, 효율성, 예측성의 질이 모두 나쁜 것으로 나타나고 있다. 특히 중남미 국가들의 규제제도는 모호할 뿐만 아니라 중복되거나 다수 기관들이 개입되어 있는 경우가 많다.

규제제도 수준과 부패 위험은 직접적인 연관이 있다. 규제제도가 모호하고 복잡할수록 부패 위험은 커지고 규제기관이 많을수록 뇌물요구가 늘어

---

[29] World Bank, Most Common Red Flags of Fraud and Corruption in Procurement IN BANK- FINANCED PROJECTS, http://siteresources.worldbank.org

난다.

해외기업들은 현지 규제제도의 모호함과 복잡성 등 규제적 장애를 돌파하기 위해 전문중개인을 고용한다. 그러나 이들이 기업 명의로 부적절한 뇌물을 제공하면 차후에 부패혐의로 기소될 위험이 있는데 기업들은 이러한 위험회피를 위해 별도의 대책을 마련하는 것이 필요하다.

3) 세관위험

중남미 국가들 세관에서는 뇌물수수가 관행적으로 이루어지고 있다. 신속 통관을 위해서는 세관 공무원들에게 직접 또는 통관업체를 통한 간접적 방법으로 뇌물을 전달한다.

그러나 이러한 행위는 미국해외부패방지법 소추대상으로 벌과금을 납부한 사례가 많다. 중남미에서 활동하고 있는 외국투자기업들은 세관 부패위험을 회피할 수 있는 다양한 대안이 필요하다.

4) 경찰과 공무원의 뇌물강요

중남미 대부분의 국가에서 경찰이 기업과 종업원에게 부패행위를 강요하는 고질적인 상황이 계속되고 있다. 멕시코나 베네수엘라에서는 고속도로 검문소 경찰들이 사소한 이유를 핑계로 화물차 통과를 지연시키거나 압류를 하면서 뇌물제공을 강요하는 것은 일상적이다. 2016년 멕시코 부패설문조사에 따르면 응답자의 82%가 경찰의 부패가 심각하다고 응답했다.

공무원들이 직간접적으로 협박하며 뇌물제공을 강요하기도 한다. 그러나 협박에 의한 뇌물제공은 당시 상황을 판단해 뇌물혐의 적용에서 예외적 사안으로 취급될 수 있다. 단 이 경우에 공무원의 협박이 급박하고 개인의 건강이나 안전등에 직접적인 영향을 줄 수 있는 상황이어야 한다.

따라서 영업상 필요에 따라 뇌물제공 압박에 응하는 것은 예외적 사안의 적용을 받지 못한다. 경찰에 압류된 화물차를 빼내기 위해 뇌물을 제공하는 것은 예외사항이 아니다.

기업들은 뇌물제공 위험회피를 하기 위해 고용원 훈련 등을 포함한 세밀한 대책마련이 필요하다. 뇌물제공 관련 현지 사용 은어 이해하기[30], 역할극을 통한 고용원 훈련, 운송관련 각종 필수문수 철저한 비치, 문제 발생 후 회사준법감시부서와 긴밀한 소통 등의 방법이 있다.

5) 선물과 환대

미국해외부패방지법은 외국 정부 공무원을 대상으로 선물행위를 하거나 여행경비 및 숙소를 제공하는 등 환대행위 그 자체는 제한하지 않고 있다. 문제는 선물공여 등 환대행위가 공공입찰 등과 같은 정부사업과 직간접적으로 관계가 있는 것인가의 여부에 있다.

그러나 선물제공과 환대는 잠재적 영향력 확보를 목표로 하고 있다는 점에서 그 자체 부패 위험을 안고 있는 행위이다. 그러므로 회사 내부적으로 준법감시 기능을 활용해 문제성 여부를 검토해야 한다.

즉 준법감시부서는 선물제공 및 환대의 목적, 투명성, 현지법 저촉 가능성, 정확한 기록의 유지관리 등의 기준을 가지고 사안을 검토해야 할 것이다.

---

30 국가마다 뇌물을 말하는 은어가 있을 수 있다. 멕시코에서는 모르디다(mordida)라고 하는데 '한입'의 의미를 가지고 있다. 브라질에서는 프로피나(propina)라고 한다. '팁'이란 뜻이다.

6) 로비 자금(Facilitating Payments)

정부 공무원들이 종종 원활하게 일을 처리하기 위해 소요되는 합법적 비용 명목으로 소액을 요구하는 경우가 있다. 조기통관에 15,000불, 영주권 확보에 9,000불 등과 같이 업무촉진을 위한 지불규모가 회자되기도 하는데 회사준법감시 부서는 이러한 지불이 현지법이나 해외부패방지법의 예외에 해당하는지 자세히 조사해야 한다.

해외부패방지법은 예외적으로 로비자금을 인정하고 있지만 그 범위는 매우 좁다. 브라질에서는 이러한 지불은 기소될 수 있고 최대 12년의 징역형에 처해질 수 있다.

7) 가족기업

2014년 언스트 영(Ernst and Young)사 보고서에 따르면 중남미 기업의 85%는 가족기업이며 이들이 역내 총생산의 60% 고용의 70%를 담당하고 있다. 가족기업이 많다는 것은 그만큼 소액주주들의 설 자리가 없고 외부로부터 신규투자 진입이 어렵다는 것을 의미한다.

가족기업은 부패경영의 위험에 노출되기 쉽다. 현지 기업과 합작 등 공동사업을 추진하고 있는 외국투자기업은 종종 현지 기업이 회계와 경영 일반에 투명성이 부족하고 내부준법감시 기능도 취약하다는 것을 사후에 파악하게 되는 경우가 많다. 이 경우 외국투자기업이 현지 기업과 합작을 하거나 취득을 할 때 필요한 반부패 관련 선량한 관리자로서의 의무를 할 수 없게 만든다.

가족기업 경영자들은 자신들의 기업경영과 회계에 대한 자료를 외부의 변호사나 회계사들에게 공개하는 것을 꺼리기 마련이다. 따라서 외국투자기업 협상담당자들은 반부패 관련 선량한 관리자로서의 의무가 왜 필요한가를 잘 이해하고 설득해야 한다.

8) 독점과 준법감시 위험

중남미 국가에서 소수 기업의 시장 독점은 일반적인 현상이다. 이들은 정치권력과 연계한 후 내부금융거래, 경제적 영향력 행사, 족벌주의 등으로 시장지배력을 지속적으로 강화하고 유지한다. 시장에서 독점적 지배력을 확보하고 있는 현지 기업은 정부와 정치권에 부적절한 뇌물거래를 할 가능성이 높다.

외국투자기업이 현지 유력 기업들과 공동사업을 추진할 때 반부패준법감시 활동 강화에 대한 주장을 일방적으로 주장할 수 없는 경우가 많다. 그 이유는 현지 기업이 외국투자기업을 필요로 하기 보다는 외국투자기업이 현지 기업과 협력하는 것이 더 필요하기 때문이다.

이 경우 현지 기업이 관행적으로 해온 부패 행위가 외국투자기업에게 부정적 영향을 줄 수 있다. 중남미 국가에 투자하고 있는 외국투자기업은 이러한 상황을 관리하기 위해 다양한 대응방안을 마련해야 한다.

첫째 우선 시장 독점과 연계된 위험을 이해하고 위험의 조짐을 인식하는 것이 필요한 데 이를 위해 독점기업 소유권에 관한 정보, 정부와 연계 관계, 기업 평판 등을 면밀하게 알아둘 필요성이 있다.

둘째 내국인 준법감시 전문가를 활용해 시장독점기업 소유권자에게 그 필요성을 인식시켜야 한다. 외국투자기업이 직접 요구하는 것보다 반발이 적다는 장점이 있다.

셋째 현지 기업이 부패 관행을 포기할 의사가 없다면 관계를 정리하는 것을 고려해야 한다.

9) 버블 붕괴 위험

중남미는 그동안 붐과 버스트 주기(Boom and Bust Cycles)를 반복해 왔다. 과거 경험을 보면 경기가 왜축될 때 부패 위험이 높아진다. 다국적기업은 투자규모가 크기 때문에 경기가 불리하더라도 쉽게 떠날 수가 없다.

따라서 구매력이 줄어든 소비자를 더 많이 확보하고 축소된 공공 프로젝트를 보다 안정적으로 수주하기 위해 필요한 일은 무엇이든지 하겠다는 유혹이 커질 수밖에 없고 공격적인 뇌물요구에 대해 긍정적인 대응을 하기 쉽다.

경제 불황으로 정권이 교체되면 신정부는 이전 정부가 시행했던 각종 공공사업을 면밀하게 조사하고 부패 행위를 적발하려는 경향이 있는데 그 대상이 현지 기업보다는 외국투자기업이 될 가능성이 크다는 것을 염두에 두어야 한다.

6. 대응방안

부패는 그 자체로 관심이 집중될 수 있는 윤리 문제일 뿐만 아니라 지속 가능한 균형적 개발을 저해하는 경제 문제이고 민주주의를 흔드는 정치 문제이기도 하다.

특히 경제 측면에서 볼 때 부패는 공공정책의 효율성과 유효성 약화, 자원배분의 왜곡, 공정한 경쟁 환경의 파괴, 불평등한 소득 배분을 야기한다. 부패가 만연하면 국민들은 당연하게 기업이 창출하고 있는 이익과 정부 과세정책의 적법성에 의심을 가지게 되고 이는 결국 시장과 정부에 대한 신뢰상실로 이어진다.

사회학자들은 부패를 '사악한 문제(wicked problem)'[31]라고 부르고 있다. 부패는 인식하기도 쉽지 않고 복잡한 요소들이 너무 많아 부분적 해결이나 통제는 가능하지만 근절은 될 수 없다는 것이다. 그럼에도 불구하고 부패는 현실적 문제로 개인, 기업, 정부는 부패에 적극적으로 대응해 부정적 영향을 줄여나가야 한다.

가. 정부의 대응

정부는 채찍(징벌)과 당근(우대) 정책을 사용해 부패를 통제해야 하는 당연한 의무를 가지고 있음에도 불구하고 스스로 부패하여 문제를 야기하기도 한다.

따라서 정부는 외부적으로 공공행정 투명성을 확보하고 내부적으로 반부패개혁을 강력하게 추진하는 등의 대응방안을 마련해 실시해야 한다. 투명성 확보는 행정부와 사법부 그리고 입법부를 포함해 포괄적으로 이루어져야 한다.

1) 행정부

행정부는 공공정책의 투명성 확보를 위해 정책의 효율성과 유효성 강화, 자원배분 왜곡 시정, 공정한 경쟁 환경 조성, 불평등한 소득 배분 개선을

---

31 Wikipedia, A wicked problem is a problem that is difficult or impossible to solve because of incomplete, contradictory, and changing requirements that are often difficult to recognize. The phrase was originally used in social planning. Its modern sense was introduced in 1967 by C. West Churchman in a guest editorial Churchman wrote in the journal Management Science, responding to a previous use of the term by Horst Rittel.

도모해야 한다.

우선 세제, 예산, 관세, 재무 및 금융 감독 체계를 포함한 제반 재무행정의 투명성을 높이고 관리체제를 확고하게 할 필요가 있다. 미주개발은행(IDB) 도 이 부분의 개혁을 계속 주장하고 있다.

둘째 정부구매와 계약체결 과정에서 효율성과 투명성을 확보할 수 있는 체제를 구축해야 한다.

셋째 규제 축소를 포함하는 효율적이며 투명한 규제환경을 조성해야 한다.

넷째 민영화과정의 투명성 확보를 위해 입찰절차와 양허협상에서 객관적 인 기술평가 체계를 마련해야 한다.

다섯째 기업과 정치권의 영향에서 탈피하고 행정부의 독립성을 담보할 수 있는 관리감독 체계를 만들어 운용하는 것이 필요하다.

2) 사법부

미주개발은행은 부패 축소를 위해 사법부의 역할이 중요하다는 것을 인 식하고 사법제도 강화와 개혁을 강조해 왔다. 여기에는 법률 현대화, 사법 부 관리체제 강화, 전문인력 확보 및 교육훈련 강화, 면책 최소화 등 공정한 법 집행을 위한 사법부 인프라 강화가 필요하다.

3) 입법부

반부패개혁은 역내 개별국가의 의회뿐만 아니라 중미, 카리브, 남미에 설치된 경제협력기구 의회[32]에서도 중요한 이슈이다. 이는 국내적으로 반부패 입법을 위한 강력한 의지와 노력이 요구됨과 동시에 역내 국가 간 긴밀한 협력이 필요하다는 것을 의미하고 있다.

4) 국가별 현황

가) 아르헨티나

부패가 정치, 경제, 사회 모든 영역에서 일상적으로 일어나고 있다. 반부패 법규는 대부분 형법에 포함되어 있는데 능동 또는 수동적 동기 여부에 관계없이 공무원에 대한 뇌물제공을 금지하고 있다.

로비자금(Facilitating Payments)도 예외를 인정하고 있지 않다. 선물행위도 금지하고 있지만 현실적으로는 통제가 되지 않고 있다.

사법부의 부패 수준이 높다. 기업보고에 따르면 유리한 판결을 얻어내기 위해 뇌물제공이 필요하고 하급심은 정치적 간섭에도 노출되어 있다. 이러한 경향은 특히 지역법원에서 더 심하게 나타나고 있다.

외국투자기업들은 분쟁이 발생하면 국내법원에 호소하는 것보다 국제중재재판소를 통한 문제해결을 더 선호하고 있다. 아르헨티나는 국제투자분쟁중재센터(ICSID) 회원국이다.

경찰의 부패 수준도 매우 높다. 기업보고에 따르면 경찰은 자의적이며 매우 정치화되어 있다. 경찰의 부패 축소를 위해 부에노스아이레스 경찰청은 2014년 지역공동체경찰제도(community policing)를 도입하기도 했다.

---

32 중미통합체제(Sistema de la Integración Centroamericana)의 중미의회(Parlacen), 카리브공동체(CARICOM)의 카리브공동체 의원협회(Assembly of Caribbean Community Parliamentarians), 남미공동시장(MERCOSUR)의 남미공동시장의회(Parlasur) 등

공공서비스, 인허가, 토지행정 등은 서비스 제공 과정에서 종종 무자료 비용지불이나 뇌물제공이 있지만 기업들은 대체적으로 견딜만한 것으로 평가하고 있다. 토지재산권도 대체적으로 잘 지켜지고 있다.

그러나 세무행정, 관세행정, 정부구매, 자원행정 부문의 부패 수준은 매우 높다. 정부구매에서 후견주의, 족벌주의, 파벌주의 영향이 크며 뇌물행위가 이를 받치고 있다. 권력자의 보이지 않는 영향력으로 외국투자기업은 주요 사업계약 수주활동에서 국내기업과 비교해 불리한 입장이다.

아르헨티나는 경제개발협력기구 반부패협정(OECD Anti-Bribery Convention), 미주반부패협정(Inter-American Convention Against Corruption), 유엔반부패협정(UN Convention Against Corruption) 회원국이다.

나) 볼리비아

볼리비아에서 부패는 비즈니스의 큰 장애물이다. 족벌주의와 후원주의에 기초한 보이지 않는 비즈니스 네트워크가 모든 부문에 잠재되어 있어 정부구매나 자원개발 등 주요 프로젝트 사업에 부정적 영향을 끼치고 있다.

반부패법이 제정되어 있으며[33] 형법과 함께 반부패 법률체계를 구성한다. 능동 또는 수동적 뇌물제공, 권력남용, 착취 등은 모두 범죄로 소추된다. 그러나 그 집행은 부실한데 이는 정치인과 공무원들에 대한 광범위한 면책이 중요한 원인이다.

기업이 법률사건에 연루되면 사법부의 부패를 실감하게 된다. 유리한 법원 판결을 받기위해서 뇌물제공과 부적절한 비용지불이 필수적이다. 재판절차가 매우 느리고 자의적으로 이루어지고 있다. 그렇다고 제3국에서 이루어진 재판 결과는 국내에서 효력이 없다. 경영자와 기업 모두 소추 대상

---

[33] Law against Corruption, Illicit Enrichment, and the Investigation of Assets

이다.

부패와 면책이 경찰에 만연되어 있다. 시민들은 국가기관 중 경찰이 가장 부패하다고 생각하고 있다. 그러나 기업들은 경찰이 부패하지만 현실적으로 범죄로부터 자신들을 보호해주고 법과질서를 보장하는 기관은 경찰이라고 평가하고 있다.

공공서비스 행정은 비효율적이고 비전문적일 뿐만 아니라 후견주의, 족벌주의, 파벌주의가 만연해 있다.

토지행정에서도 부패 수준은 매우 높은 것으로 나타나고 있다. 토지소유권은 법률에 의해 보호되고 있지만 기업보고에 따르면 그 실행은 상대적으로 부실하다. 필요시 몰수되거나 미미한 보상으로 회수되기도 한다.

세무행정, 관세행정, 정부구매, 자원행정 부문의 부패 수준도 높다. 납세과정에서 부적절한 지불과 뇌물이 성행하고 수출입 통관도 신속통관을 위해 뇌물수수가 이루어진다.

정부구매에서 뇌물행위는 일상적이 후견주의, 족벌주의, 파벌주의 네트워크가 움직인다. 특히 부패가 가장 심한 곳은 자원개발 부문이다. 볼리비아는 남미에서 두 번째로 많은 천연가스를 보유하고 있고 풍부한 광물자원을 가지고 있다.

볼리비아는 국제투자분쟁중재센터(ICSID) 회원국이 아니다.

다) 브라질

브라질에서 부패 행위는 사업추진 과정에서 일상적으로 일어나고 있는데 특히 세무행정, 자원행정, 정부구매 등에서 심하다.

브라질 부패의 폭과 깊이를 알기 위해서는 브라질 국영석유공사(Petro-bras)와 오데브레히트(Odebrecht) 건설회사가 개입된 세차장부패사건(Operation Car Wash Scandal)이 몇 년 동안 브라질의 정치, 경제, 사회 전반에 끼치고 있는 악영향을 눈여겨 볼 필요가 있다.

반부패법인 청렴회사법(Clean Company Law)이 제정되어 형법과 함께 반부패 법률체계를 구성하고 있다. 법률은 그 자체로 매우 강력하나 집행은 일관성이 부족하다.

정부구매에서 입찰가격 조작 및 기만, 직간접적인 뇌물제공 등은 모두 중요한 부패 행위이다. 뇌물과 로비자금을 따로 구분하지 않고 같은 성격의 부패행위로 다루고 있다.

브라질 사법부의 높은 부패 수준은 기업들이 극복해야 하는 도전과제가 되고 있다. 주로 민원을 일차적으로 처리하는 지방법원에서 부패행위가 발생하고 있다. 법원이 관료적인데다가 업무 과중을 이유로 소송기간이 매우 길다. 따라서 신속재판이나 유리한 판결 등 편의제공을 매개로 판사들이 부패에 노출되어 있다.

경찰력은 부패하고 폭력적임에도 불구하고 보이지 않는 면책을 받고 있으며 외부 권력의 영향력으로부터도 자유스럽지 못하다. 특히 지방에서 대토지 소유자들이 경찰에 비공식적인 영향력을 행사하는 것은 관례적으로 용인되어 왔다.

공공행정은 지나치게 관료적이고 비효율적이며 종종 뇌물수수가 필요하지만 기업들은 대체적으로 극복할만한 수준인 것으로 평가하고 있다.

토지행정, 세무행정, 관세행정 모두 부패 위험도가 높은 영역이다. 지방 대토지 소유자들은 경찰이나 법원에 현지에서 세습적으로 가지고 있는 막강한 정치경제적 영향력을 행사한다.

기업들은 탈세를 목적으로 세무공무원에게 능동 또는 수동적으로 뇌물을 상납하고[34] 수출입통관 시에도 직간접적인 뇌물제공 요구에 대응해야만 한다.

정부구매의 모든 단계에서 후원주의, 족벌주의, 파벌주의가 작용하고 여

---

34 사례: Operation 'Zelotes' Scandal

기에서 발생한 불법 리베이트나 뇌물은 복잡한 자금세탁 과정을 거친 뒤 이해관계자들에게 전달된다.[35]

외국투자기업들이 자원개발사업을 추진하기 위해서는 브라질 자원산업에 내부적으로 깊게 형성된 부패구조에 대한 정확한 이해가 필요하다. 자원행정은 표면적으로는 엄하게 관리되고 있지만 종종 공무원들이 법률회사와 연계해 과도한 로열티를 부과하는 등 불이익을 조장하는 방식으로 뇌물제공을 요구하는 경우가 있다.[36]

브라질은 경제협력개발기구 반부패협정(OECD Anti-Bribery Convention)과 유엔반부패협정(UNCAC: UN Convention Against Corruption)회원국이다.

라) 칠레

칠레는 역내에서 부패 수준이 가장 낮다. 법에 의한 지배가 투명하게 이루어지고 있으며 특히 부패에 대한 수사와 처벌을 효율적으로 할 수 있는 체계를 갖추고 있다.

반부패법으로 기업형사책임법(Criminal Corporate Liability Law)이 제정되어 있고 형법과 함께 반부패 법률체계를 구성하고 있다.

칠레 사법제도의 부패 위험도는 낮다. 사법부는 행정부나 정치권의 영향을 받지 않고 독립적이며 투명하게 운영되는 것으로 평가되고 있다. 뇌물수수를 통한 재판거래 가능성은 거의 없다.

공공서비스 취득 과정에서의 부패 위험도 낮은 편이다. 칠레 정부는 공공서비스 제공을 투명하고 공정하게 처리하기 위해 실적주의 원용, 정치공무원 임명 축소, 권력남용 처벌 강화 등 많은 개혁조치를 취해왔다.

토지행정, 세무행정, 관세행정, 자원행정도 대체적으로 투명하며 심각한

---

35 사례: Operation 'Car Wash' Scandal

36 사례: Operation 'Timoteo' Scandal

부패사항이 없다.

정부구매와 관련된 과거의 몇 가지 부패사례가 있는데 이는 모두 정경유착에 기인한 것이었다.[37] 그럼에도 불구하고 대부분의 정부구매는 투명하게 진행되고 있다.

반부패법으로 기업형사책임법(Corporate Criminal Liability Law)이 제정되어 있으며 형법과 함께 반부패 법률체계를 구성하고 있다. 형법에 따라 능동 또는 수동적 뇌물제공 모두 처벌대상이다. 뇌물죄로 최대 3년 징역형과 3배의 벌금을 부과할 수 있다. 로비자금(facilitation money)은 금지되어 있다.

기업형사책임법에 따라 자금세탁, 테러자금지원, 공무원 수뢰 모두 처벌하고 있다. 기업도 법인자격으로 최대 63만 불까지 벌금 처벌을 받을 수 있고 정부가 추진하는 각종 사업에 참여할 자격을 상실한다.

칠레는 경제협력개발기구 반부패협정(OECD Anti-Bribery Convention)과 유엔반부패협정(UNCAC: UN Convention Against Corruption)회원국이다.

마) 콜롬비아

부패는 콜롬비아 경제부문을 포함한 여러 부문에 만연하여 기업 경영의 장애요소가 되고 있다.

공공부문 정책 시행에 있어서 투명성과 효율성의 부족은 외국인투자유치 환경에 불리한 환경을 구성하고 있다. 정부구매에서도 후원주의와 족벌주의 네트워크가 깊게 움직이고 있다.

형법과 반부패법(Anti-Corruption Act) 그리고 다국적부패법(Transnational Corruption Act)이 반부패법률체계를 구성하고 있다.

---

37 2015년 칠레 Penta Group의 부패 사례

능동적 또는 수동적 뇌물공여, 부당취득, 권력남용, 외국공무원에 대한 수뢰, 선물과 로비자금 제공 등을 금지된다.

헌법재판소와 대법원은 정권으로부터 독립된 것으로 보이지만 일반적 사법부의 부패수준은 매우 높다.[38] 법원 판결이 각종 형태의 뇌물제공으로 조종당할 수 있어 현지사업을 하는 외국투자기업이 법률 소송에 휘말릴 경우 손실위험이 크다.

경찰의 권력남용과 면책은 경찰 부패 청산에 큰 장애요소이다. 기업 최고경영자의 3/4정도가 경찰은 부패하고 믿을 수 없다는 의견을 가지고 있다.

공공서비스 부문, 토지행정, 세무행정, 관세행정 등의 부패수준은 중간 정도로 나타나고 있다. 대체적으로 콜롬비아인 1/3정도가 공무원들이 부패한 것으로 생각하고 있다.

정부구매 부문의 부패 수준도 매우 높다. 정부계약을 수주하는 과정에서 후원주의, 족벌주의 네트워크에 기초한 뇌물제공 등 부적절한 금전 지불행위가 많이 일어나고 있다.[39]

자원행정은 나름대로 잘 관리되고 투명하게 운영되고 있는 것으로 평가되고 있으나 원유와 광산개발 등에 있어서 계약 내용 등이 공개되지 않기 때문에 개발권 부여, 독점권 수여 등 관련 부패 유인과 의혹이 잠재하고 있다.

콜롬비아는 국제투자분쟁중재센터(ICSID), 경제개발기구 반부패협정(OECD Anti-Bribery Convention), 미주반부패협정(IACAC: Inter-American Convention Against Corruption), 유엔반부패협정(UNCAC: UN Convention Against Corruption)의 회원국이다.

---

38 2017년 7월 검찰총장 산하 반부패국 책임자인 루이스 구스타보 모레노(Luis Gustavo Moreno)뇌물과 자금세탁을 통해 사법부를 오염시킨 혐의로 체포되었다. 연루된 3명의 대법관, 판사 및 법원행정관리들도 소추된 바 있다.

39 2017년 Ruta del Sol II 등 건설 프로젝트 부패사건, 브라질 건설사 오데브레흐트(Odebrecht)가 개입된 것으로 5명의 하원의원, 전직 상원의원, 장차관이 기소되었다.

바) 에콰도르

부패는 에콰도르에서 사업을 하는데 있어 중요한 장애요소이다. 공공서비스나 정부구매 등 거의 모든 부문에서 뇌물공여, 로비자금 제공 등 부패가 만연되어 있다.

반부패 법률체계는 형법, 공무원법(Organic Law on Public Servants), 자금세탁통제법(Law for the Control of Money Laundering)등으로 구성되어 부패를 범죄로 규정하고 처벌을 예고하고 있지만 그 집행은 부실하다.

정치적 압력과 간섭 그리고 부패가 사법체계를 위협하고 있다. 판사들은 유리한 판결을 조건으로 뇌물을 수수한다. 전체적으로 사법부의 독립성이 부족하고 분쟁을 효율적으로 해결하지 못하고 있다. 정치적 동기로 부패혐의 기소가 이루어지기도 하며 그 결과가 나오기까지 매우 긴 시간이 소요된다.

경찰은 전문성이 약하고 예산이 부족해 뇌물수뢰 등 부패수준이 매우 높다. 기업들은 경찰이 범죄방지나 법과 질서 유지에 필요한 충분한 전문성이 부족하고 강제력이 약한 것으로 평가하고 있다.

공공서비스 부문의 부패수준도 높다. 기업들이 필요한 정부 허가나 승인을 받는데 뇌물이나 금전제공 요구를 받는 것은 일상적인 일이다.

재산권은 법률의 보호를 받는 것으로 되어 있으나 실제는 항상 법에 의한 보호가 보장된다고는 볼 수 없다.

세무행정에 대해서도 기업들은 신뢰감을 표시하지 않고 있다. 세법이 자주 변경되기도 하지만 기업도 탈세를 많이 한다. 관세행정의 부패도 심각하며 원활한 교역의 장애가 되고 있다. 세관 부패는 수출보다 수입과정에서 더 많이 발생한다.

정부구매 부문에서 후원주의와 족벌주의 네트워크에 기초한 부패가 심

하며 대통령 가족이 연계된 정부입찰 부패사건도 발생한 사례가 있다.[40]

자원개발행정 부문 부패는 상대적으로 덜하다. 자원은 에콰도르 수출의 반 이상을 점유하고 있기 때문에 나름대로 투명성 확보를 위해 노력하고 있다. 그러나 이 부문에서도 종종 부패사례가 발생하고 있다.

에콰도르는 경제협력개발기구 반부패협정(OECD Anti-Bribery Convention), 미주반부패협정(IACAC: Inter-American Convention Against Corruption), 안데스반부패행동계획(Andean Plan of Action Against Corruption)회원국이다.

사) 멕시코

멕시코의 부패 수준은 매우 높고 일상적이어서 기업에게 심각한 위험이 되어왔다. 반부패법이 있었지만 그동안 거의 집행되지 않았고 2017년 신 반부패법이 제정되었으나 실효성은 아직 증명되지 않았다.

선물과 환대는 의도가 정당하면 인정되나 뇌물제공, 강탈, 직권남용은 형법에 의해 처벌된다. 그럼에도 불구하고 뇌물 제공은 경찰과 사법부에 만연되어 있고 각종 등록과 인허가 과정에서도 일상화 되어 있다.

특히 범죄단체, 경찰, 판사가 서로 연루되어 사전에 부패에 대한 면책 환경이 조성되어 있는 경우도 많다.

기업은 소송 등 사법부와 연결된 사안이 발생할 경우 부패 위험에 직면하게 되는데 통상적으로 뇌물과 유리한 사법 판결이 교환된다.

사법부는 행정부로부터 독립하지 못하고 있다. 행정부 고위층에 대한 독자적인 수사도 진행하지 못하고 부패혐의가 있는 정치인이나 주지사들은 각종 회피수단을 사용해 면책을 이끌어내고 있다. 여기에 더해 재판부는 종종 마약 카르텔 등 조직범죄 단체로부터 위협을 받거나 뇌물 등으로 오염

---

40 라파엘 코르레아(Rafael Correa) 대통령 동생인 파브리시오 코르레아(Fabricio Correa)가 개입된 167백만 불 건설입찰 낙찰사례

되기도 한다.

멕시코 경찰은 매우 부패하고 비효율적이어서 대부분의 기업들은 신뢰감을 가지고 있지 않다. 시민들의 2/3정도는 경찰이 대부분 부패하다고 믿고 있다. 특히 지방정부 경찰이 더 부패하며 마약조직과 범죄단체에 연루되어 있는 경우가 많다. 경찰 내부에는 후원주의와 족벌주의가 팽배해 있다.

공공서비스, 관세행정, 정부구매, 자원행정 부문에서 부패 위험도는 매우 높다. 기업인의 2/3 이상은 공공서비스 부문의 부패를 일상적인 현지 문화 현상으로 이해하고 하고 있다.

정부는 부패축소를 위해 전자인허가시스템(Tramitanet)을 구축해 운영하고 있다. 그러나 수출입통관 등 세관행정에서 뇌물 등 부적절한 지불은 일상적이다. 2016년 정부가 발표한 바에 따르면 매 10,000건의 수출입 통관업무 중 1,157건이 부패에 연루되어 있다.

정부구매에서의 부패 행위는 모두가 당연하게 예상하는 사업여건으로 기업의 반 이상이 경쟁자의 뇌물제공 때문에 낙찰에 실패했다고 주장하고 있다. 후원주의, 족벌주의 네트워크가 작동하며 비밀스럽게 뇌물 제공이 이루어진다.

연방정부는 투명성 확보를 위해 전자정부구매시스템(Compranet)을 운영하고 있다. 그러나 정부구매입찰은 입찰자격조건 결정 단계를 포함한 전 과정에서 부패 행위가 설계되기 때문에 결과적으로 그 실효성은 쉽게 증명될 수 없다.

국영석유회사(Pemex)가 시행하는 각종 공개경쟁입찰에 연관된 부패행위가 종종 문제화되고 있다. '모든 직급과 계층에서 부패가 발생한다'라는 표현이 있을 정도로 국영석유공사의 부패 수준은 높다.[41]

멕시코는 형법, 반부패법, 반자금세탁법 등 부패를 막기 위한 강력한 법

---

41 2018년 4월 국영석유공사는 100여명의 직원을 송유관 석유를 탈취하는 범죄단체들과 연루 혐의로 해고하였다.

률체계를 가지고 있으나 문제는 법이 부실하게 집행되거나 면책이 되고 있다는 것이다. 2017년에는 일반행정책임법(General Administrative Responsibilities Law)을 제정하기도 했다. 이 법은 새로운 국가반부패시스템과 반부패검찰총장 창설을 예정하고 있다.

멕시코는 경제협력개발기구 반부패협정(OECD Anti-Bribery Convention), 유엔반부패협정(UNCAC: UN Convention Against Corruption) 회원국이다. 국제투자분쟁중재센터(ICSID) 회원국은 아니다.

아) 파라과이

파라과이에 투자하는 외국기업들에 부패는 기업 활동의 큰 장애요소 이다. 정부구매, 공공서비스행정, 자원행정 등 모든 경제사회부문에 정실주의가 만연해 기업경쟁력을 약화시키고 있다.

반부패법률체계는 능동 또는 수동적 부패행위, 자금세탁, 착취, 횡령 등을 모두 범죄행위로 간주해 처벌하고 있다. 그러나 권력남용과 외국공무원에 대한 뇌물제공이 범죄행위라는 명시적 언급은 없다.

반부패법률의 집행이 부실해 많은 정부 공무원들이 부패를 저질러도 관행 또는 현지 문화라는 이유로 면책을 받고 있어 뇌물제공이 일상적이다.

사법제도는 정치인이나 행정부 등 이해당사자들로부터 독립적이지 못하고 영향을 받고 있다. 재판부도 내부 부패로 인해 효율성이 크게 떨어지며 신속한 재판이나 유리한 판결을 받아내기 위해서 뇌물제공이 필요하다. 파라과이인들 대부분은 재판부가 가장 부패했다고 인식하고 있다.

경찰의 부패 수준은 매우 높아 국민들은 경찰이 사법부 다음으로 부패했다고 보고 있다. 기업들도 경찰이 기업의 안전과 공정한 법집행을 담보하는 기관이라고 생각하고 있지 않다. 경찰은 내부적으로 부패 척결을 위한 숙정 활동을 하고 있지만 성과는 미미하다.

공공서비스, 정부구매, 자원행정 부문의 부패 수준도 매우 높다. 파라과이 정부는 공공서비스 제공을 투명하게 운영하기 위해 2016년 전자정부정책의 일환으로 파라과이 포털(Portal Paraguay)을 만들어 운영하고 있다.

정부구매는 공사 구분이 명확하지 않을 정도로 정실주의 네트워크에 기초한 부패 관행이 행해지고 있는데다가[42] 관련 공무원들의 감독과 책임의식도 부족하다.

토지행정, 세무행정, 관세행정 부문 등은 상대적으로 부패 수준이 낮다. 기업 보고에 따르면 세무행정의 부패 수준은 기업 활동에 장애가 되지 않는 수준으로 인식되고 있다. 관세행정은 세무행정보다 부패 정도가 높다. 수출입 통관 시 일정한 뇌물 관행이 잠재되어 있다.

파라과이, 브라질, 아르헨티나 3개국 국경이 접해있는 시우다드 델 에스테(Ciudad del Este)에서는 밀수가 일상적으로 일어나고 있다.

부패 관련 법률은 형법과 반자금세탁법 등이 있다. 파라과이는 미주반부패협정(IACAC: Inter-American Convention Against Corruption), 유엔반부패협정(UNCAC: UN Convention Against Corruption), 국제투자분쟁중재센터(ICSID) 회원국이다.

자) 페루

부패는 페루에서 사업하고 있는 기업가들에게 심각한 문제를 안겨주고 있다. 부적절한 지불과 뇌물제공이 만연되어 있고 정부구매는 정실주의 네트워크가 작동한다. 취약한 사법제도, 비효율적인 정부 관료시스템, 정실주의 환경 속에서 부패행위가 페루 경제의 모든 영역에서 일상적으로 일어나고 있다.

형법과 기업반부패법(Corporate Anti-Corruption Act)이 반부패법률의 틀이다. 형법은 의도된 부패행위, 착취, 능동 또는 수동적 뇌물제공, 지

---

42 '도급업자 조국(La Patria Contratista/The Contractor Homeland)'이라고 알려진 네트워크가 있다.

금세탁, 외국 공무원에 대한 뇌물제공 등을 모두 처벌 대상으로 규정하고 있다. 선물과 환대 그리고 로비자금 지불 등에 대해 형법은 명료하게 범죄로 지적하고 있지 않다. 기업반부패법은 2017년 7월부터 시행되고 있는데 부패 관련 기업의 책임을 인정하고 있다.

페루 사법부의 부패 수준은 매우 높은 편이다. 뇌물 제공 등 부적절한 지불과 우호적인 판결이 교환되고 신속한 소송의 진행을 위해 공무원들에게 비공식적인 비용을 지불해야 한다. 정치적 간섭 등 외부 영향력도 일상적으로 작용하고 있으며[43] 이 결과 대부분의 국민들은 사법부가 부패하다고 생각하고 있다.

기업들과 시민들은 페루 경찰이 매우 부패하다고 생각하고 있다. 기업들은 경찰이 그들을 범죄로부터 지켜주고 법과 규범에 의한 지배를 확보해 줄 수 있다는 믿음을 가지고 있지 않다.

공공서비스, 토지행정, 세무 및 관세행정, 정부구매, 자원행정 등 모든 영역에서 부패 수준이 높다. 비효율적인 관료체제로 인해 공공서비스의 질이 낮고 뇌물 등 부적절한 지불이 공공서비스를 매개로 행해지고 있다.

재산권은 법률에 의해 보호되지만 부패한 사법부와 비효율적인 관료체제로 인해 그것이 실제로 잘 보호되고 있는지 여부는 별개 사항이다. 기업들은 페루의 재산권보호 환경이 취약하다고 판단하고 있다.

외국투자기업들은 세무당국이 종종 부당한 벌금과 이자 등을 부과해 위장된 뇌물을 받아가고 있다고 불평하고 있다. 또한 통관 시 매우 느린 세관행정과 뇌물제공 요구 등으로 어려움을 당하고 있는데 조사대상 기업의 절반 이상이 세관이 부패한 것으로 인식하고 있다.

외국투자기업들은 정부구매 낙찰이 뇌물제공 등 부적절한 지불과 정실주의에 의해 결정되고 있다고 불평하고 있다. 이는 석유가스 및 광산 개발 프

---

43 2015년 말 페루 국가사법위원회(National Judicial Council)는 카를로스 라모스(Carlos Ramos) 검찰총장을 수건의 부패와 수사방해 등 부적절한 행위를 이유로 해임하였다.

로젝트, 국방 및 경찰 장비 정부구매 등에서 특히 심하다.

페루는 경제협력개발기구 반부패협정(OECD Anti-Bribery Convention), 미주반부패협정(IACAC: Inter-American Convention Against Corruption), 유엔반부패협정(UNCAC: UN Convention Against Corruption), 국제투자분쟁중재센터(ICSID) 회원국이다.

차) 우루과이

우루과이는 칠레와 함께 중남미에서 가장 낮은 부패 수준을 유지하고 있다. 법의 지배가 강하며 투명한 정부와 행정체계를 가지고 있다. 부패행위에 대한 처벌도 적극적이며 최대 6년의 징역형을 부과하고 있다. 그러나 정부구매에서 종종 부패행위가 발생 한다.

반부패법은 공무원이 뇌물이나 로비자금을 받는 것을 금지하고 뇌물을 제공하는 개인은 범죄행위로 처벌 하고 있다. 기업에게는 책임을 묻지 않고 있다.

사법부의 부패위험도 낮은 수준이다. 뇌물 등 부절적한 지불과 우호적인 판결이 교환되는 일은 일반적이지 않다. 사법부 독립은 헌법에 의해 보장되어 있고 실제에도 지켜지고 있다. 그러나 사법행정은 대체적으로 느리게 진행된다.

경찰의 부패 수준은 낮으며 부패 혐의가 있을 때 면책되지 않고 법원의 판결을 받는다. 외국투자기업들은 우루과이를 기업하기에 안전한 국가로 평가하고 있다.

공공서비스, 토지행정, 세무와 관세행정 등의 부패 수준이 매우 낮다. 영수증이 없는 부적절한 비용 지불 행위는 드물다.

정부구매에서 종종 정실주의 등 부패행위가 있으나 전체적으로 볼 때 미미한 수준이다.

우루과이는 경제협력개발기구 반부패협정(OECD Anti-Bribery Convention), 미주반부패협정(IACAC: Inter-American Convention Against Corruption), 유엔반부패협정(UNCAC: UN Convention Against Corruption)회원국이다. 국제투자분쟁중재센터(ICSID) 회원국이다.

카) 베네수엘라

부패는 베네수엘라에서 기업이 활동하는데 가장 큰 장애요소이다. 경제 부문을 포함한 모든 부문이 정치화 되어 있고 이로 인한 고질적인 부패가 만연해 어려움을 겪고 있다.

사법부도 자체적으로도 부패해 다른 부문에 만연해 있는 부패와 면책 관행을 효율적으로 저지하지 못하고 있다. 공무원들은 면책의 관행 속에서 뇌물수수를 일상적으로 하고 있다.

형법과 반부패법은 능동 또는 수동적 뇌물제공, 자금세탁, 착취, 횡령 등을 모두 범죄로 처벌하고 있다. 그러나 외국 공무원에게 제공하는 뇌물은 처벌에서 제외된다.

국민들은 사법부를 가장 부패한 기관으로 평가하고 있다. 법원은 독립성이 부족하고 정치화 되어 있다. 특히 차베스 대통령이 집권한 이후 사법부 상황은 더욱 악화되었다. 외국투자기업들은 상사 분쟁을 해결하는데 있어서 법원이 매우 비효율적이라고 인식하고 있다.

경찰은 법원과 함께 가장 부패한 조직이다. 기업들에게 치안불안은 사업을 하는데 가장 큰 장애요소인데 경찰은 이 부문에서 신뢰감을 주고 있지 못하고 있다.

공공서비스, 토지행정, 세무 및 관세행정, 자원행정, 정부구매 등 모든 부문에서 부패행위가 일상적으로 행해지고 있다. 정부구매에서 조사에 응한 기업들의 2/3 정도가 정부구매 낙찰에 정실주의에 기초한 뇌물제공 등 부패 행위가 이루어지고 있다고 답했다.

특히 많은 정부구매가 긴급하게 이루어져 구매입찰이 생략되고 수의계약 방식으로 전환되기도 한다. 재무부 소속 국가개발기금(FONDEN)이 정부 구매 지출을 감독하고 있다. 이 기구는 다른 정부기관과 다르게 정보공개나 보고를 의무적으로 할 필요가 없다.

베네수엘라는 유엔반부패협정(UNCAC) 회원국이다.

타) 중미국가

과테말라에서 사업을 하는 기업가들에게 부패는 매우 큰 장애요소이다. 기업가들은 거의 모든 부문에서 부패 위험을 극복해야 한다. 형법은 능동 또는 수동적 뇌물행위, 외국 공무원에 대한 뇌물제공, 횡령, 착취 등을 범죄로 다루고 있다.

그러나 공무원들이 면책의 보호막 속에서 부패에 연루되어 있는 경우가 많다. 2015년 9월 오토 페레즈 몰리나(Otto Pérez Molina) 전 대통령이 세관부패 혐의로 체포되어 기소된 일이 상징적 사례이다.[44]

온두라스에서도 부패가 기업 투자의 최대 장애 요소이다. 경제부문을 포함한 모든 영역에서 부패가 만연해 있다. 후원주의와 정실주의가 시장경쟁력을 약화시키고 기업투자를 저해하고 있다. 반부패법률로 형법과 형사소송법이 운용되나 집행은 부실하고 면책 관행이 저항감 없이 받아들여지고 있다. 선물행위는 불법이나 실제에서는 아무런 제약을 받지 않는다.

니카라과는 정치권에 창궐하고 있는 부패가 행정기관의 효율적 기능과 외국인직접투자 유입을 방해하고 있다. 공무원 사회에 정실주의와 면책관행이 만연하고 사법부도 자체적으로 부패하기도 하지만 정치적 압박과 범죄단체들의 협박으로 공정하고 합리적인 판결을 하는데 제약을 받고 있다.

---

44 오토 페레즈 몰리나(Otto Pérez Molina) 전 대통령은 군부 출신 대통령으로 2012년 1월 14일 ~2015년 9월 3일 기간 중 대통령 직을 수행하였다. 재임 중 The Line(La Linea) 이라고 불리는 세관통관 마피아와 연루혐의로 퇴임하루 전 체포되고 이후 면책특권이 박탈되어 기소되었다.

세무와 관세행정에서 규정이 자의적으로 해석되고 적용되어 리베이트, 착취, 로비자금, 뇌물, 권력남용 등 많은 부패행위가 행해지고 있다.

나. 기업의 대응

기업의 입장에서 볼 때 부패는 이미 조성된 사업 환경으로 타협하거나 아니면 소극 또는 적극적 저항을 해야 한다. 또는 이를 기업의 성장기회로 활용하는 경우도 있을 것이다. 그러나 어느 경우에도 기업의 비용 발생은 피할 수 없다.

한편 미국의 해외부패방지법(FCPA)과 영국의 뇌물수수법(Bribery Act) 등 선진국의 반부패법이 글로벌 비즈니스 부패행위에 강력한 제재를 하고 있고 역내 개별 국가도 다양한 형태의 반부패법을 운용하며 기업의 부패행위에 대한 감시와 처벌 수위를 높이고 있다.

이러한 여건 속에서 기업은 중남미 역내에 이미 조성된 부패환경을 어떻게 합리적으로 대응할 것인가에 대한 경영과제를 안고 있다.

1) 상황 예시

기업이 소재하고 있는 도시의 유력 정치인이 복지시설 건설비용 기부를 요청할 때 어떻게 대응해야 할까? 만약 거부하면 현지 사업추진 과정에서 여러 가지 보이지 않는 불이익이 예상된다.

관할 세무서가 탈세 증거가 없는데도 불구하고 일상적인 세무조사를 몇 개월 동안 계속하며 많은 회계자료 제시를 요구하고 있다. 세무조사가 언제 종료될지 모르는 상황 속에서 만약 세무서장이 연봉 10만 불로 지인을 회계 직원으로 채용해주면 조사를 종료할 것이고 앞으로도 많은 편의를 제공할 것이라는 은밀한 제안을 한다면 이 제안을 받아들일 것인가? 만약 거부하면 세무서는 세법 위반 사항을 찾아내 형사고발 할 것이다.

기업이 소재하는 지방정부에 관세 환급을 신청했다. 그런데 지방정부 담당부서는 특별한 이유 없이 관세 환급을 계속 미루고 있다. 연말 회계정산을 해야 하는 상황에서 담당 공무원이 관세 환급의 조건으로 10%를 수고비로 줄 것을 암시하고 있다. 이 때 회계책임자는 어떻게 대응할 것인가? 만약 거부하면 관세 환급이 언제 될지 모르고 차후에도 이들과의 소통이 원활하지 못할 것이다.

송유관을 매설할 때 해당지역 시장이나 주지사가 매설허가를 전제로 은밀하게 환경보호기금의 기부를 요구하고 있다. 만약 이를 거부하면 매설허가가 늦어져 작업 지연에 따른 비용이 발생할 뿐만 아니라 다른 명목의 부당한 세금이 부과되는 보복을 당할 수도 있다. 이 경우 기업은 어떻게 대처해야 하는 것인가?

2) 통상적 부패유형과 대응방안[45]

중남미 국가에서 기업이 경험하는 통상적인 부패 유형은 크게 뇌물(Bribes), 스피드 모니(Speed Money), 금품강요(Extortion), 종업원 부패행위(Employee Fraud)등이 있다.

가) 뇌물

기업이 현지에서 입찰참가, 각종 허가 또는 승인 확보, 납세, 수출입 통관

---

45 McKinsey Quarterly Jan, 2015, Confronting Corruption, Ravi Venkatesan, Former Chairman of Microsoft India and Cummins India.에서 발췌

등 일상적인 비즈니스 업무를 추진할 때 편의제공 등의 조건으로 공무원, 정치인, 정당 등에게 능동 또는 수동적으로 뇌물을 제공할 수 있다.

뇌물제공은 대부분 중개인을 통해 이루어지며 현금지불, 여행경비 대납, 고가제품 선물, 기부 등 다양한 방법이 사용된다.

그러나 뇌물은 모든 경우 현지 법률뿐만 아니라 미국과 영국 등 선진국 반부패법의 처벌 대상이다. 관련 사실 부인권리(Plausible Deniability)[46]는 적용되지 않는다.

단기적 성과목표 달성을 위해 뇌물의 유혹에 빠지는 것은 기업의 경영위험도를 높이고 곧 바로 현지 책임자의 경영자질 문제가 된다. 따라서 국제적 평판이 중요한 글로벌 기업은 뇌물 스캔들에 연루되지 않는 것이 장기적 관점에서 유익하다.

나) 스피드 모니

기업의 일상적 비즈니스 활동을 어렵게 만드는 부패는 스피드 모니 제공이다. 뇌물은 공무원 또는 영향력을 가진 민간인에게 그들이 해주는 편의에 대한 대가로 주는 금품인 반면 스피드 모니는 공무원들이 당연히 해야 하는 일을 늑장부리지 않고 신속하게 처리해 달라고 주는 윤활유 성격의 금품이다.

기업들은 상품통관, 각종 인허가 취득, 재산취득 등록 등 행정업무를 하면서 공무원의 고의적인 업무처리 지연을 막기 위해 중개인들을 통하거나 직접적으로 은밀하게 스피드 모니를 지불하고 있다.

스피드 모니 지불행위는 불법이다. 그럼에도 불구하고 스피드 모니 지불

---

46 Wikipedia, Plausible deniability is the ability of people (typically senior officials in a formal or informal chain of command) to deny knowledge of or responsibility for any damnable actions committed by others in an organizational hierarchy because of a lack of evidence that can confirm their participation, even if they were personally involved in or at least willfully ignorant of the actions.

은 기업이 사업추진 과정에서 불가피하게 마주하는 불편한 현실로 회피방안을 찾기가 쉽지 않다.

다국적기업이 금전을 불법적으로 지불하는 것은 원칙적으로 용인되지 않는다. 그러나 현실적으로 불법 지불을 회피하지 못했을 경우에는 기업의 입장에서 법률적으로 적절한 소명을 하지 못하더라도 그것이 비자발적인 것인지 그리고 부당이득을 취하기 위한 것인지 여부 등을 검토해 기록해 두는 것이 필요하다.

다) 금품강요

지역 정치인들이나 공무원들이 은밀하게 기업을 협박하여 금품을 강요하는 경우가 종종 있다. 금품강요는 매우 은밀하고 보복 가능성이 예상되기 때문에 적절히 대응하는 것이 쉽지 않다.

기업의 현지 책임자는 이 경우에 용기와 합리적인 판단력을 가져야 한다. 우선 글로벌 본사에 보고하고 협의해야 하며 현지의 유력한 비즈니스 네트워크를 접촉하거나 고문 그룹 그리고 현지의 자국 대사관과 상의할 필요가 있다.

은밀하게 행해지는 금품강요는 영향력을 앞세운 허세일 가능성이 있다. 따라서 이를 한 번 극복하면 향후 비슷한 행위로부터 보호될 수 있다.

라) 종업원 부패행위

기업 내부 종업원들의 부패행위도 무시할 수 없다. 재무회계 효율성을 높이기 위해 재고품을 대리점에 밀어내기, 회계장부 위조, 대리점 등 고객사와 이면계약 행위, 고객사로부터 리베이트 또는 커미션 받기, 기업 인수합병 성공 수수료 받기 등 다양한 부패행위가 예상된다. 그리고 모두 현지법과 선진국 반부패법 재제 대상이다.

종업원 부패행위는 은밀하게 위장되어 잠재되어 있기 때문에 시의적절한 대응이 어렵다. 상시적인 감시와 바르고 합리적인 조직문화를 조성하는 것이 중요하다.

3) FCPA 대응방안[47]

중남미 국가에서 사업을 하고 있는 많은 다국적기업들이 미국의 해외부패방지법(FCPA)의 제제를 받은 사례가 많으며 그 제제(penalty) 규모도 크다.

따라서 기업은 자체적으로 부패행위를 예방하는 것이 매우 중요하고 부패행위가 발생 했을 때 어떻게 대응할 것인가에 대한 방안도 마련하고 있어야 한다. 이를 통해 다국적기업의 국제적 경쟁력은 강화된다.

가) 기업특화 중남미 반부패 전략 마련

미국 해외부패방지법 제제대상이 되었을 경우 가장 먼저 고려되는 것은 기업이 자체적으로 반부패 전략을 마련하고 실행하고 있는지 여부이다. 즉 형식적인 반부패전략을 사용하지 않고 현지의 사업 환경과 기업 특성에 맞는 반부패전략을 마련해 실행하고 있다면 우호적이며 긍정적 평가를 받을 수 있다.

우선 기업은 사업 추진에 예상되는 위험을 인지하고 이를 분석평가한 후 그에 맞는 위험회피 프로그램(Risk-based Programs)을 마련하고 이것이 유효한 프로그램인지 시험적으로 운용하는 과정을 가져야 한다. 부족한 부분은 피드백을 받아 개선하는 과정 등이 좋은 평가를 받는다.

---

47 The FCPA in Latin America, Common Corruption Risks and Effective Compliance Strategies for the Region, Chapter 5, Tailored Compliance Strategies for Companies in Latin America, Matteson Ellis에서 발췌

둘째 기업 경영진은 종업원에 대해 반부패 경영방침과 함께 위험회피 프로그램에 대한 교육을 지속적으로 실시한다. 2016년 중남미 부패 설문조사 보고서에 따르면 다국적 기업의 85%, 현지 기업의 50%가 이러한 교육을 실시하고 있는 것으로 나타났다.

셋째 이중계약(Sham Contracts)이나 유령회사(Phantom Vendors)를 만드는 것을 피해야 한다. 이 두 가지는 중남미에서 뇌물수수를 위해 가장 많이 활용되는 수단이기 때문에 부패행위의 고의성을 입증하는 중요한 근거가 된다.

나) 제3자 뇌물행위 관리[48]

1995~2015년 기간 중 뇌물과 연관된 미국해외부패방지법 사건 중 상당한 부분이 – 아르헨티나 75%, 브라질 60%, 멕시코 65% – 제3자 뇌물사건이다.

또한 2014년 경제협력개발기구 해외뇌물보고서(Foreign Bribery Report)에 따르면 1999년 이후 뇌물사건의 75%가 제3자 뇌물사건으로 나타났다.

여기에서 '제3자'란 에이전트, 컨설턴트, 대리점사업자, 변호사, 통관사, 회계사, 기타 중개인 등이다. 외국투자기업들은 중남미 국가들의 법체계 복잡성 때문에 회계, 통관, 법률분야 전문가를 고용해 자문을 받는데 이들의 전문성과 현지 인맥은 기업경영에 큰 도움이 된다.

그러나 이들은 양날의 칼과 같아서 소수 엘리트 계층이 정치 및 경제 권력을 독점하고 후원주의, 족벌주의가 팽배한 현지 비즈니스 환경에서 직간접적으로 부패에 연루되기가 쉽다.

---

48 The FCPA in Latin America, Common Corruption Risks and Effective Compliance Strategies for the Region, Chapter 7, Managing Third Party Relationships in Latin america, Matteson Ellis에서 발췌

따라서 기업들은 '제3자 선관주의 프로그램(the third party due dili-gence program)[49]을 마련하여 실시할 필요가 있다. 2016년 중남미 부패 설문조사 보고서에 의하면 다국적 기업의 69%, 현지 기업의 49%가 이러한 교육을 실시하고 있는 것으로 나타났다.

제3자 뇌물행위 위험을 회피하기 위해서 기업은 부패환경, 사업성격 등을 분석 평가해 특화된 회피 프로그램을 마련해 제3자 교육을 실시해야 한다. 그러나 이러한 조치는 제3자 활동을 제약할 수 있으므로 그 적용범위에 대한 적절한 합의가 필요하다.

기업의 제3자 뇌물책임성은 기업이 행위의 불법성을 인지했는가의 여부가 중요한 평가기준이므로 기업경영자는 사전에 기업 활동 부패여부를 자동적으로 검토할 수 있는 경계선을 설정해 두는 것이 필요하다.

다) 문화요소 활용[50]

미국해외부패방지법은 문화적 관행의 명목으로 부패행위를 면책하지 않는다. 그럼에도 불구하고 부패에 대한 내부통제를 하기 위해서 문화가치를 인식하는 것은 매우 필요하다.

문화적 요소를 고려하지 않으면 부패방지를 위한 내부통제 전략이나 프로그램을 종업원들에게 효율적으로 전달하고 실행할 수 없다. 따라서 현지의 문화적 요소를 내부통제 전략 및 프로그램에 잘 융합하여 사용하는 것이 필요하다.

이를 위해서는 첫째 반부패 내부통제 전략 또는 프로그램이 종업원을 감시하고 통제하는 것이 아니고 기업조직의 질서와 성장을 위해 필수적이며

---

49 Wikipedia, Due diligence is an investigation of a business or person prior to signing a contract, or an act with a certain standard of care. It can be a legal obligation, but the term will more commonly apply to voluntary investigations.

50 The FCPA in Latin America, Common Corruption Risks and Effective Compliance Strategies for the Region, Chapter 6, Where Culture fits into Compliance in Latin America, Matteson Ellis에서 발췌

이를 추진하고 있는 내부통제 부서는 종업원의 좋은 파트너라는 소위 '신뢰의 고리(Circle of Trust)를 만들어야 한다. 이렇게 함으로서 종업원과 경영진 간 적개심을 없애고 선순환 방향으로 나갈 수 있다.

둘째 중남미 사람들은 문화적으로 감성에 크게 의존하는 경향이 강하기 때문에 부패행위 관련 규정의 강력한 적용보다는 그 규정의 본질 그리고 그것으로부터 나올 수 있는 생산적인 가치 등을 인식하게 함으로서 자발적 동기를 유도하는 것이 좋다.

7. 부패척결을 위한 국제적 노력

1990년 냉전이 종식되자 그동안 관심 밖에 머물렀던 기업부패 문제가 국제적 이슈로 떠오르기 시작하며 경제협력개발기구와 국제연합 등 국제기구들은 이에 대한 대응방안을 마련했다.

미국은 냉전시기 중 동맹국과 우호적 관계 유지를 위해 기업부패 문제를 이슈화하지 않았다. 그러나 냉전종식 이후에는 1977년 제정된 미국해외부패방지법(FCPA)을 이용해 기업부패행위를 이슈화하고 다른 국가들을 압박하는 한편 경제협력개발기구 반부패협정(1997년)과 유엔반부패협정(2003년) 체결을 유도하였다.

이러한 분위기 속에서 세계무역기구(WTO), 국제상공회의소(ICC), EU, 세계은행(WB), 국제통화기금(IMF), 미주기구(OAS) 등도 수준과 방식에 차이가 있지만 부패 문제를 중요한 현안으로 다루기 시작했다.[51]

---

51 Corruption, A very Short Introduction, Leslie Holmes, Oxford Univ. Chapter 7 What else can be done? 부분 요약

가. 경제협력개발기구 반부패협정 ────────
(Anti-Bribery Convention)

경제협력개발기구는 1989년 임시 워킹그룹을 만들어 각 회원국가의 뇌물관련 반부패법률을 비교연구하면서 기업부패 이슈를 다루기 시작하였다. 1994년 각료회의(OECD Ministerial Council)에서 국제거래뇌물위원회(Council on Bribery in International Business Transactions)를 만들고 1997년 12월 7일 반부패협정을 채택한 후 1999년 2월 25일 발효되었다.

경제협력개발기구 반부패협정은 국제거래에서 정치적 부패와 연결된 기업범죄를 근절하고 공정하고 투명한 경쟁 환경을 만들기 위해 기업이 외국 공무원에게 뇌물을 제공한 경우 해당 기업에 대한 처벌을 촉구하고 있다. 단 뇌물 수혜자인 외국공무원에 대한 별도의 언급이 없는 가운데 뇌물제공자인 기업에 대한 처벌만을 강조하고 있는 것이 특징이다.

이 협정에 따라 회원 국가는 기업이 공무원에게 뇌물을 제공할 경우 처벌을 하는 입법조치를 해야 한다. 경제협력개발기구는 협정이행을 위한 강제권을 가지고 있지 않다. 그러나 뇌물워킹그룹(WGB:Working Group on Bribery)을 통해 회원 국가를 모니터링하고 있다. 현재 회원국은 43개 국가이다.

나. 유엔 반부패협정 ────────
(U.N. Conventon Against Corruption)

유엔 반부패협정은 2003년 10월 31일 유엔 결의 58/4로 채택하고 2005년 12월 14일 발효했다. 2018년 6월 기준 186개 국가가 가입했으며 140개 국가가 비준을 완료한 후 서명했다.

유엔 반부패협정은 법적으로 구속력을 가지고 있는 포괄적 성격의 국제법률 문서이다. 단 '그러면 부패란 무엇인가'에 대한 많은 논란을 감안하여 부패의 정의에 대해 명확하게 규정을 하고 있지 않다.

협정의 주요내용은 크게 5가지로 예방조치(Preventive Measures), 처벌과 법집행조치(Criminalization and Law Enforcement Measures), 국제협력(International Cooperation), 자산회복(Assets Recovery), 기술지원과 정보교환(Technical Assistance and Information Exchange) 등이다.

유엔 반부패협정을 지원하고 관리하는 기구로 당사국회의(COSP:Conference Of States Parties)가 있다.

다. 미주 반부패협정 ──────────────
(Inter-American Convention Against Corruption)

미주 반부패협정은 1996년 3월 29일 미주기구(OAS)에서 채택되고 1997년 3월6일 발효되었다. 시기적으로 보면 반부패 관련 최초의 국제협정이다. 미주기구 회원국 34개 국가가 모두 협정 서명국이다.

협정의 목적은 회원국별로 부패 예방, 적발, 처벌, 근절을 위한 체계를 만들고 그 효율성을 높이기 위해 회원국가간 협력을 강화하는 것이다.

8. 결론

기업이 부패 환경과 타협할 것인가 아니면 극복할 것인가 하는 것은 기업 경영자의 선택이며 그 결과도 다르다.

기업이 지속가능 성장을 이루기 위해서는 기업이 쌓아온 우호적 성가를 잘 유지하는 것이 필요하다. 브라질 오데브레흐트(Odebrecht) 부패사건에서 볼 수 있는 바와 같이 부패 행위 때문에 기업의 우호적 성가는 쉽게 추락하고 이에 따른 막대한 재정적 손실이 발생한다.

특히 부패 환경과 기업의 윤리적 경영이 격렬하게 충돌하고 있는 중남미에서 사업을 추진할 때 단기적 이익이나 편의를 얻기 위해 부패와 타협하는 일은 부패를 극복하는 것이 아니다.

부패를 이겨내기 위해서 기업은 가장 먼저 기본을 망각하지 않는 것이 필요하다. 부패와 연관된 모든 이슈에 대해 합리적 관리체제를 구축하고 우수한 인력을 충분하게 확보해 준법감시 활동을 강화해야 한다.

종업원을 대상으로 미국, 영국 그리고 주재국 반부패법에 대한 충분한 교육을 실시할 필요가 있다.

무엇보다도 중요한 것은 최고 경영자의 자세와 역할이 중요하다. 명확한 정책, 엄격하게 검증된 절차, 부패위험이 큰 사업부문에 대한 정기적인 내부감사 등 반부패 프로그램과 방지대책의 실행과 함께 정작 중요한 것은 최고 경영자가 부패 회피의 중요성을 진심으로 인식하고 대처하고 있는가 이다.

최고경영자는 기업의 반부패 내부통제체계, 프로그램, 윤리강령을 당연히 실시 유지해야 하며 반부패관련 법규에 대해서도 충분한 지식을 갖추어야 한다. 그리고 작은 부패가 큰 부패로 변질될 수 있으므로 상시적으로 작은 부패를 추적해 근절할 필요가 있다.

범죄와 폭력

1. 개관

21세기 들어 멕시코, 브라질, 콜롬비아, 과테말라, 온두라스, 엘살바도르 등 국가에서 범죄와 폭력이 크게 증가해 시민의 안전이 위협당하고 있다. 멕시코 마약전쟁(mexican drug wars), 브라질 빈민지역(favela) 범죄소탕 작전, 중미국가 이민자 카라반(migrants caravan)등은 모두 역내에 점점 만연해 가고 있는 범죄와 폭력의 상징적 현상들이다.

칠레, 아르헨티나, 코스타리카, 우루과이 등의 치안상황은 상대적으로 나은 것으로 평가되고 있다.

그러나 역내 전체적으로 광범위하게 증가하고 있는 범죄와 폭력은 효과적 통제가 어려운 주요 정치 경제 사회적 이슈가 되었다. 범미주보건기구(PAHO)는 중남미 범죄와 폭력을 '20세기의 유행병'으로 비유하며 민주주의 체제 공고화와 경제성장을 저해하고 있다고 주장하고 있다.

범죄와 폭력은 공교롭게도 1990년 전후 권위주의적 군부정권이 퇴진하고 공정한 선거에 바탕을 둔 대의민주주의 정부가 등장하면서 증가하기 시작했다.

범죄와 폭력 증가로 야기된 치안불안은 국민들에게 민주주의 정부의 효율성과 역량에 대한 회의감을 주었는데 이는 치안이 상대적으로 안정되었던 과거의 권위주의 정부에 대한 향수를 불러일으키는 계기가 되었다.[52]

이러한 상황은 2018년 말 브라질 대선에서 극우 이념을 가진 보우소나루(Jair Bolsonaro)가 승리할 수 있었던 중요한 사회적 배경이었다.

세계은행(WB)과 유엔마약범죄사무소(UNODC)는 중남미 역내 경제성장 부진, 실업증가. 경제사회적 불평등 심화로 더 확산된 범죄와 폭력이 다시 경제성장을 저해하는 악순환(vicious circle)을 만들고 있다고 평가하고 있다.

---

[52] Latin Barometro, Informe 2018

중미 북부 삼각지대 국가(Northern Triangle in Central America)[53]의 미국 이민자 카라반 상황이 앞서 언급한 악순환의 최근 사례이다.

중남미 범죄와 폭력은 1990년대 전후 대의민주주의에 바탕을 둔 민간정부가 들어서면서 계속 증가해 왔다. 여기에 개별 국가들에 특화된 내부 환경이 더해지면서[54] 다양한 형태와 수준으로 범죄와 폭력 상황이 만들어졌다.

범죄와 폭력에 대해 많은 학자와 전문가들은 계량 또는 비계량적 분석을 하는 등 다양한 방식으로 연구와 논의를 해왔다. 이들은 범죄와 폭력의 정의, 범위, 원인, 측정방법, 경제성장과 고용에 대한 영향 등 다양한 주제에 대해 서로 다른 연구를 하고 견해를 제시하고 있다. 참고로 범죄와 폭력에 대한 정의는 범위와 측정방법을 설정하는 틀이 되기 때문에 그 원인 및 결과분석과 구체적 대응방안에 영향을 미친다.

일반적으로 주장되고 있는 범죄와 폭력 원인들 중 역내 모든 국가에 해당하는 것들에는 경제사회적 불평등 심화, 경제성장 부진, 높은 실업률, 대도시화와 열악한 도시 인프라, 마약유통, 불법무기 범람, 조직범죄 확산, 군부정권과 내전의 유산인 폭력문화, 부패하고 무능한 경찰력, 불공정한 사법제도, 취약한 공교육, 부패한 정치 등이 열거되고 있다.

이러한 원인들이 개별 국가 특유의 내부 환경 속에서 서로 다르게 조합되어 다양한 형태의 범죄와 폭력상황을 만들어 내고 있다.

---

53 과테말라, 온두라스, 엘살바도르

54 콜롬비아의 FARC, ELN 등 게릴라 단체 그리고 Parmilitaries, 과테말라, 엘살바도르 등 중미국가 내전과 종전, 콜롬비아, 페루, 볼리비아의 코카인 생산, 멕시코의 마약전쟁 등

 범죄의 개념은 문화에 따라 매우 다양하고 또한 시대에 따라서도 크게 변화하기 때문에 어떤 특정 행위를 보편적인 범죄로 간주하고 단정을 내리기가 극히 어렵다.

 그러나 법에 의해 보호되는 이익을 침해하고 사회의 안전과 질서를 무너뜨리는 반사회적 행위를 '범죄'라고 한다. 형법에서 어떠한 행위가 범죄로 성립되기 위해서는 해당성, 위법성, 책임성 등 세 가지 구성요건이 모두 충족되어야 한다. 이 중 어느 한 가지라도 갖추지 못하면 범죄는 성립되지 않는다.

 해당성이란 어떠한 행위가 범죄로 성립되려면 형법에 규정하고 있는 범죄의 구성요건에 해당되어야 한다는 것이다. '구성요건'이란 형벌을 과하기 위한 전제 조건으로 법을 만드는 사람이 만들어 놓은 위법행위의 유형이다.

 위법성이란 구성요건에 해당하는 행위가 전체 법질서에 위배되는 행위가 되는 것이다. 어떤 행위는 범죄의 구성요건에는 해당되지만 특별한 이유로 위법성이 배제되어 적법한 행위로 간주되고 형벌을 받지 않을 수 있다. 이렇게 특별한 이유로 위법성을 없애는 것을 '위법성 조각'이라 하고 그 사유를 '위법성 조각 사유'라고 한다. 위법성 조각 사유에는 정당행위, 정당방위, 긴급피난, 자구행위, 피해자 승낙에 의한 행위 등이 있다.

 책임성이란 불법행위를 한 사람이 사회적 비난을 받을 만한 책임이 있어야 한다는 것이다. 어떤 행위가 범죄의 구성요건에 해당하고 위법행위라고 할지라도 행위자에게 책임을 질 수 있는 능력이 없을 경우에는 범죄가 성립되지 않는데 이를 '책임성 조각 사유'라고 한다. 협박에 의해 강요된 행위, 형사 미성년자, 심신 장애로 사물을 변별할 능력이 없는 사람의 행위 등

이 여기에 포함된다.[55]

폭력의 개념은 정치학적으로는 물리적 강제력의 일반적 행사 그리고 법학적으로는 물리적 강제력의 부당 또는 불법적 사용이다.

정치 및 사회학적 관점의 폭력 개념은 단순히 법적으로 정의되는 부당 또는 불법적 힘의 행사만을 의미하지 않는다. 여기에는 혁명집단의 무장봉기 등 국가질서 교란이나 조직범죄집단의 폭력행사 등에 대해 국가가 합법적이고 정당하게 보유한 군대와 경찰이 행하는 실력행사도 포함되고 있다.

법학적 견지에서의 폭력은 법에서 허용하지 않는 힘의 행사를 말한다. 따라서 군대와 경찰 등의 실력행사는 그것이 법에 의거하고 있는 한 정당화되어 폭력이라고 불리지 않는다. 반면 개인의 정당방위라고 하더라도 그 실력행사가 법이 허용하는 범위 밖에서 이루어지면 폭력으로 간주된다.[56]

또한 폭력은 신체적인 손상을 일으키거나 정신적이고 심리적인 압박을 가하는 물리적 강제력을 말한다. 법에서는 다른 사람에 대한 상해 및 협박, 감금, 주거침입, 기물파손 등을 모두 폭력이라 간주한다.[57]

3. 중남미 범죄와 폭력

가. 전체 상황

중남미 역내 시민의 4명 중 1명은 범죄와 폭력이 경제침체나 실업보다 일상적인 삶을 더 크게 해치고 있다고 생각하고 있다.

현실적으로 보더라도 중남미 인구는 세계 전체의 9%에 미치지 못하지만

---

55 [Daum백과] 범죄 – 개념톡톡 용어사전 사회편
56 폭력 – 다음백과
57 Violence, Wikipedia

살인은 세계 전체의 33%를 차지하고 있고 연간 기준 인구 100,000명 당 살해자 수도 20여 명으로 세계 평균보다 4배가 높다.

강도사건도 평균 10건 중 6건이 매우 폭력적인 것으로 분석되고 있다. 세계적으로 범죄와 연관된 폭력의 수준이 낮아지고 발생 건수가 감소하는 경향을 보이고 있는 것과 상반되게 중남미는 오히려 수준이 높아지고 발생건수가 증가하고 있다. 이러한 경향은 2005년 이후부터 더욱 심해지고 있다.

넘베오(Numbeo, www.numbeo.com)[58]가 측정한 범죄지수(crime index)에 따르면 123개 측정 국가 중 상위 20위 국가에 베네수엘라(1위), 온두라스(4위), 트리니다드 앤 토바고(6위), 브라질(7위), 엘살바도르(8위), 자메이카(11위), 페루(15위), 아르헨티나(17위), 푸에르토리코(18위) 등 9개 국가가 포함되어 있다.

유엔마약범죄사무소(UNODC)가 측정한 인구 100,000명당 살인율(homicide rate)은 중남미 전체가 22명(2015년)으로 같은 해 세계 전체의 5명 보다 4배 이상 높은 수준이다. 이 중 중미와 카리브 국가만 분리해서 보면 32명으로 더 많아진다.

국별로 보면 엘살바도르(83명, 2016년), 온두라스(57명, 2016년), 베네수엘라(56명, 2016년), 자메이카(47명, 2016년), 벨리즈(38명, 2016년), 세인트 킷 앤드 네비스(36명, 2016년), 브라질(30명, 2016년), 과테말라(27명, 2016년) 등이 역내 전체 평균을 크게 초과하고 있다.

칠레(3명, 2016년), 쿠바(5명, 2016년), 볼리비아(6명, 2016년), 에콰도르(6명, 2016년), 니카라과(7명, 2016년), 수리남(8명, 2016년), 파라과이(9명, 2016년) 등 이 10명 이하로 역내 전체 평균보다 상대적으로 낮은 살

---

58 Numbeo is a crowd-sourced global database of reported consumer prices, perceived crime rates, quality of health care, among other statistics and a collaborative online database which enables users to share and compare information about the cost of living between countries and cities. It's website is operated by Numbeo doo, company registered in Serbia. The founder of Numbeo is an ex-Google software engineer.

인율을 보여주고 있다.[59]

범죄와 폭력은 여러 가지 경제적 비용을 발생시킨다. 그런데 발생 비용을 아무리 보수적으로 산정한다고 하더라도 역내 총생산의 3%를 상쇄시키는 것으로 분석되고 있다.[60] 이 규모는 역내 전체 인프라 투자규모와 비슷하고 20% 비중의 최하위계층의 소득규모와 맞먹는 것으로 간주되고 있다.

나. 국별 상황

1) 멕시코

범죄와 폭력은 멕시코가 현재 당면하고 있는 가장 중요한 문제이다. 살인(murders), 납치(kidnappings), 무장 강탈(armed robberies), 절도(thefts), 주거침입(burglaries), 소매치기(pick-pocketing) 등이 일상적으로 발생해 시민의 안전을 위협하고 있다. 여기에 교통경찰 등 법을 집행하는 공무원들(law enforcement officials)의 시민들을 대상으로 한 강탈행위(extortions)도 빈번하게 일어난다.

특히 멕시코가 태평양 연안에서 걸프 만까지 미국과 접하고 있는 3,145 킬로미터의 국경은 헤로인, 코카인, 마리화나, 암페타민 등 마약의 밀수통로로 마약카르텔 등 불법 조직범죄단체의 활동이 극심하게 이루어지고 있는 곳이다.

멕시코 마약카르텔(mexican drug cartels) 조직들은 마약불법유통

---

59 유로화 지역-1명(2015), 동아시아 및 태평양지역-2명(2015), 중동 및 북아프리카-4명(2015), 남아시아-4명(2015), 아랍지역-4명(2015), 사하라 이남지역-9명(2015)

60 Laura Jaitman and Roberto GuerreroCompean (2015b) 'Promoting Evidence-Based-Crime Prevention Policies in Latin Americaand the Caribbean', TranslationalCriminology Fall 2015 (http://cebcp.org/wp-content/TCmagazine/TC9-Fall2015)

(drug trafficking)을 위해 살인과 납치 등 잔혹한 범죄와 폭력을 행사하는 불법집단이다. 이들은 정부공무원들을 협박하거나 부패시켜 결과적으로 법집행을 방해하고 시민들을 공포로 위협하여 무력하게 만들고 있다.

멕시코에서 치안불안이 가장 심한 도시는 티후아나(Tijuana), 아카풀코(Acapulco), 빅토리아(Victoria), 시우다드 후아레스(Ciudad Juárez)로 2018년 살인율이 각각 138명, 110명, 86명, 85명을 기록했다.[61]

또한 치안불안이 가장 심한 주(State)는 바하 칼리포르니아(Baja California), 두랑고(Durango), 시날로아(Sinaloa), 게르레로(Guerrero), 치와와(Chihuahua), 미초아칸(Michoacán), 타마울리파스(Tamaulipas), 누에보 레온(Nuevo León) 순이다.

멕시코의 범죄와 폭력 발생규모는 실제로 정부발표 수치보다 더 크게 높을 것으로 추정되고 있다. 이는 시민들이 경찰과 사법부를 불신하고 있는 것 외에 만약 신고할 경우 보복가능성이 예상되어 범죄피해 사실을 묻어두기 때문이다.

살인율은 발표기관에 따라 차이가 있다. 멕시코 연간 살인율은 대강 인구 10만 명 기준 20명 전후의 수준을 보여주고 있다. 2000~13년 기간 중 총 피살자는 약 215,000명이다. 2013년에만 30,800명이 피살되었다.

2017년에는 31,174명이 피살되어 살인율이 25명이 되었다. 특히 2018년 5월 중 피살자 수는 2,530명으로 월별 최고 수준을 기록했는데 이는 매일 93명이 살해당한 셈이다.

멕시코 공공안전 및 형사정의 시민위원회(Consejo Ciudadano para La Seguridad Pública y La Justicia Penal A.C.)가 발표한 2018년 '세계에서 가장 위험한 도시 50개 순위'를 보면 여기에 멕시코 소재 도시 14개가 포함되어 있다.

---

61 www.statista.com

가장 위험한 도시 1위와 2위는 티후아나(Tijuana)와 아카풀코(Aca-pulco)로 각각 살인율이 138명, 110명이다. 그밖에 빅토리아(Victoria, 4위, 86명), 시우다드 후아레스(Ciudad Juarez, 5위, 85명), 이라푸아토(Irapuato, 6위, 81명), 칸쿤(Cancún, 13위, 64명), 쿨리아칸(Culiacán, 16위, 60명), 우루아판(Uruapan, 18위, 54명), 오브레곤(Obregón, 20위, 52명), 코아차코알코스(Cotzacoalcos, 26위, 48명), 셀라야(Celaya, 32위, 46명), 엔세나다(Encenada, 34위, 46명), 테픽(Tepic, 36위, 44명), 레이노사(Reynosa, 42위, 41명) 등도 위험한 도시로 분류되고 있다.[62]

2) 브라질

브라질은 경제사회적 불평등이 극심한 국가 중의 하나이다. 세계은행에 따르면 전체 인구의 20%가 국가 총소득에서 차지하는 비중이 2.2%에 불과하다. 지니계수를 보더라도 브라질은 2017년 기준 53.3으로 역내 국가 중에서도 가장 높다. 대부분의 역내 국가들의 지니계수는 높지만 대체적으로 50을 초과하지 않은 수준이다.[63] 다만 브라질 지니계수는 2005년 56.3에서 꾸준하게 낮아져 2015년에는 51.3을 기록하기도 했다.

멕시코 공공안전 및 형사정의 시민위원회(Consejo Ciudadano para La Seguridad Pública y La Justicia Penal A.C.)가 발표한 2018년 '세계에서 가장 위험한 도시 50개 순위'에 13개의 브라질 소재 도시가 포함되어 있다.

살인율 60명 이상을 보이고 있는 도시는 나탈(Natal, 8위, 74명), 포르탈

---

62 Consejo Ciudadano para La Seguridad Pública y La Justicia Penal A.C, Metodología del ranking(2018) de las 50 ciudades más violentos del mundo, 12 de marzo de 2019

63 World Bank, 콜롬비아(49.7, 2017), 파라과이(48.8, 2017), 칠레(46.6, 2017), 페루(43.3, 2017), 멕시코(43.3, 2016), 아르헨티나(40.6, 2017), 우루과이(39.5, 2017)

레자(Fortaleza, 9위, 69명), 벨렘(Belem, 12위, 65명), 페이라 데 산타나 (Feira de Santana, 14위. 63명)등이다. 이외에도 위험한 도시로 마세이오(Maceió, 21위, 51명), 비토리아 다 콩키스타(Vitòria de Conquista, 22위, 50명), 아라카후(Aracaju, 25위, 48명), 살바도르(Salvador, 29위, 47명), 마카파(Macapá, 30위, 47명), 캄포스 도스 고이타카제스(Campos Dod Goytacazes, 35위, 46명), 마나우스(Manaus, 37위, 44명), 레시페 (Recife, 38위, 43명), 호아오 페소아(Joáo Pessoa, 44위, 41명), 테레시나(Terecina, 48위, 37명) 등이 있다.[64]

범죄유형은 살인, 강도, 납치, 차량강탈(carjacking), 소매치기 등 다양하다. 유엔마약범죄사무소(UNODC)에 의하면 2017년 살인율은 30명으로 총 56,101명이 살해당했다. 2018년은 이보다 낮은 25명이지만 여전히 높은 수준이다.[65]

강도의 형태는 매우 다양하지만 주요 대도시에서는 차량 강탈이 많다. 카니발 등 대규모 행사가 있을 때 특히 많이 발생하며 도로, 해변, 쇼핑몰 등에서 소매치기가 일상적으로 일어난다. 납치는 일명 고속납치(Express kidnappings)가 잦은데 이는 납치한 후 자동인출기(ATM)에서 돈을 인출하고 풀어주는 방식이다. 리오 데 자네이로(Rio de Janeiro), 상파울루(Sao Paulo), 브라질리아(Brasilia), 쿠리찌바(Curitiba), 포르투알레그레(Porto Alegre), 살바도르(Salvador), 레시페(recife) 등 대도시에서 일어나고 있다.

브라질에서 특히 간과할 수 없는 것은 소위 갱(Gangs)들이 저지르는 범죄이다. 갱이란 비공식적으로 범죄 집단을 지칭하는데 국제적으로 인정된 정의는 아니다. 유엔은 갱을 '영역적으로 조직화된 범죄단체(territorial organized crime groups)'로 보고 있다. 갱은 길거리 갱(street gangs),

---

64 Consejo Ciudadano para La Seguridad Pública y La Justicia Penal A.C, Metodología del ranking(2018) de las 50 ciudades más violentos del mundo, 12 de marzo de 2019

65 UNODC, Global Study on Homicide, July, 2019

교도소 갱(prison gangs), 오토바이 갱(motocycle gangs)으로 구분되며 모두 강력범죄 발생원인들이다. 브라질에서 특히 문제가 디고 있는 갱 범죄 유형은 걸거리 갱과 교도소 갱들이다.

길거리 갱 중 가장 조직이 크고 사회적 문제를 일으키고 있는 것은 리오 데 자네이로에 근거지를 두고 있는 '붉은 특공대(Comando Vermelho, Red Command)'[66]이다. '붉은 특공대'는 무장 강도, 납치, 갈취, 마약밀매 등을 통해 시민에게 위협과 폭력을 행사하고 군경을 공격하기도 한다.

리오 데 자네이로 지방정부는 2010년 11월 군경합동작전을 통해 빈민가에 있는 이들의 근거지를 공격하여 40여명 이상을 사살하고 200여명 이상을 체포하기도 하였다. 현재까지도 군대가 이 지역의 치안을 유지하고 있다.

길거리 갱보다 더 많은 사회적 문제를 야기하고 있는 것이 교도소 갱이다. 가장 문제가 되는 교도소 갱은 '수도제일특공대(Primeiro Comando da Capital - PCC, First Command of Capital)'이다. 이 갱은 1992년 100명 이상의 수감자가 사망한 상파울루 카란디루(Carandiru) 교도소 폭동 학살사건을 계기로 수감자들이 교도소 내에서 자신들의 권리를 보호하고자 그 이듬해인 1993년에 만들어졌다.

'수도제일특공대' 갱 규모는 교도소 내 6,000여명을 포함한 20,000명 규모로 전국 교도소 내외부에 흩어져 활동하고 있다. 매우 엄격한 조직구조를 가지고 운영되며 브라질 정부에 따르면 교도소 내 죄수 총 70여만 명 중 14만 명 정도가 이 갱의 영향권에 있다. '붉은 특공대'와 연계해 마약밀매에도 참여하고 있다.

2001년 전국 교도소 폭동, 2006년 상파울루 갱 전쟁, 2012년 상파울루

---

66 '붉은 특공대'는 1969년 군부통치시절에 좌파투옥정치범들과 일반범죄자가 연합하여 반 군부 독재 이념을 가지고 '붉은 팔랑헤(Falange Vermelho, Red Phalanx)' 이름으로 결성되었다. 이후 정치적 이념이 사라지고 '붉은 특공대'로 명칭을 바꾸면서 범죄조직화 되었다.

갱 공격 등을 일으키는 등 군경과 첨예하게 대치하고 있는데 브라질 정부가 직면한 중요한 정치사회적 문제이다.

3) 콜롬비아

콜롬비아 정부는 과거부터 조직범죄단체, 우파민병대, 콜롬비아무장혁명군(FARC)과 국가해방군(ELN)등 좌파 반정부 무장단체 등과 저강도 비대칭 전쟁을 치러왔고 이는 현재도 진행 중이다.

특히 1964년부터 2016년 11월까지 52년 동안 계속된 좌파 반정부 무장단체와 치룬 저강도 비대칭 전쟁에서 많은 인명이 희생되었다.[67] 역사적으로 볼 때 좌파 반정부 무장단체 결성은 1948년 4월 좌파 대중 정치인 가이탄(Jorge Eliécer Gaitán)[68]의 암살로 촉발된 보고타폭동(Bogotazo)[69]과 이 결과로 발생한 일명 '라 비올란시아(La Violancia, The Violence)'라고 불리는 자유당과 보수당간 10년 내전에 그 뿌리를 두고 있다. 따라서 일부 학자들은 이를 70년에 이르는 내전으로 보고 있다.

여기에 우파민병대(Paramilitary)[70]와 마약 카르텔 등 무장 조직범죄단체[71]들까지 함께 준동해 콜롬비아 치안상황은 오랜 기간 동안 매우 악화되었다.

---

67 콜롬비아국가역사기록센터(Colombia National Centre for Historical Memory)에 의하면 1958~2013년 기간 중 218,094명이 사망하였다(시민 177,307명, 전투원 40,787명)

68 자유당(Liberal Party) 대선후보 및 지도자

69 1948년 4월 호르헤 엘리에세르 가이탄이 암살되어 사상 최악의 도시 폭동인 이른바 보고타 사태(Bogotazo)가 발생하였다. 보고타 시 대부분의 건물, 보수당과 교회의 상징물들이 파괴 및 방화되고 진압 경찰까지 폭동에 가담하여 이틀 사이 2000명 이상의 인명이 희생되면서 폭력 사태는 전국적으로 급속히 확산되었다. 이 상황은 1960년대 초반까지 20만 명 이상의 인명을 앗아간 '라 비올렌시아(La Violencia)'라는 준내전 상태로 비화되었다.

70 The United Self-Defenders of Colombia (Autodefensas Unidas de Colombia, or AUC)

71 마약카르텔-Medellin Cartel, Cali Cartel

우파민병대는 좌파무장단체에 대항하기 위해 자생적으로 결성된 무장조직으로 당초의 목적을 벗어나 마약밀매나 범죄와 폭력 활동을 하며 자금을 마련하고 무고한 시민에 대한 인권유린을 자행했다.

마약 카르텔은 1960년대 마리화나를 불법 유통하는 것으로부터 시작해 1970년대 코카인을 개발해 미국으로 불법 유통시키면서 세력을 확장했다. 이들은 세력을 확장하는 과정에서 폭력과 범죄로 정치권을 부패시켰으며 경쟁 카르텔, 경찰, 정부군과 무장투쟁을 전개했다.

콜롬비아 정부가 좌파 반정부 무장단체와 마약 카르텔 진압에 치안력을 집중하는 동안 살인, 강도, 납치, 절도, 소매치기, 강탈 등 일상적인 생활범죄가 크게 증가하였다.

유엔마약범죄사무소(UNODC)에 따르면 2017년 콜롬비아 살인율은 24.9명으로 1974년 이래 가장 낮은 수준을 기록해 겨우 중남미 평균수준에 도달하였다. 이는 1990~1994년 기간 70명대, 1995~2002년 기간 60명대, 2003~2005년 4~50명대, 2006~2013년 30명대에 비교하면 얼마나 빠르게 치안상황이 개선되었는가를 알 수 있다.

콜롬비아는 세계에서 납치가 가장 많은 국가이었다. 납치는 주로 좌파 반정부 무장단체들이 재원마련을 위한 수단으로 활용했다. 그러나 정부와 좌파 반정부 무장단체 간 평화협상으로 투쟁이 종결되며 크게 감소하였다. 콜롬비아 경찰에 따르면 2016년 중 납치는 2000년 대비 92% 감소한 205명으로 이는 주로 일반 범죄자들에 의한 것이었다.

멕시코 공공안전 및 형사정의 시민위원회(Consejo Ciudadano para La Seguridad Pública y La Justicia Penal A.C.)가 발표한 2018년 '세계에서 가장 위험한 도시 50개 순위'에 콜롬비아 소재 도시는 팔미라(Palmira, 27위, 47명)와 칼리(Cali, 31위, 46명) 등 2개 도시가 포함되어 있다. 수도인 보고타(Bogotá, 14명, 2017)와 메데인(Medellin, 23명, 2017)은 과거에 매우 위험한 지역이었지만 최근에는 살인과 범죄율이 크게 감소하고 있다.

4) 중미국가

가) 엘살바도르

엘살바도르는 면적과 인구 모두 규모가 작지만 범죄와 폭력이 극심한 지역이다.[72] 20세기 대부분의 기간을 군부나 군부 영향력이 강한 권위주의 정부의 폭압적 정치를 경험했다.

1932년에 발생한 농민봉기(1932 Salvadoran Peasants Uprising)에서 군부정권은 10,000~40,000명의 농민과 시민을 학살하였다. 이 사건은 일명 '마탄자(Matanza, 학살)'라고 불릴 정도로 당시 매우 심각한 공권력의 시민에 대한 폭력행위 이었다.

1979년부터 시작된 정부와 반정부 무장단체인 파라분도 마르티 국가해방전선(FMLN:Farabundo Marti National Liberation Front)[73]간 내전은 승자 없이 1992년 차풀테펙 평화협정(Chapultepec Peace Accord)[74]으로 끝났다. 그러나 내전으로 80,000여명이 사망한 폭력의 기록을 남겼다.[75]

내전이 끝난 후 새로운 정치체제 속에서 안정된 사회가 도래할 것이라는 희망은 바로 이어지는 범죄폭력의 증가로 사라졌다. 1994년, 1995년, 1996년 살인율은 각각 138명, 142명, 119명으로 당시까지 살인율이 가장 높았

---

72 UN Departmment of Economic and Social Affairs 면적 21,041 평방킬로미터, 인구 6,344,722 (2016년 추정)

73 Wikipedia, The FMLN was one of the main participants in the Salvadoran Civil War. After peace accords were signed in 1992, all armed FMLN units were demobilized and their organization became a legal left-wing political party in El Salvador.

74 Wikipedia, The treaty was the result of a UN backed peace process that had begun in 1990.[4] On December 31, 1991, the government and the FMLN initialed a preliminary peace agreement under the auspices of UN Secretary-General Javier Pérez de Cuéllar. The final agreement was signed in Mexico City on January 16, 1992, at Chapultepec Castle.

75 Wilipedia, Crime in El Salvador

던 콜롬비아의 동기간 살인율인 73명, 59명, 61명 보다 두 배가 많았다.[76]

엘살바도르 살인율은 2015년 다시 한 번 105명을 기록한 뒤에 다소 개선되어 이후 100명을 상회한 적은 없다. 그럼에도 불구하고 2016년과 2017년은 각각 83명과 61명으로 같은 기간 콜롬비아의 25명, 24명 대비 3배이다.

전체인구가 600만 명을 다소 상회하는 국가에서 범죄와 폭력이 매우 만연하고 있는 원인에 대해 많은 학자와 전문가들의 분석이 이루어졌다. 엘살바도르의 극심한 경제적 불평등, 내전기간 중 형성된 폭력문화, 1996년부터 시작된 미국의 불법체류 범죄자 송환, 넘쳐나는 총기, 정치인과 정부의 고질적인 부패 등이 원인들로 지적되고 있다.

그러나 이렇게 추정된 원인들이 범죄와 폭력 증가에 구체적으로 어떻게 연관되고 그 영향이 어느 정도인지가 명료하지가 않다. 예를 들어 1996년에 제정된 미국의 '불법이민 개혁 및 이민자 책임법'[77]에 따라 미국에 불법적으로 거주하는 엘살바도르인의 본국 송환이 이루어졌다.

이 때 본국으로 송환된 많은 범죄자들은 엘살바도르 자생 범죄단체들과 연계해 새로운 갱단을 구축하고 범죄와 폭력을 자행하였다. 이 중 MS-13과 MS-18이 가장 강력하게 등장했는데 이들은 미국 로스앤젤레스에서 활동 중인 동명의 갱단 조직원들이 엘살바도르에 송환 된 뒤 조직한 것으로 로스앤젤레스 갱단하고도 연결되어 있다.

MS-13과 MS-18은 범죄와 폭력 과정에서 시민들을 살해할 뿐만 아니라 영역다툼을 하며 상호 보복 살상을 계속하여 엘살바도르 전체 살인율을 높이고 있다. 그러나 두 갱단이 전체 살인율에 구체적으로 어느 정도 영향을

---

76 UNODC, Global Study on Homicide, Statistics and Data, 2019

77 Wikipedia,The Illegal Immigration Reform and Immigrant Responsibility Act of 1996 (IIRIRA or IIRAIRA), Division C of Pub.L. 104-208, 110 Stat. 3009-546, enacted September 30, 1996, made major changes to the Immigration and Nationality Act (INA) of the United States, which the bill's proponents argued was mainly due to the rapidly growing illegal immigration population in the country. "These IIRIRA changes became effective on April 1, 1997."

주고 있는지를 나타내는 수치는 없다.

야사르(Deborah J.Yashar) 교수는 엘살바도르에서 범죄와 폭력이 크게 증가하고 있는 요인으로 범죄 및 살인 생태계(Criminal and Homicidal Ecology) 형성의 입장에서 크게 두 가지를 제시하고 있다. 범죄와 폭력이 허용되는 정치상황 즉 정부의 역량부족과 취약한 법질서 그리고 범죄조직 확대에 따른 영역다툼이 그것이다.[78]

첫째 엘살바도르 정부의 전반적인 역량부족이 범죄와 폭력 증가를 허용하는 생태계가 되고 있다. 특히 취약한 법질서 유지 역량이 문제가 되고 있다. 법질서 유지는 경찰(Police), 사법(Judiciary System), 교도소 운영체계(Prison System)등 삼각축에 의존하고 있는데 현재 그 어느 한 곳도 법질서를 강화하는 방향으로 운영되고 있지 못한다.

엘살바도르 경찰은 1992년 차풀테펙평화협정에 따라 국가문민경찰(National Civilian Police, PNC)의 명칭으로 탄생했다. 인권보호와 업무효율성을 높이기 위해 군부가 경찰을 지배했던 체제를 탈피해 민간인이 지휘하는 체제로 탈바꿈했다.

그러나 기대와는 다르게 경찰은 범죄와 폭력상황을 대응하는데 무능과 무력함을 보여주었다. 이러한 결과를 가져온 배경으로 예산과 전문성 부족, 부실한 명령이행, 부패, 시민들의 불신, 군부의 치안개입, 면책관행 등이 단편적으로 지적되고 있는데 실제는 이들 모두가 함께 작용하며 악순환을 이루었기 때문이다.

범죄와 폭력 제어 기능을 수행하는 또 다른 제도인 사법부도 공정하고 독립적이며 효율적이지 못하다. 범죄인 조사의 비효율성, 낮은 기소율, 기소후 면책, 기대에 부응하지 못한 판결 등이 일상화되어 시민들은 사법부에 대한 신뢰감을 가지고 있지 못하다.

---

78 Deborah J. Yashar, Professor, Princeton Univ. Homicidal Ecologies, Illicit Economies and Complicit States in Latin America, 2018, Cambridge University Press

이는 부분적으로 사법부 예산과 전문성 부족 때문이다. 그러나 현실적인 이유는 수사관, 검사, 판사 등 법조인들이 과거의 부패관행에서 탈피하고 있지 못하고 있는데다가 정치인이나 갱단으로부터 정치적 그리고 물리적 위협을 받기 때문인 것으로 알려지고 있다.

끝으로 법질서 유지를 삼각축의 하나인 교도소 운영 시스템의 비효율성과 부적정성이다. 정부의 역량부족 상황은 교도소 운영에서 적나라하게 들어나고 있는데 교도소에서 범죄자들은 효율적이고 적정하게 관리되고 있지 못하다.

교도소는 적정인원을 크게 초과해 수용하기 때문에 긴장도가 매우 높아 유혈 충돌로 이어지는 경우가 많고 외부 갱단과 연결된 교도소 갱단(Prison Gang)들이 조직되어 상호 집단 충돌을 일으키거나 교도관을 상대로 집단 대항하는 등 폭력행위를 계속하고 있다.

둘째 불법적 갱단들이 정부가 쉽게 통제할 수 없을 만큼 세력을 확장하였고 갱단 간 영역확보를 위한 무장 투쟁으로 살상행위가 크게 증가했다. 특히 미국이 1996년부터 범죄자들을 본국에 송환되면서 이들을 중심으로 범죄조직이 새롭게 결성되고 기존 자생 범죄조직과 연대하여 세력을 확장하는 생태계가 만들어졌다.

여기에 엘살바도르의 높은 실업상황은 이들이 세력 확장을 할 수 있는 배경이 되었고 갱단 간 영역 다툼이 많아지며 살인율이 치솟았다.[79]

2006년 시작된 멕시코 정부와 마약 카르텔(DTO: Drug Transnational Organization)간 소위 마약전쟁(Drug War)[80]은 마약 카르텔들[81]이 중미

---

79 일례로 2012년 3월~2015년 2월 중 MS-13과 MS-18간 갱 휴전협정(Gang Truce)이 있었는데 이 기간 중 엘살바도르 살인율은 크게 낮아졌다. 그러나 휴전이 끝난 2015년 3월부터 살인율이 급격하게 증가했다.

80 멕시코 마약전쟁은 2006년 이후 진행되고 있는 정부군과 마약 카르텔 간 비대칭 저강도 무장 투쟁을 의미한다. 2006년 11월 취임한 펠리페 칼데론(Felipe Calderon) 대통령은 마약 카르텔을 소탕하기 위해 군을 동원했다. 이 과정 속에서 마약 카르텔은 더욱 분화하고 세력이 커져 정부군과 강경대치하고 있고 또한 카르텔 간 영역다툼을 벌여 상호 많은 사상자를 내고 있다.

81 시날로아(Sinaloa) 카르텔과 제타스(Zetas) 카르텔로 추정

로 세력을 옮기는 소위 풍선효과(balloon effect)를 일으켰다. 멕시코 마약 카르텔의 등장은 엘살바도르에서 새로운 범죄와 폭력 환경이 조성된 것으로 엘살바도르 갱단은 이들과 제휴하여 국내외 마약 밀매유통에 참여하였고 치안상황은 더욱 악화되었다.

나) 온두라스

온두라스 치안은 엘살바도르 상황과 비슷하다. 유엔 자료[82]에 따르면 살인율은 엘살바도르 보다 더 낮다. 그러나 2017년 살인율은 41명으로 멕시코 포함 중미 평균 수준인 25명에 비해 매우 높다. 온두라스 살인율이 가장 높았던 시기는 2011년과 2012년으로 각각 85명과 84명이었다. 이 기간 중 엘살바도르는 각각 70명과 41명을 기록했다.

살인율 기준 치안이 가장 열악한 도시는 테구시갈파(Tegucigalpa), 산 페드로 술라(San Pedro Sula), 라 세이바(La Ceiba)등 이다.

테구시갈파는 수도로 2016년 살인율은 90명으로 연간 995명이 피살되었다. 이 규모는 2011년 살인율 119명 피살자 1,250명, 2012년 살인율 121명 피살자자 1,290명에 비하면 많이 낮아진 것이다.

산 페드로 술라는 과테말라 국경과 가까운 지역으로 마약 밀수출 통로이다. 2013년 살인율은 186명 피살자수 1,407명으로 최고 수치를 기록했고 2016년에도 살인율 113명으로 매우 위험한 도시이다.

라 세이바는 카리브 연안에 소재한 도시로 마약 밀수출 통로이다. 2013년 살인율은 142명이었다. 2016년에는 130명으로 온두라스에서 가장 높은 살인율을 기록했다.

온두라스의 치안부재는 크게 마약불법유통(Drug Trafficking)과 갱단 폭력(Gang Violence)때문이다. 온두라스는 콜롬비아와 페루에서 생산된 코

---

82 UN, Global Study on Homicide/Statistics and Data, 2019

카인 밀수출의 경유지 역할을 하고 있다. 이 과정에서 마약밀수출에 연관된 생산자, 운송업자 등 조직간 충돌이 일어나기도 하고 여기에 MS-13, MS-18 등 갱단이 멕시코 마약밀매조직과 제휴하여 밀수출에 개입하면서 살인과 폭력이 급증했다.

또한 온두라스에는 현재 MS-13, MS-18외에도 50개 이상의 크고 작은 갱단들이 활동하며 시민들을 갈취하고 있는데 이들도 영역확보를 위해 상호 무장다툼을 하며 보복살상이 증가하고 있다. 물론 다국적 갱단인 MS-13과 MS-18의 영역다툼에 따른 보복살상이 가장 심각하다.

경찰도 갱단을 소탕하는 과정에서 인명피해를 발생시키고 있다. 소탕 대상인 갱단원은 물론이고 무고한 시민들을 대상으로 살인과 인권유린을 하고 있다.

온두라스 살인율은 2011년~2013년 80명을 고비로 점점 낮아져 2017년에는 41명으로 거의 반감되었다. 살인율 감소 원인은 분석이 필요하나 일차적으로 미국국제개발처(USAID)와 국내마약퇴치기관들이 범죄와 폭력상황 개선을 위해 대응노력을 강화한 것이 성과를 거둔 것으로 보인다.

미국은 범죄와 폭력을 피해 미국으로 향하는 온두라스 불법이민을 줄이기 위해 경제적 지원을 계속하고 있다. 그러나 미국을 향한 온두라스 이민 행렬은 계속되고 있다.[83]

다) 과테말라

과테말라는 20세기 전반기 중 미국 정부와 유나이티드 프루트 컴퍼니(United Fruit Company)의 후원을 업은 권위주의적 군부정권의 독재정치가 계속되었다. 그러나 냉전시기를 맞아 좌우이념에 기초한 다양한 정치세력 간 투쟁이 발생해 중후반기 과테말라 정국은 혼란의 연속이었다.

---

83 사례: 2018년 이민자 카라반-2018년 10월 13일 온두라스 산 페드로 술라(San Pedro Sula)에서 출발하여 과테말라-멕시코를 거쳐 미국 국경도시 티후아나(Tijuana)까지 이어진 이민자 행렬

특히 1960년부터 시작된 좌파 반정부단체인 과테말라국가혁명연합(URNG)[84]과의 내전은 1996년 종전[85]될 때가지 실종자를 포함해 20만 명의 희생자를 냈다.

내전 중 정부군과 반군이 자행한 많은 인권유린과 학살 등 폭력행위는 과테말라 국민들 의식 속에 상처로 남아 과테말라 범죄와 폭력증가의 생태환경을 구성했다.[86]

유엔 자료에 따르면 과테말라 살인율은 엘살바도르나 온두라스보다는 낮으나 여전히 중미 또는 남미 평균 수준보다 높다. 2017년 살인율은 26명으로 중미와 남미의 평균 수준인 25명, 24명을 다소 상회하고 있다. 그러나 이 수준은 2009년 45명으로 최고 수치를 기록한 후 매년 조금씩 낮아진 것으로 의미 있는 개선이다.

살인율이 높은 지역은 과테말라 시티, 이자발(Izabal), 산타 로사 쿠일라파(Santa Rosa Cuilapa), 에스쿠인틀라(Escuintla), 페텐(Peten) 등이다.

과테말라시티는 수도로서 인구가 많기도 하지만 2016년 704명이 피살당해 살인율이 64명에 이른다. 그러나 이 수치는 2009년 1,272명의 피살로 살인율이 129명이었던 것과 비교하면 거의 반감된 것이다.

이자발과 페텐은 콜롬비아와 페루에서 생산된 마약이 과테말라에 유입된 뒤 멕시코로 가는 통로로서 마약 카르텔과 갱단 간 통로 장악을 위한 무장투쟁이 계속 발생하고 있다. 멕시코 마약 카르텔들은 이 지역의 전통적 토호세력들과 제휴하여 마약 불법유통 사업을 하고 있다.[87]

---

84 1982년에 결성된 과테말라 반정부무장단체들의 연합체이다. PGT, MR-13, FAR,EGP, ORPA 등이 참여했다.

85 1996년 12월 알바로 아르주(Álvaro Arzú) 과테말라 대통령과 롤란도 모란(Rolando Morán) 과테말라국가혁명연합 사무총장 간에 체결된 평화협정이 체결되었다. 1997년 1월 유엔 안전보장이사회는 결정 1094호를 통과시켜 평화협상이행을 관리하기 위한 군사고문단을 파견하였다.

86 Wikipedia, Crime in Guatemala: 'the country witnessed a generalized fear shaped by state terror and institutional violence'

87 멕시코 Gulf Cartel – 과테말라 Mendoza Family, 멕시코 Zeta Cartel – 과테말라 Lorenzana Family 등

1996년 내전이 종식된 뒤 과테말라 폭력상황은 예상과 다르게 개선되지 못하고 더욱 악화되었으며 일상이 되었다. 살인율은 평화협정이 체결된 1996년 이후 점증하기 시작해 2009년에는 45명에 달했다. 그러나 이후에 다소 감소했다.

오스카르 베르헤르(Óscar Berger) 전 대통령[88]은 이러한 상황에 대해 '거리의 폭력, 납치, 마약밀매, 자금세탁 등으로 과테말라가 콜롬비아를 닮아가고 있다'며 한탄했다.

과테말라의 범죄와 폭력상황이 개선되고 있지 못한 이유로 야샤르(Deborah J. Yashar) 교수는 취약한 정부역량, 불법경제, 범죄조직간 영역다툼 등 세 가지 요인이 상호작용을 통해 폭력의 생태계를 확대하기 때문이라고 주장하고 있다.[89]

과테말라 정부의 역량부족은 '법의 지배' 환경의 악화로 나타난다. 정치, 경제, 사회부문에서 주동자들(actors)은 법과 질서의 준수는 회피하면서 결과에 대해 면책(immunity) 추구는 열심이다.

여기에 범죄자들을 소추하는 경찰, 검찰, 판사들도 법과 질서에 따라 공정하고 효율적인 대응을 하지 못하고 면책이 일상화 되어있다. 국민들도 이를 관행으로 받아들이면서 경찰과 검찰 그리고 판사로 표현되는 정부를 크게 불신하고 있다.

범죄와 폭력에 대응하는 정부역량의 부족은 낮은 살인범죄 해결, 경찰과 검찰 그리고 재판부의 일상적 부패와 감찰부족, 소추기관과 범죄조직의 연루, 범죄조직 상호간 무장투쟁 등으로 나타나고 있다. 이 결과 과테말라에는 범죄와 폭력이 일상적으로 받아들여지고 용인되는 생태환경이 만들어졌다.

---

88 과테말라 제34대 대통령, 2004.1.14.~2008.1.14. 기간 중 집권
89 Deborah L. Yashar, Professor of Princeton Univ., Homicidal Ecologies, Cambridge University Press, 2018.

경찰, 검찰, 판사들도 수사, 기소, 판결의 모든 단계에서 스스로는 청렴하고자 하나 범죄조직의 협박이나 정치권의 부당한 영향력으로 공정하고 효율적인 범죄 소추를 하지 못하고 면책을 허용하는 경우가 많다. 유엔범죄마약사무소에 따르면 과테말라의 살인범죄 해결율은 7%로 엘살바도르 44%, 니카라과 81%, 코스타리카 82%와 비교해 매우 낮다.[90]

과테말라 치안상황은 1996년부터 시작된 미국의 불법이민자 송환에 따른 MS-13, M-18 등 미국 갱단 조직의 과테말라 이식, 이들과 토종 갱단의 제휴와 세력화, 2006년 12월 시작된 멕시코 마약전쟁의 풍선효과로 멕시코 마약 카르텔[91]의 과테말라 진출, 현지 갱단, 지방 토호, 운송 카르텔 등의 마약밀매 유통사업 참여 등으로 더욱 불안해지고 있다. 과테말라는 남미에서 생산된 코카인이 멕시코를 경유해 미국으로 들어가는 통로의 중요한 관문이다.

한 가지 다행스러운 것은 살인율이 2009년 45명으로 최고 수준을 보인 뒤 매년 조금씩 낮아져 2017년에는 26명으로 줄었다는 것인데 살인율 감소 원인에 대해서는 분석이 필요하다.

라) 베네수엘라

베네수엘라에서 살인과 납치, 강도 등 강력범죄와 폭력이 매년 크게 증가하고 있다. 유엔은 베네수엘라의 열악한 정치 및 경제 환경이 치안불안 상황을 악화시키고 있다고 분석하고 있다.[92]

유엔마약범죄사무소(UNODC)에 의하면 베네수엘라 살인율은 1999년 차베스(Hugo Chavez) 대통령이 집권한 이후 빠르게 증가하기 시작했다.

---

90 UNODC (United Nations Office on Drugs and Crime) 2007 . Crime and Development in Central America: Caught in the Crossfire . New York, NY : United Nations.

91 걸프(Gulf), 제타스(Zetas), 시날로아(Sinaloa) 등

92 "Venezuela es el país más inseguro del mundo, según un estudio". El Espectador (in Spanish). El Espectador. 21 August 2014. Retrieved 22 August 2014.

1990년 베네수엘라 살인율은 12명으로 같은 해 남미지역 평균치인 21명보다 크게 낮았으나 2016년은 56명으로 남미 평균 24명 대비 3배 가까운 수준이다.

특히 차베스 대통령이 집권하기 전 해인 1998년 살인율은 19명이었는데 이후부터 사망한 해인 2013년까지 살인율은 30~50명 초반 구간에서 움직였다.

2013년 3월 마두로(Nicholás Maduro) 대통령이 집권한 이후 혼란한 정치상황과 경제침체로 인해 치안상황은 더욱 악화되었다. 이 시기 실시된 설문조사에 의하면 국민들은 치안불안을 생필품부족 다음의 큰 문제로 인식하고 있었다.[93] 실제로 2014년 살인율은 61명으로 남미 평균 수준보다 3배가 더 많았다. 2016년에는 56명으로 낮아졌으나 이후 통계는 나오고 있지 않고 있다.

베네수엘라 수도 카라카스(Caracas) 치안불안 상황은 특히 심각하다. 유엔마약범죄사무소에 따르면 2007년에는 2,710명이 피살당해 살인율이 130명에 이르렀다. 2009년 살인율도 122명으로 연간 2,550명이 피살당했다.

2009년 이후 유엔 통계에 베네수엘라 통계가 나오고 있지 않으나 2017년 월드 아틀라스가 발표한 세계에서 가장 위험한 도시 50개 중 카라카스는 살인율 111명으로 2위에 등록되어 있다.[94]

1999년 차베스 대통령 집권 이후에 베네수엘라에서 범죄와 폭력이 증가한 원인들 중은 가장 크게 지적되는 것은 차베스 정권이 추진한 대중영합주의 정책과 경제상황의 악화이다.

차베스 정권은 과거의 기득권층으로부터 정권을 보호하기 위해 중하위계

---

93 Kevin Voigt (6 March 2013). "Chavez leaves Venezuelan economy more equal, less stable". CNN. Retrieved 6 March 2013.

94 www.worldatlas.com, The Most Dangerous Cities In The World

층을 대중영합주의 정책으로 부추겨 우호세력으로 결집시켰다. 이 과정에서 법의 지배 원칙은 무시되고 권력이 자의적으로 운용되어 결국 부패로 이어지고 범죄와 폭력이 면책되는 환경을 조성했다. 베네수엘라 검찰총장은 현지에서 발생한 범죄와 폭력의 98%가 처벌을 받지 않고 있다고 밝혔다.[95]

베네수엘라의 악화된 경제상황은 심각한 생필품 부족상황으로 이어졌고 강절도, 납치, 살인, 약탈 등이 증가하는 원인과 결과가 되었다.

4. 중남미 마약카르텔

가. 정의 및 구조

마약 카르텔은 마약밀매유통(Drug Trafficking)을 목적으로 결성된 범죄조직이다. 지역 내에서 소규모 마약밀매 조직간 느슨한 협정을 만들어 활동하는 수준부터 국내외 네트워크를 운용하여 마약생산부터 유통까지 장악하고 있는 대형 조직에 이르기까지 다양한 수준과 형태의 조직들이 있다.

대형 마약카르텔들은 세계적으로 활동하고 있다. 북미, 남미, 카리브, 서유럽, 동유럽, 유라시아, 극동아시아, 동남아시아, 서남아시아, 중앙아시아, 중동, 아프리카에서 활동 형태와 수준에 차이가 있지만 예외는 없다.

다만 중남미가 다른 지역보다 특별하게 주목받고 있는 이유는 마약의 대명사로 알려진 전체 코카인 생산과 유통이 이 지역에서부터 시작되었고 다량의 헤로인, 마리화나, 메스암페타민 등이 생산 제조되어 최대 소비지역인 미국으로 유입되고 있기 때문이다.

---

95 Finnegan, William (14 November 2016). "Venezuela, A Failing State".
The New Yorker. Retrieved 7 January 2017

마약 생산과 밀매유통(Drug Trafficking)을 주도하고 있는 중남미 마약 카르텔들은 콜롬비아와 멕시코에서 생성되었다. 이들은 북미와 유럽을 포함해 세계 전체를 대상으로 마약을 불법 유통시켰고 이 과정에서 지역 갱단들과 연대하며 범죄와 폭력을 확산시키고 있다.

마약카르텔 구조는 기본조직과 방계조직으로 구성되어 있다. 기본조직은 감시자(Falcons), 암살자(Hit man), 대리자(Lieutenant), 마약왕(Drug Lord) 등 4단계로 나뉜다. 감시자는 길거리에 상주하며 눈과 귀의 역할을 한다. 암살자들은 납치, 살해, 공격과 방어 등을 포함한 무장투쟁을 담당하고 있다. 대리자는 일정한 지역을 할당받아 감시자와 암살자들을 운용하며 밀매사업을 경영한다. 상급자 허락 없이 낮은 수준의 살인(low-profile murder)을 수행할 수 있다. 마약왕은 대리자들에게 지역을 배분하는 등 조직 전체 운영을 총괄하며 중요 인사 살인(high-profile murder) 여부를 결정한다.

방계조직으로는 코카인, 헤로인, 마리화나, 메스암페타민 등 마약 생산 공급자, 운송조직, 재무조직, 자금세탁조직, 무기 공급자 등이 있으며 수준에 따라 대리자와 마약왕이 구분해 운영한다.[96]

나. 주요 마약 범죄조직

1) 콜롬비아

1960~1970년대 기간 중 세계적으로 향정신성 물질에 대한 수요가 급증하자 콜롬비아는 코카인의 불법 생산, 가공, 유통의 중심지역이 되었다. 코

---

[96] Wikipedia, Drug Cartel

카인이 유통되기 이전 1970년대 전반기까지 주로 마리화나를 미국으로 밀수출했지만 1970년대 후반부터 코카인이 헤로인과 함께 주종 밀수출 마약으로 등장했다.

2011년 블룸버그 통신은 콜롬비아를 세계 최대 코카인 생산지, 미국을 최대소비지라고 지적했다.

코카인 가격은 콜롬비아 원산지에서 1킬로그램에 약 1,800불 정도이지만 미국 뉴욕에서는 30,000불에 이르고 있다.[97] 이 가격도 코카인 수급상황, 마약 카르텔 내부 상황, 미국 등 관련 국가들의 마약유통단속, 원산지와의 거리, 소비지역 소득수준 등 여러 가지 요소들에 따라 크게 달라진다.

콜롬비아 마약범죄조직의 구분과 범위, 구체적 범죄활동은 시기에 따라 변화해 왔다. 마약카르텔 등 범죄조직은 콜롬비아무장혁명군(FARC), 국가해방군(ELN) 등 좌파 게릴라 단체들이나 콜롬비아통합자위대(AUC) 등 우파 민병자위조직들과 구분된다. 참고로 이들 무장단체들도 대부분 활동자금 마련 명목으로 마약의 생산, 가공, 유통 등 불법행위를 자행해 온 것은 마약카르텔과 다를 바 없다.

가) 마약 카르텔 등 범죄조직

콜롬비아 마약범죄조직은 크게 3 세대로 구분된다.[98] 1세대는 메데인카르텔(Medellin Cartel)과 칼리카르텔(Cali Cartel)이다. 이 카르텔들은 코카 잎 생산과 코카인 제조, 운송, 유통 등 코카인 사슬(Cocaine Chain)의 모든 단계를 수직적으로 통합해 장악했다. 이를 위해 중앙집권적 계층적 조직구조를 만들어 명료한 명령전달 및 보고체계를 운용했다.

2세대는 메데인카르텔과 칼리카르텔로 대표되는 대형 카르텔들이 정부

---

97 Narco News 2019, Cocaine Price

98 Jeremy McDermott, InSight Crime, The BACRIM and Their Position in Colombia's Underworld, May 2, 2014

의 소탕작전으로 1993년과 1995년에 각각 해체된 뒤 등장한 소형 카르텔 (Baby Cartel)들이다. 이들은 코카인 사슬에서 특정 부문을 장악한 뒤 상호 연합(federation)하는 형태로 더 큰 조직을 만들었다.

북부계곡카르텔(Norte de Valle Cartel)과 북부해안카르텔(North Coast Cartel)이 대표적이다. 이들은 연합체 성격을 가지고 있기 때문에 1세대의 특징인 강력한 보스를 가지고 있지 못해 항상 내부 이해관계에 따라 상호간 무장투쟁이 발생하기도 했다.

3세대는 소위 '바크림(BACRIMs:Criminal Bands)'라고 이름 지어진 범죄단체들이다. 이들은 주로 2006년 우파 콜롬비아 통합자위대(AUC) 소속 민병자위조직들이 해체되면서 해체에 반대하는 그룹들을 중심으로 형성된 범죄 신디케이트이다. 주요 활동은 마약 밀매유통이며 이외에도 강절도, 납치, 청부살인, 착취, 인신매매 등 범죄활동을 하고 있다.

이들은 코카인을 온두라스 등 중미로 통해 멕시코 마약 카르텔들에게 전달하고 수수료를 받는데 1킬로 당 약 12,000불을 받는 것으로 알려지고 있다. 아울러 국내에서 마약 밀매유통도 하고 있다.

① 1세대(1st Generation) 마약카르텔

≫ 메데인카르텔(Medellin Cartel)

메데인카르텔은 안티오키아(Antioquia)주 수도이며 보고타 다음으로 큰 도시인 메데인을 근거지로 1976년에 결성된 후 1993년 붕괴될 때까지 마약밀매, 살인, 납치, 착취, 무기거래, 테러, 뇌물수수, 자금세탁 등 많은 범죄활동을 했던 조직범죄단체이다. 메데인카르텔은 당시 미국으로 유입된 코카인의 80%를 담당했다.

메데인카르텔은 에스코바르(Pablo Escobar), 오초아(Jorge Luis Ochoa Vásquez), 가차(José Gonzalo Rodríguez Gacha), 레데르(Carlos Lehder)등이 만들었다. 그리고 1993년 전설적인 마약왕인 에스코바르가 콜롬

비아 정부군에 사살 당하며 붕괴되었다.

에스코바르는 '코카인 왕(The King of Cocaine)'이라는 별명을 가진 마약왕(drug lord)으로 메데인카르텔을 이끌며 콜롬비아 정치와 사회에 많은 악영향을 끼쳤다. 그러나 그는 빈민 계층을 향한 자선행위도 병행하여 이들은 그를 로빈 후드라고 부르기도 했다.

콜롬비아 경찰은 그를 타격하기 위해 1986년 블로케 데 부스케다(Bloque de Busqueda: Search Bloc)라는 특수부대를 만들어 운영했다. 이 특수부대가 1993년 12월 파블로 에스코바르를 사살해 메데인 카르텔이 붕괴하는 계기를 만들었다.

» 칼리카르텔(Calí Cartel)

칼리카르텔은 콜롬비아 남부의 바에 데 카우카(Valle de Cauca)주 수도인 칼리를 근거지로 1970년대 결성된 후 1995년 붕괴될 때가지 마약유통, 살인, 납치, 착취, 무기거래, 테러, 뇌물수수, 자금세탁 등 다양한 범죄활동을 했던 조직범죄 단체이다.

길베르토 오레후엘라(Gilberto Rodríguez Orejuela), 미겔 오레후엘라(Miguel Rodríguez Orejuela), 론도뇨(José Santacruz Londoño), 부이트라고(Hélmer Herrera Buitrago)등 4인이 결성을 주도했다. 메데인카르텔과는 달리 칼리카르텔 수뇌부는 상류가정 출신들이어서 카르텔의 별명이 '칼리의 신사들(Los Caballeros de Calí)'로 불리기도 했다.

칼리카르텔은 메데인카르텔과 1981년 M-19 등 납치테러 조직을 타격하기 위해 '납치자들에게 죽음을(MAS;Muerte a Secuestradores)'이란 무장조직 공동창설, 자금세탁을 위한 파나마 은행(First InterAmericas Bank) 공동소유, 미국 내 코카인 시장 합의 분할-뉴욕지역은 칼리카르텔, 마이아미 및 플로리다 지역은 메데인카르텔이 독점, 캘리포니아는 경쟁지역 유지- 등 일정기간 동안 협력관계를 유지했다.

그러나 1986년 메데인카르텔의 가차가 칼리카르텔의 영역인 뉴욕에 발을 들여 놓기 시작하면서 메데인카르텔 수뇌부인 오초아가 칼리카르텔의 제보로 체포되었다는 의혹이 발생하자 1987년부터 양 카르텔은 적대감을 가지고 냉혹한 무장대립 관계를 이어갔다.

칼리카르텔은 영국 및 이스라엘 용병세력과 연계하거나 미국과 콜롬비아 정부에 정보원을 두는 등 광범위한 정보감시망을 운용했다. 이러한 배경 때문에 미국마약단속국(DEA)은 칼리카르텔을 '칼리의 KGB'라고 불렀다.

칼리카르텔은 한 때 유럽 코카인 시장의 90%를 장악하기도 했다. 그러나 콜롬비아 경찰과 정부군의 지속적인 추격으로 오레후엘라 형제를 포함한 주요 창설 수뇌부가 거의 체포되면서 1995년에 붕괴되었다.

② 2세대(2nd Generation) 카르텔

》 북부계곡카르텔(Norte de Valle Cartel)

북부계곡카르텔은 칼리카르텔이 붕괴된 뒤 이에 승복하지 못한 일부 대리자(Lieutenant)급 간부들이 만든 조직범죄단체이다. 여기에는 렌테리아 만티야(Carlos Alberto Rentería Mantilla), 오르티스 에스코바르(Juan Carlos Ortiz Escobar), 라미레스 아바디아(Juan Carlos Ramiréz Abadía), 몬토야 산체스(Diego León Montoya Sánchez) 등이 참여하였다.

북부계곡카르텔은 메데인과 칼리카르텔이 붕괴된 뒤 콜롬비아의 가장 강력한 마약조직범죄단체로 성장했다. 이 결과 북부해안카르텔, 콜롬비아무장혁명군(FARC), 국가해방군(ELN)등 좌파 무장단체 그리고 콜롬비아통합자위대(AUC) 소속 민병자위대들은 종종 북부계곡카르텔과 전략적 제휴를 하며 마약밀매활동을 하기도 했다.

2003년 이후 콜롬비아 경찰과 정부군은 미국과 공조해 북부계곡카르텔에 대한 무력공격을 지속적으로 실시하였다. 이 결과 카르텔 주요 보스들이 체포되거나 피살당해 2008년 이후 북부계곡카르텔은 사실상 붕괴되고 말았다. 그러나 카르텔의 잔여 요원들은 다시 새로운 범죄조직을 결성하였는데 이들이 소위 바크림(BACRIM)으로 불리는 3세대 범죄조직이다.

» 북부해안카르텔(North Coast Cartel)

북부해안카르텔은 1980년대에 결성되어 콜롬비아 북부지역 특히 카리브 해안을 장악하고 마약밀매를 포함한 살인, 무기밀매, 테러, 인신매매 등을 해온 조직범죄단체이다. 중심 활동도시가 바랑키야(Barranquilla)인 관계로 바랑키야 카르텔(Cartel de Barranquilla: Barranquilla Cartel)이라고도 부른다.

이 카르텔은 바랑키야를 중심으로 번성한 가문들이 참여해 운영했으나 주요 보스들이 체포되거나 피살되며 활동이 종식되었다.

③ 3세대(3rd Generation) 카르텔

콜롬비아 정부는 2006년 전후부터 새롭게 형성된 범죄 신디케이트인 일명 바크림(BACRIMs:Criminal Bands)을 그 조직구조에 따라 세 가지 형태로 구분하였다.

첫째는 'A 타입'으로 2,000명 내외의 조직원을 보유하면서 전지역을 대상으로 동시에 영향력을 행사할 수 있는 형태이다. 이 타입은 상하 간 일관된 조직구조와 인프라를 가지고 있다. 클란 데 골포(Clan de Golfo)와 로스 라스트로호스(Los Rastrojos)가 여기에 속한다.

둘째는 'B타입'으로 주(Departmento:Province)단위 수준에서 영향력을 행사하는 바크림으로 주로 과거 좌파 반정부무장단체 조직원으로 활동하다 평화협상에 불만을 품고 나온 인력으로 구성되어 있다. 통상적으로 100~150명의 조직원을 보유하고 있다. 여기에는 로스 푼티에로스(Los Puntilleros), 로스 펠루소스(Los Pelusos)등이 있다.

셋째는 'C타입'으로 소규모 도시나 농촌지역을 중심으로 형성된 범죄단체로 중대형 바크림의 용병 역할을 함과 동시에 독자적으로 살인, 납치, 강탈, 착취 등 범죄활동을 하고 있다.

2017년 중 콜롬비아 국방부는 바크림을 다시 크게 세 가지로 분류하고 있는데 첫째는 무장조직그룹(GAO)으로 타입 A와 타입 B가 여기에 포함된다. 둘째는 조직범죄그룹(GDO)으로 타입 C가 여기에 해당된다. 셋째는 잔류무장조직그룹(GAOR)인데 2017년 콜롬비아무장혁명군(FARC)이 무장해제를 할 때 불복한 약 1,200여명의 전투원으로 구성되어 있다.

» 클란 데 골포(Clan de Golfo)

클란 데 골프는 조직 보스의 이름을 따 클란 우수가(Clan Úsuga)로 불리기도 한다. 안티오키아(Antioquia)주 우라바(Urabá) 지역을 근거로 한 자위민병대로 출발하여 통합자위대(AUC)의 주축으로 활동했다. 2006년 통합자위대 해체를 반대해 새로운 범죄조직으로 결성되었는데 2013년 산토스 대통령은 클란 데 골포를 '현재 전국 수준으로 영향을 미칠 수 있는 유일한 범죄조직'이라고 언급하기도 했다.

마약밀매, 납치, 갈취, 살인, 인신매매, 불법광업 등 다양하게 범죄활동을 하고 있으며 조직 규모는 약 1,500명으로 추정된다. 콜롬비아 내 19개 주에서 활동하고 있으며 멕시코의 시날로아 카르텔(Sinaloa Cartel), 로스 세타스(Los Zetas) 등과도 제휴하고 있다.

현재 클란 데 골포의 보스인 우수가(Dairo Antonio Úsuga)는 일명 오토니엘(Otoniel)이라고 부른다. 콜롬비아 정부는 클란 데 골포를 바크림과 동시에 무장조직그룹(GAO)으로 분류해 대처하고 있다.

» 로스 라스트로호스(Los Rastrojos)

로스 라스트로호스 바크림은 2006년 통합자위대 해체에 반대했던 자위

대 조직원들을 중심으로 만들어진 것으로 초기에는 북부계곡카르텔 무장
조직으로 활동하다가 북부계곡카르텔이 붕괴되면서 독립하였다.

콜롬비아 정부는 이 조직을 바크림과 무장조직그룹(GAO)으로 분류하고
있다. 클란 데 골포 바크림과 적대관계를 계속하고 있다. 마약밀매, 납치,
갈취, 살인, 인신매매, 불법광업 등 다양한 범죄활동을 하고 있다. 콜롬비아
국방부는 트로이 작전(Operación Troya)을 수행하여 2016년 9월까지 로
스 라스트로호스를 모두 소탕한 것으로 발표했다.

나) 좌우파무장단체

① 콜롬비아무장혁명군(FARC)

콜롬비아무장혁명군은 좌파게릴라단체로 1964년에 결성되었다. 2016
년 6월 23일 쿠바 아바나에서 콜롬비아 정부와 종전협정을 체결한 뒤 같
은 해 11월 30일 평화협정을 체결할 때까지[99] 콜롬비아 정부를 상대로 무
장투장을 했다.

평화협정에 따라 콜롬비아무장혁명군은 2017년 6월 27일까지 무기를 정
부에 반납하고 무장활동을 종료하였다. 그럼에도 불구하고 평화협상을 거
부한 약 1,200명의 무장혁명군은 해체 당시 중간 간부들의 지휘를 받아 현
재까지 무장투쟁을 지속하고 있다.[100]

콜롬비아 무장혁명군은 1964년 마루란다(Manuel Marulanda Vélez)[101]
가 이끄는 콜롬비아공산당(PCC) 당원들 중심으로 결성되었다. 무장혁명군

---

99 종전협정체결 이후 마누엘 산토스(Manuel Santos) 정권은 평화협정승인 여부를 2016년 10
월 2일 국민투표에 부의했으나 반대 50.2%, 찬성 49.8%로 부결되었다. 산토스 대통령은 반대
편 진영의 대표성을 가지고 있는 알바로 우리베(Álvaro Uribe) 전 대통령과 협상을 통해 수정안
을 만들어 콜롬비아 무장혁명군과 재교섭한 후 평화협정을 채결하고 2016년 11월 30일 의회승
인을 받았다.

100 평화협상 반대 콜롬비아 무장혁명군은 아마존 지역, 콜롬비아~페루 국경지대, 콜롬비아~베
네수엘라 국경지대 등으로 이동하여 활동하고 있다.

101 1930년 생으로 2008년 심장마비로 사망할 때까지 콜롬비아 무장혁명군의 지도자로 군림
했다.

규모는 2001년에 16,000명에 이르기도 했지만 그 뒤 6,000~8,000명 수준으로 감소했다.

2008년 마루란다가 심장마비로 사망한 뒤 무장혁명군을 카노(Alfonso Cano)가 이어받았다. 2011년 11월 카노도 정부군과 전투 중 사망하고 일명 티모첸코(Timochenco)[102]로 불리는 에체베리(Rodrigo Londoño Echeverri)가 무장혁명군을 이끌었다. 콜롬비아 정부와 평화협상에 임한 혁명군 지도자가 바로 티모첸코 이다.

콜롬비아무장혁명군은 연간 3억 불의 활동자금을 마련하기 위해 마약밀매, 납치, 착취, 은행털이 등 다양한 범죄활동을 계속해왔다. 이 중 마약밀매와 납치가 주요 수입원이었다.

마약밀매사업은 당초 코카인의 원료가 되는 코카 생산에 세금을 징수하는 수준이었다. 그러나 차츰 코카 생산에서부터 꼬카인 제조와 유통에까지 이르자 기존 마약카르텔뿐만 아니라 미국의 주목을 받게 되었다.

미국은 마약근절을 위해 무장혁명군 활동종식이 필요함을 인식하고 콜롬비아 정부와 함께 실시하고 있는 콜롬비아 플랜(Plan Colombia)을 강화했다. 이 결과 세력 확장에 한계를 느낀 무장혁명군은 출구전략으로 콜롬비아 정부와 평화협상을 추진하게 되었다.

② 국가해방군(ELN)

국가해방군은 좌파혁명 무장조직으로 마르크스주의와 해방신학이념을 가지고 있다. 1964년에 만들어져 현재까지 정부와 무장투쟁을 계속하고 있다. 국가해방군 규모는 1,380~3,000명 정도로 추정되고 있는데 국가해방군은 미국, 유럽연합, 캐나다, 페루 등에서도 테러단체로 분류되고 있다.

---

102 티모첸코는 현재 공동대안혁명세력(FARC: Fuerza Alternativa Revolucionaria Común) 정당의 당수이며 2018년 대선에 출마하기도 했다.

국가해방군은 1959년 쿠바혁명과 체 게바라Che Guevara)에 매료된 바스케스 카스타뇨(Fabio Vázquez Castaño)를 비롯한 일련의 학생들이 주축이 되어 쿠바에서 게릴라 훈련을 받은 뒤 결성한 무장단체이다. 가난한 농민 출신들이 주류였던 콜롬비아무장혁명군과 다르게 국가해방군에는 좌파이념과 해방신학에 매료된 젊은 학생들이 많이 참여하였다.

바스케스 카스타뇨가 사망하자 해방신학이념을 가진 일련의 신부들이 조직을 이끌어 오다가 가르시아(Antonio García)[103]가 이어받아 현재까지 국가해방군을 지도하고 있다.

국가해방군은 활동자금을 마련하기 위해 마약밀매, 납치, 착취, 은행털이 등 다양한 범죄활동을 하였다. 특히 마약밀매와 납치를 주요 수입원으로 활용하였는데 2000~07년 중 이들은 액 3,000여건의 납치를 행했으며 현재도 200~300명 정도의 피납자를 가지고 있는 것으로 추정되고 있다.

국가해방군과 콜롬비아 정부 간 평화협상은 과거부터 여러 계기에 추진되었지만 합의에 성공하지 못했다. 산토스 정부도 협상을 계속했지만 성과가 없었다. 다만 2017년 10월 1일~2018년 1월 12일 기간 중 양자 간 일시적 휴전협정이 체결된 바 있고 대선기간인 2018년 5월 25일~29일 기간 중 국가해방군의 일방적 휴전 발표가 있기도 했다.

그러나 국가해방군은 2019년 1월 17일 보고타 소재 국가경찰학교에 차량폭발 테러를 감행했는데 이 공격으로 21명이 사망하고 61명이 부상당했다. 국가해방군은 이는 일방적 휴전 중 정부군이 자기들의 근거지를 폭격한 것에 대한 정당한 보복이라고 주장했다.

③ 콜롬비아통합자위대(AUC)

콜롬비아통합자위대는 1997년 4월 18일 좌파무장단체에 대항하기 위해

---

103 혁명가, 마르크스주의자, 게릴라, 1956년 생, 2008년 체포된 것으로 알려졌으나 오보이었음.

결성된 여러 지방의 우파민병대들이 연합해 만든 조직이다. 우파민병대는 좌파무장단체에 대항해 싸우는 것이었으나 이 과정에서 많은 범죄와 인권유린을 자행해 국내외적으로 거센 비판을 받았다.

우파민병대에 의해 살해된 인명이 94,754명으로 기간 중 좌파무장단체에 의해 살해된 35,683명에 비해 3배 가깝게 더 많은데 이는 그만큼 우파민병대활동에 범죄적인 요소가 많다는 것을 보여주는 사례이다.

콜롬비아통합자위대에는 21개의 민병대조직이 참여하고 있다. 이중 중부의 막달레나민병대(Autodefensas Campecinas del Magdalena Medio), 코르도바-우라바민병대(Autodefensas Campecinas de Córdoba y Urabá)가 가장 강력했다.[104]

민병대조직들은 활동자금 확보를 위해 마약밀매, 테러, 납치, 살인, 착취, 강탈, 집단학살, 토지갈취 등 다양한 범죄활동을 했다. 이들은 마약밀매를 위해 코카 생산에서부터 코카인 제조와 유통까지 참여하며 마약카르텔 등 마약범죄조직과도 연계를 강화하였다.

콜롬비아 정부는 좌파무장단체와 전투과정에서 필요한 경우 이들을 암묵적으로 활용했다. 그러나 이들의 범죄활동이 폭력적이며 전국적으로 확대되자 국민적 비판을 의식한 우리베(Álvaro Uribe) 정부는 2006년 콜롬비아통합자위대 수뇌부와 협상을 통해 해체를 합의하고 무장해제시켰다.

그러나 수뇌부의 해체결정에 동의하지 않는 일부 민병대원들은 무기를 반납하지 않고 불법범죄단체인 소위 바크림(BACRIMs)을 조직해 범죄활동을 계속하고 있다.

---

104 Wikipedia,español,"Autodefensas Unidas de Colombia"

2) 멕시코

멕시코는 세계에서 세 번째로 아편을 많이 생산하고 있으며 미국에 헤로인[105], 마리화나, 코카인, 메스암페타민[106] 등을 대규모로 밀수출하고 있다. 마약밀수출은 멕시코 마약밀매조직(DTO:Drug Trafficking Organization)에 의해 이루어지고 있는 데 미국 정부의 추정에 따르면 이들이 벌어들이는 연간 수입은 수백억 불에 이른다.

마약밀매조직들은 마약의 불법적인 생산, 수출입, 유통에 필요한 영역확보를 위해 무장투쟁을 벌리기도 하고 이들을 통제하는 경찰과 정부군을 상대로 전투를 벌이기도 한다. 이들은 마약밀매 외에도 청부살인, 강절도, 납치, 인신매매, 무기암거래 등의 범죄도 일상적으로 행하고 있다.

멕시코 마약밀매조직은 1980년대에 조직된 과달라하라 카르텔(Guadalajara Cartel)이 그 시초이다. 과달라하라 카르텔은 당초 마리화나를 미국에 밀수출하였으나 콜롬비아 마약카르텔과 연계해 코카인을 유통시키며 크게 성장했다.

과달라하라 카르텔은 1985년 미국 마약단속국 비밀요원인 카마레나 납치 살해를 계기로 보스들이 체포되거나 피살되어 약화되자 지역별로 특화된 여러 개의 카르텔로 분화되었다. 이들은 서로 이합집산의 과정을 거치며 몇 개의 강력한 마약카르텔들이 만들어졌다.

멕시코 마약카르텔 활동은 점점 대담해지고 그 영향력이 국내와 미국으로 확대되었다. 이에 따른 범죄와 폭력도 크게 증가해 정부가 우선적으로 해결

---

105 다음백과, 헤로인은 모르핀을 아세트산 무수물로 처리하여 얻는데, 모르핀(양귀비에서 뢰性의 삼출액을 건조시켜 얻는 아편에서 발견되는 알칼로이드)보다 4~8배나 강한 효력이 있다. 분말 형태의 헤로인은 코로 흡입할 수도 있고, 물에 용해시켜 피하주사나 정맥 내 주사로 투여할 수도 있다(약물남용, 마약중독). 헤로인 중독자들은 초보자와는 달리 정맥주사의 방법이 가장 빠르고 강한 쾌감상태를 유도하기 때문에 거의 이 방법을 사용한다.

106 다음백과, 일본의 '다이닛폰 제약'에서 1941년에 판매했던 약품의 상품명인 필로폰(Philopon) 또는 이를 일본 발음으로 읽은 히로뽕으로 더 잘 알려져 있다.

해야 하는 정치사회적 이슈로 등장했다.

미국 마약단속국(DEA)은 멕시코 마약카르텔의 활동이 미국의 안전에 심 각한 위협을 주는 것으로 인식하고 멕시코 정부의 마약카르텔 근절활동을 지원했다. 특히 칼데론 신정부 출범에 맞춰 2007년부터 미국은 '메리다 이 니시어티브(Mérida Initiative)' 작전을 멕시코 정부와 공동으로 실시했다.

2006년 12월 취임한 민주행동당(PAN) 칼데론 대통령은 멕시코 마약카 르텔의 범죄와 폭력문제를 해결하기 위해 군 병력을 투입해 마약카르텔을 소탕하는 일명 멕시코마약전쟁(Mexican Drug War)[107]을 시작했다. 이 과 정에서 많은 인명피해와 인권유린 상황이 발생하였다.

가) 과달라하라 카르텔(Guadalajara Cartel)

멕시코는 미국과 방대한 국경을 접하고 있어 미국을 향한 밀수출의 역사 는 매우 깊다. 금주시대에는 불법주류를 1960~1970년대에는 마리화나를 밀수출 했다.

1970년대 들어 국경지역에서 마리화나를 밀수출 해왔던 펠릭스 가야르 도(Miguel Ángel Félix Gallardo), 카로 킨테로(Rafael Caro Quintero), 폰세카 카리요(Ernesto Fonseca Carrillo) 등 마약밀매조직의 보스들이 과 달라하라 카르텔을 결성했는데 이 것이 멕시코 마약카르텔의 시작이었다.

과달라하라 카르텔이 결성된 직접적 동기는 콜롬비아 마약카르텔의 코 카인 미국 밀수출이다. 콜롬비아 마약카르텔들은 코카인을 미국에 밀수출 하기 위해서는 미국과 방대한 국경을 맞대고 있는 멕시코 운송루트가 필 요했다. 그리고 멕시코 마약밀매조직은 과거부터 마리화나를 미국에 밀수

---

107 Wikipedia, Mexican Drug War, The Mexican Drug War (also known as the Mexican War on Drugs; Spanish:guerra contra el narcotráfico en México) is an ongoing asymmetric low-intensity conflict between the Mexican government and various drug trafficking syn- dicates. When the Mexican military began to intervene in 2006, the government's principal goal was to reduce drug-related violence.

출해왔기 때문에 콜롬비아 마약카르텔의 필요조건을 충족시킬 수 있었다. 다만 멕시코 마약밀매조직간 충돌을 방지하기 위해 수단으로 카르텔을 만들 필요성이 있었다. 과달라하라 카르텔은 기존의 마리화나에 더해 콜롬비아 마약카르텔로부터 받은 코카인을 미국에 밀수출하며 크게 번성하였다.

1985년 멕시코에서 활동하던 미국 마약단속국 비밀요원으로서 일명 키키(Kiki)로 불린 카마레나 살라자르(Enrique Camarena Salazar)가 과달라하라 카르텔에 납치되어 잔혹하게 살해당하는 사건이 발생하였다. 이 사건을 계기로 과달라하라 카르텔의 보스들인 카로 킨테로, 펠릭스 가야르도, 폰세카 카리요 등이 체포되어 투옥되었다.

과달라하라 카르텔의 대부(El Padrino)로 불리는 펠릭스 가야르도는 1989년 자신이 체포되자 감옥에서 과달라하라 카르텔을 지역별로 분할해 지역책임자가 관할지역을 독립적으로 운영할 수 있도록 했다.

이 결과 티후아나 지역(Tijuana)은 아레야노 펠릭스 형제들(Arellano Félix Brothers), 시우다드 후에레스(Ciudad Juárez)지역은 카리요 푸엔테스 가문, 소노라(Sonora)지역은 카로 킨테로 가문, 태평양 지역은 구즈만 로에라(Joaquín Guzmán Loera)와 팔마 살라자르(Héctor Luis Palma Salazar), 마타모로스(Matamoros)와 타마울리파스(Tamaulipas)가 있는 걸프(Gulf) 지역은 가르시아 아브레고(Juan Gárcia Abregó)에게 분할되어 각각 티후아나 카르텔(Tijuana Cartel), 후아레스 카르텔(Juaréz-Cartel), 소노라 카르텔(Sonora Cartel), 시날로아 카르텔(Sinaloa Cartel), 걸프 카르텔(Gulf Cartel)이 만들어졌다.

나) 티후아나 카르텔

티후아나는 바하 칼리포르니아(Baja California) 주에서 가장 큰 도시로 미국 캘리포니아 주 산디에고 시와 마주하고 있다. 미국 서부지역을 연결하는 전략적 입지로 많은 인력과 물자가 유통되고 있다. 또한 멕시코에서 미국으로 마약이 밀수출되는 중요한 통로로서 이를 장악하기 위한 마약카르텔 간 무장투쟁이 계속되고 있는 곳이다.

1989년 과달라하라 카르텔이 분할된 후 티후아나 지역은 아레야노 펠릭스 형제(Arellano-Félix Brothers)들이 장악해 멕시코에서 가장 잔인하고 강력한 범죄조직 중 하나로 성장하였다. 일명 '아레야노 펠릭스 카르텔(CAF)'이라고도 불린다.

그러나 티후아나 카르텔은 이후에 조직을 이끌었던 아레야노 펠릭스 형제들의 계속되는 피살과 체포[108], 2007년 정부군의 티후아나 카르텔 소탕 작전, 2008년 내분사태, 2006~2010년 중 시날로아 카르텔과 관할 영역 장악을 위한 무장투쟁으로 그 세력이 크게 약해졌다.

현재는 아레야노 펠릭스 형제들의 조카인 산체스 아레야노(Luis Fernando Sánchez Arellano)[109]가 조직을 이끌고 있다. 시날로아 카르텔과는 2010년 이후 잠정적 평화관계를 유지하고 있는 것으로 보인다.

시날로아 카르텔이 사실상 영역을 장악하고 있지만 티후아나 카르텔이 과거부터 강한 지역기반을 가지고 있기 때문에 시날로아 카르텔이 이를 인정하고 통과료를 티후아나 카르텔에 지불하는 것으로 알려지고 있다.

다) 후아레스 카르텔(Juárez Cartel)

후아레스 카르텔은 치와와(Chihuahua) 주 시우닫 후에레스(Ciudad Juárez) 시를 중심으로 활동하고 있다. 시우닫 후아레스는 일명 '북부통로(Paso del Norte: Northern Pass)'로 불리며 텍사스 주 엘파소와 마주하고 있는 도시로 미국 중부지역을 연결하는 전략적 지점이다.

---

108 라파엘 아레야노 펠릭스(2013년 총격 사망), 벤자민 아레야노 펠릭스(체포후 미국 송환), 카를로스 아레야노 펠릭스(추적 중), 에두아르도 아레야노 펠릭스(체포후 미국 송환), 라몬 아레야노 펠릭스(총격 사망),하비에르 아레야노 펠릭스(체포)

109 아레야노 펠릭스 형제들의 자매인 에네디나 아레야노 펠릭스(Enedina Arellano Félix)의 장남이다.
에네디나는 카르텔 내에서 재무업무를 담당하며 자금세탁 등을 해온 것으로 알려지고 있다.

후아레스 카르텔은 1970년대에 만들어져 시우닫 후아레스를 중심으로 200마일 국경지역을 장악해 마약밀매를 해왔다. 파블로 아코스타 비야레알, 라파엘 아길라 구아하르도에 이어 1997년 아마도 카리요 푸엔테스가 카르텔을 장악한 뒤 형제들과 아들을 카르텔에 끌어드렸다.

카리요 푸엔테스가 성형수술 중 사망한 뒤 형제인 비센테 카리요 푸엔테스(Vicente Carrillo Fuentes)가 조직을 장악하고 세력을 확장했다. 일명 비센테 카리요 푸엔테스 카르텔이라고도 불린다.

후아레스 카르텔은 산하에 시날로아 카르텔에 대항하기 위한 무장 테러 조직으로 라 리네아(La Línea)를 운영했다. 라 리네아는 전직 경찰들로 구성된 조직범죄단체로 많은 살인과 학살사건에 관련되어 있다. 미국에서는 텍사스 주 엘파소를 근거지로 활동 중인 바리오 아즈테카(Barrio Azteca, 또는 Los Aztecas) 갱단과 연계되어 있다.

2008년 칼데론 대통령은 정부군을 시우닫 후아레스에 보내 후아레스 카르텔과 시날로아 카르텔 소탕에 나섰다. 그 이후 후아레스 카르텔의 세력은 크게 줄어들었다.

멕시코 연방경찰에 의하면 2011년 9월 후아레스 카르텔은 신 후아레스 카르텔(New Juárez Cartel)로 이름을 바꾸었다. 2014년 카르텔 보스인 비센테 카리요 푸엔테스가 연방경찰에 체포되어 세력은 더욱 약화되었다.

라) 걸프 카르텔(Gulf Cartel)

걸프 카르텔은 타마울리파스(Tamaulipas) 주 마타모로스(Matamoros) 시를 중심으로 활동하는 가장 오래된 마약밀매조직 중 하나이다. 텍사스 주 브라운스빌과 마주보고 있다.

금주법 시절부터 밀주를 미국으로 보내는 것으로 범죄활동을 시작한 후안 나포무세노 게라(Juan Napomuceno Guerra)가 걸프 카르텔을 만들었다. 코카인 등 마약을 취급하기 시작한 것은 1980년대 이다.

후안 나포무세노의 조카인 가르시아 아브레고(Juan García Ábrego)가 1980년대부터 1996년 체포될 때까지 걸프카르텔을 맡아 운영하며 조직을 확장했다. 가르시아 아브레고는 멕시코 경찰에 체포된 후 미국에 송환되었다.

가르시아 아브레고가 미국에 송환된 뒤 내분을 겪은 걸프 카르텔은 1999년 오시엘 카르데나스(Osiel Cárdenas)가 새로운 보스가 되며 그의 시대가 시작되었다.

오시엘 카르데나스는 자신의 경호 및 적대적 카르텔과 싸우기 위한 무장조직을 만들었다. 로스 제타스(Los Zetas)로 불리는 이 무장조직은 멕시코군 특수부대 탈영자들을 중심으로 구성되었다.

로스 제타스는 오시엘 카르데나스가 체포되어 미국에 송환되자 걸프카르텔에서 독립해 매우 강력하고 잔혹한 마약카르텔로 변신하였다. 이후에 기존의 걸프 카르텔을 포함한 시날로아 카르텔 등과 영역장악을 위해 살벌한 무장투쟁을 전개했다.

오시엘 카르데나스 체포와 미국 송환 이후 걸프 카르텔은 안토니오 카르데나스(Antonio Cárdenas)와 코스티야 산체스(Jorge Eduardo Costilla Sánchez)가 공동으로 이끌었다. 그러나 안토니오 카르데나스는 2010년 정부군과 총격전 끝에 사망하고 호르헤 에두아르도 산체스는 2012년 체포된 후 미국으로 송환되었다.

그 이후 걸프 카르텔이 장악해오던 영역은 로스 세타스, 시날로아 카르텔, 파밀리아 미초아칸 카르텔(Familia Michoacan Cartel), 벨트란 레이바스 카르텔(Beltrán Leyva Cartel)들의 세력 확장을 위한 투쟁 장소가 되었다.

마) 시날로아 카르텔(Sinaloa Cartel)

시날로아 카르텔은 보스의 이름을 딴 '구스만 로에라 카르텔(Guzmán Loera Organization)', 조직형태를 상징한 '연방(Federation)', 활동지역

연고를 표시한 '태평양 카르텔(The Pacific Cartel)'로도 불린다.

시날로아 카르텔은 시날로아 주 쿨리아칸(Culiacán) 시를 기반으로 황금삼각지대(Golden Triangle)이라고 불리는 두랑고(Durango), 소노라(Sonora), 치와와(Chihuahua) 주를 포함한 멕시코 전역과 중미 그리고 미국과 유럽에서 활동하고 있다. 미정보당국은 시날로아 카르텔을 '세계에서 가장 강력한 마약조직'으로 평가하고 있고 2011년 로스앤젤레스 타임스는 '멕시코에서 가장 강력한 조직범죄 그룹'이라고 표현했다.

시날로아 카르텔은 1960년대 후반 아빌레스 페레스(Pedro Avilés Pérez)가 마리화나를 미국으로 밀매하던 조직에서 시작되었지만 마약카르텔로 변신한 것은 1989년 과달라하라 카르텔이 붕괴되어 지역분할이 이루어진 후이다.

시날로아 카르텔은 과달라하라 카르텔에서 분할된 뒤 팔마 살라자르(Héctor Luis Palma Salazar), 고메스 곤잘레스(Adrián Gómez González), 구즈만 로에라(Joaquín Guzmán Loera)[110], 잠바다 가르시아(Ismael Zambada García)등 과거 과달라하라 카르텔 지역책임자(Lieutenant)들이 연합해 운영해왔다.

그러나 1995년 팔마 살라자르가 체포되고 미국으로 송환된 후 일명 '차포(Chapo)'로 알려진 구즈만 로에라가 조직을 지휘해왔다. 그러나 구즈만 로에라도 두 번의 체포와 탈옥 끝에 2016년 다시 체포되어 미국으로 송환되고 현재는 잠바다 가르시아가 조직을 운영하고 있는 것으로 추정되고 있다.

2010년 2월 이후 멕시코 마약카르텔들은 크게 두 개의 연합체로 나뉘어 영역 다툼을 시작했다. 시날로아 카르텔, 걸프 카르텔, 템플기사단 카르텔(The Knights Templar Cartel), 신세대 할리스코 카르텔(CJNG: Jalisco

---

110 일명 '엘 차포(El Chapo, The Shorty)'로 더 잘 알려진 시나로아 카르텔의 보스로 미국 마약단속국에서 가장 주목했던 희대의 마약왕(Drug Kingpin)이다. 2001년과 2015년 두 번 탈옥 후 2016년 세 번 째 체포되어 미국으로 송환되었다.

New Generation Cartel) 연합과 후아레스 카르텔, 티후아나 카르텔, 로스 제타스 카르텔 연합이 그 것이다. 시날로아 카르텔은 연합체의 지도자적 위치를 차지하고 있어 '연방(Federation)'으로 불리기도 했다.

이들은 같은 연합체 내에서는 상대방의 영역을 서로 인정하고 지켜주었지만 적대 연합 소속 카르텔 영역을 빼앗기 위해서는 상호 연대하여 무장투쟁을 벌렸다. 그러나 이러한 연합도 세부적으로 구성 카르텔들의 이해관계 차이로 다시 분열하는 등 변화가 계속되고 있다.[111]

바) 소노라 카르텔(Sonora Cartel)

소노라 카르텔은 설립자 이름을 따서 카로 킨테로 조직(Caro Quintero Organization)이라고도 불린다. 소노라 카르텔은 멕시코 카르텔 중 콜롬비아 칼리 카르텔과 가장 먼저 연대하여 코카인을 미국에 밀수출한 조직이다.

과달라하라 카르텔의 공동설립자 중 한명인 라파엘 카로 킨테로(Rafael Caro Quintero)가 설립했으나 1985년 미국 마약단속국 비밀요원이었던 일명 키키 카마레나('Kiki', Camarena)를 잔혹하게 살해한 사건에 연루되어 체포된 후 동생인 미겔 카로 킨테로(Miguel Caro Quintero)가 카르텔을 이어받았다. 그러나 그도 1989년 체포되며 세력이 약해졌다.

현재는 시날로아 카르텔, 티후아나 카르텔 등과 연합해 세력을 유지하고 있다. 주요활동 무대는 헤르모시오(Hermosillo), 아구아 프리에타(Agua Prieta), 과달라하라, 쿨리아칸(Culiacán), 산루이스 포토시(San Luis Potosí), 시날로아, 소노라 주 등이다.

---

111 사례: 2012년 시날로아 카르텔과 티후아나 카르텔은 상호 휴전하였다. 티후아나 카르텔은 티후아나 지역에 대한 기존의 지역연고와 기득권을 유지하고 시날로아 카르텔은 티후아나 카르텔에 일정한 수수료를 지불하고 마약밀매통로로 활용하는 협정을 한 것으로 추정이 된다. 이후 티후아나 지역의 범죄와 폭력이 감소하였다.

사) 미초아칸 가족 카르텔(The Michoacan Family Cartel)

미초아칸 가족 카르텔은 로살레스 멘도자(Carlos Rosales Mendoza)가 1980년대에 조직했다. 그는 걸프 카르텔의 보스인 오시엘 카르데나스와 가까운 사이였으나 2006년 결별하였다.

2인자인 모레노 곤잘레스(Nazario Moreno González)는 일명 '엘 마스 로코(El Más Loco: 최고로 미친 자)'로 불리며 스스로 만든 종교적 신념을 가지고 신이 준 권력으로 선한 폭력을 행사한다고 주장하기도 했다.

멘데스 바르가스(José de Jesús Mendéz Vargas), 고메스 마르티네스(Servando Gómez Martínez), 플란카르테 솔리스(Enlique Plancarte Solís) 등이 카르텔의 주요 보스들이다.

미초아칸 가족 카르텔은 활동의 본거지인 미초아칸 주뿐만 아니라 전국적으로 세력을 유지하고 있는데 특히 잔혹한 범죄로 악명이 높다. 로스 제타스, 벨트란 레이바 카르텔 등과 적대관계에 있다. 시날로아 카르텔과 함께 로스 제타스를 견제해왔다.

미초아칸 가족 카르텔은 2011년 멘데스 바르가스가 체포되고 2014년 모레노 곤잘레스가 2014년 정부군과의 총격전에서 사망하며 2015년 로살레스 멘도자가 템플 기사단 카르텔에 의해 피살당한 뒤 세력이 급격하게 약화되었다. 이후에 미초아칸 가족 카르텔은 명칭을 신세대 미초아칸 가족 카르텔(The New Michoacan Family Cartel)로 바꾸어 세력을 유지하고 있다.

미초아칸 가족 카르텔의 보스들 중 고메스 마르티네스(Servando Gómez Martínez), 플란카르테 솔리스(Enlique Plancarte Solís)는 2011년 분리하여 템플 기사단 카르텔을 만들어 미초아칸 가족 카르텔과 대적하였다.

아) 템플기사단 카르텔(The Knights Templar Cartel)

템플기사단 카르텔은 2011년 미초아칸 가족 카르텔에서 분리하여 걸프 카르텔, 벨트란 레이바 카르텔, 시날로아 카르텔 등과 연합해 신세대 할리스코 카르텔, 후아레스 카르텔, 로스 제타스 카르텔, 미초아칸 가족 카르텔 등과 대적하고 있다.

그러나 2014년 카르텔 창설자 중 하나인 플란카르테 솔리스가 정부군과 총격전 중 사망하고 2015년 고메스 마르티네스가 체포되며 세력이 쇠퇴하기 시작했다. 특히 2017년 9월 카르텔의 보스인 토스카노 파디야(Pablo Toscano Padilla), 일명 '엘 키니엔토스(El 500: 오백)'가 신세대 미초아칸 가족 카르텔에 살해되며 활동이 정지된 것으로 추정되고 있다.

자) 로스 제타스(Los Zetas)

로스 제타스는 멕시코에서 가장 잔혹하고 위험한 마약 카르텔이다. 로스 제타스의 시작은 1999년 걸프 카르텔의 오시엘 카르데나스가 멕시코 육군의 특수부대 탈영병을 선발하여 만든 카르텔의 무장조직이었다.

로스 제타스의 명칭은 무장조직의 초대 보스였던 구즈만 데세나(Arturo Guzmán Decena)가 특공부대 재직 시 그의 라디오 호출 명칭이 'Z-1(제타 우노)'였던 것에서 유래하고 있다. 이들은 이후부터 '제타스 들(los zetas)'이라고 불리고 있다.

걸프 카르텔의 오시엘 카르데나스가 2003년 체포되고 2007년에 미국 사법당국에 송환된 후 로스 제타스는 걸프 카르텔 내에서 충분하게 성장한 뒤 분리해 걸프 카르텔과 대적하며 세력을 키웠다. 특히 과거 특공부대 훈련경험을 바탕으로 효과적인 무장투쟁을 전개하며 탈영 특수부대원을 계속 보충해 강력한 마약카르텔로 탈바꿈 했다.

로스 제타스는 티후아나 카르텔, 후아레스 카르텔, 마라 살바투르차(MS-13), 바리오 아즈테카(Barrio Azteca), 텍사스 신디케이트 등 기존 카르텔 및 갱단과 연대하여 시날로아 카르텔, 템플러 기사단 카르텔, 신세대 할리스코 카르텔, 걸프 카르텔 등과 대적하고 있다.

로스 제타스는 세력이 강해짐과 동시에 최초 구성원이었던 34명이 거의 모두 체포되거나 피살당했다. 여기에 내분 발생으로 조직이 분화하기도 하였다. 한편 로스 제타스를 타도한다는 명분을 가지고 새롭게 등장한 신세대 할리스코 카르텔의 급속한 세력 확장으로 현재는 활동이 다소 위축된 것으로 추정되고 있다.

그럼에도 불구하고 로스 제타스의 세력은 멕시코 전역, 미국[112], 엘살바도르, 온두라스, 과테말라 등 중미에 광범위하게 미치고 있다.

차) 벨트란 레이바 카르텔(Beltrán Leyba Cartel)

벨트란 레이바 카르텔은 1960년대 후반기 시날로아 주 한 지방에서 카를로스(Carlos), 헥토르(Héctor), 알프레도(Alfredo), 아르투로(Arturo)등 벨트란 레이바 집안 4형제가 설립한 마약밀매 카르텔이다. 초기에는 시날로아 카르텔의 구스만 로에라 일명 '엘 차포'와 긴밀한 관계를 유지하며 시날로아 카르텔 코카인 운송과 도매를 맡아 운영했다.

그러나 2009년 카르텔의 공동 보스인 아르투로가 정부군과 총격전 중 사망하게 되는 일이 발생하였다. 동생 카를로스는 형을 피살한 정부군 공격이 시날로아 카르텔의 정보제공이라고 믿고. 이에 대한 보복으로 시날로아 카르텔 보스 엘 차포의 아들을 살해하였다. 이 결과 양 카르텔 간의 연대는 깨지고 적대관계로 변했으며 벨트란 레이바 카르텔은 로스 제타스 등과 연대해 시날로아 카르텔 연합에 대항해 무장투쟁을 전개했다.

4형제 중 알프레도와 카를로스는 2008년과 2009년에 각각 체포되었다. 헥토르는 2014년 체포되어 복역 중에 2018년 11월 심장마비로 옥중에서 사망했다. 이후 벨트란 레이바 카르텔은 주요 중간관리자(Lieutenants)

---

112 MS-13(로스앤젤레스), Texas Syndicate(텍사스), Barrio Azteca(엘 파소), Gangster Disciples(시카고), Sureño(캘리포니아) 등 미국소재 주요 갱단들과 연계하고 있다.

들도 연이어 체포되며 중소규모의 독립적인 범죄조직으로 분할되었다.[113]

카) 밀레니오 카르텔(The Milenio Cartel)

밀레니오 카르텔은 1970년대 후반 타마울리파스(Tamaulipas)에 기반을 두고 아보카도 농장을 경영하고 있는 발렌시아(Valencia) 가문이 조직하고 할리스코와 미초아칸 주에서 대마와 양귀비를 재배해 미국으로 밀수출 하였다.

1990년대에는 콜롬비아 메데인 카르텔과 연대하여 코카인을 미국에 밀수출하였고 2000년대 들어서는 중국 상해에서 에페드린, 메스암페타민 등 화학성 마약을 밀수입해 유통하였다.

2003년 카르텔의 보스인 발렌시아 코르넬리오(Armando Valencia Cornelio)가 체포되자 그를 이은 오를란도 나바 발렌시아(Óscar Orlando Nava Valencia)는 조직 보호를 위해 시날로아 카르텔 연합에 들어가서 구즈만 로에라와 코로넬 비야레알(Ignacio Coronel Villareal)의 지시를 받고 활동했다.

그러나 2009년과 2010년에 오를란도 나바 발렌시아와 동생인 카를로스 나바 발렌시아가 각각 체포되었다. 여기에 밀레니오 카르텔을 사실상 지휘하던 시날로아 카르텔의 코로넬 비야레알도 2010년 7월 정부군과 교전 중 사망해 밀레니오 카르텔은 구심점을 잃어버리고 분할되기 시작했다.

밀레니오 카르텔은 2010년 경 라 레시스텐시아(La Resistencia)와 신세대 할리스코 카르텔로 분할되었다. 그러나 라 레시스텐시아는 2012년 주요 보스들이 정부군에 체포되어 붕괴하였다.

그러나 오스게라 세르반테스(Nemesio Oseguera Cervantes), 일명 엘멘초(El Mencho)가 지휘하는 신세대 할리스코 카르텔은 로스 제타스에 견

---

113 Los Mazatlecos, Los Negros, Fuerzas Especiales de Arturo, La Barredora, South Pacific Cartel, Los Pelones, Los Rojos, Guerreros Unidos 등

줄만한 범죄조직으로 성장하였다. 신세대 할리스코 카르텔은 시날로아 카르텔과 연대해 활동하고 있다.

타) 신세대 할리스코 카르텔(CJNG: Jalisco New Generation Cartel)

오스게라 세르반테스, 발렌시아 살라자르(Erick Valencia Salazar), 엔리케 산체스(Carlos Enrique Sánchez)등 밀레니오 카르텔의 중간보스들이 밀레니오 카르텔을 이탈해 만든 신세대 할리스코 카르텔은 단기간 내에 멕시코에서 시날로아 카르텔 다음의 강력한 마약 카르텔로 성장했다.

초기에는 잔혹함으로 악명이 높았던 로스 제타스를 제압한다는 명분을 세워 정부군과 미디어의 관심을 이끌었다.[114] 그러나 전국적으로 세력을 확대하며 기존의 카르텔들과 끊임없이 무력충돌 하였다.[115] 신세대 할리스코 카르텔은 상대편 카르텔에 대한 잔혹한 학살을 통해 공포심을 조장하는 전략을 구사하며 세력을 확장했다.[116]

2017년 내분발생으로[117] 카르텔 창업 동지였던 발렌시아 살라자르와 엔리케 산체스가 카르텔을 떠나 누에바 플라자 카르텔(Nueva Plaza Cartel)를 설립했는데 이후 신세대 할리스코 카르텔과 서로 보복을 증폭시키며 대적하고 있다.

---

114 일명 '로스 마타 제타스'(Los Mata Zetas: '제타스를 죽이는 사람들')라고 한다.

115 과달라하라 – 라 누에바 플라자(La Nueva Plaza)와 충돌, 미초아칸 주 – 로스 비아그라스(Los Viagras)와 충돌, 푸에블라(Puebla) – 로스 제타스와 충돌, 티후아나 및 바하 칼리포르니아 – 시날로아 카르텔과 충돌, 시우닫 후아레스 – 후아레스 카르텔과 충돌 등

116 2011-2012 베라크루스 학살(Veracruz Massacres), 2011 시날로아 학살, 2011 과달라하라 학살, 2012 할리스코 학살, 2012 미초아칸 학살, 2012 누에보 라레도 학살

117 카르텔 보스인 네메시오 오스게라 세르반테스는 공동 창업자인 카르로스 엔리케 산체스 살해를 비밀로 지시한다. 그러나 살해는 실패하였다.

3) 브라질

가) 붉은 특공대(Comando Vermelho)

무기와 마약밀매를 하는 조직범죄단체로 납치, 강도, 강탈, 착취, 인신매매 등도 일상적으로 행하고 있다. 붉은 특공대는 1969년 브라질 군부정권 시기(1965-1985년) 교도소에 수감된 좌파 정치범들과 일반 죄수들이 결합해 '붉은 팔랑헤(Falange Vermelho)'를 만든 것이 그 시작이다. 1980년대 들어 좌파정치이념은 사라지고 순순하게 범죄단체로 변했다.

주요 활동지역은 리오 데 자네이로(Rio de Janeiro)로 범죄다발지역의 50% 이상을 장악하고 있는 것으로 추정되고 있다. 2001년과 2004년에는 내분으로 분리된 조직원들이 만든 제3특공대(Terceiro Comando)와 영역장악을 위한 대규모 무장투쟁을 했다. 또한 2007년 6월에는 리오 데 자네이로 경찰의 대규모 조직범죄단체 소탕작전에 맞서 무장대항을 하였다.

나) 수도 제1특공대(PCC: Primeiro Comando da Capital)

브라질 정부 발표에 따르면 수도 제1특공대는 브라질에서 가장 규모가 큰 조직범죄단체로 약 20,000명의 조직원을 가지고 있다. 이 중 6,000명은 교도소에 수감되어 있다.

1993년 상파울루 주를 지역기반으로 만들어졌다. 브라질 27개 주 중 22개주와 파라과이, 볼리비아 등 국외에도 진출해 있고 무기와 마약 밀매 그리고 각종 범죄에 연루된 것 이외 탈옥, 교도소 폭동, 고속도로 강도 등을 자행하고 있다. 일명 1.3.3 이라고 부르는데 이는 수도 제1특공대 이니셜의 알파벳 순서를 나타내고 있다.

2006년, 2012년, 2013년에 정부에 대한 집단 공격을 감행했다. 이러한 공격은 교도소에 수감된 조직 지도자들이 꾸민 것인데 여러 가지 목적을 가지고 실행했던 것으로 알려지고 있다.

4) 기타

가) 마라 살바투르차(MS-13)

마라 살바투르차는 일명 MS-13으로 불리는 국제적 조직범죄갱단으로 1970년-1980년대 미국 로스앤젤레스에서 일단의 엘살바도르 이민자들이 자국인들을 기존 갱단의 위협으로부터 보호하기 위해 결성한 저항단체였다. 그러나 세력이 커지면서 조직범죄단체로 변했다.

1992년 엘살바도르 내전이 종료되자 미국 정부는 다수의 마라 살바투르차 갱단 조직원을 체포해 엘살바도르, 온두라스 등 본국으로 송환하기 시작했다. 이는 중미국가에서 마라 살바투르차의 활동이 크게 확산하는 배경이 되었다.

2018년 기준 미국에서 활동하고 있는 갱단 조직원 규모는 약 140만 명 수준인데 마라 살바투르차 갱단 규모는 여기에 1%에도 미치지 못하는 10,000명 정도로 추정되고 있다.

마라 살바투르차의 어원에 대해서 서로 다른 설명이 있다. 마라는 엘살바도르의 수도 산살바도르(San Salvador)에 소재하는 라 마라(La Mara) 거리 이름에서 온 것이라는 설과 인디오 방언(Caliche Slang)으로 사나운 개미를 뜻하는 마라분타(marabunta)에 근거를 두고 있다는 주장이 있다.

살바투르차(Salvatrucha)는 엘살바도르인(Salvadoran)과 투르차(Trucha: 영리한 사람)의 합성어로 엘살바도르 내전 때 반군이었던 파라분도 마르티 국가해방전선(FMLN)에 참여한 농민들을 살바투르차로 불렀다.

마라 살바투르차는 신체에 독특한 문신을 하고 수화를 통해 의사소통을 하는 등 자신들만의 갱단 문화를 가지고 있는 매우 잔혹한 범죄폭력조직이다. 시날로아 카르텔이 중미와 멕시코에서 로스 제타스와 무장투쟁을 전개할 때 이들을 고용해 활용하기도 했다.

이 갱단 조직은 엘살바도르, 온두라스, 과테말라 등 북중미 삼각지대 국가와 벨리스, 니카라과 등의 치안상황 악화에 결정적인 역할을 하고 있다. 중미국가 정부들은 이들의 불법 활동을 억제하기 위해 강경정책을 실시해 왔지만 기대하는 성과를 내지 못하고 치안상황은 계속 악화되고 있다.

미국 연방수사국(FBI) 2009년 보고서[118]에 따르면 마라 살바투르차 갱단 규모는 약 30,000~50,000명이며 이중 8,000~10,000명이 미국 그리고 나머지는 멕시코, 중미, 캐나다, 콜롬비아, 페루, 쿠바, 프랑스, 호주 등지에서 활동한다.

나) 18번가 갱(18th Street Gang)

18번가 갱은 1960년대 로스앤젤레스 램퍼트구(Rampart District) 유니언 대로(Union Avenue) 18번가(18th Street) 부근에서 멕시코와 중미 이민자들이 만든 범죄조직으로 다민족에게 개방된 악명 높은 국제적 조직범죄갱단이다. 바리오 18(Barrio 18), 마라 18(Mara 18)로도 불린다.

미국 정부가 이들을 체포해 본국으로 송환하였는데 마라 살바투르차와 함께 중미국가 치안상황을 악화시키는 배경이 되었다. 대부분의 중미국가에서 마라 살바투르차와 18번가 갱은 자신들이 장악하는 영역 확보를 위해 치열한 무장투쟁을 벌이고 있는데 이 결과로 이들 국가들의 살인율이 매우 높다.

또한 미국과 중미에서 멕시코 마약카르텔들과 연계해 마약 운송과 도소매 유통에 참여하고 있으며 강탈, 인신매매, 무기거래, 청부살인, 납치 등 범죄와 폭력 활동을 병행하고 있다.

갱단 규모는 30,000~50,000명으로 추정되고 있다. 조직 내부규율이 엄하며 단순한 명령위반 또는 불복은 18초간 다수의 동료 조직원들의 무자비한 구타로 마무리 되지만 사안이 클 경우 처형을 하는 만행도 저지른다.

---

118 FBI, 2009 National gang threat assessment

가. 배경

멕시코는 미국과 국경을 접하고 있어 중남미에서 제조되거나 생산된 불법주류나 마약을 밀수출하는데 필요한 보관 및 환적 장소로 활용되었다.

미국 금주법 시대에는 멕시코에서 불법 제조된 주류가 밀수출되었고 금주법이 종료된 1933년부터 1960년대까지는 헤로인, 대마 등이 불법으로 미국에 반입되었다.

1970년대와 80년대에는 기존의 헤로인, 대마 등에 더해 콜롬비아 메데인 카르텔과 칼리 카르텔과 연계된 코카인이 기존 경로를 활용해 미국에 밀수출 되었다.

1990년대 초중반 메데인 카르텔과 칼리 카르텔이 붕괴되자 멕시코 마약 카르텔은 기존의 코카인 운송 수수료 방식 비즈니스에서 벗어나 코카인 공급과 수요를 통제하는 주역으로 활동하기 시작했다.[119]

이 결과 멕시코에서는 마약과 관련된 범죄와 폭력이 크게 증가하고 이에 따른 부패가 만연해 시급한 해결이 필요한 사회문제로 등장하였고 미국에서도 멕시코에서 밀수입되는 마약퇴치가 중요한 정치사회적 이슈가 되었다.

미국은 코카인 공급을 줄이기 위해 코카인 생산국가인 콜롬비아, 페루, 볼리비아와 코카인 밀수 유통경로인 멕시코, 중미 카리브 국가 등을 대상으

---

[119] 멕시코 카르텔은 초기 코카인을 운송하는 수수료로 킬로그램 당 약 1,500불을 받았으나 그 규모가 커지면서 코카인 총 가액의 35~50%를 요구했다. 단 그 조건은 코카인의 최종 목적지까지 전달을 완료하는 것이었다. 이는 멕시코 카르텔이 콜롬비아에서 생산된 코카인의 멕시코까지 운반 및 보관, 환적 후 유통까지 관여하는 계기가 되었다. 현재 멕시코 마약 카르텔은 콜롬비아, 볼리비아, 페루에서 생산된 코카인을 멕시코에 반입하여 미국의 도소매업자에게 인계하는 모든 과정을 통제하는 일관 유통체계를 만들어 유지하고 있다.

로 강온정책을 병행해 실시하였다. 온건정책은 재정, 금융, 교육지원 정책을 실행해 코카인 재배면적을 줄임과 동시에 생활수준을 높여 밀수에 종사하는 기회를 원천적으로 줄이는 것이었다. 강경정책은 2000년 초부터 시작된 '콜롬비아 플랜(Plan Colombia)'과 같이 군사적 지원을 통해 코카인 생산 및 유통조직을 무력공격하거나 코카 재배지역을 초토화 시키는 것들이었다.

멕시코 제도혁명당(PRI)은 2000년 우파성향의 국가행동당(PAN)에게 정권을 넘겨줄 때까지 70년 동안 마약카르텔들과 부패를 고리로 보이지 않게 연결되어 이들이 성장할 수 있는 인프라 역할을 한 경우가 많았다. 정치인과 공무원 특히 사법부 공무원들이 마약카르텔들의 수뢰와 신체협박에 노출되어 있다는 것은 공공연한 일이 되었다. 이러한 환경 속에서 마약 관련 범죄와 폭력의 증가는 불가피했다.

멕시코의 치안불안 확산과 미국의 마약공급선 차단 필요성은 2006년 12월 출범한 칼데론(Felipe Calderón) 정권이 미국의 지원을 받아 취임직후 곧 바로 시작한 멕시코 마약전쟁(Mexican Drug War)의 배경이 되었다.

나. 진행

1) 펠리페 칼데론(2006~12)과 페냐 니에토(2012~18) 대통령 시기

멕시코 마약전쟁은 2006년 12월 칼데론 대통령이 취임 직후 마약카르텔 소탕을 위해 6,500명의 정부군을 미초아칸 주에 보내며 시작되었다. 이후부터 현재까지 멕시코 정부군과 마약카르텔들은 비대칭 저강도 무력충돌을 계속하고 있다. 마약전쟁이 길어지면서 칼데론 대통령은 정부군을 추가 투입해 그 규모가 45,000명에까지 이르게 되었다.

정부군의 투입으로 멕시코 마약카르텔들의 보스들이 체포되거나 사살되면서 마약전쟁은 어느 정도 가시적 성과를 가져왔다. 그럼에도 불구하고 이 기간 중 마약관련 범죄와 폭력은 줄어들기는 커녕 전례 없이 증가하였다. 칼데론 대통령 재임 6년 동안 약 50,000명이 살해된 것으로 발표되고 있다. 그러나 실제는 12만 명 이상이 살해된 것으로 추정되고 있다.

이는 첫째 정부군 공격에 따른 카르텔 보스의 체포나 피살은 내분으로 이어지는데 이 과정에서 분리된 신생 카르텔과 영역다툼으로 많은 살상이 일어났고 둘째 기존 카르텔들이 암묵적으로 지켜온 관할영역에 대한 현상유지 약속이 무너지자 이들 간에 영역확보를 위한 무력충돌이 많아졌으며 셋째 군경의 소탕작전 중 카르텔 조직원들뿐만 아니라 다수의 무고한 시민들이 희생된 것에 기인하고 있다.

2012년 12월 취임한 제도혁명당(PRI) 페냐 니에토(Enrique Peña Nieto) 대통령은 전임 칼데론 대통령의 강경정책을 완화해 유혈충돌을 줄이겠다고 약속했다. 특히 그는 카르텔 보스들을 특정해 제거하는 방식으로 마약카르텔을 제압하고자 했는데 상당한 성과를 거두었다.

그럼에도 불구하고 기대와는 다르게 재임 14개월 동안 23,640명이 피살당하는 등 범죄와 폭력 상황은 계속 악화되었다. 특히 그의 대응방식은 2014년 이구알라 대규모 납치사건(Iguala Mass Kidnapping), 2015년 시날로아 카르텔 보스 엘 차포의 탈옥, 대통령 개인 및 측근의 부패스캔들 등이 발생해 심각한 사회문제로 등장하면서 추진동력을 상실했다.

그의 재임 중 국가치안을 군에서 분리해 내무부로 귀속시키고 5,000명 규모의 국가경찰군(National Gendarmerie) 창설과 국내보안법(Law of Internal Security) 제정 등은 상당한 성과로 평가되고 있다.

2) 안드레스 마누엘 로페스 오브라도르(AMLO[120]) 대통령(2018~이후) 시기

암로(AMLO)로 불리는 로페스 오브라도르(Andrés Manuel Lopéz Ob-rador) 대통령은 중도좌파성향인 국가재건운동당(MORENA) 후보로 대선에 세 번 도전한 끝에 당선되어 2018년 12월1일 취임했다.

오브라도르 대통령은 2006년 칼데론 대통령이 취한 마약전쟁은 멕시코의 고질인 경제적 불평등 때문이라며 이 상황을 개선하는 것이 먼저라고 주장하며 2019년 1월 마약전쟁의 종식을 선언했다. 그는 마약생산과 불법유통에 관련된 모든 멕시코인 들을 사면할 것이라고 공언했는데 이후 측근인사들은 해석이 잘못되었다며 완곡하게 부정하는 일도 있었다.

그러나 오브라도르 대통령이 취하고 있는 마약퇴치정책에 대해 국내적으로 논쟁이 일어났다. 우선 멕시코 마약전쟁을 시작한 우파 칼데론 전임대통령은 마약 카르텔들의 범죄와 폭력이 감소하고 있지 않은 현재상황에서 오브라도르 대통령의 정책은 문제가 많다며 강하게 비판하고 있다.

오브라도르 대통령은 대선공약이었던 국가방위군(National Guard) 창설을 완료하고 군대 수준의 경찰업무를 수행하도록 조치했다. 국가방위군은 연방경찰의 엘리트 부서, 경찰군, 해군, 보안군 요원들로 구성해 만들어졌다. 국가방위군은 마약카르텔의 소탕과 함께 그들이 송유관에서 석유를 절도하지 못하도록 대응조치를 하고 있다.

다. 평가

칼데론 대통령이 시작한 멕시코 마약전쟁은 국내외에서 많은 비판을 받

---

120 Andrés Manuel López Obrador 의 약어, 일명 '암로(AMLO)'로 불림

고 있는데 비판의 근거는 마약전쟁이 결과적으로 군경과 마약카르텔 그리고 카르텔 상호 간 무장충돌만 확산시켜 많은 인명피해와 인권유린을 일으킨 반면 정작 범죄와 폭력을 줄이는 것에는 성공하지 못했다는데 것이다.

특히 비판자들은 무력진압보다는 빈곤계층들이 마약카르텔에 가입해 활동하는 기회를 줄이기 위해 경제사회적 불평등을 해소하는 정책이 필요했다고 주장하고 있다.

경험적으로 볼 때 한 대형 마약카르텔의 붕괴는 다수의 중소규모 마약범죄조직으로 분할되고 그곳에서 다시 강력한 마약카르텔이 형성되어 폭력을 확산시키는 악순환이 계속되었다. 걸프 카르텔의 무장조직으로 시작한 로스 제타스가 카르텔 보스가 체포된 뒤 발생한 내분과정에서 분리해 나와 잔혹하고 강력한 마약카르텔로 성장했고 밀레니오 카르텔에서 분리된 신세대 할리스코 카르텔이 단기간에 강력한 전국적 마약카르텔로 부상한 것이 그 사례들이다.

그러나 칼데론 전임대통령이 지적하고 있는 것처럼 마약카르텔의 범죄와 폭력 확산이 계속되고 있는 상황 속에서 많은 예산과 시간이 소요되는 온건정책에만 의존할 수는 없다는 주장도 강하다. 따라서 마약범죄와 폭력을 줄이기 위해서는 강온정책이 적정하게 균형을 갖추는 것이 필요하다.

6. 미국의 중남미 마약전쟁

미국 마약단속국이 2018년 발표한 국가마약위협평가 자료[121]에 따르면 2016년 마약남용으로 사망한 미국인은 63,632명으로 매일 174명이 마약으로 사망하고 있는 셈이다. 이 수준은 같은 기간 중 일어난 자살(44,965

---

121 DEA, 2018 National Drug Threat Assessment, October 2018

명), 살인(19,326명), 화재사망(38,658명), 차량사고사망(40,327명) 보다 크게 높은 수치로 그 심각성을 반영하고 있다.

미국은 마약사용 확산을 막기 위한 입법조치를 19세기부터 해왔다. 언론에서 자주 언급되는 마약과의 전쟁(War on Drugs)은 미국 정부가 이끌고 있는 불법마약 근절을 위한 일련의 캠페인을 말하며 여기에는 마약금지조치, 군사원조 및 간섭 등을 포함하고 있다.

마약과의 전쟁(War on Drugs)이란 용어는 1970년 미 의회에서 마약남용예방 및 관리법(Comprehensive Drug Abuse Prevention and Control Act)을 제정하고 1971년 닉슨(Richard Nixon) 대통령이 마약남용을 '공공의 적 1호(Public Enemy Number One)'라고 언급한 이후 언론이 만들어 즐겨 사용했다. 닉슨 대통령 이후 집권한 역대 미 대통령들은 형태와 수준은 다르지만 모두 마약과의 전쟁을 끊임없이 계속했다.[122]

미국은 마약과의 전쟁에서 우선 공급선 차단을 위해 중남미 유입 마약 저지정책에 예산을 투입했다. 2000년의 '콜롬비아 플랜(Plan Colombia)'과 2007년의 '메리다 이니셔티브(Mérida Initiative)'는 미국이 중남미로부터 마약공급을 차단하기 위해 실시한 마약과의 전쟁의 상징적 대외정책이었다.

콜롬비아 플랜과 메리다 이니셔티브의 성과에 대해서는 정책입안자와 학자 간에 많은 논쟁이 있다.

우선 이 두 정책의 실시는 코카 재배지역의 축소, 마약카르텔 보스들의 제거, 반정부 게릴라단체 활동 축소 등 긍정적인 성과를 냈다.

그러나 결과적으로 마약공급선 근절이라는 당초의 목표에는 이르지 못했다 것은 사실이고 정책실시 과정 중 자행된 인권유린과 환경파괴도 부수적

---

122 제도적으로는 미 마약단속국(Drug Enforcement Administration)과 국가마약통제정책사무소(Office of National Drug Control Policy)가 각각 1973년, 1988년 창설되었다. 군사적 간섭으로는 Operation Intercept(1969), Operation Just Cause(1989), Plan Colombia(2000), Mérida Initiative(2007) 등이 있다.

결과로 비판의 대상이 되고 있다.

가.콜롬비아 플랜(Plan Colombia) ─────────

콜롬비아 플랜은 미국이 콜롬비아 정부와 공동으로 콜롬비아 마약공급선을 차단하기 위한 미국의 대외정책으로 미국의 콜롬비아 정부에 대한 정치, 경제, 군사적 지원을 포함하고 있다.

이 정책은 1999년 미국 클린턴(Bill Clinton)대통령과 콜롬비아 파스트라나(Andrés Pastrana) 대통령과 간 최초로 논의 되었고 2000년 양국 간 협정으로 발효되어 콜롬비아 정부가 콜롬비아무장혁명군(FARC)과 평화협상을 진행하던 중인 2015년까지 유지되었다.

2016년 2월 4일 산토스 대통령과 오바마 대통령은 워싱턴에서 15년동안 유지되었던 콜롬비아 플랜이 종료되고 '콜롬비아 평화(Paz Colombia)'가 시작한다고 발표했다.

미국 정책입안자들은 콜롬비아 플랜을 미국의 성공한 대외정책이라고 평가하고 있으며 콜롬비아 정부도 21세기 콜롬비아 국가상황을 변화시킨 중요한 정책으로 주장하고 있다.

콜롬비아 플랜의 주요활동 내용은 미국의 콜롬비아 정부군에 대한 훈련, 정보제공, 무기와 장비지원을 통해 마약카르텔과 반정부무장단체들의 마약생산과 밀매를 차단하고 코카인의 원료인 코카 경작지를 파괴하여 공급선을 원천적으로 차단하는 것이었다. 이러한 전략적 목표는 코카 경작지의 대폭 축소 등 어느 정도 성과가 있는 것으로 평가된다.

그러나 콜롬비아 플랜을 실행 중 코카인 재배지역에 대한 살충제 살포로 야기된 환경파괴와 군사작전 중 콜롬비아 정부군, 좌파 무장단체, 우파 자위민병대 등이 자행한 인명살상, 인권유린[123], 농민 디아스포라 등은 비판의 대상이 되고 있다.

나. 메리다 이니셔티브(Mérida Initiative)

메리다 이니셔티브는 미국, 멕시코, 중미국가들 간 합의된 안보협력협정이다. 이 협정에 따라 미국은 역내에서 마약밀매, 다국적 조직범죄, 자금세탁 등의 근절을 목표로 협정 참여국가에 군과 경찰의 훈련, 정보교환, 무기와 장비지원등을 하고 있는데 미국 정부는 매년 이를 위한 예산을 편성하고 의회 승인을 받고 있다.

멕시코에서 미국으로의 마약유입과 관련하여 그동안 멕시코 정부의 입장은 미국 소비자들의 수요증가에 문제가 있다는 것이었다. 미국의 마약 소비자들이 멕시코 마약카르텔에게 활동자금을 조달해주고 있는 것이므로 마약유입을 저지하기 위해서는 먼저 미국 정부가 국내 마약수요 증가를 막아야 한다는 입장이다. 미국 마약단속국은 미국에서 멕시코 마약카르텔들에 유입되는 전체 자금규모가 연간 기준 현금 120~150억불을 포함해 약 230억불에 이르는 것으로 추정하고 있다.

한편 미국 정부의 입장은 멕시코 마약카르텔의 마약 밀수출 규모 증대는 소비자가격을 하락시켜 수요증가를 부추기고 있다고 주장하고 있다. 따라서 멕시코 정부는 먼저 마약카르텔 활동을 강력하게 통제하는 등 공급관리를 해야 한다는 것이다.

이러한 입장 차이에도 불구하고 미국과 멕시코 양국은 서로 긴 국경을 맞대고 있다는 숙명적 환경 때문에 마약 이슈는 결국 공동의 문제로 이를

---

123 기간 중 약 15,000명의 인명이 살상되었다. The Guardian, Feb.3, 2014, The US war on drugs and its legacy in Latin America

해결함에 있어서 공동의 노력이 필요하다는 것을 서로 잘 인식하고 있다.

미 국무부는 멕시코 칼데론 대통령이 마약관련 범죄와 폭력의 근절을 강력하게 원하고 있다는 것을 인지하고 2007년 10월 22일 먼저 메리다 이니셔티브를 합의를 발표하고 2008년 6월 30일 법으로 발효시켰다.

메리다 이니셔티브는 마약카르텔 활동근절, 인권보호를 포함한 법의 지배 확립, 21세기 미-멕시코 국경관리 강화, 건강하고 생산적인 지역사회 건설 등 4개의 정책 축으로 구성되었다.

이 중 가장 중점적인 것은 마약카르텔 활동근절로[124] 이를 위해 미국의 군사장비가 멕시코 정부군에 제공되었고 미국식 군사훈련과 정보교환이 동시에 이루어졌다.

이를 위해 미 의회는 2007~10년 기간 중 메리다 이니셔티브 초기예산으로 16억불을 승인하였다. 최근 상황을 보면 2017년 3월에 16억불이 멕시코 정부에 제공되었고 2019년 회계연도에는 139 백만 불이 책정되었다.

메리다 이니셔티브 성과에 대해서는 논란이 있다. 미 의회 보고서에 나타난 긍정적 측면들에는 첫째 양국 간 정보교환과 합동군사작전으로 마약카르텔들의 주요 범죄자 및 보스들의 체포와 소추, 둘째 경찰, 군, 사법경찰, 판사 등을 향한 국가훈련표준을 마련, 셋째 '엘 차포' 구즈만 등을 포함한 주요 마약카르텔 보스(drug kingpin)들의 미국 송환과 처벌, 넷째 멕시코 정부의 마약카르텔 자금 40억 불 압수, 다섯째 2015~2018년 중 약 52만 명을 상회하는 중미인들의 미국 불법이민 저지 등이 포함되어 있다.

그러나 메리다 이니셔티브 실행에도 불구하고 마약 카르텔은 계속 분화되어 새롭게 생성되고 있기 때문에 범죄와 폭력이 줄어들고 있지 않는 것과 카르텔 소탕 과정에서 발생하고 있는 인권유린, 부정부패, 정부무능 등이 계속 들어나고 있어 결과적으로 보면 정책이 성공하지 못했다는 비판

---

[124] Congressional Research Service, Mexico: Evolution of the Mérida Initiative, 2007-2020, June 28, 2019

도 상존하고 있다.

7. 범죄와 폭력 그리고 경제

범죄와 폭력으로 야기되는 노동공급 축소, 자본비용 증가 등 경제요소의 상황변화가 경제성장에 어떻게 영향을 주는가에 대해서는 학문적 연구가 크게 진행되지 않았다. 무엇보다도 먼저 범죄와 폭력이 노동과 자본 등 각 경제요소에 구체적으로 어떻게 영향을 미치고 있는 가에 대해 통계적 분석으로 알려지지 않았다.

그러나 범죄와 폭력이 계속 진화하고 확산되는 현실 속에서 이들이 경제에 미치는 영향에 대해 나름대로 이해하는 것은 필요하다. 이를 위해서는 우선 많은 경험적 증거들을 활용해 범죄와 폭력이 경제행위에 영향을 주는 메커니즘을 구체적으로 확인해야 한다.

2017년에 발간된 미주개발은행(IDB) 보고서[125]에 따르면 2004~14년 중 중남미는 연평균 4%의 경제성장세를 보여 주었다. 빈곤율도 크게 감소해 유엔 밀레니엄 개발목표(1995~2015)를 목표년도보다 7년 빠른 2008년에 달성하는 성과를 거두었다.

그러나 한편 범죄와 폭력도 증가하여 중남미는 세계에서 가장 폭력적인 곳으로 평가되었는데 2015년 살인율은 인구 10만 명당 24명으로 세계 평균의 4배에 이르렀다.

범죄와 폭력의 증가는 다양한 형태로 경제적 비용을 발생시킨다. 범죄와 폭력으로 발생한 사망자와 수감자가 많아지면 일차적으로 노동력 감소와 생산성 하락을 가져온다. 일반 시민들도 범죄와 폭력 예방을 위해 보안설비

---

125 IDB, The Costs of Crime and Violence, New Evidence and Insights in Latin America and the Caribbean, 2017

를 설치한다거나 경비용역을 고용하는 등의 비용이 발생하며 기업들은 생산성 감소와 불확실성 증대로 투자를 축소할 수밖에 없다. 정부는 치안안정을 위한 예산을 늘려야 한다.

미주개발은행은 범죄와 폭력으로부터 발생하는 경제적 비용을 계량화하기 위해 역내 17개 국가를 대상으로 회계기법을 활용한 분석모델[126]을 만들었는데 이 모델은 우선 범죄와 폭력의 희생자 및 가해자로부터 발생하는 각종 사회적비용(Social Costs), 가계와 기업이 범죄와 폭력으로부터 자기방어를 하는데 소요되는 각종 예방비용 등 민간부문비용(Cost incurred by the private sector), 사법기관과 경찰력 유지 그리고 감옥 운영을 위한 경비 등 정부소요비용(Costs incurred by the government) 등 세 가지로 구분해 계량화 하였다.

이 분석모델로 산출된 범죄와 폭력의 비용을 2014년 기준 GDP 비중으로 표시하면 비중이 가장 낮은 국가는 1.92%의 멕시코이고 가장 높은 국가는 6.51%의 온두라스이다. 이 사이에 엘살바도르(6.16%), 바하마(4.79%), 자메이카(3.99%), 브라질(3.78%), 트리니다드 토바고(3.52), 코스타리카(3.48%), 에콰도르(3.35%), 파라과이(3.24%), 콜롬비아(3.12%), 과테말라(3.04%), 아르헨티나(2.97%), 페루(2.77%), 바베이도스(2.68%), 우루과이(2.23%)등의 순서로 개별국가별 차이가 있다.

한편 연간 기준 미화로 표시한 실제 비용을 보면 순위가 달라지는데 국가 경제규모가 클수록 비용규모도 커진다. 브라질(124,351 백만 불)이 압도적으로 높고 그 뒤로 멕시코(41,295 백만 불), 아르헨티나(29,380 백만 불), 콜롬비아(20,055 백만 불), 페루(10,325 백만 불), 에콰도르(6,083 백만 불), 과테말라(3,628 백만 불), 엘살바도르(3,134 백만 불), 온두라스(2,551 백만 불), 코스타리카(2,486 백만 불), 파라과이(1,896 백만 불), 트

---

126 A Conceptual Framework for Interpreting the Welfare Costs of Crime, 회계기법을 활용하여 만든 분석모델임

리니다드 토바고(1,599 백만 불), 우루과이(1,592 백만 불), 자메이카(963 백만 불), 바하마(434 백만 불), 바베이도스(124 백만 불) 순이다.

범죄와 폭력의 증가가 노동력 감소나 자본비용 인상 등 경제요소에 주는 누적적 영향(economic factor accumulation)을 분석하는 것도 중요하지만 국가 전체적으로 범죄와 폭력의 증가가 경제요소의 분배를 어떻게 변화시키는가를 가지고 분석하기도 한다. 즉 범죄와 폭력의 증가가 구체적인 경제행위에 어느 정도 부정적으로 작용하는가라는 관점에서 보는 것이다.

리오스(Viridiana Ríos) 교수[127]는 계량분석모델을 개발해서 범죄와 폭력의 증가가 경제부문 다양화(economic sector diversity)에 미치는 부정적 영향이 어느 정도인가에 대해 발표하였다.

이 발표에 따르면 범죄조직이 9.8% 증가하면 한 개의 경제부문이 감소하고 살인율이 22.5% 증가하거나 갱과 연관된 폭력이 5.4% 증가해도 동일한 결과를 가져온다.[128]

또한 이 연구는 범죄와 폭력의 증가가 투자 감소, 노동력 감소, 인력유출, 자본비용 인상, 생산비용 인상 등 부정적인 요인을 가져오고 중장기적으로 국가 생산구조 다변화를 방해하며 경제성장을 저해한다고 주장하고 있다.

8. 범죄와 폭력과 외국인투자

살인율 기준으로 세계에서 가장 위험한 도시 50개 중 43개가 중남미 지역

---

127 Viridiana Ríos, Ph.D in Government, Prof. of Harvard Univ. Research Fellow, The Wilson Center

128 Viridiana Ríos, The impact of crime and violence on economic sector diversity, June 27,2016

에 속해 있다.[129] 국가별로 보면 브라질(17개), 멕시코(12), 베네수엘라(5), 미국(4), 남아공(3), 콜롬비아(3), 자메이카(1개), 엘살바도르(1개), 과테말라(1개), 온두라스(1개), 푸에르토리코(1개) 순이다.

중남미 범죄 연구를 하고 있는 비영리 저널리즘 조사기구인 인사이트 크라임(Insight Crime)은 그 직접적 원인으로 역내 마약시장의 급격한 성장, 조직범죄단체의 분화, 마약통로국가(transit countries)의 허브화, 내전 후유증, 지방정부의 부패와 범죄옹호 등을 지적하고 있다.[130]

비즈니스 인사이더(Business Insider)는 세계인구의 8% 비중을 가진 중남미가 2016년 기준 세계전체 살인의 33%를 차치하고[131] 일간 400여명 연간 146,000명이 살해당하고 있다고 주장하면서 그 원인으로 불평등한 소득구조, 실업, 낮은 수준의 교육, 높은 수준의 면책, 분쟁해결 방식으로 폭력용인 문화, 약한 정부, 급격한 도시화, 범죄조직 확산, 마약밀매, 총기소지 등 10가지를 지적하고 있다.[132]

범죄와 폭력의 증가가 외국인직접투자(FDI)에 어떻게 영향을 미치는가에 대한 연구는 2000년대 들어 개별 국가를 대상으로 학자 등 전문가들의 연구가 있었다.[133] 특히 조직범죄와 외국인직접투자간의 상관관계를 다니엘리(Vittorio Danieli)와 마라니(Ugo Marani)는 이태리 사례를 라모

---

[129] World Atlas(www.worldatlas.com),world facts, The Most Dangerous Cities in the World, July 30,2019

[130] Insight Crime, Why are the World's Most Violent Cities in Latin America_ Nov.21,2014

[131] WEF Global Risks Report 2019, P.36

[132] Business Insider, Why are the World's Most Violent Cities in Latin America?Sep.10, 2019

[133] Albuquerque, P. H. (2007). Shared Legacies, Disparate Outcomes: Why American South Border cities turned the tables on crime and their Mexican sisters did not. Crime, Law and Social Change, González–Andrade, S. (2014). Criminalidad y crecimiento económico regional en México. Flores, M., and E. Rodriguez–Oreggia. Spillover effects on homicides across Mexican municipalities: A spatial regime model approach. The Review of Regional Studies Pan, M., Widner, B. and C. Enomoto (2012). Growth and crime in contiguous states of Mexico. Urban & Regional Development Studies 등

스(Miguel A. Ramos)와 애쉬비(Nathan Ashby)는 멕시코 사례를 분석했다. 이들은 모두 조직범죄와 외국인직접투자는 상호간 역관계(inverse relation)에 있음을 밝혔다.[134]

멕시코 은행(Banco de México)은 2018년 멕시코 32개 주를 대상으로 범죄와 폭력을 포함한 이자율, 임금, 공공요금 등 외국인직접투자에 영향을 줄 수 있는 요소들의 상황변화가 주별 외국인직접투자 유입에 어떤 영향을 주는가에 대해 계량분석모델을 만들어 접근했다.[135]

이 분석모델은 '범죄활동은 전체 경제에 일종의 세금과 같은 역할을 한다. 그 것은 국내투자와 외국인직접투자를 감소시키고 기업경쟁력을 약화시키며 불확실성과 비효율성을 만들어 자원을 다시 배분한다'는 것을 가설로 하고 있다. 분석기간은 2005~15년이다. 분석결과는 범죄를 제외한 다른 요소의 변화로 인한 외국인직접투자 변화요인은 무시할 수 있는 가운데 살인율과 강절도 등 범죄요소가 외국인직접투자 의사결정에 큰 영향을 주고 있는 것으로 나타났다. 살인율이 1% 높아지면 5분기 후에 외국인직접투자는 0.28% 감소하고 강절도가 1% 증가하면 6분기 후 외국인직접투자는 0.33% 감소하는 것으로 분석되었는데 멕시코 32개 주 중 범죄와 폭력이 다발하는 시날로아, 바하 칼리포르니아, 바하 칼리포르니아 술, 유카탄, 치아파스, 틀락스칼라, 콜리마, 캄페체 주 등은 외국인직접투자 유입이 매우 적고 멕시코시, 멕시코주, 누에보 레온, 치와와, 할리스코 주 등 5개 지역이 외국인직접투자 유입의 51.4%를 차지했다.

이 분석은 대상지역이 멕시코 1개 국가라는 한계가 있음에도 불구하고 멕시코는 범죄와 폭력 수준이 매우 높은 지역으로 국토가 크고 주별 특성이

---

134 Vittorio Daniele and Ugo Marani, Organized Crime and Foreign Direct Investment: Italian Case, Oct.13 2008, Miguel A. Ramos and Nathan Ashby, Heterogenous Firm Response to Organized Crime: Evidence from FDI in Mexico, Feb.1 2013,

135 Banco de México, René cabral Torres, André V. Mollick, Eduardo Saucedo, The Impact of Crime and Other Economic Forces on Mexico's Foreign Direct Investment Inflows, Dec. 2018

강해 범죄와 폭력 상황변화가 외국인직접투자에 어떻게 영향을 주고 있는가를 이해하는 데 도움이 된다.

CHAPTER 13

사회운동

1. 개관

1980년대 중남미 군부정권통치가 사실상 종식되자 그동안 권위주의적 독재정권에 대해 폭력적으로 대치해왔던 사회운동도 새롭게 조성된 민주주의적 정권 분위기에서 그 성격이 변화했다.

우선 새롭게 조성된 민주주의 사회 분위기 속에서 대중의 자발적 참여수준이 높아지고 사회운동 이슈와 형태도 매우 다양해졌다. 여기에 사회운동의 지리적 범위가 특정 지역이나 국가에 머물지 않고 정보화환경 속에서 온라인 네트워킹이 활발해지며 중남미 전역과 넓게는 세계로 확대되기도 했다.

사회운동의 주체도 전통적인 노동조합, 농민, 반정부단체 등과 함께 새로운 영역으로부터 다양한 주체들이 포함되며 기반이 크게 확대되었다. 즉 노조, 농민 등 전통적인 사회운동 주체들은 경제구조조정, 재정긴축, 사회보장제도, 민영화, 자유무역 등 이슈를 가지고 활동을 하지만 원주민공동체, 여성, 환경, LGBT, 소비자, 빈농 등 새로운 주체들은 그들만의 정체성과 이슈를 가지고 새롭게 활동을 개시했다.

사회운동의 저변확대와 다양성 그리고 대중동원 방식의 변화는 역내 좌파정권 탄생의 중요한 배경이 되었다. 특히 경제사회적 불평등 이슈를 가지고 거리로 나온 사회운동은 좌파세력이 선거에서 승리할 수 있는 매우 기름진 토양이 되었다.

21세기 들어 중남미에서는 신자유주의경제정책[136]에 저항하는 사회운동

---

[136] 시장의 자연성과 민간의 자유로운 활동을 중시하는 경제이론. 1970년대 이후 정부의 시장개입으로 대표되는 케인즈 이론에 대한 비판과 초국가적 자본의 세계화를 배경으로 등장했다. 1980년대 영국의 대처리즘과 미국의 레이거노믹스가 대표적인 신자유주의 정책이다. 비효율적 국영기업의 민영화, 복지예산의 축소, 최소의 정부, 노동의 유연성 확보 등을 통한 시장 활성화를 표방한다. 현대 사회 불평등 심화의 원인으로 비판 받고 있다. 다음백과

이 다양한 형태로 발생했다. 이는 중남미 식민지유산으로 이미 자리 잡은 사회계층간 불평등에 더해 미국 등 서방 선진국의 주도로 실시된 이 정책으로 경제사회적 불평등이 더 크게 확산된 것에 대한 저항이었다.

이러한 사회운동이 대중영합적인 좌파정치세력과 연계되자 소위 핑크 타이드(Pink Tide)[137]로 불리는 좌파정권이 출현할 수 있는 정치사회적 환경이 조성되었다.

즉 중남미 사회운동 주체는 전통적으로 전국노동조합 등 합법적 단체이었다. 물론 반정부무장단체 등이 있었지만 이는 정권전복을 목적으로 하는 불법적인 것이었다. 그러던 것이 21세기 시작 전후를 기점으로 역내 사회운동의 주체들은 매우 다양한 계층과 배경에서 나오기 시작했다.

특히 신자유주의경제정책과 글로벌 경제 확산으로 직접적인 피해를 받았거나 그 혜택으로부터 소외된 계층들이 중심이 되었다. 여기에는 인디오(indio)라고 불리며 오랫동안 무시되고 착취당한 원주민, 토지를 보유하지 못한 가난한 농민, 학생, 실업자와 불법 자영업자로 이루어진 도시빈곤층, 소외당한 광산개발지역 거주민, 여성, 성적소수자(LGBT) 들이 포함되어 있다.

역설적이게도 역내 사회운동의 새로운 주체들은 냉전이후 미국이 군부정권 축출을 위해 주도했던 대의민주주의체제가 강화되는 가운데 자유롭게 조직하고 상호 연대하며 성과를 내기 시작했다.

이들은 합법적 사회운동을 통해 신자유주의경제정책을 신봉하며 소외계층의 이익을 침해하는 것으로 판단되는 정권을 퇴출시키거나[138] 대의민주

---

137 The pink tide is the revolutionary wave and perception of a turn towards left governments in Latin American democracies straying away from the neoliberal economic model. As a term, both phrases are used in contemporary 21st-century political analysis in the media and elsewhere to refer to the shift representing a move toward more progressive economic policies and coinciding with a parallel trend of democratization of Latin America following decades of inequality.

138 2003년과 2005년 볼리비아 Gonzalo Sánchez de Lozada 정권과 Carlos Mesa 정권 퇴출 등

주의체제가 합법적으로 제공하는 선거를 통해 정권을 교체하였다.[139]

2. 사회운동의 정의와 구분

사회운동(Social Movement)의 사전적 정의는 '사회적 목표(social goals), 즉 그것이 사회의 구조나 가치의 변화 또는 보호 등 그 어느 것이 되든지 그것을 지원하기 위해 느슨하지만 중단 없이 이어지는 조직 활동' 이다.[140]

사회운동은 규모의 차이는 있지만 기본속성은 집단적(collective)이며 구성원도 정도의 차이가 있지만 대부분 자발적 참여를 하고 있다. 구성원들은 사회를 인식함에 있어서 대체적으로 동일한 관점을 가지고 있다.

사회운동은 그 것이 가지고 있는 측면에 따라 다양하게 분류할 수 있지만 일반적으로 그 성격이 복합적이기 때문에 명쾌하고 객관적인 분류는 어렵다. 따라서 학자들도 자신들이 중요하다고 생각하고 있는 측면을 선택해 그 것을 기준으로 분류하고 있다.

우선 사회운동은 추구하는 사회제도를 기준으로 정치적, 경제적, 종교적, 교육적 등으로 구분할 수 도 있고 추구하고 있는 목표수준에 따라 개혁적 (reformative), 혁명적(revolutionary)으로 분류한다. 또한 채택하고 있는 전략전술을 기준으로 합법적(legitimate), 반체제적(underground)등으로 나눌 수 있으며 변화형태에 따라 개혁적(innovative)과 보수적(conservative)으로 구분한다. 지역범위를 기준으로 세계적(global), 국지적(local)으로 구분하며 사회운동의 발생 시기를 반영해 전통적(old), 현대적(new) 사회운동으로 규정하기도 한다.

---

139 1998년 Hugo Chávez 베네수엘라 대선 승리, 2005년 Evo Morales 볼리비아 대선 승리 등
140 Encyclopedia Britannica, On Line

사회운동은 공동체를 압박하는 사회관습, 윤리, 가치관의 변화를 추구한다. 따라서 그 사회가 자유주의적인가 아니면 권위주의적인가에 관계없이 발생하는데 다만 그 형태에 차이가 있다.

또한 모든 사회운동은 발생하고(emergence) 성장하며(growth) 그리고 성공과 실패를 경험한 뒤 해체되거나 활동을 중단하는 쇠퇴(decline)의 단계를 거친다. 미국 사회학자 블루머(Herbert Blumer) 교수[141]는 이를 생성(emergence), 융합(coalescence), 관료화(Bureaucratization), 쇠퇴(decline)등 4 단계로 구분해 설명한다.

첫 번째 생성단계에 대해 블루머 교수는 '사회적 동요(social ferment) 과정'이라는 표현으로 압축했다. 사회운동의 가장 초기적인 수준으로 불만이 생성되어 확산되어가는 과정이다. 불만은 개인적 수준에서 일어나고 있으며 아직은 집단화되지 않았다.

두 번째 융합단계는 '대중운동(popular stage) 과정'으로 사회적 불만은 개인적 차원을 넘어 공공연하게 표현되고 있다. 대중운동 지도자들이 등장하는 토대가 만들어지고 성공전략이 구상되고 있는 단계이다. 조성된 사회운동의 힘을 보여주기 위해 종종 대규모 시위가 촉발되기도 한다.

세 번째 관료화단계는 '공식화(formalization) 과정'으로 공식화는 조직화와 제휴 등으로 이루어진 전략들을 의미한다. 이 과정에서 사회운동은 일정한 성공을 이루며 진화하게 된다. 감정적 선동에 대한 의존을 줄이고 조직기능을 수행하기 위한 전문 인력을 보강하고 정치적 영향력을 확보하기

---

141 Herbert George Blumer(march 7,1900~April 13,1987) was an American sociologist whose main scholarly interests were symbolic interactionism and methods of social research. Wiki

위해 정치엘리트들을 접촉한다.

그러나 현실에서는 많은 사회운동이 이 단계에서 실패하는 경우가 많다. 그 이유는 사회운동이 감정적 선동에만 의존하는 것은 지속가능하지 못하고 전문적으로 조직화되기 위해서 유급 전문직 등을 고용하는 등 조직 운영을 위한 재원이 필요한데 대부분 이 지점에서 실패하기 때문이다. 여기에다 조직화 과정에서 구성원간 의견충돌 등 분쟁으로 분화하는 경우도 발생한다.

네 번째 쇠퇴단계는 '제도화(institutionalization) 과정'으로 표현되고 있다. 따라서 쇠퇴단계는 반드시 사회운동의 실패를 의미하는 것은 아니다. 이 단계를 설명하기 위해 밀러(Seymour M.Miller) 교수[142]는 사회운동 쇠퇴과정을 실패(failure), 성공(success), 진압(repression), 회유(co-optation)등 몇 가지 형태로 설명하고 있다.

우선 사회운동이 성공하면 이미 변화가 이루어져 투쟁대상이 사라지기 때문에 운동의 역동성은 줄어들고 변화의 성과는 주류가 되어간다. 이와 반대로 실패는 투쟁초점상실, 조직능력부족, 재원부족 등 여러 가지 이유로 인해 소멸한다. 진압은 정부 등 외부세력의 제도적, 물리적 압박으로 운동의 역동성이 상실된다. 회유는 사회운동 지도자들이 운동의 상대방 측인 정권이나 자본과 타협한 뒤 일정한 수준까지만 제한적 투쟁을 하는 것이다.

4. 중남미 사회운동

군더 프랑크(Andre Gunder Frank)[143]는 사회운동에 대한 이해를 높이

---

142 Seymour Michael Miller is an economic-political sociologist, activist, and emeritus professor of sociology at Boston University. Wikipedia

143 Andre Gunder Frank (1929 - 2005) was a German American sociologist and economic historian who promoted dependency theory after 1970 and world-systems the-

기 위해 콘트라티에프(Kondratiev) 경제적 장기파동을 사회역사적 현상에 도입하였다. 그는 이념적 주도권, 정치와 전쟁, 경제와 기술적 변화 등의 주기에 따라 사회운동의 성격과 행동이 변화한다고 보고 그 양상을 분석했다. 예를 들어 그는 경제침체기에 대중의 생활수준과 생존이 심각하게 영향을 받는데 이 경우 사회운동은 책임의식을 가지고 공격적 양상을 보인다고 주장했다.[144]

중남미 사회운동은 냉전체제 종식을 전후로 그 특성과 지향점이 달라졌다. 냉전체제 종식 전에는 전국 노조가 중심이 되어 노동조건 개선을 위해 추진된 노동운동, 농지개혁과 토지분배를 요구하는 농민운동, 정치적 반정부 불법 투쟁 등이 주류였다.

그러나 1980년대 전후 역내에 신자유주의 경제정책이 본격적으로 시행되면서 중남미 사회운동은 그 양상이 달라졌다. 신자유주의 경제정책의 실시로 빈곤상황이 확산되고 깊어지며 계층하락을 경험한 대중은 이 정책을 적극적으로 실행한 정부를 공격하기 시작했다.

신자유주의 경제정책 도입하고 적극 실행한 역내 정부, 국제금융기구, 자본가들은 대중들이 새롭게 형성하고 있는 사회운동의 공격성 완화를 위해 비정부기구를 이용한 새로운 사회운동(NSM: New Social Movement)[145]을 형성해 확산시키기 시작했다.

즉 축소된 정부역할을 자본가와 국제금융기구 그리고 정부가 지원하는 비정부기구들이 다양한 형태로 보완함으로서 정부를 공격하는 사회운동의 과격한 동력을 완화하려고 했다.

그럼에도 불구하고 신자유주의 경제정책의 실시로 가장 큰 피해를 본 가

ory after 1984. Wikipedia

144 Seven thesis on Latin American social movements and political change, Oct. 2005, Kees Biekart, Erasmus Univ. Rotterdam, International Institute of Social Studies

145 1960년대 이후 서유럽에서 발생한 새로운 형태의 사회운동으로 전통적인 노동운동이나 계급운동과 변별되며 인종운동, 학생운동, 페미니즘 운동, 평화운동 등을 아우른다. wiki

난한 다수 대중(the poorest majority)은 저항을 계속 이어갔는데 이는 역내 좌파정권의 출현의 중요한 배경이 되었다.

핑크 타이드 시대(pink tide era) 분위기 속에서 새롭게 등장한 역내 좌파정권들은 신자유주의 경제이념을 원론적으로는 거부하였다. 그러나 경제개발부문에서 신자유주의 경제정책을 계속 이어가며 가난한 다수 대중의 사회운동을 통한 저항을 받았으며 이로 인해 정권붕괴가 일어나기도 했다.

가. 신자유주의정책 실시와 사회적 저항(1980~1990년대) ──

미국은 제2차 세계대전 이후 냉전시기를 맞이해 공적개발협력 프로젝트와 자본주의적 산업화(capitalistic industrialization) 과정을 통해 공산주의 확산을 저지해나갔다.[146]

구체적으로는 개도국 저축증대와 생산투자 확충(자본축적), 기술개발과 산업투자확대(근대화 및 산업화), 증세와 사회개발프로그램 확대를 통한 소득재분배, 개도국에 대한 금융기술지원 확대 등을 실행했다.

이에 따라 세계경제는 1971년 브레턴우즈 체제가 붕괴하고 1973년 1차 오일쇼크(Oil crisis) 전까지 대체적으로 기대에 부응하는 성장세를 보여주었다.

이러한 상황은 중남미 국가들도 예외가 아니었다. 역내 국가들도 보유자원을 활용해 과감한 국가주도 경제개발정책을 실행하였다. 특히 1차 오일쇼크 이후 산유국의 저금리 오일머니가 풍부하게 역내 유입되면서 상당한 수준의 산업화와 경제성장을 이루었다.

---

146 'Development... today is a strategic, economic, moral imperative – as central to advancing American interests and solving global problems as diplomacy and defence...[It is] time to elevate development as a central pillar of all that we do in foreign policy' Hillary Clinton, Secretary of State, Jan. 2010

그러나 1979년 2차 오일쇼크가 발생하고 국제금리가 상승하자 역내 국가들은 그동안 유입된 외채부담을 이기지 못하고 금융위기를 겪기 시작하였다. 이 결과 역내 국가정부들은 미국 등 서방 선진국, 국제통화기금 및 세계은행 등 국제금융기구, 다국적 은행 및 기업 등 자본가 그룹이 주도한 신자유주의 경제이념에 따른 경제구조조정안인 워싱턴 컨센서스(Washington Consensus)를 받아들일 수밖에 없었다.

이에 따라 워싱턴 컨센서스를 이행해야 하는 역내 국가정부 정책입안자들은 다국적기업들이 투자확대, 자본축적, 경제개발협력 등을 할 수 있는 여건을 마련하기 위해 다양한 입법조치를 했다. 특히 이들은 가난한 다수가 사회운동에 참여하지 않도록 동기를 부여하지 않거나 친정부 비정부기구를 만들어 신자유주의 경제정책 실행의 오류를 보완하는 제도적 장치로 활용하였다.

또한 과거부터 중남미 사회운동의 중심적이며 제도적 기관(institution)이었던 전국노조도 외채위기로 생성된 경제위기와 정부의 강압과 회유로 대규모 노동운동을 조직할 수 있는 명분과 역량을 상실하였다.

1990년대 미국은 중남미에 대한 막강한 영향력을 배경으로 신자유주의 경제정책 실행을 과감하게 밀어붙였다. 그럼에도 불구하고 신자유주의 경제정책을 신봉하며 실행하고 있는 역내 정권엘리트 계층과는 다르게 가난한 다수 대중들의 불만은 점점 커져가며 표출되고 있었다.

1989년 2월 베네수엘라에서 발생한 후고 차베스 중령이 주도한 군부 쿠데타와 카라카조(Caracazo)로 불리는 폭동은 신자유주의 경제정책에 저항하는 사회운동의 시작이었다.

군부 쿠데타는 좌파성향의 차베스 육군 중령이 1992년 2월 4일 자신이 1982년부터 군부 내에서 비밀리에 조직운영하고 있던 '볼리바르 혁명운동 200(MBR-200)'을 움직여 주도한 것으로 페레스(Carlos Andrés Pérez) 대통령 정권을 전복시키지 못하고 실패했다. 차베스 중령은 쿠데타 실패 후

투옥되었다. 그러나 다음 정부의 칼데라(Rafael Caldera) 대통령은 그를 사면한 뒤 국외로 추방했다.

이어서 2월 27일 카라카스 근교에서 시내버스 요금인상에 대한 저항으로 촉발된 시위는 전국적으로 매우 빠르게 확산되었다. 3월 8~9일에는 폭동, 약탈, 총격, 학살 등의 양상으로 변질되며 많은 사상자가 발생했다. 공식적으로 276명이 사망한 것으로 발표되었지만 비공식적으로 2,000명 이상이 사망한 것으로도 알려지고 있다.

차베스 쿠데타와 카라카조 폭동의 원인은 1988년 연말 대선에서 신자유주의정책의 포기를 공약하며 53% 득표율로 당선된 페레스 대통령의 공약 불이행이었다. 그는 당선된 뒤 신자유주의 경제정책을 포기하지 않고 오히려 더 강화했다.

이 두 사건 이후부터 베네수엘라 정치경제 상황은 매우 불안정해졌는데 이는 1998년 차베스 좌파정권 탄생과 21세기 중남미 핑크 타이드의 중요한 배경이 되었다.

또한 저항의 주체는 도시빈민, 노동자, 원주민 공동체, 토지무소유 농민들로 역설적이게도 이 계층은 미국 주도 대의민주주의 정치제도가 점차 자리를 잡아가는 환경 속에서 더욱 조직화되고 정치화되었다. '브라질 무토지 농민 운동(MST)'과 '에콰도르 원주민 민족연맹(CONAIE)'도 대표적 사례들이다.

나. 좌파정부 등장과 사회운동(2000년대 이후)

유엔중남미경제위원회에 따르면 1990년대 중남미 경제는 신자유주의 경제정책의 실시로 외국인직접투자가 크게 증가했음에도 불구하고 완만한 성장에 그치고 말았다. 이는 기간 중 멕시코, 브라질, 아르헨티나 등 역내 경제에서 큰 비중을 차지하고 있는 국가들이 경제위기를 겪었기 때문이다.

멕시코는 1994년 페소화의 급격한 가치하락으로 경제금융위기를 경험하였으며 브라질과 아르헨티나도 1998년 동아시아 및 러시아 금융위기 영향으로 재정금융위기에 빠졌다.

특히 아르헨티나는 2001년 외채 지불불능을 선언하는 등 심각한 재정금융위기 상황을 맞았다. 이 위기로 도시 실업자가 크게 증가했는데 이들을 중심으로 '피켓을 드는 사람들(piqueteros)'[147]이라고 불리는 사회운동이 시작되었다. 이는 과거 전국노조에만 의존해왔던 아르헨티나 사회운동 방식에서 벗어나는 계기가 되었다.

그러나 2003년 하반기부터 시작된 일차산품 국제가격이 2008년까지 길게 상승하면서 역내경제는 성장세에 들어섰다. 이 상황은 신자유주의 경제정책 실시에 대한 반동과 함께 역내 좌파정권이 확산되는 배경이 되었다.

좌파정권들은 일차산품 가격상승으로 확보된 막대한 재원을 사회보장프로그램에 투입하여 가난한 다수의 빈곤을 개선해 지지를 확보하며 정권유지를 계속할 수 있었다. 그럼에도 불구하고 이들은 중남미 경제의 고질인 미래를 위한 경제개발정책의 발굴과 실행을 등한시해 2012년부터 시작된 일차산품 국제가격 하락에 따른 경제침체를 극복할 수 있는 여건을 만들지 못했다.

역내 좌파정권들은 일차산품 국제가격 상승에 편승해 공평한 분배라는 명목으로 광범위한 사회보장 프로그램을 만들어 실행하면서 필요한 재원을 확보하기 위해 과거 그 어느 때보다 적극적으로 자원을 개발하고 수출했다. 이들은 자원개발다국적기업의 투자확대를 위해 지난 정권의 신자유주의 경제정책 기조를 유지했으며 경우에 따라서는 더 적극적으로 수용하

---

147 A piquetero is a member of a group that has blocked a street with the purpose of demonstrating and calling attention over a particular issue or demand. The word is a neologism in the Spanish of Argentina, coming from piquete (in English, "picket"), that is, its specific meaning as a standing or walking demonstration of protest in a significant spot. The trend was initiated in Argentina in the mid-1990s, during the Administration of President Carlos Menem. Wikipedia

기도 했다.

자원개발다국적기업들은 일차산품 국제가격이 상승하자 아마존 열대 우림 등 지리 및 환경적 요인으로 개발이 소외된 지역까지 정부지원으로 진출해 자원개발을 추진했다. 그러나 이러한 자원개발은 현지 생태계 파괴 등 환경오염과 개발지역 원주민과 농민이주 등 피해를 일으키며 저항운동이 조직화되고 새로운 사회운동으로 자리잡아가기 시작했다.

이들의 저항은 정보화와 글로벌경제를 배경으로 과거와 다르게 진행되었는데 지역적으로 오지에서 발생한 국지적 저항운동이 환경, 인권, 원주민, 농민 등에 관점을 둔 전국적 또는 세계적 이슈로 부상하며 느슨하지만 광범위한 조직력을 가지게 되었다.

이는 가난한 다수 대중들이 과거 신자유주의 경제정책에 대한 반동으로 자신들이 선택한 정권이 결국 신자유주의 경제정책 주역이었던 다국적기업들과 협력관계 속에서 또 다시 소외되었다고 판단해 저항하는 것으로 좌파정권들이 침몰하는 배경을 구성하였다.

다. 환경론자와 원주민의 저항 ────────────

1980년대 중반 중남미 원주민공동체 조직들은 서방 국가들의 신자유주의경제를 '세 번째 정복(third conquest)'이라고 불렀다. 첫 번째는 콜럼버스 이후 영토 정복이고 두 번째 3세기에 걸친 서방 국가들의 식민지 착취와 원주민 차별이며 작금의 신자유주의 경제정책은 그들이 모질게 지켜온 자연과 생태계에 대한 세 번째 정복이라는 것이다.

이 표현은 그들의 입장에서 볼 때 정확할 뿐만 아니라 그들이 앞으로 중요한 정치적 행위자가 되겠다는 암시적 통찰력이다.[148] 또한 그들은 신자유주의적 근대화(neoliberal modernity)를 데이비드 하비(David Harvey) 교수[149]의 '강탈에 의한 횡령(appropriation by dispossession)'[150]의 과정으로 인식하고 있다.

서방의 다국적기업들은 1980-90년대에는 전기, 가스, 철도, 항공, 수도 등 공공서비스의 대부분을 국영기업 민영화를 통해 장악하였고 2000년대 들어서는 물, 광물, 화석연료, 산림, 바이오, 생물다양성 자원에 대한 개발을 추진했다.

일차산품 국제가격 상승은 다국적기업들이 과거에 소외되었던 오지의 원주민 거주지역 또는 원거리의 국유지에서도 자원개발을 할 수 있는 채산성을 보장하였다. 그러나 이들의 자원개발활동은 당연하게 원주민과 농민들의 거주지역과 생태환경을 파괴할 수밖에 없기 때문에 이들의 정부와 다국적기업 등 개발세력을 향한 저항은 필연적인 것이었다.

2003년 집권에 성공한 브라질의 룰라(Luis Inacio Lula Da Silva) 대통령은 브라질 노동당(PT) 창설자로서 극좌 정치인으로 평가되고 있었지만 집권 후에는 중도적 입장을 취하면서 자신을 '사회주의적 민주주의자(social democrat)'로 규정하기도 했다.

그는 브라질 경제발전이란 명목으로 아마존 열대우림 개발을 실행했는데 이는 자신의 정치적 지지세력이었던 '브라질 무토지 농민운동(MST)'과 이해가 상충되었다. 즉 대두 생산증대를 위한 토지, 에탄올 생산원료인 사탕수수 재배지, 축산용 목초지를 확보하기 위한 열대우림 개발은 현지 원주민

148 Socialism and Latin America Online online, Latin America:The New Neoliberalism and Popular Mobilization. March 5, 2011

149 David W. Harvey FBA (born 31 October 1935) is a British-born Marxist economic geographer and Distinguished Professor of anthropology and geography at the Graduate Center of the City University of New York (CUNY)

150 David Harvey, The New Imperialism(Oxford University Press, 2003)

과 무토지 농민들의 이해에 반하는 것이었다. 여기에 대선기간 중 그가 공약했던 농지개혁이 대토지 소유자를 포함한 기득권계층의 압력으로 이루어지지 못한 것에 대해서도 농민들의 실망이 컸다.

룰라 대통령의 경제사회정책은 정부의 시장 간섭을 줄이고 경제의 글로벌화를 수용하면서 동시에 사회보장프로그램을 강화해 분배문제를 개선한다는 신구조주의자(neo-structuralist) 입장에 가까웠다. 그는 정부역할 축소를 보완하고 사회운동의 원인 축소를 위해 다수의 비정부기구(NGOs)들을 활용하기도 했다.

자원개발로 인한 환경파괴 이슈는 코르레아(Rafael Correa) 대통령의 에콰도르나 모랄레스(Evo Morales) 대통령의 볼리비아에서도 마찬가지였다. 좌파정권이 경제개발 명분으로 추진한 자원개발정책이 원주민과 농민에게 회복 불가능한 피해를 발생시켰거나 예정되고 있어 이미 이해관계가 상충되고 있었다.

이러한 이해관계 상충은 그동안 우호적 세력이었던 원주민과 농민계층의 정권에 대한 지지이탈을 가져왔고 결국 전국 규모의 사회운동과 지역규모의 시위 등 저항행위로 이어졌다.

2009년 1월 20일 에콰도르 안데스 고원지대와 아마존 저지대에서 거주하는 많은 원주민들은 다국적기업에 특혜를 부여하는 신광업법 입법 반대 시위를 전국적 규모로 전개했다. 이들은 과거 현직 대통령을 두 차례 하야시킨 적이 있는 사회운동 세력으로 대선에서 코르레아 대통령의 집권을 지지했었다.

그러나 이들은 코르레아 대통령이 자신들의 기대에 부응하지 못한데 더하여 신자유주의적 경제개발정책에 따른 자원개발이 자신들 삶의 터전을 파괴하는 등 이해관계가 상충되자 저항을 시작했다. 코르레아 대통령은 이 사회운동을 '좌파원주민과 환경운동가들이 책동한 광업반대 봉기"라며 비난했다.

볼리비아 모랄레스 대통령은 그 자신이 인디오 원주민 출신으로 과거부터 오랫동안 기득권계층으로부터 소외되었던 인디오 원주민, 농민, 여성, 도시 빈민 등의 지지를 받아 집권에 성공했다. 그러나 2009년 7월 모랄레스 대통령은 인디오 원주민, 농민, 여성 들 세력으로부터 그가 추진하는 석유와 광산개발 프로젝트들이 생태환경을 파괴해 원주민 및 지역공동체 삶에 악영향을 준다는 이유로 추진 중단을 종용받았다.

이들의 움직임이 전국적인 사회운동으로 조직되고 확산되자 모랄레스 대통령은 이를 '국제 환경관련 비정부기구들의 부추김으로 조성된 것'이라며 폄하고 비난하였다.

페루에서도 톨레도(Alejandro Toledo), 가르시아(Alan Gárcia), 후말라(Ollanta Humala) 대통령들은 모두 재임 중 과감한 석유광산 개발정책을 추진하면서 원주민과 농민공동체로부터 많은 저항을 받았다.

카하마르카(Cajamarca)주 야나코차(Yanacocha) 광산개발 프로젝트는 다국적기업 뉴몬트(Newmont Mining Corp.)사와 현지 인디오 원주민 및 농민공동체 간에 분쟁이 장기적으로 이어지며 유혈사태까지 발생하였다. 이 결과로 국제 환경 및 인권관련 비정부기구들까지 개입하여 글로벌 이슈로 등장했다.

또한 페루에 투자 진출한 중국 광업개발회사들과 현지 지역공동체의 분쟁도 국지적으로 계속 발생하고 있어 페루정부에 대한 국민들의 신뢰와 지지를 추락시키고 있다.

라. 중남미 사회운동과 비정부기구(NGOs) 활동

역내 국가들은 1980년대 말까지 대부분 신자유주의적 경제체제와 세계화에 기초한 새로운 세계질서를 받아들였다.

신자유주의 경제정책은 1970년대 칠레, 아르헨티나, 우루과이 등에서 실시된 바 있으나 국내산업 붕괴 등 여러 가지 구조조정에 따른 문제를 일으키고 있었다. 따라서 대부분의 역내 국가들은 신자유주의 경제정책에 대해 우호적 입장을 가지고 있지 못했다.

그러나 1980년대 군부정권이 퇴장하고 새롭게 등장한 민간정부들은 전대미문의 외채위기를 맞이하여 이를 극복하기 위해 미국 등 선진국들이 국제금융기구들을 앞세워 제시한 신자유주의 경제이념을 받아들일 수밖에 없었다. 이 결과 신자유주의 경제정책은 강요된 측면이 있지만 역내 국가경제운용에 있어서 새로운 패러다임으로 등장해 실행되었다.

신자유주의 경제정책의 실행과 함께 협회, 조합 등 비영리 자발적 협동조직과 국내외 비정부기구 등 소위 제3섹터(the third sector)[151]로 불리는 시민사회의 역할과 활동이 강화되었다. 시민사회에 대한 정의는 통일되지 못한체 이념적 성향에 따라 서로 다르게 규정된다.

신자유주의자들은 시민사회가 정부의 역할이 축소된 신자유주의 경제이념 틀에서 작동하고 있는 시장이 해결할 수 없는 문제를 보완하면 된다고 보고 있다.[152]

그러나 신자유주의 경제이념에 반대하는 지식인들은 신자유주의자들의 논리는 시민사회를 시장의 안전망으로 설정하여 일반적 복지에 대한 국가의 책임을 면하게 해주려는 반동적 의도에서 나온 것이라고 비판한다.

이들은 시장이 피폐화시킨 공공영역에 더 관심을 두고 시민사회의 역할을 이해하고 있다. 즉 시민사회는 항상 깨어있는 시민들의 연대와 참여 장소로 자본주의 사회에서 시민들의 약해진 공공의식을 높여서 국가가 조금

---

151 The voluntary sector, independent sector, or civic sector is the duty of social activity undertaken by organizations that are non-governmental nonprofit organizations. This sector is also called the third sector, community sector, and nonprofit sector in contrast to the public sector and the private sector. Wiki, Voluntary sector

152 [Daum백과] 시민사회 – 역사용어사전, 서울대학교 역사연구소, 서울대학교출판문화원

더 민주적인 시장통제를 할 수 있도록 종용하는 실천적 목표를 가지고 있다는 것이다.[153]

중남미에서 신자유주의 경제정책이 본격적으로 실시되며 비정부기구[154] 활동이 빠르게 증가하였다. 1980년대 초 역내 전체적으로 수백 개에 불과하던 비정부기구가 1990년대 중반에는 빈곤층 지원 경제개발 비정부기구만해도 수만 개에 달했다. 이밖에 환경보호, 인권유린반대, 소수자보호 등 '새로운 사회운동(NSM)'으로 불리며 계급투쟁 성격의 기존 사회운동과 차별화된 비정부기구도 크게 늘어났다.

비정부기구들은 정부역할이 축소된 경제개발과 사회복지증진 공간에서 새로운 활동영역을 확보했는데 이는 세계은행, 국제개발기구 등의 자금지원으로 이루어졌다. 특히 이들은 지역특화 소규모 개발프로젝트를 지원하며 빈곤문제를 해결하려고 하였다.

전체적인 틀에서 보면 이 시기 중 비정부기구 활동은 신자유주의 경제정책의 실시와 다국적기업들의 시장지배 강화로 발생할 수 있는 가난한 다수 계층의 저항적 사회운동의 발생과 확산을 막기 위한 방법으로 활용된 측면이 있다. 과거 마르크스 이론에 경도되어 계층투쟁 사회운동을 이끌었던 많은 지도자들도 지역개발 명목으로 새롭게 나타난 비정부기구활동에 참여하며 결과적으로 다국적기업과 신자유주의 경제정책을 실시하고 있는 정권 엘리트들의 이익에 기여한 것이 그 사례이다.

비정부기구 활동은 긍정적 측면이 많음에도 불구하고 큰 틀에서 볼 때

---

153 [Daum백과] 시민사회 – 역사용어사전, 서울대학교 역사연구소, 서울대학교출판문화원

154 비정부 기구(Non-Governmental Organization)는 공동선과 공공의 이익을 위해 봉사나 구호 활동을 펼치고 기본적으로 국가나 자본으로부터 독립해서 활동하는 비영리 단체로, 시민 사회 단체로도 불린다. 비정부 기구라는 용어는 1945년 국제 연합 설립과 함께 본격적으로 사용되기 시작했으며, 특히 세계화가 진행되면서 국제 사회 구성원으로서 그 영향력이 커지고 있다. 비정부 기구는 세계화에 따른 다양한 사회 문제를 해결하기 위해 인권 문제, 지속 가능한 개발, 저개발국 지원, 긴급 구호 등 다양한 관심사를 기반으로 정치, 경제, 교통, 환경, 의료 사업 등 모든 분야에 걸쳐 활동하고 있다. [Daum백과] 비정부 기구(NGO) – 학습용어사전 사회·문화, 천재교육 편집부, 천재학습백과

신자유주의의 '공동체적 얼굴(community face)', '제국주의 에이전트 (agents of imperialism)', '국제자본가의 트로이 목마(Trojan horse for global capital)'의 역할도 수행했다는 것을 부정할 수 없다. 이들은 국가권력은 일반시민에게 너무 멀리 떨어져 있고 자의적이기 때문에 의존대상이 아니며 오직 지역개발만이 공동체의 빈곤문제를 해결하는 방법임을 강조하고 제한된 영역에서 개발활동을 확대하였다.

예를 들어 특정지역에 다국적기업이 진출할 때 계층적 저항 가능성이 보이면 중앙 및 지방정부는 다국적기업이 활동할 수 있는 법과 제도적 공간을 합법적으로 마련해주고 새롭게 투입된 비정부기구들은 소규모 지역개발 프로젝트를 제시하고 실행해 저항을 완화시켰다.

이 관점에서 볼 때 비정부기구들이 가난한 다수로 구성된 지역공동체와 국제금융기구, 다국적기업, 신자유주의 정책을 적극적으로 실행하는 역내 개별국가 정권 엘리트 그룹 간 사회적 브로커로 활동했다는 측면을 부정할 수 없다.

마. 국가별 주요 사회운동 동향

중남미 대중들은 과거에서부터 매우 다양한 방법으로 소수 정치 엘리트들의 통치에 저항해왔다. 식민통치시기에 수탈에 시달린 원주민들도 종종 저항운동을 일으켰다. 그러나 이들의 저항운동은 1791년 프랑스 식민통치에 저항한 아이티 혁명전쟁이 성공할 때까지 대부분 잔혹하게 진압되고 말았다.

19세기 초 독립전쟁이 종식되고 신생독립국가들이 들어선 뒤에는 정치와 경제권력을 독점한 정권 엘리트들의 권위주의적 통치에 대한 대중들의 저항이 이어졌다.

이들의 저항은 평화적으로 행해지기도 했지만 정권폭력, 토지개혁 등 이해관계의 충돌이 큰 이슈에서는 무력적 저항을 했으며 쿠바와 니카라과 등에서는 성공을 거두기도 했다.

냉전이 종식된 후 중남미 전역에 실시된 신자유주의 경제정책의 역기능인 빈부격차 확대로 대중들의 삶의 질이 저하되자 개별국가별로 대중의 저항이 다양한 사회운동 형태로 나타났다.

1) 멕시코 사파티스타 자치운동(Zapatista Autonomy Movement)

신자유주의 경제정책의 민영화, 재정긴축, 경제자유화 등은 기존의 경제에 대한 정부역할을 축소시켰을 뿐만 아니라 정부와 사회 간 관계에도 변화를 가져왔다.

멕시코는 1929년에 창설된 제도혁명당(PRI)이 집권한 뒤 2000년까지 70년 동안 정권을 담당하면서 매우 강력한 후견인주의(clientship) 정치를 이어왔다. 정부는 중산층, 노동자, 농민, 도시빈민, 원주민 등 여러 계층의 정치적 지지에 대한 보상으로 각종 지역개발과 복지정책을 시행해왔다.

그러나 신자유주의 경제정책의 실시로 그동안 정부가 노동자, 농민, 도시빈민, 원주민 계층에게 관습적으로 주었던 수혜가 급격하게 축소되자 이들은 정부역할 확대를 후견인주의에 따른 것이 아닌 시민의 당연한 권리로 요구하기 시작했다.

가난한 다수로 불리는 이들 계층이 원하는 정부역할은 대부분 신자유주의 경제정책이 강조하는 시장원리를 부정하는 것으로 쉽게 타협이 이루어질 수 없는 영역이었다. 이는 결국 인종, 빈부, 젠더 등에 기초한 여러 사회계층에게 당연한 권리를 되찾기 위해서는 투쟁이 필요하다는 자각을 주었고 다양한 사회운동으로 이어졌다.

사파티스타국가해방군(EZLN: Ejército Zapatista de Liberación Nacional/ Zapatista Army of National Liberation)의 자치운동도 이러한 사회운동의 한 사례이다. 사파티스타국가해방군은 자유방임적 사회주의 정치군사조직으로 멕시코 남부의 치아파스(Chiapas)주에서 상당한 지리적 영역을 통제하고 있다.

사파티스타국가해방군은 멕시코 정부가 미국과 캐나다와 체결한 북미자유무역협정이 발효되는 1994년 1월1일 치아파스 라칸돈(Lacandon) 밀림에서 이 협정은 신자유주의경제의 상징으로서 불법적이라고 주장하며 혁명법령을 공표하고 멕시코 정부와 전쟁을 선포했다. 그들은 평화적인 저항 수단으로 목적을 이룰 수 없기 때문에 무장투쟁을 한다는 입장을 명확하게 표명하였으며 당일 국가해방군은 3천 명의 병력을 가지고 치아파스 내 군소 도시들을 공격해 접수하기도 했다.

그러나 사파티스타국민해방군의 궁극적 목표는 정권 전복이나 분리 독립이 아니었다. 다만 당시까지 65년 동안 멕시코를 통치해온 제도혁명당 정권의 민주화, 1917년에 제정된 멕시코 헌법에서 보장된 농지개혁의 완수, 치아파스 인디오 원주민 지역에 대한 자치권 확보 등이었다. 특히 이들은 원주민 자치권은 원주민 소유농지 확보, 자원이용권 확보, 정부폭력으로 부터 보호, 원주민 공동체의 정치참여 등을 위해 필수적인 것으로 가장 높은 목표 가치였다.

사파티스타국민해방군은 일명 마르코스 부사령관(Subcomandante Marcos)[155]로 불리는 지도자가 이끌고 있으며 사파티스타 명칭은 멕시코 혁명(1910-1920) 기간 중 치아파스 주에서 농민계층을 기반으로 혁명전쟁에 참여해 암살당한 혁명 지도자 에밀리아노 사파타(Emiliano Zapata)

---

155 Rafael Sebastián Guillén Vicente (born 19 June 1957) is a Mexican insurgent, the former military leader and spokesman for the Zapatista Army of National Liberation (EZLN) in the ongoing Chiapas conflict, and an anti-capitalist and anti-neoliberal globalization icon, Wiki

를 기린 것이다. 이 조직은 공식적으로 1983년 11월 17일 비원주민 세력과 치아파스 주 남부 원주민 세력이 함께 창설했지만 그 기원은 1969년에까지 올라간다. 사파티스타국민해방군은 창설이후 인디오 원주민 공동체와 가톨릭교회가 연대하며 점차 성장하는데 이 과정에서 해방신학(Liberation Theology)의 영향을 크게 받았다.

멕시코 정부는 사파티스타국민해방군의 전쟁선포 상황을 타개하기 위해 군대를 보내 사파티스타가 은거한 라카돈 밀림을 포위하며 압박하기도 했으나 결국 평화적 해결 방향으로 선회하여 양자 협상을 계속하고 있다. 사파티스타국민해방군은 치아파스 인구의 1/3이 원주민임을 감안하여 자치지역 확대를 위해 강온투쟁을 계속하고 있다.

또한 치아파스에 국제적 사회운동 활동가 회의를 초치하거나 조직하는 등 국제적 연대를 모색하고 있으며 정보 인프라를 활용하여 멕시코 국내 및 해외 기관과 연대를 확대하고 있다. 멕시코 정부와는 현재에도 동결분쟁(frozen conflict)[156]를 이어가고 있다.

2) 아르헨티나 1993-2006년 사회운동 특성과 동향

아르헨티나에서는 1990년대부터 전통적인 대규모 노조시위와 다른 실직자, 도시빈민, 여성, 성소수자 등이 주도하는 사회운동이 마을봉기

---

156 동결분쟁(凍結分爭, frozen conflict)은 국제관계학에서 능동적 무장 충돌(전쟁)은 종료되었거나 저 강도 다툼이 지속되고 있을 때 강화 조약 등 교전세력들을 만족시켜 분쟁을 공식적으로 종료시킬 정치/사회적 수단이 부재한 상황을 가리키는 말이다. 따라서 동결분쟁은 국제법적으로 언제든지 전면전으로 재점화 될 수 있으며, 해당 국가 또는 지역에 불안정한 상태를 조성한다. 이에 대한 대표적인 사례로 1994년 휴전이후 평화협정이 체결되지 못한 채 서로 충돌과 갈등을 수시로 주고받다가 나고르노 카라바흐의 영유권을 놓고 2020년 9월 27일 드디어 아르메니아와 아제르바이잔 간에 전면전이 재발하게 되었으며 이미 양측에서 수천 명 이상의 사상자 및 엄청난 물적 피해가 발생했다고 한다. 꼭 국가 간이 아니더라도 특정 개인 또는 단체(집단) 사이에서도 사용할 수 있는 표현이다. 위키백과

(Puebladas), 피켓시위(piquetes), 도로봉쇄(cortes de ruta), 냄비치기
시위(cacerolazos), 주민의회(asambleas vecinales), 바터클럽(club de
trueques) 등 다양한 형태로 나타났다.

이는 신자유주의 경제정책의 실시로 어려워지고 있는 경제상황, 실업, 빈
부격차 심화, 부정부패, 정부의 비효율적 국가경영 등의 암울한 여건 속에
서 그나마 민의를 대변하고 있다고 믿었던 정당과 노조 등 전통적 기관들이
정통성 약화로 역할을 제대로 하지 못한 것에 대한 반동으로 아르헨티나 대
중의 행동주의(activism) 전통이 살아났기 때문이다.

우선 신자유주의 경제정책은 구체적으로 국영기업 민영화, 정부 공무원
과 공기업 직원감축, 사회보장 축소, 분권화, 각종 규제철폐, 상품 및 금융
시장개방 등으로 나타났으며 아르헨티나 경제에 긍정 또는 부정적인 영향
을 주었다.

우선 긍정적인 측면으로 정책의 실시는 단기적인 경제성장과 투자증가 그
리고 통화안정을 가져와 아르헨티나 경제의 고질이었던 인플레 문제를 해
결했다. 그러나 중장기적으로 가면서 실업, 빈곤증가, 소득 양극화, 재정 및
통화 불안정, 경기후퇴 등 정책의 부정적 영향이 나타나면서 아르헨티나 경
제는 다시 인플레 상황을 맞이하게 되었다.

이러한 상황 속에서 정부, 조합, 유관기관 등 그 어느 곳으로부터도 제도
적 보호를 받을 수 없는 다양한 계층의 대중들은 정부에 대한 불만을 분출
하기 시작했다.

여기에 정부가 공약한 부정부패, 후견인주의, 세습주의, 정실주의 등의
척결실패도 중요한 불만 원인이 되었다. 특히 정권 엘리트, 국제금융기관,
다국적기업들은 겉으로는 부정부패 척결을 강조하면서도 국영기업 민영
화 과정에서 불법적 거래행위를 하며 대중의 불신과 불만을 키워나갔다.

결과적으로 보면 신자유주의 경제정책에 따른 경제구조조정은 정책 그 자
체로부터 발생한 부정적 영향과 이를 주도한 정권 엘리트들의 부정부패에

저항하는 사회운동을 등장시키는 배경이 되었다.

다음 전통적으로 대중들의 불만을 접수하고 조직해 정부와 강온적인 협상을 해왔던 노조와 정당은 신자유주의 경제정책을 주도하는 정권 엘리트들의 회유와 이에 따른 동화로 과거의 동력을 상실하였다.

이들 기관들은 오히려 사회운동 과정에서 정권 엘리트들과 부정부패에 참여해 비판의 대상이 되며 정통성을 잃어가기 시작했다. 이러한 원인으로 1990년대 이후 아르헨티나에서 노조와 정당이 사회운동의 중심세력이 될 수 없었다.

결과적으로 실업자, 비공식 부문에서 종사하는 피고용자, 자영업자들은 과거 사회운동의 중심 주체들이 이제 자신들의 권리와 이해관계를 보호해 줄 것이라는 믿음을 버리고 스스로 중심이 되어 사회적 저항운동은 추진해가는 세력으로 등장했다.

아르헨티나는 전통적으로 대중의 사회적 저항으로 다양하게 사회운동을 조직하고 이어나간 전통을 가지고 있다. 20세기 초 소수 독점(oligarchic) 정치체제에서 시민권 확보 사회운동, 1940년대 페론주의 상징이 된 노조운동, 1960-70년대 대안 정치세력 창궐, 1980년대 군부독재정권 대항 사회운동 등이 그것 들이다. 이러한 행동주의적 경험들은 1990년대 이후 일어난 아르헨티나 대중 사회운동의 풍요한 투쟁자산이었다.

전체적으로 볼 때 신자유주의 경제정책이 실시된 이후 아르헨티나 사회운동의 흐름은 크게 다섯 시기로 구분할 수 있다.[157] 첫 번째 시기는 1993-96년 시기인데 집단적 압박의 수단으로 마을봉기(Puebladas, town revolts), 피켓시위(piquetes, pickets)가 일어났다. 두 번째 시기는 1997-2001년 중반기로 기존 시위방식에 도로봉쇄(cortes de ruta, roadblocks)가 추가되어 사회적 긴장감을 높였다. 세 번째 시기는 2001년 7-11월 중 발생한

---

157 Roberta Villalón, Argentina's Social Movements, 1993-2006, Latin American Social Movements in The Twenty-first Century, Rowman & Littlefield Publishers,Inc.

전국적 피켓시위인데 시위기간과 수준이 사회불안을 매우 높은 수준으로 끌어 올렸다. 네 번째 시기는 2001년 12월-03년으로 투쟁방법과 구성에 많은 변화가 있었던 기간으로 냄비치기시위, 주민의회, 바터 클럽 등이 동원되었다. 다섯 번째 시기는 2003년 이후로 피켓시위가 상시적으로 계속되는 가운데 이를 주관하는 세력은 분화하기 시작했다. 다만 피켓시위를 제외한 다른 형태의 시위방식은 쇠퇴하기 시작하였다.

1993년 이후 마을봉기, 피켓시위, 도로봉쇄, 냄비치기시위, 주민의회, 바터 클럽 등은 과거와는 다른 사회운동 전략으로 대안적 측면에서 혁신적이면서도 급진적으로 호응도가 높았다. 여기에 정치투쟁과 사회문제를 간과하지 않는다는 적극적 행동주의에 바탕을 둔 정당과 노조 등 과거의 사회운동 경험은 새로운 사회운동의 조직과 전략을 더욱 강하게 만드는 자산이 되었다.

이 결과 아르헨티나 사회운동은 정권 엘리트들이 대중의 요구사항은 존중되어야 한다는 것을 인식하는 성과를 가져왔으며 역내 다른 국가 대중들의 정치투쟁 모델이 되었다. 또한 신자유주의 정책이 실시된 이후 노동운동의 급격한 약화로 위기를 경험했던 아르헨티나 사회운동은 새로운 대안적 패러다임으로 평가되고 있다.

3) 브라질 토지무소유농촌노동자운동(MST)

브라질 토지무소유농촌노동자운동(MST:Movimiento dos Trabalhadores Rurais Sem Terra 이하 '농촌노동자운동')은 마르크스주의 이념에 영감을 받아 1984년 1월에 창설되었다. 브라질 26개 주 중 23개 주에서 150만 명의 회원을 가진 중남미 최대 사회운동조직이다.

조직의 목표는 첫째 토지개혁을 통해 가난한 농촌노동자들이 토지를 소유할 수 있게 하고 둘째 토지개혁을 어렵게 하는 불공평한 소득분배, 인종차별, 성차별, 미디어 독점 등 여러 가지 사회적 이슈들에 대해 적극적인 행동에 나서며 셋째 농촌빈민들이 자급농업을 할 수 있는 여건을 조성하는 것이다. 이 중 가장 중요하고 결코 포기할 수 없는 목표는 토지개혁을 통해 농민들에게 경작가능 토지를 확보해 자급농업을 하도록 해주는 것이다.

브라질 대토지소유계층은 식민지 시대부터 현재까지 브라질 보수정치를 대표하고 있다. 이들은 식민지 역사 유산으로 누려왔던 정치사회적 지위를 위협하는 토지개혁을 줄곧 반대해 왔다. 그럼에도 불구하고 농촌노동자운동은 1984년 결성된 이후 토지개혁 이슈를 정치사회적 문제로 등장시켰다.

브라질은 포르투갈로부터 독립한 뒤 1850년 법률 601호로 토지법을 제정하였다. 이 토지법은 포르투갈의 봉건주의 법률(feudal law)을 기초로 제정된 것인데 식민지 귀족들의 대토지소유를 보호하는 것이었다.

그러나 브라질 정부는 토지법과 토지불평등배분에 대한 많은 정치사회적 저항을 겪은 뒤 1988년 개정헌법에 '재산(property)은 그 사회적 기능을 수행해야하며 정부는 농업개혁을 위해 사회적 기능을 수행하지 않고 있는 농촌 재산을 수용해야 한다'라는 규정을 삽입하고 동법 186조에 토지의 사회적 기능에 대한 범위를 명기했다.

한편 농촌노동자운동(MST)은 브라질 토지개혁과 관련된 긴 투쟁의 역사에서 가장 광범위하고 역동적인 사회운동 조직으로 등장하였다.

이 조직은 1996년 인구센서스 기준 브라질 전체 인구 중 3%가 전체 경작면적의 2/3를 보유하고 있다고 주장하며 1988년 개정된 브라질 헌법에 따라 정부가 농작에 사용되지 않고 있는 토지를 수용해서 토지 무소유 농민들에게 분배할 것을 요구하고 있다.

또한 공유지점유권(squatter's right)을 헌법에 따른 당연한 행동으로 간주하고 사회적 기능을 수행하지 않는 공유지를 점거해 캠프를 설치한 뒤 토지 무소유 농민들이 생계형 경작을 하도록 하는 사회운동을 전국적으로 전개했다.

농촌노동자운동의 공유지점유는 필연적으로 정부와 다양한 형태의 물리적 충동을 발생시켰다. 1996년 파라(Pará)주 엘도라도 데 카라하스 학살(Eldorado de Carajás Massacre)에서는 경찰에 의해 19명이 살해되고 69명이 부상당했으며 2002년에는 카르도소 대통령 가족농장이 농민들에 의해 점거되기도 했다.

이 시기는 특히 카르도소(Fernando Henrique Cardoso) 대통령[158]이 신자유주의 경제정책을 적극적으로 실시하고 있던 때였다. 카르도소 대통령은 과거 농업개혁의 필요성에 대해서 언급하기도 했으나 농촌노동자운동을 '민주주의에 대한 위협'으로 간주했다. 또한 카르도스 정부 농업부장관은 농촌노동자운동 참여자들을 테러리스트로 규정하기도 했다.

그럼에도 불구하고 그는 재임기간 중에 토지 무소유 농민 정착지를 위한 토지확보, 불용 토지에 대한 세금인상, 농업개발을 위한 소규모 공공자금 제공 등 일련의 농업개혁정책을 실시했기도 했다. 이러한 정책은 일부 소규모 토지를 가진 농민들에게 혜택을 주기는 했다. 그러나 농촌노동자운동 주류 세력인 토지 무소유 농민들이 요구하는 토지분배 요구와는 거리가 매우 먼 것들이었다.

2002년 대선에서 농촌노동자운동 지도층은 브라질 노동당 룰라(Luiz Inácio Lula da Silva) 후보에 대한 정치적 지지를 공식적으로 표명했다. 이들은 룰라 대통령은 좌파 정치가로서 토지개혁 분배에 당연하게 우호적일 것이라고 평가했다.

그러나 룰라 대통령은 집권이후 점차 신자유주의 경제정책을 옹호하는

---

158 Fernando Henrique Cardoso, born 18 June 1931, also known by his initials FHC , is a Brazilian sociologist, professor and politician who served as the 34th President of Brazil from 1 January 1995 to 31 December 2002. Wikipedia

보수주의 입장에 경도되고 토지개혁에 대해 모호한 자세를 취하자 농촌노동자운동은 2004년 초 룰라 대통령 정부에 대한 지지 입장을 철회하고 다시 공유지점유 등을 포함한 사회적 저항운동에 나섰다. 룰라 정부는 카르도소 정부와 다르게 농촌노동자운동의 공유지점유에 공권력은 동원하지 않았다.

2010년 브라질 대선에서 농촌노동자운동은 다시 노동당 후보인 지우마(Dilma Rousseff) 후보에 대한 정치적 지지를 공식적으로 선언하였다. 지우마 대통령은 재임 중 토지개혁 이슈를 빈곤과 인권문제로 간주하고 경제가 성장하고 생활수준이 개선되면 해결된다는 신자유주의적 경제이념에 따른 입장을 취했다.

지우마 대통령의 이러한 입장은 농촌노동자운동이 지향하고 있는 방향과 많은 차이가 있는 것이었다. 여기에 더해 지우마 정부는 룰라 정부와는 다르게 농촌노동자운동의 공유지점유에 공권력을 사용해 물리적 충돌까지 일으켰다. 농촌노동자운동 지도자들은 지우마 정권을 차악(lesser evil)으로 간주하고 브라질 노동당과 긴장관계에 들어갔다.

이는 농촌노동자운동 지도자들은 더 이상 정당 등 정치권 세력들과 연대하지 않고 독자적인 정치활동을 통해 토지 무소유 농민들의 복지향상을 위한다는 본래의 사회운동 방식으로 복귀하는 계기가 되었다.

4) 에콰도르 파차쿠티크(Pachacutik)와 원주민정당 정치운동

2010년 인구센서스에 따르면 에콰도르 인종 구성은 백인과 인디오 원주민의 혼혈인인 메스티소(Mestizo) 71.9%, 해안에 거주하는 메스티소인 몬투비오(Montubio) 7.4%, 아프리카계 흑인혼혈인 7.2%, 인디오 순수 원주민 7%, 백인 6.1%, 기타 0.3%로 되어있다.

에콰도르의 순수 인디오 원주민 구성비율은 높은 편이다. 이들은 안데스 산맥이나 아마존 저지대 그리고 태평양 해안 오지에서 지배 계층의 편견과 차별을 피해 소외된 상태로 살아왔다. 그러나 자원개발 프로젝트가 안데스 산맥과 아마존 오지까지 확대되면서 이들의 생활터전은 생태계 파괴와 생활환경 오염 등 부정적 영향을 받기 시작했다.

새롭게 확대되고 있는 자원개발 프로젝트로 인한 생태계 파괴와 생활환경 오염 등 부정적 영향을 막기 위해 인디오 원주민들은 1986년 '에콰도르인 디오원주민연합(CONAIE:Confederation of Indigenous Nationalities of Ecuador, 이하 원주민연합)'을 결성하고[159] 집단적으로 대처하기 시작 했다.

이 조직은 다양한 전통의 여러 인디오 부족들을[160] 대표하고 있으며 에콰 도르아마존지역연합(CONFENIAE), 케추아부족연합(ECUARUNARI), 에 콰도르해안인디오흑인조직연합(CONAICE) 등 3개 지역연합체로 구성되 어 있다.

원주민연합은 에콰도르 원주민 정체성 확립, 원주민 토지소유권 회복, 지 속가능한 환경보호, 신자유주의 반대, 미국 군사개입 반대 등을 목표로 설 정해 사회운동을 전개하고 있다. 이들은 자원개발과 신자유주의 경제정책 실행을 서두르는 정부와 다국적기업을 상대로 도로봉쇄, 공공건물 점거, 대 규모 시위 등 민중봉기를 하며 요구사항을 관철해왔다.

1990년대 원주민연합은 인디오 원주민 농민들을 중심으로 여러 차례 민 중봉기를 일으켜 요구사항을 제시했다.

이들의 요구사항은 구체적으로 헌법에 다민족 국가 명기, 원주민 토지소 유권 부여, 수자원 확보, 농업용 관개수로 해결, 원주민 부채 면제, 물가동

---

159 1986년 11월 13~16일 중 500명의 인디오 원주민 대표들이 참여하여 결성했다. Wiki

160 Shuar, Achuar, Siona, Secoya, Cofán, Huaorani, Záparo, Cachi, Tsáchila, Awá, Epera, Manta, Wancavilca, Quichua 족 등

결, 원주민 공동체 프로젝트에 대한 우선권 부여, 농지세 면제 등 매우 다양했다.

원주민연합 주도 민중봉기는 1990년, 1994년, 1997년, 2000년, 2005년에 발생했는데 1990년과 1994년 봉기는 토지개혁과 관련이 있다. 1997년 봉기는 헌법 개정과 연계되어 있는데 원주민연합은 원주민 권리 조항을 헌법에 삽입해 줄 것을 요청하였고 1998년 헌법 개정 시에 이를 삽입하는 성과를 냈다.

2000년 봉기는 정부의 달러화 정책에 반대하였다. 2005년 봉기 때는 2002년 대선에서 정치적 지지를 했던 쿠티에레스(Luico Gutierréz) 대통령의 신자유주의 정책에 저항해 그를 축출하기도 하였다.

원주민연합은 당초 결성할 때 선거를 통한 정치활동을 하지 않는 것으로 방침을 정했으나 1994년 민중봉기 후인 1996년 대선과 총선에서 입장을 변경하고 '다국적 파차쿠티크[161] 연합운동-새로운 국가(Pluri-National Pachakutik United Movement-New Country, 이하 파차쿠티크)' 정당을 만들어 선거에 참여해 의석을 확보하고 의회에 진출했다.

2002년에 대선에서 원주민 연합은 쿠티에레스(Luico Gutierréz)에 대한 정치적 지지를 함으로서 결선투표에서 그가 당선될 수 있도록 역할을 하였다.[162] 또한 같은 해 제7차 미주자유무역지대(FTAA) 회의가 수도 키토에서 개최되자 미주자유무역지대 창설에 대한 반대운동을 전개하기도 했다.

2005년 봉기 이후 원주민연합은 과격한 직접행동주의 방식을 지양하고 정책지향 방식의 사회운동으로 방향을 전환했다. 이를 위해 원주민연합이

---

161 Pachakutik는 '세계의 새로운 형성(world transformation)'을 뜻하는 파차쿠티(Pachakuti)에서 왔다. 인디오 원주민 전승에 따르면 현세는 다섯 번 째 솔(Sol)기에 있는데 여기에서 1 솔은 1,000년이다. 솔은 다시 500년을 단위로 전반부와 후반부가 나뉘고 파차쿠티는 500년 단위로 시간이 변할 때 그 시점을 지칭하는 표현이다.

162 루시오 쿠티에레스(Luico Gutierréz)는 결선투표에서 55%를 얻어 당선될 수 있었는데 이는 파차쿠티크의 지원이 있어 가능했던 것으로 분석되었다. 그러나 2년 뒤 파차쿠티크는 루시오 쿠티에레스 대통령과 결별하고 2005년 봉기를 통해 그를 축출했다.

추구하고 있는 인디오주의(indigenismo)[163], 다문화주의, 다민족주의, 환경보호 등에 대한 대중의 이해를 높이고 관심을 촉발시키기 위한 교육활동을 강화했다. 그러나 2009년과 2013년에는 입법요구와 정부정책 반대를 위해 민중봉기를 조직하는 등 대중선동에 기초한 사회운동도 병행하고 있다.

5) 볼리비아 '강탈에 의한 축적'[164]에 대한 저항: 물 전쟁과 가스 전쟁

볼리비아 민중들의 지배계층에 대한 정치사회적 저항은 매우 긴 역사를 가지고 있다. 식민지배에 대한 중남미 최초 독립투쟁도 볼리비아에서 일어났는데 1809년 5월 25일과 6월 16일의 추키사카 혁명(Chuquisaca Revolution)과 라파스 혁명(La Paz Revolution)이 그 것들이다.[165]

1980년대부터는 신자유주의 경제정책에 저항하는 대중들의 저항적 사회운동이 계속되었다. 2000년대 들어서는 그 행태와 요구사항들이 크게 달라졌는데 대중들은 정권 엘리트와 다국적기업이 서로 연대해 자원을 착취하고 있다고 주장하며 이를 방어하는 대규모 사회운동을 조직하였다.

특히 2000년의 코차밤바 물 전쟁(the water wars of Cochabamba)과 2003년 5월-2005년 6월의 가스 전쟁(the gas war) 그리고 2005년 라파

---

163 페루의 사상가 호세 카를로스 마리아테아기(José Carls Mariátegui, 1894~1930)가 제창한 인디오와 메스티소를 위한 정치적, 사회적, 경제적 복권운동, Essence 스페인어사전

164 Accumulation by dispossession is a concept presented by the Marxist geographer David Harvey. It defines neoliberal capitalist policies that result in a centralization of wealth and power in the hands of a few by dispossessing the public and private entities of their wealth or land. Harvey argues these policies are guided mainly by four practices: privatization, financialization, management and manipulation of crises, and state redistributions. Wiki

165 추키사카는 현재 수크레(Sucre)인데 중남미 독립전쟁의 역사 속에서 추키사카 혁명을 '중남미 최초 자유를 위한 울부짖음(the First Cry for Freedom in the Latin America)'으로 불리고 있다.

스-엘알토(La Paz-El Alto)의 물 전쟁 등이 대표적 사회운동들로 이 결과 정권이 퇴진하기도하고 새로운 정권이 탄생하는 계기가 되었다.

이러한 사회운동의 주역들은 과거 주류세력이었던 노동조합 등 제도권 조직들이 아니고 그동안 모든 영역에서 소외되어 왔던 인디오 원주민, 농민, 도시빈민 계층이었다.

2009년 인구센서스에 따르면 볼리비아 인종구성은 백인과 인디오 원주민의 혼혈인인 메스티소(Mestizo) 68%, 인디오 순수 원주민 20%, 백인 5%, 아프리카계 흑인혼혈인 1%, 기타 5%로 순수 인디오 원주민 비중이 중남미에서 가장 높다.

물 전쟁은 2000년 코차밤바 그리고 2005년 라파스와 엘알토에서 두 번 발생했다. 볼리비아에서 네 번째로 큰 코차밤바 시는 적자가 늘어가고 있는 수도회사(SEMAPA)를 미국 벡텔사에 매각하였다. 벡텔사 현지법인인 투나리 컨소시엄(Tunari Consortium)은 코차밤바 시 수도공급용 댐 건설 재원확보를 위해 수도료를 인상하였는데 시민들은 이를 부당하다고 주장하였다.

볼리비아 인들은 물은 하늘에서 내려오는 공유자원이고 정부는 시민들이 쉽게 접근할 수 있도록 해야 한다는 의식을 잉카제국 시대부터 가지고 있다. 특히 이들은 산악지대 농업을 하기 때문에 이러한 의식은 뿌리 깊게 자리 잡고 있었다.

그런데 수도회사가 민영화된 뒤 수도료가 크게 인상되고 동시에 개별적인 용수개발도 제한하자 도시 빈민, 인디오 원주민, 농민에 더해 중산층 시민까지 참여하는 대규모 저항적 사회운동이 시작되었다. 이 사회운동은 1999년 12월에 시작되어 2000년 4월까지 길게 지속되었고 투나리 컨소시엄은 결국 축출되었다.

코차밤바와 비슷한 상황은 2005년 1월 라파스와 엘알토 지역에서도 발생했다. 이번에는 프랑스 다국적기업 수에즈(Suez S.A.)의 자회사인 일리마니 수도회사(Aguas de Illimani)와 정부를 상대로 한 저항적 사회운동 이었다. 이 결과로 일리마니 수도회사는 사업에서 철수하고 정부 수도회사 (EPSAS)가 다시 운영에 나섰다.

물 전쟁은 볼리비아 정부가 실시한 신자유주의 이념에 기초한 민영화 사업이 대중들의 강력한 저항적 사회운동에 의해 실패한 사례들이다.

가스 전쟁은 2003년 10월 산체스 로사다(Gonzalo Sánchez de Loza-da) 대통령의 하야를 가져온 대규모 전국적 사회운동이었다. 그 시작은 정부가 60년 동안 지켜온 석유가스자원을 다국적기업에게 민영화시켜 버린 것에 대한 반발이었다. 특히 볼리비아 대중은 천연자원이 물과 같은 공유재임에도 불구하고 그 개발이익이 소수 정권 엘리트와 다국적기업에 돌아가고 자신들은 소외되어 결국 빈곤한 다수로 남았다는 분노를 의식 깊은 곳에 간직하고 있다.

여기에 미국이 주도하고 있는 마약과의 전쟁에 부응한 정부의 코카 재배농지 파괴, 부정부패, 공권력 폭력 등에 대한 불만이 함께 분출하며 전국적 시위형태로 사회운동이 펼쳐졌다.

산체스 로사다 정권은 전국적으로 확대된 저항적 사회운동을 막기 위해 계엄령을 선포하고 무력을 사용해 진압하였다. 이 과정에서 수십 명이 사망했지만 저항이 계속되자 산체스 로사다 대통령은 사임하고 메사(Carlos Mesa) 부통령이 새롭게 대통령에 취임하고 정권을 이어갔다.

볼리비아 의회는 2005년 5월 6일 탄화수소법(Hydrocarbon Law)을 제정해 볼리비아 모든 천연자원과 탄화수소의 법적 소유자는 국가임을 확인하고 다국적기업의 개발이익을 더 많이 환수하며 신규 자원개발에 대한 해당지역의 원주민 권리를 강화했다.

그러나 신자유주의이념 신봉자였던 메사 대통령은 볼리비아 천연가스개발이 다국적기업의 참여 없이는 현실적으로 불가능하다는 입장을 견지하였다. 그러자 석유가스산업의 국유화와 고원지대에 거주하는 인디오 원주민의 생존권 보장을 요구하는 대규모 시위가 다시 시작되었다. 이 시위를 조직하고 실행한 주역들은 광산노동자, 코카재배농민, 코차밤바 주민, 산타 크루즈 지역 소재 인디오 원주민과 농민 등으로 메사 대통령은 결국 같은 해 6월 9일 대통령 직을 사임하였다. 메사 대통령이 사임하고 헌법에 따라 벨제(Eduardo Rodríguez Veltzé) 대법원장이 임시대통령으로 취임했다.

2006년 1월 실시된 대선에서 인디오 원주민 출신으로 코카재배 농민이 었던 모랄레스(Evo Morales)가 승리하고 대통령에 취임했다. 모랄레스 대통령은 같은 해 5월 1일부로 국내 모든 가스전에 대한 국유화 조치를 발표했다.

볼리비아 물 전쟁과 가스 전쟁의 원인은 깊게 보면 대중들의 의식 저변에 자리 잡고 있는 천연자원은 모든 사람들에게 특혜가 허용된 공유재로 그 이익은 공정하게 분배되어야 한다는 인식이었다.

볼리비아의 물과 가스 전쟁으로 회자되는 사회운동은 신자유주의 패러다임 속에서 정권 엘리트와 다국적기업의 자원수탈에 저항하여 경제사회적 정의를 쟁취한 것으로 비슷한 처지의 제3세계 국가들의 참고사례로 평가되고 있다.

6) 페루 대규모 광산개발 프로젝트 사회적 저항 운동

페루의 사회운동은 대형광산개발, 부정부패, 경제사회적 불평등, 인디오 원주민 인권과 민주적 권리 등의 이슈를 중심으로 이루어졌다.

1970년대 사회운동은 농촌에서 토지 무소유 빈농들이 농지를 무단적으로 점거하는 등 급진적인 행동을 통해 농지개혁 필요성에 대한 이슈를 제시했고 도시에서는 노동조합이 실업, 부정부패, 소득 불공평 분배 등 경제사회적 이슈 개선을 위해 진행되었다. 이 시기 중 발생한 일련의 사회운동은 군부독재정권을 붕괴시키는데 기여한 것으로 평가되기도 한다.

1980년 들어서는 좌파 불법무장투쟁조직인 빛나는 길(Shining Path)[166]과 투팍 아마루 혁명운동(MRTA)[167]은 정부를 전복시키기 위해 무장투쟁을 전개하였다. 그러나 정부의 계속된 진압작전으로 전체적인 활동은 일단 진정되었다. 다만 잔존세력이 아직까지 오지에서 활동 중이다. 불법무장조직의 활동으로 약 7만 여명이 희생되었다.[168]

1998-2001년 사회운동은 권위주의적이었던 후지모리 정권에 대항하는 것으로 결국 후지모리 정권 퇴진에 기여하였다. 후지모리 정권 이후 사회운동은 신자유주의 경제개발정책의 일환으로 추진된 정부의 대규모 광산개발 프로젝트에 대한 저항이 주류를 이루었다. 대규모 광산개발 프로젝트는 필연적으로 지역공동체와 이해관계 충돌이 따랐고 원만하게 해결되지 못하면 시위 등 사회운동이 발생했다.

국제적 관심을 가장 많이 받은 광산개발 프로젝트는 콩가(Conga)지역 금광개발 프로젝트이다. 이 프로젝트는 페루 광산회사인 야나코차(Yanacocha s.r.l.)사[169]가 2011년 페루 정부로부터 개발허가를 받아 2015년부터 생산을 개시할 계획이었다. 그러나 현지 지역공동체와 개발에 따른 환경파괴 문제로 충돌이 발생해 현재 개발이 중단된 상태이다.

---

166 The Communist Party of Peru – Shining Path (PCP-SL Comunista del Perú – Sendero Luminoso), more commonly known as the Shining Path is a revolutionary communist party and terrorist organization in Peru following Marxism-Leninism-Maoism and Gonzalo Thought. When it launched the internal conflict in Peru in 1980, its goal was to overthrow the state by guerrilla warfare and replace it with a Maoist government. Wiki.

167 The Túpac Amaru Revolutionary Movement(Movimiento Revolucionario Túpac Amaru, abbreviated MRTA) was a Peruvian Marxist guerrilla group which started in the early 1980s. Wiki

168 www.latinamericasocialmovements.org, Peru

169 야나코차(Yanacocha s.r.l.)사는 미국 광산회사인 뉴몬트(Newmont Mining Corp.)사가 51.35% 다수 지분을 가지고 경영권을 소유하고 있고 부에나벤투라(Compañia de Minas Buenaventura S.A.)사가 43.65%, 세계은행의 International Finance Corp.가 5% 지분을 가지고 있는 회사임. 동 사는 1993년부터 페루 카하마르카(Cajamarca) 주 소재 야나코차(Yanacocha) 금광을 개발하여 금을 생산하고 있는데 문제가 되고 있는 콩가(Conga) 금광은 야나코차(Yanacocha) 금광 북동쪽 24Km 지점에 소재하고 있음.

광산회사는 개발진행을 위해 광산이 소재한 카하마르카(Cajamarca)주 정부와 지역공동체를 대상으로 협상을 계속하고 있으나 충돌은 계속되고 있다. 현재 문제가 되고 있는 것은 광산개발에 따른 수질 오염과 수자원 고갈인데 주정부와 지역공동체는 금광개발 중단을 요구하고 있고 개발회사는 저수지 건설과 환경평가 등을 통해 환경오염이 없도록 하겠다고 호소하고 있다.

티아 마리아(Tía Maria) 구리광산 개발 프로젝트도 사회적 저항을 많이 받고 있다. 티아 마리아 광산은 페루 남부 아레키파(Arequipa) 주에 소재하고 있는데 그루포 멕시코(Grupo Mexico)사와 뉴몬트(Newmont Mining Corp.)사가 공동 소유한 Southern Copper Corp 사[170]가 운영하고 있다.

2011년 개발허가를 받았지만 농업에 대한 환경영향 문제로 현지 지역공동체와 충돌이 발생해 3명이 사망했다. 2014년 8월에 환경영향 재평가를 받고 승인을 받았으나 정부가 최종 허가를 보류하고 있던 중 2015년 3월 다시 반대시위가 발생해 2명이 사망하는 격렬한 사회적 저항이 계속되고 있다.

2000년대 들어 페루 광산개발에 과감하게 투자진출하고 있는 중국도 예외가 아닌데 페루 아프리막(Apurimac) 주 4,000 미터 고지에 소재한 라스 밤바스(Las Bambas) 구리광산이 그 사례이다.

이 광산은 노천광(open pit)으로 20년 동안 채굴이 가능한 광산으로 평가되며 호주에 본사를 둔 중국 민메탈(MMG: Minerals and Metal Group)사 컨소시엄[171]이 소유하고 있다. 전체 투자규모는 74억불이다.

---

170 Southern Copper Corp. 사는 1952년 설립된 Southern Peru Copper Corp.사를 멕시코의 Grupo Mexico 사가 2005년에 인수하여 회사 명칭을 바꾼 것임

171 동 컨소시움은 MMG 62.5%, 중국 Guoxin International Investment Co. Ltd. 22.5%, Citic Metal Co. Ltd. 15.0% 지분으로 이루어졌음. 라스 밤바스 광산은 당초 Glencore Xtrata사 소유였는데 MMG 컨소시엄이 58.5억 불을 지불하고 인수하였음

민메탈 컨소시엄은 2014년 말까지 프로젝트의 80%를 완료하고 2015년 부터 채굴을 시작해 2016년 1/4분기에는 구리 주괴(ingot)를 생산할 계획 이었으나 현지 지역공동체 반발로 사업추진이 지연되고 있다.

특히 개발지역과 직접적인 연관이 없는 지역에서까지 참여하는 집단시위 가 계속되어 공권력이 투입되고 사망자가 발생하는 등 문제가 계속되고 있 다. 우말라(Ollanta Humala) 대통령은 소요진정을 위해 지역계엄령을 선 포하기도 했다.

5. 위기시기의 중남미 사회운동

신자유주의 경제정책의 전면적 실시는 그동안 중남미에서 당연하게 유지 되었던 제도(institution)[172]의 급격한 변화로 인한 실업, 임금삭감, 사회복 지축소 등을 가져왔다. 이 결과 중산층까지 포함된 자영업자, 도시임금소득 자, 일반노동자, 농민 등 서민 계층의 삶에 많은 어려움을 야기했다.

이 과정에서 전통적으로 사회운동을 주도했던 전국노조의 영향력이 크 게 쇠퇴하였다. 이들은 신자유주의 경제정책 실시로 인해 경제적 타격을 크게 받은 계층으로 사회운동을 계층투쟁으로 변화시킬 수 있는 동력을 갖 추고 있었다.

신자유주의 경제정책을 주도적으로 실시한 역내 국가 정권 엘리트, 세계 은행, 국제통화기금, 국제다국적기업 등 세력은 역내 사회운동이 계층투쟁

---

172 Institutions, according to Samuel P. Huntington, are "stable, valued, recurring patterns of behavior". Further, institutions can refer to mechanisms which govern the behavior of a set of individuals within a given community; moreover, institutions are identified with a social purpose, transcending individuals and intentions by mediating the rules that govern living behavior. According to Geoffrey M. Hodgson, it is misleading to say that an institution is a form of behavior. Instead, Hodgson states that institutions are "integrated systems of rules that structure social interactions". Wiki

의 형태로 발전하는 것을 경계하였다. 이들은 계층투쟁으로 이어질 수 있는 사회운동의 동력을 약화시키고 분산시키기 위해 신사회운동(NSM) 전개, 비정부기구(NGO) 활용, 사회운동 지도층 회유 등 다양한 수단들을 사용하였다.

그럼에도 불구하고 일차산품 국제가격과 수요의 변화에 따라 주기적으로 발생하는 경제사회적 위기에 가장 크게 노출되는 중산층 포함 자영업자, 도시임금소득자, 일반노동자, 토지무소유농민 계층은 위기를 극복하기 위해 신자유주의 경제정책의 제도적 수정을 요구하는 사회운동을 전개할 수밖에 없었다.

가. 2000-02년 위기와 사회운동 ──────────

1990년대 말부터 시작되어 2000년대 초에 정점에 달했던 중남미 경제위기 기간 중 신자유주의, 제국주의, 계층주의에 저항하는 주요 사회운동은 브라질, 에콰도르, 베네수엘라, 볼리비아, 아르헨티나 등 주요 국가에서 확대되며 상당한 성과를 거두었다.

1) 브라질

브라질 농촌노동자운동(MST)은 역내에서 가장 크고 잘 조직된 사회운동 세력으로 도시무주택자운동, 가톨릭농촌목회자연합, 중앙노동자연합, 브라질노동당, 진보적 교수 및 학생들과 연대하며 '농지점유'라는 '직접적 행동'을 통해 활동을 강화해 왔다.

카르도소 대통령은 2기 집권을 하며 농촌노동자운동이 계층투쟁으로 변질되는 것을 경계하고 이를 완화하기 위한 방안을 마련했다. 우선 그는 토지은행을 설립한 뒤 대출을 통해 토지개혁을 한다는 시장주의 접근방식을 제시하고 농촌노동자운동과 협상을 시작하였다. 동시에 비정부기구의 농민 지원활동을 강화해 농촌노동자운동의 계층투쟁 분위기를 완화했다.

이 결과 카르도소 대통령 2기 재임기간 중에 농촌노동자운동의 활동은 일시적인 소강상태를 유지했다. 그럼에도 불구하고 농촌노동자운동은 2002년 대선에서 좌파성향의 브라질 노동당 룰라 후보를 지지해 좌파 노동당 정권 출범에 기여하였다.

2) 에콰도르

이 시기 에콰도르에서는 '에콰도르인디오원주민연합(CONAIE, 이하 원주민연합)'이 사회운동을 주도하였다.

원주민연합이 주도한 사회운동으로 1997년에 부카람(Abdala Bucram) 대통령 정권이 퇴진하였다. 이어서 2000년에도 마후아드(Jamil Mahuad) 대통령 정권도 원주민연합이 주도한 사회운동으로 붕괴되었다. 원주민을 포함한 가난한 다수를 이루는 대중은 이 두 대통령들이 신자유주의 경제정책을 적극으로 도입한 결과 국내경제가 위기에 처했다고 평가했다.

또한 원주민연합은 파차쿠티크(Pachakutik)라는 정당을 만들어 제도권 정치에 참여하는 등 세력을 키웠다. 그러나 이러한 기세는 2002년 정치적 협력관계에 있었던 우파성향의 쿠티에레스(Lucio Gutiérrez) 대통령과 결별 그리고 이어진 조직내분으로 약해졌다. 여기에 미국과 유럽연합의 자금지원을 받은 비정부기구 활동이 크게 확대되면서 소강상태에 들어섰다.

3) 베네수엘라

베네수엘라에서 신자유주의 경제정책에 대한 사회적 저항은 1989년의 카라카조(Caracazo)[173]와 1992년 차베스의 실패한 군부쿠데타에 이어 1998년 좌파성향인 차베스(Hugo Chávez) 후보가 대선에서 승리하는 결과를 가져왔다.

차베스는 신자유주의 경제정책을 실시해 온 칼데라(Rafael Caldera)[174] 정권을 포함한 과거 정권의 패러다임을 거부하는 사회운동을 선도해 지지기반을 만들었다.

그는 집권 후 친정부 사회운동을 조직해 여론을 조성하며 볼리바르 사회주의 국가(Bolivarian Socialist Country) 체제를 만들어 나갔다. 과거 기득권 세력도 이러한 흐름을 주도하는 차베스 정권을 붕괴시키고자 다양하게 사회운동을 전개했다. 그러나 과거 기득권 세력의 시도는 모두 실패하고[175] 차베스 정권 기반만 강화시켜 주고 말았다.

특히 과거 기득권 세력이었던 경제적 특권층과 일부 우파성향 군부가 결탁해 일으킨 2002년 군부쿠데타는 차베스 정권을 지지하는 가난한 다수 대중과 좌파성향 군부의 저항으로 실패하고 오히려 차베스 지지자들이 더욱 공고하게 뭉치는 계기가 되었다.

---

173 The Caracazo, or sacudón, is the name given to the wave of protests, riots, looting, shootings and massacres that started on 27 February 1989 in Guarenas, spreading to Caracas and surrounding towns. Wiki

174 Rafael Antonio Caldera Rodríguez (Spanish pronunciation24 January 1916 – 24 December 2009), twice elected President of Venezuela, served for two five-year terms (1969–1974 and 1994–1999), becoming the longest serving democratically elected leader to govern the country in the twentieth century.[2] His first term marked the first peaceful transfer of power to an opposition in Venezuela's history. Wiki

175 2004년 기득권 세력을 주축으로 한 반 차베스 군부 쿠데타와 2002-2003년 베네수엘라 총파업사태(Venezuelan general strike of 2002-2003), 차베스 대통령은 베네수엘라 총파업 시 국영석유공사(PDVSA) 직원 18,000명을 해고하는 것으로 대응하였다.

4) 볼리비아

볼리비아는 광산노동자, 공장노동자, 지역공동체, 무자료 자영업자, 인디오 원주민, 농민 등을 주요 동력으로 역내에서 사회운동이 가장 빈번하게 발생하는 국가이다.

1970년대 초부터 1980년대 중반까지 신자유주의 경제정책이 강력하게 시행되며 노조가 중심이 된 전통적 사회운동은 일단 크게 위축되었다.

1990년대 말에 이르러 다시 대규모 사회운동이 조직되기 시작했는데 그 성격은 과거와 크게 달라졌다. 즉 광산노동자나 공장노동자들이 노조를 앞세워 조직했던 과거의 사회운동과는 다르게 그동안 소외되어 왔던 지역공동체, 무자료 자영업자, 인디오 원주민, 농민 등이 새로운 사회운동의 동력으로 등장했다.[176] 이들은 1990년대 말부터 2000년대 초반부까지 신자유주의 경제정책 실시로 야기된 빈곤상황에 저항하는 대규모 사회운동을 조직하였다.

2003년 1월 코차밤바 시 수도료 인상으로 발생해 일명 '물 전쟁'이라고도 불리는 전국적 사회운동은 산체스 로사다 정권을 퇴진시켰고 2005년에도 '가스 전쟁'이라고 불리는 전국적 사회운동으로 카를로스 메사 정권이 물러났다. 그리고 인디오 원주민으로 코카를 재배했던 농민이었던 모랄레스 정권이 출범하는 계기를 만들었다.

이 기간 중에 산타 크루스 주를 중심으로 세력을 형성하고 있는 자본가와 농장주 등 기득권층이 천연가스 등 천연자원 국제가격 상승 분위기 속에서 미국의 암묵적 지원을 받아 분리운동을 했지만 실패했다.

---

176 라파스(La Paz) 위성도시인 엘 알토(El Alto) 지역공동체, 코코아 경작농민(cocalero), 무자료 자영업자 등 도시빈민 등

5) 아르헨티나

아르헨티나는 1990년대 중 메넴 정권이 강력하게 실시했던 신자유주의 경제정책의 후유증으로 2001년 12월 대외채무 지불불능 상황에 봉착했다. 아르헨티나의 경제위기는 메넴 대통령 정권 말기부터 이미 시작되었다.

신자유주의 경제정책의 중요한 전략적 축으로 운용했던 태환정책, 국영기업민영화, 상품 및 금융시장개방 등으로 아르헨티나 경제기반인 농목축산업과 제조업은 심각한 어려움을 겪었다.

메넴 대통령에 이어 등장한 급진시민연합(UCR, Radical Civic Union)의 델라루아 정권은 메넴 정권 말기부터 시작된 경제위기를 극복하지 못하고 금융공황이 발생하는 상황을 맞이했다. 이러한 상황 속에서 발생한 시위가 폭동상황으로 변질하기 시작하자 델라루아 대통령은 2001년 12월 21일 사임을 발표 하였다.

경제위기를 극복하지 못한 델라루아 대통령의 사임은 정치적 위기를 야기했고 2002년 1월 2일 페론당(PJ)의 두할데(Eduardo Duhalde) 대통령이 취임할 때까지 세 명의 대통령이 임명과 퇴임을 반복하는 상황이 되었다.

두할데 대통령도 2003년 대선에서 중도좌파 성향의 승리전전(FPV)[177]의 키르츠네르(Néstor Kirchner) 후보에게 패하고 정권을 이양했다. 승리전선은 페론당의 한 지파이지만 메넴 정권이 추진한 신자유주의 경제정책에 대한 반대 입장을 분명히 해왔다.

경제위기 확산은 과거 보수 정당을 지지했던 도시 중산층도 도시빈민, 노동자, 무자료 불법자영업자들이 주도하는 신자유주의 경제정책에 반대하는 저항적 사회운동에 참여하게 했다. 당시 이러한 분위기는 승리전선의 키

---

177 The Front for Victory (Spanish: Frente para la Victoria, FPV) was a centre-left Peronist electoral alliance in Argentina, and is formally a faction of the Justicialist Party. Former presidents Néstor Kirchner and Cristina Fernández de Kirchner were elected as representatives of this party. Wiki

르츠네르 후보가 대선에서 압승하는 배경이 되었다.

결과적으로 볼 때 2001-2002년 경제위기로 발생한 사회운동은 키르츠네르 좌파정권 등장의 동력이었고 2019년 12월 마크리(Mauricio Macri) 우파정권이 들어올 때가지 잠재적 지지 세력이었다.

6) 기타 국가

역내 다른 국가에서도 신자유주의 경제정책에 저항하는 도시빈민, 농민, 인디오 원주민, 광산노동자, 공장노동자 등의 저항적 사회운동은 끊임없이 발생했다. 그러나 전체적으로 볼 때 정권의 존폐를 위협하거나 계층투쟁을 격화시키는 형식과 수준은 아니었다.

한편 멕시코, 콜롬비아, 페루 등에서는 사회운동이 경제개발을 저해한다는 명분으로 탄압을 받기도 했다. 콜롬비아에서는 콜롬비아무장혁명군(FARC)과의 내전에 더해 우리베(Alvaro Uribe) 정권이 극우 성향을 가지고 있었기 때문에 좌파성향의 사회운동은 강한 통제를 받았다. 멕시코에서도 사파티스타 좌파운동에 대한 정부의 강력한 감시와 통제로 이들의 활동이 치아파스 일부 지역에 국한될 수밖에 없었다.

나. 2002-08년 일차산품 붐과 사회운동 ─────────

2003-2008년 기간 중 일차산품 국제가격은 미국 및 유럽 선진국 그리고 특히 중국의 수요 증가로 크게 상승했으며 상승 사이클도 길었다.

이 시기는 중남미 대부분의 국가에 좌파정권이 들어서는 '핑크 타이드(Pink Tide)' 시기로 일차산품 붐은 좌파정권의 등장과 함께 역내 사회운동의 흐름에 다양한 영향을 주었는데 특히 좌파정권과 사회운동의 관계가 어떻게 설정되어 갔는가에 주목할 필요가 있다.

1) 브라질

2002년 대선에서 노동당 룰라(Luis Inácio Lula da Silva) 후보가 승리함으로서 브라질은 카르도소 대통령의 중도우파 정권에서 룰라 대통령의 좌파정권이 통치하는 국가가 되었다. 룰라 대통령은 금속노동자 출신으로 노동운동을 하며 정치적 입지를 마련해 1980년 군부독재정권 시기 좌파성향의 브라질 노동당(PT)을 창당했다.

룰라는 오랫동안 진보적 좌파 정치인으로 활동해왔기 때문에 농촌노동자운동(MST)은 2002년 대선에서 그가 승리하면 농촌노동자운동의 숙원인 농지개혁을 추진할 것이라는 기대감을 가지고 정치적으로 지지하였다.

그러나 룰라 대통령은 카로도소 정권이 지지한 신자유주의 경제정책을 이어갔으며 오히려 일차산품 국제가격이 상승하는 호황기를 맞아 광업과 농축산업 개발을 크게 확대하는 정책을 실시했다. 그가 추구하는 전략은 브라질의 비교우위가 확보된 광업과 농목축산업을 개발해 재원을 확보하고 이 재원을 가지고 사회보장정책을 확대해 브라질 경제의 고질인 빈곤 상황을 해결한다는 것이었다.

룰라 대통령의 정책은 농촌노동자운동(MST)의 이념과 목표와는 괴리가 있는 것이었다. 즉 농촌노동자운동(MST) 지도자들은 사회보장정책 확대에 따른 소득개선보다는 농지분배라는 구조적 개혁을 원했다. 따라서 이들은 룰라 정권과의 전략적 제휴라는 기존 입장에서 물러나 다시 농지무단점령 등 행동방식으로 저항적 사회운동을 이어나갔다.

2) 아르헨티나

아르헨티나는 2003년 5월 키르츠네르 대통령 좌파정권이 들어서면서 일단 정치상황이 안정되었다. 이와 함께 일차산품 국제가격이 상승하면서 아르헨티나 경제는 외채위기로 야기된 극심한 경제 불황을 극복하고 연평균 7-8%의 성장하는 성과를 보여주었다.

경제 회복으로 고용과 저축이 증가하자 중산층이 주도하는 사회운동 동력은 자연스럽게 줄어들었다. 이와 함께 키르츠네르 정권은 실업자나 도시 빈곤층에 대한 보조금 지급을 확대하고 이들의 지도자를 정부 요직에 채용하는 등 포섭하여 이들의 사회운동 동력도 약화시켰다.

키르츠네르 정권은 일차산품 국제가격 상승으로 발생한 재원을 가지고 외채상환은 물론 보건과 교육복지 향상 그리고 임금인상을 통해 빈곤과 불평등 상황을 개선하고자 했다.

전반적으로 볼 때 키르츠네르 정권은 좌파성향의 정권이지만 경제정책을 운용함에 있어서는 브라질 룰라 정권과 같이 현실을 인정하고 보수적인 경제정책 기조를 유지했다. 다만 좌파성향 사회운동의 동력을 떨어뜨리기 위해 미국 주도로 실시되었던 신자유주의 경제정책을 수사적으로 비난했다.

키르츠네르 정권이 12년 동안 집권에 성공할 수 있었던 것은 기간 중 일차산품 국제가격 상승이라는 특수가 긴 사이클로 지속되었기 때문이다.

3) 우루과이

2005년 취임한 타바레 바스케스(Tabare Vazquez) 대통령은 투파마로스(Tupamaros)[178], 공산주의자, 사회주의자, 일부 자유민주주의자 등으로 이루어진 연합세력의 대선후보로 선거에 승리했기 때문에 좌파성향 정권으로 평가되었다.

그러나 그는 취임 이후 경제장관과 중앙은행장을 강력한 신자유주의 경제정책 옹호론자들로 임명하고 미국과 투자보호협정을 체결하는 등 인접 좌파정권 국가들과는 다른 행보를 보여주었다. 좌파정권이 당연히 추진할 것으로 예상한 불평등해소를 위한 사회정책이나 고용확대도 적극적으로 실시하지 않았다.

그럼에도 불구하고 우루과이가 가진 전통적 사회적 안정성으로 이 시기 중에 눈에 띄는 사회운동은 보이지 않았다.

4) 볼리비아

2006년 1월에 취임한 인디오 원주민 출신 모랄레스(Evo Morales) 대통령이 실시한 제반 경제사회정책은 자신을 정치적으로 지지해주었던 인디오 원주민 공동체, 농민, 공장노동자, 불법자영업자 등을 포함한 가난한 다수의 기대를 저버린 것이었다. 그는 반미, 반제국주의, 반신자유주의 등을 강력하게 외치면서 실질적으로는 전임 대통령들이 추진해왔던 각종 신자유주의 경제정책을 계승하였다.

물론 사회보장확대를 위한 기금확충을 위해 해외 다국적기업들이 투자활동을 하고 있는 석유가스산업 세제 개편이나 국유화 정책을 취했다. 그러

---

178 Tupamaros, also known as the MLN-T (Movimiento de Liberación Nacional-Tupamaros or Tupamaros National Liberation Movement), was a left-wing urban guerrilla group in Uruguay in the 1960s and 1970s. The MLN-T is inextricably linked to its most important leader, Raúl Sendic, and his brand of social politics. José Mujica, who later became president of Uruguay, was also a member. Wiki

나 그는 지지 세력이 당초에 기대한 수준인 몰수 등의 방식으로 국유화를 추진하지는 않았다.

또한 2006년 2월에는 볼리비아 민간기업인연합회와 거시경제안정과 국제적 신용준수를 약속하는 협정을 체결하였다. 이 조치는 사회보장예산 삭감, 외국인투자 증진, 수출증대, 통화안정 등을 재계에 확인해 준 것으로 기존의 신자유주의경제정책의 근간을 그대로 유지하겠다는 것이었다.

한편 그는 본인이 속한 인디오 공동체인 아이마라 부족이 가장 많이 거주하고 있는 라파스 근교 엘알토 지역의 사회운동 조직인 엘알토 주민위원회연합(FEJUVE)의 지도자들과도 만나주지도 않았고 또한 두 명의 대통령을 퇴진하게 만든 사회운동 동력을 약화시키기 위해 비정부기구들의 활동을 늘려야 한다는 당위성을 주장하였다.[179] 이러한 상황전개는 전통적 지지계층들이 모랄레스 대통령에게 배신감을 가지게 되는 배경이 되었다.

5) 에콰도르

에콰도르 사회운동을 주도해왔던 '에콰도르 인디오원주민연합(CONAIE, 이하 원주민연합)'의 활동은 쿠티에레스(Lucio Gutierrez) 대통령과 정치적 결별, 조직내분 등으로 그동안 왕성했던 사회운동의 동력이 감소하였다.

이 과정에서 도시기반 시민사회(civic society)를 배경으로 생성된 '자랑스러운 주권조국연합(PAIS Alliance, Alianza PAIS)'의 코르레아(Rafael Correa)가 2006년 대선에서 승리하였다. 코르레아 대통령은 2017년 까지 집권하였는데 이 시기 중에 원주민연합이 주도한 가장 큰 사회운동은 2012

---

179 Morales says, "we are a government of the social movements, but the relation between the social movements and the government is mediated by and through the development NGOs that dominate civil society." Social Movements in Latin America, Neoliberalism and Popular Resistance, James Petras/Henry Veltmeyer, Palgrave Macmillan, 2011

년의 '에콰도르인 저항(Ecuadorian Protests)'이었다.

'에콰도르인 저항운동'은 코르레아 정부가 자모라-친치페 주에 소재하는 아마존 오지의 광산개발권을 중국에 양허해준 것이 발단이 되었다.[180] 원주민연합은 광산개발로 인해 환경이 파괴되고 원주민의 삶이 파괴된다고 주장하며 수자원 보호조치, 광산개발 시 원주민공동체와 사전협의 등을 요구하는 대규모 행진시위를 실행했다.

원주민 연합은 2006년 대선에서 코르레아 후보를 지지했다. 그는 사회민주주의자로서 그가 속한 '자랑스러운 주권조국연합'이 사회민주당으로 좌파성향을 가지고 있었기 때문에 원주민연합은 그가 에콰도르 인디오 원주민 공동체 이익에 기여할 것으로 판단했다.

그는 정치적으로 21세기 사회주의, 반미, 반제국주의를 표방하는 베네수엘라 차베스 대통령과 연대하고 경제적으로 사회복지 정책을 대폭 확대하는 등 워싱턴 컨센서스가 요구하는 조건들을 거부하며 대선 때 주장했던 좌파노선을 유지했다. 코르레아 대통령은 이 시기 중 일차산품 국제가격 상승이라는 우호적인 환경 속에서 어느 정도 경제성장도 이루고 빈곤을 개선하는 성과를 거두었다.

그러나 그는 경제개발과 복지확대를 위해 필요한 재원을 확보하기 위해서 필요한 석유개발 프로젝트를 아마존 오지에 추진하면서 개발대상지역 원주민공동체와 충돌할 수 밖에 없었다. 이 과정에서 원주민연합은 코르레아 대통령과 선을 긋고 투쟁에 들어갔으며 코르레아 대통령도 원주민연합이 우파와 결합하여 국가안정을 훼손하고 있다고 비난하였다.

---

[180] The protests commenced in part due to an agreement between Ecuador and China's for a 25-year investment contract of US$1.4 billion (£900m) El Pangui for an opencast industrial copper mining concession in the southeastern Amazonian region, including the province of Zamora-Chinchipe. Wiki

6) 베네수엘라

2003년 말부터 시작된 국제유가 상승은 2008년까지 이어져서 베네수엘라 경제는 급격하게 회복되어 연평균 9% 가까운 성장세를 보여주었다. 차베스 정권은 유가상승으로 확보된 막대한 재원을 이용하여 정권옹호를 위한 친정부 사회운동을 유인하며 일련의 사회복지정책을 크게 확대하였다.

친정부 사회운동은 정치적 반대파를 제압하는 유용한 수단으로 활용되었다. 농민 주도 친정부 사회운동은 정권 내부에서 저항하는 전통적인 기득권 세력을 제압하고 농지재분배를 목표로 하는 신규농지법을 제정하는 동력이 되었다. 친정부 노조운동은 철강회사의 국유화를 추진하는데 이용되기도 했다.

6. 도전 과제

1980년대부터 실시되기 시작한 신자유주의 경제정책은 중남미에서 계층투쟁의 성격을 가졌던 대표적 사회운동인 노조활동을 약화시켰다. 신자유주의 경제정책은 국영기업 민영화, 소득과 자산의 집중, 경제규제 해제, 권력과 경제력 양극화, 노동 유연화 등 각종 제도와 장치들을 통해 제2차 세계대전 이후부터 중남미에서 운용되어 왔던 경제사회체제에 변화를 가져왔다.

즉 신자유주의라는 새로운 세계경제 질서 속에서 이를 신봉하는 역내 정권 엘리트들과 다국적 자본가 그리고 국제금융기구들은 여러 가지 방법을 통해 사회운동이 계층투쟁으로 변질되지 않도록 동력 약화에 집중했다.

이에 대한 평가는 좌우이념에 따라 상반된다. 우선 1990년대 말부터 중남미 에 들어선 좌파정권은 신자유주의 경제정책을 세계은행이나 국제통화기금 등 금융권, 미국과 유럽연합 등 자본주의 선진국, 다국적기업 등이 개도국에 경제개발 미명으로 실시하는 '착취를 통한 자본축적' 음모라고 보고 있다.

한편 신자유주의 경제정책 신봉자들은 이 정책이 중남미 국가들의 비교우위요소인 자원을 활용해 경제성장을 도모하는 역내 특화 개발정책으로 성과를 보여주었다고 평가하고 있다.

그러나 결과적으로 볼 때 신자유주의 경제정책의 실시는 역내에서 경제사회적 불평등을 확대하고 심화시켰고 이로 인한 가난한 다수의 불만은 2000년대 좌파정권이 확산되는 배경이 되었다.

즉 신자유주의 경제정책 실시 중 사회운동의 주역은 과거 공장과 광산노동자 중심의 노조에서 신자유주의 경제정책의 실시로 직간접적인 피해를 당한 토지 무소유 농민, 인디오 원주민, 자영업자, 도시빈민, 실업자, 여성 등 그동안 소외된 '가난한 다수대중(the poorest majority)'로 옮아갔는데 이들이 결국 좌파정권이 등장하는데 중요한 정치적 지지 배경이 된 것이었다.

그러나 새롭게 태동된 좌파정권들도 베네수엘라를 제외하고는 대부분 과거 정부의 신자유주의 경제정책을 유지하는 등 타협적 자세를 보였다. 이러한 상황은 다시 '가난한 대중'이 주역이 되어 사회운동에 나서는 계기가 되었다.

다만 시기적으로 볼 때 일차산품 가격상승 붐으로 사회복지 혜택이 증가해 갔던 2008년까지는 사회운동은 하강기를 경험하지만 2008년 금융위기 이후 역내 경제침체로 사회복지정책이 축소되면서 '가난한 대중'은 다시 다양한 이슈를 가지고 정권과 다국적기업을 향한 저항적 사회운동을 시작하였다. 이들의 불만은 좌파정권 국가경영 실패로 인식되어 새롭게 우파정권이 등장하는 상황을 만들었다.

미래의 중남미 사회운동은 앞으로 어떤 이념의 정권이 들어오는가에 상관없이 새롭게 확고하게 자리 잡은 대의민주주의 제도 속에서 경제개발, 부정부패, 치안, 빈곤, 토지개혁, 환경, 성차별 등 전국적 이슈와 함께 지역공동체, 인디오 원주민, 아마존 열대우림 보호 등 지역적 이슈를 대상으로 더욱 확대되고 강화되어 갈 것이다.

Part 5.
대외관계

CHAPTER 14

미국

1. 개관

미국과 중남미의 관계는 지난 200여 년 동안 연속성(continuity), 일관성(consistency), 변화(change)의 형태를 보여주고 있다. 이들의 관계는 미국이 영국과의 독립전쟁(1775-1783)에서 승리하고 국가체제 정비를 마친 19세기 초반부터 현재까지 시기별로 다른 국제정치 행동원칙(prevailing rules of conduct)과 글로벌 현실(global realities)의 틀 속에서 그 형태가 끊임없이 변화해왔다.

미국과 중남미 관계는 크게 네 시기로 구분해 볼 수 있다. 첫째 시기는 1790년대~1930년대로 힘의 균형(Balance of Power) 원칙을 바탕으로 유럽 국가들의 제국주의 정책이 실시되던 때이다. 이 시기는 유럽 국가들이 자원과 영토를 확보하기 위해 서로 적대적 관계를 유지하고 있던 때로 미국은 독립전쟁 이후 국가체제가 어느 정도 정비되자 중남미에서 영토 확장과 영향력 확대를 위한 구체적인 행동을 실행했다.

둘째 시기는 1940~80년대 냉전체제가 유지되던 때로 미국 외교의 최우선과제는 국가안보였다. 미국은 중남미에서 소련의 영향력을 배제하기 위해 정치외교 및 경제적 역량을 집중하였다. 이 시기 중남미는 당연히 미국과 소련의 세력 확대를 위한 각축장이 되었다.

셋째 시기는 1990~2000년대 냉전종식 이후 미국 일극체제가 지배하던 때이다. 그러나 역설적이게도 이 시기는 미국의 군사적 영향력은 커졌지만 유럽과 일본의 경제성장으로 미국의 경제적 영향력은 감소했다.

넷째 시기는 2001년 9.11 테러 이후 미국이 '글로벌 테러와의 전쟁(Global War on Terror)'을 수행하던 때로 중남미는 미국의 글로벌 전략의 우선순위에서 밀려났다. 미국의 이러한 입장은 중남미 국가들이 미국과 일정한 거리를 두는 이유가 되었다.

중남미 국가들은 미국과 200여 년 동안 제휴, 동맹, 협력, 전쟁 등 다양한 형태로 역사적 사건들을 겪으며 애증관계를 형성하였다. 미국에 비해 모든 부문에서 압도적으로 국력이 약한 중남미 국가들은 대응 수단이 제한될 수밖에 없어 대중영합주의적인 민족주의에 치우치게 되는 경우가 많았다.

2. 제국주의 시대

제국주의는 한 국가가 자국 영토 밖 지역에서 토지. 주민, 자원에 대한 통제를 확대하는데 필요한 정책, 관행, 주장의 총체이다.

유럽 국가들은 영토, 노동력, 자원 등 경제적 이익을 확보하고 지정학적 위치를 선점해 정치군사적 영향력을 증대시키기 위해 15세기 이후 전형적인 제국주의 정책을 왕성하게 추진했다.

특히 이들은 제국주의 정책을 정당화하기 위해 나름대로 고상한 논리를 만들어 주장했다. 16세기 스페인의 '종교적 사명(religious mission)', 18세기 프랑스의 '문명화 사명(civilizing mission)', 19세기 영국의 '백인의 책무(white man's burden)' 등이 그 것들이다.

전 유럽적 규모로 치러진 30년 전쟁(1618-1648)을 종결하는 베스트팔렌 조약(Peace of Westphalia) 이후 유럽 국가들의 지정학적 게임법칙(rules of the game)은 세력균형(balance of power)이었다.

세력균형은 군비증강, 영토취득을 통한 국력강화나 다른 강대국과 동맹을 체결하는 방식 등으로 이루어졌다. 이러한 세력균형은 15세기 중반 유럽 절대주의 왕정 경제정책의 근간인 중상주의(mercantilism)와 함께 중남미 식민지배를 지탱해 준 정치적 틀로 제1차세계대전 이전까지 그 명맥을 이었다.

17세기 이후 미국이 역내 새로운 강대국으로 등장할 때까지 유럽 국가들은 중남미에서 세력균형과 중상주의[181] 정책에 기반을 둔 이합집산을 하며 영토 확장과 영향력 확대를 위한 적대적 관계를 계속해왔다.

18세기 말 영국으로부터 독립해 국가체제를 정비한 미국은 '명백한 운명(Manifest Destiny)'[182]과 '먼로주의(Monroe Doctrine)'[183]를 내세우며 중남미에 대한 우선권을 강조하기 시작했다. 특히 유럽 국가들과 적대적 또는 우호적 협력관계를 병행하며 영토를 확장하고 영향력을 확대하는 등 전형적인 제국주의 정책을 실행했다.

가. 유럽국가들의 경쟁

콜럼버스가 1492년 미주대륙을 발견한 뒤 유럽 국가들은 곧 이어서 신대륙에 대한 지배권을 확보하기 위해 경합했다. 우선 포르투갈은 스페인의 미주대륙 독점지배권 주장에 대해 이의를 제기했다. 포르투갈이 제기한 이의는 1494년 율리우스 2세(Julius II) 교황의 중재로 스페인과 토르데시야스 조약(Teaty of Tordesillas)[184]을 체결함으로서 일단 해결되었다. 이 조약

---

181 중상주의는 무역을 통해 자본 및 귀금속(금, 은)을 축적하는 것이 국부를 증대시키는 이상적인 방법으로 여기는 경제사상/정책이다. 15세기 중반부터 18세기에 걸쳐 유럽 절대주의 왕정에서 취한 경제정책이다. 중상주의정책이라고 하면 보호무역주의를 떠올리지만 보호무역주의는 중상주의의 결과적인 현상으로 볼 수 있다.

182 이 용어는 존 오설리번(John O'Sullivan, 1813~1895)이 1945년 '민주주의 비평'이라는 잡지에 기고한 'Annexation'이라는 글에서 미국의 텍사스 병합은 "our manifest destiny to overspread the continent allotted by Providence for the free development of our yearly multiplying millions."이라고 한데서 유래되었고 미국 정치가들의 중남미지역에 대한 제국주의적 정책을 합리화하는데 애용되었다.

183 미주대륙 전체에 대한 미국의 일방적인 보호 권리를 천명한 선언문으로 1823년 먼로 대통령이 주창한 외교정책이다. 스페인으로부터 독립한 중남미 구가들에 대한 유럽열강들의 지배권 회복 노력을 저지하기 위한 미국의 입장을 반영한 것인데 역설적으로 미국의 역내 제국주의정책을 합리화하고 정당화하는 수단으로 사용되었다.

184 토르데시야스 조약은 1750년 스페인과 포르투갈 간에 마드리드 조약(Treaty of Madrid)이 체결되면서 그 효력이 다했다. 마드리드 조약 체결로 스페인은 필리핀에 대한 지배권을 확보하고 포르투갈은 그 대신 아마존 강 유역에 대한 지배권을 확보하였다.

으로 포르투갈은 남미대륙의 절반에 달하는 동부지역(지금의 브라질)에 대한 지배권을 확보했다. 교황청의 결정과 토르데시야스 조약은 당분간 스페인과 포르투갈 등 이베리아 반도 국가들이 미주대륙에 대한 독점적 소유권을 유지하는 근거가 되었다.

그러나 스페인과 포르투갈의 미주대륙에 대한 독점적 지위는 계속되지 않았다. 16세기 들어 시작된 종교개혁으로 가톨릭 교황청의 권위가 쇠퇴하고 프로테스탄티즘이라는 새로운 기독교 패러다임이 등장하면서 여타 유럽 국가들은 교황청의 권위와 중재로 이루어진 토르데시야스 조약을 굳이 의식할 필요가 없었다. 절대왕정과 중상주의 이념으로 무장한 유럽 국가들은 국부를 확보하기 위해 미주대륙과의 밀무역을 확대하며 스페인과 포르투갈을 대적했다.

특히 16세기 중반 영국은 대서양에서 패권을 강화하기 시작했다. 스페인은 대서양에서 안전운항이 위험해지자 1588년 무적함대를 앞세워 패권회복을 시도했으나 영국 해군에 참패를 당했다.

17세기 들어서는 화란과 프랑스도 미주대륙 식민지 경영에 뛰어들면서 미주대륙은 유럽 열강들 간 세력다툼의 각축장이 되었다. 기득권을 가지고 있는 스페인과 포르투갈은 영국, 화란, 프랑스 등 신진 열강들의 끊임없는 도전을 받았다.

19세기 초부터 시작된 중남미 독립혁명운동이 종식된 뒤 탄생한 다수의 독립국가들에게도 유럽 열강들의 제국주의적 정책은 멈추지 않았다. 이들은 이제 영토를 확보하는 것보다는 경제적 영향력을 확대하는 방식으로 정책을 이어나갔다.

나. 미국의 등장

미국은 영국과 독립전쟁에서 승리하고 헌법적 국가안정을 이룬 1780년 대 후반부터 중남미에서 유럽 열강들과 영향력 확대를 위한 경쟁에 나섰다. 당시 미국의 대외정책 방향은 미주에서 유럽 열강들의 영향력은 축소되거나 제한되어야 한다는 것이었다.[185] 특히 미국의 일부 정치인들은 '남미와 그 자원이 미국 쪽에 있지 못하면 우리를 적대하는 쪽에 있을 것을 확신한다'라는 주장을 하기도 했다.[186]

미국은 유럽 열강들의 중남미에 대한 영향력 배제를 위해 단계적 전략을 고안하고 실행했다.

첫째 영국, 프랑스 등 신흥 유럽 강국들의 위협을 배제하기 위해 국력이 쇠퇴하고 있는 스페인과 포르투갈의 기득권이 이들 국가로 옮겨가는 것을 반대하였다.

둘째 미국은 19세기 초 발생한 중남미 독립혁명전쟁에서 직간접적인 지원을 하였다. 당시 미국에서는 중남미 신생 독립국가들이 미국의 이익에 도움이 될 것인가에 관해 많은 논란이 있었지만 제퍼슨 대통령은 '중남미 신생 독립국가와 미국의 목표는 유럽의 영향력을 배제하는 것이다'이라고 결론을 지었다.

셋째 미국은 '명백한 운명'과 '먼로주의'를 내세우며 중남미지역에 대한 우선권을 강조하기 시작했다. 1823년에 선언된 먼로주의는 당시 미국의 국력이 이 선언을 지탱할 수준은 되지 못했지만 미국은 중남미가 미국의 이

---

185 조지 워싱턴(George Washington)은 '구대륙 국가들과의 어떠한 형태의 제휴를 도모하지 않고 단절해야 한다'고 주장한 반면 알렉산더 해밀턴(Alexander Hamilton)은 '미국은 중남미 지역에서 유럽국가 간의 분쟁을 적극적으로 이용해야 한다'고 주장했다.

186 러프스 킹(Rufus King, 상원의원, 미국헌법 서명자)은 알렉산더 해밀턴에게 보내는 한 서한에서 'I am entirely convinced if it(South America) and its resources are not for us that they will speedily be against us' 라고 주장했다.

해와 긴밀하게 연관된 지역임을 주장하면서 향후 영향력을 확대할 수 있는 정치 외교적 기반을 마련하였다.

먼로주의는 첫째 미국은 중남미 신생국가들의 독립과 민주주의를 수호하는 운명을 가지고 있고 둘째 유럽 열강들의 신생국가들에 대한 식민화 의도를 반대하며 동시에 신생국가들의 유럽 열강들과 동맹도 거부한다는 것을 내용으로 하고 있다.

미국은 이를 미국이 중남미에 대한 제국주의 정책을 합리화하는 중요한 외교정책으로 운용해왔다. 이 외교정책은 2013년 11월 미주기구 총회에서 존 케리(John Kerry) 미 국무장관이 '먼로주의 시대는 끝났다(Era of Monroe is over)'라고 공식 선언하면서 그 역할을 마감하였다.

1) 영토 확대

미국의 중남미를 향한 제국주의 정책은 영토 확대로부터 시작되었다. 영토 확대는 취득(acquisition)과 흡수합병(absorption)을 통해 이루어졌다. 19세기 초 유럽의 혼란스러운 정치 외교적 상황은 미국이 중남미에 대한 제국주의 정책을 실행하는데 유리한 환경을 만들어 주었다. 더구나 스페인으로부터 독립한 신생 국가들은 미국의 공세에 적극적으로 대응할 능력이 없었다.

이러한 환경 속에서 미국은 스페인과 프랑스가 보유하고 있던 식민 영토를 취득하기 시작함과 동시에 멕시코와 전쟁에서 승리한 뒤 멕시코 영토의 절반을 흡수 합병하는 등 적극적으로 영토 확대에 나섰다.

가) 루이지애나 취득

루이지애나는 북미 프랑스 식민지인 뉴프랑스(New France)[187]의 5개 행정지역[188] 중 하나였다. 프랑스가 1682년부터 1763년까지 지배했으나 유럽에서 일어난 7년 전쟁(1756-1763)에 패배한 후 미시시피 강을 중심으로 서부는 스페인에 그리고 동부는 영국에 양도되었다.

그러나 1800년 프랑스 나폴레옹 황제는 스페인과 비밀리에 체결한 제3차 산 이델폰소 조약(The 3rd Treaty of San Idelfonso)에 따라 스페인에 양도한 루이지애나 서부 영토를 회복하였다.

나폴레옹 황제는 루이지애나 서부 영토를 회복했으나 식민통치와 생도맹그 독립전쟁의 어려움 등을 이유로 식민지 경영에 뜻이 없었다. 그는 다만 영국의 영향력 확대를 막기 위해 1803년 루이지애나를 1,500만 불을 받고 미국에 매각했다.

루이지애나 규모는 당시 미국 영토의 두 배에 달했다. 미국은 이를 시작으로 북미와 중남미에서 영토 확대를 위한 제국주의적 경쟁에 뛰어들게 되었다.

루이지애나는 1803년 12월 20일부로 미국 영토가 된 후 현재의 13개주[189]로 분할되었다.

나) 플로리다(Florida) 취득

플로리다(Florida)는 1513년 스페인 정복자 폰세 데 레온((Juan Ponce

---

187 New France (French: Nouvelle-France), also sometimes known as the French North American Empire or Royal New France, was the area colonized by France in America, beginning with the exploration of the Gulf of Saint Lawrence by Jacques Cartier in 1534 and ending with the cession of New France to Great Britain and Spain in 1763 under the Treaty of Paris (1763). Wikipedia

188 Canada, Hudson's Bay, Acadie in the northeast, Plaisance on the island of New-foundland, and Louisiane. Wikipedia

189 Montana, Wyoming, Colorado, North Dakota, South Dakota, Nebraska, Kansas, Oklahoma, Minnesota, Iowa, Missouri, Arkansas, Louisiana

de Leon)이 탐험한 뒤 스페인의 식민지가 되었다. 스페인은 1763년 7년 전쟁 중 영국이 점령하고 있는 아바나를 돌려받고 플로리다를 영국에 양도하였다.

영국은 플로리다를 동부와 서부로 나누어 통치하며 자국인과 함께 미국 및 인근 카리브 흑인들의 정착을 유도하였다. 그러나 영국이 미국 독립전쟁에서 패배하자 플로리다는 1783년에 체결된 베르사유 조약(Treaty of Versailles)에 따라 다시 스페인 식민지로 편입되었다.

제2차 스페인 식민통치 시기 중 스페인의 통치력은 사실상 플로리다 북쪽 국경까지 미치지 못했다. 따라서 이 지역은 도주한 노예들이나 미국에 대항하는 인디언들이 거주하며 이들의 공격기지로 활용되기도 했다.

미국은 스페인에게 이 지역 통제를 위한 구체적인 개혁조치를 취해주도록 압력을 하면서 동시에 암묵적으로 접경지인 조지아나 사우스캐롤라이나 거주 미국인들의 플로리다 불법이민을 조장했다.

이들은 기존 영국계 거주자들과 함께 일명 '플로리다 가난뱅이 백인(Florida Crackers)' 그룹을 만들어 세력을 형성하고 스페인 당국의 통치를 무시하거나 위협하였다. 이에 더해 1810년에는 스페인 정부에 반기를 들고 '서 플로리다 공화국'을 선포하였다.

미국의 매디슨(James Madison) 대통령은 90일 뒤 이 지역이 원래 루이지에나 구매에 포함된 지역이었다고 일방적인 주장을 하며 미국 영토로 합병해버렸다.

세미놀(Seminoles)은 동부 플로리다를 근거지로 하는 인디언 부족인데 이들이 조지아를 공격하자 미국은 이들을 토벌한다는 명목으로 동부 플로리다에서 작전을 전개하며 영향력을 확대했다.

스페인은 1810년부터 발생하기 시작한 중남미 독립혁명운동을 막아내는 데 집중하고 있었기 때문에 동부 플로리다에서 일어난 미국의 정치군사적 행동을 현실적으로 제어할 수 없었다.

따라서 결국 스페인은 1819년 미국과 '아담스-오니스 조약(Adams-Onís Treaty)'을 체결하고 동부 및 서부 플로리다를 미국에 양도하였다. 이와 함께 뉴 스페인 부왕령과 미국 사이에 발생하고 스페인령 텍사스(Spanish Texas)에 대한 국경 분쟁 문제를 해결했다.

미국 먼로 대통령은 1821년 3월 3일 이 조약을 공식 승인한 뒤 1822년 3월 30일 의회동의를 받고 플로리다를 미국 영토로 편입하였다.

다) 멕시코 영토 취득

멕시코는 뉴스페인 부왕령(New Spain Viceroyalty, 1521-1821)으로 1810년부터 스페인과의 독립혁명전쟁을 시작해 승리한 후 1821년 독립했다. 영토는 과거 뉴스페인 부왕령(New Spain Viceroyalty, 1521-1821)을 그대로 유지하였다.

그러나 미국은 멕시코가 신생국가로 등장하자 1819년 미국과 뉴 스페인 부왕령 간 국경을 확정한 '아담스-오니스 조약'을 지키지 않아도 된다는 이유를 찾았다.

한편 신생국가인 멕시코는 1821~60년 기간 중 50명 이상의 대통령이 등장할 만큼 독립이후에 정정 불안이 계속되었다.

① 텍사스 합병

1820년대 멕시코 정부는 텍사스 지역을 실질적으로 관할하는 것이 어려워 멕시코 법과 질서를 지킨다는 조건하에 노예를 활용한 미국의 경작 농민들의 이주를 제한적으로 허용하였다.

미국 이민자들은 세력이 커지자 멕시코 법 집행을 무시하기 시작하였는데 멕시코 정부는 이에 대응해 1930년 미국인의 텍사스 이주금지 조치를 실시하였다. 이 결과 미국 이민자들은 1935년 멕시코로부터의 독립을 주장하며 무력 저항을 시작했다.

멕시코 산타 아나(Santa Ana) 장군은 1936년 알라모(Alamo) 요새에서 텍사스 군을 분쇄하지만 곧이어 미국이 보낸 군대에 패배하였다. 포로가 된 산타 아나 장군은 텍사스를 포기하고 철수하는데 동의하였으나 멕시코 의회는 산타 아나 장군이 체결한 항복조약을 승인하지 않았다.

한편 미국 이민자들은 1937년 텍사스공화국(Republic of Texas)으로 독립을 선언했고 미국은 바로 국가 승인을 하였다.

1945년에 미국의 포크(James K. Polk) 대통령은 텍사스공화국을 미국 영토로 합병하였다.

② 미-멕 전쟁과 과달루페 이달고 조약

1945년 미국이 텍사스 합병을 선언했지만 멕시코 정부는 산타 아나(Santa Ana)가 미국과 체결한 조약을 승인하지 않았기 때문에 텍사스를 멕시코 영토로 인식하고 있었다. 이에 더해 미국과 멕시코는 국경분쟁을 계속해왔다. 미국은 남부 국경을 리오그란데 강이라고 주장하고 멕시코는 더 북쪽에 있는 누에세스 강(Nueces River)이라며 이를 반박하였다.

미국의 포크 대통령은 남부 영토 확장을 위해 멕시코와 전쟁 구실을 찾고 있었는데 1846년 5월 리오그란데 강 주변 마타모로스(Matamoros)에서 군사적 충돌이 발생하자 그는 이를 기회로 멕시코와 전쟁(American-Mexican War)을 일으켰다.

멕시코는 이 전쟁에서 미국에 패배하고 1848년 2월 굴욕적인 과달루페 이달고 조약(Treaty of Guadalupe Hidalgo)을 체결하였다. 이 조약체결로 미-멕시코 국경은 리오그란데 강이 되었다. 이 결과 멕시코는 현재의 캘리포니아, 네바다, 유타, 뉴멕시코, 애리조나, 콜로라도 전체와 텍사스, 와이오밍, 캔자스, 오클라호마 일부 등 광활한 영토를 1,500만 불(현재 기준 443 백만 불)에 양도하였다.

미국은 1853년 다시 멕시코와 메시야 조약(Treaty of Mesilla)을 체결해 현재의 애리조나 남부와 뉴멕시코 남서부를 포함하는 개즈던(Gadsden) 지역을 천만 불에 매입하였다.

라) 쿠바에 눈독

19세기 중 쿠바는 설탕과 담배 생산지역으로 상업적으로 번성하였을 뿐만 아니라 앤틸리스 제도의 진주(The pearl of the Antilles)로 불리는 카리브의 전략적 요충지였다. 미국은 19세기 내내 쿠바 지배에 관심을 두고 기회를 보고 있었다.[190]

미국의 쿠바에 대한 전략은 우선 쿠바에 대한 기득권을 가진 스페인을 제외한 유럽 국가들의 영향력을 배제하고 그 다음 스페인을 축출해 쿠바를 직접 지배하는 것이었다.

미국은 쿠바가 스페인에서 독립하면 중력법칙에 따라 자연스럽게 미국에 흡수될 것이라고 판단하고 쿠바 독립을 부추겼다. 1851년에는 독립전쟁을 촉발시키기 위해 베네수엘라 출신으로 스페인 군에 복무한 적 있는 로페즈(Narciso Lopez) 장군을 쿠바에 침투시키기도 했다. 이 작전은 실패했다.

미국은 이후 쿠바에서 발생한 독립전쟁인 십년전쟁(1868-1878)과 작은 전쟁(1879-1880) 그리고 쿠바독립전쟁(1895-1898) 때 참전 구실을 찾던 중 아바나 항구에 정박한 미 군함 메인호가 원인모를 폭발로 침몰하자 이를 스페인의 공격으로 간주하고 일방적으로 전쟁을 선포했다.

이렇게 시작된 미-서전쟁(1898)은[191] 스페인의 패배로 끝나고 미국이 스페인을 대신해 쿠바에 대한 제국주의적 주도권을 행사하게 되었다.

---

190 토머스 제퍼슨(Thomas Jefferson) 대통령은 쿠바를 미국 영토 확장의 남쪽 한계지점으로 간주했고 존 퀸시 애덤스(John Quincy Adams) 미국무장관이 1923년 한 기고문에서 쿠바와 푸에르토리코는 북미 대륙에 자연적으로 붙어 있는 부속지역이라고 언급했다.

191 1898년 아바나 항구에 정박해있던 미군함 Main호가 원인모를 폭발로 인해 침몰되어 미군 250명이 사망한 사건이 발생했다. 미국은 이 사건이 스페인과의 연관성을 확인하지 않은 채로 미국 국내 여론을 환기시켜 스페인에 대한 선전포고의 구실로 이용했다.

마) 파나마운하지대(Panama Canal Zone) 지배권 확보

유럽 열강들은 17세기부터 중미지역에 대서양과 태평양을 잇는 운하를 만드는 계획을 추진해 왔다. 중미지역에 운하가 만들어지면 케이프 혼 (Cape Horn)을 돌아오는 긴 수송로가 단축이 되고 항해위험을 줄일 수 있기 때문이다. 운하건설 대상지역은 니카라과와 당시 콜롬비아의 영토이었던 파나마가 고려되었는데 미국, 영국, 프랑스 등이 개발계획과 관심을 가지고 있었다.[192] 미국은 콜롬비아 영토이었던 파나마 보다는 니카라과에 관심을 두고 있었다.

콜롬비아 정부는 1878년 수에즈 운하를 건설한 드 레셉스(Ferdinand de Lesseps)가 이끄는 프랑스 회사에게 파나마 운하 건설허가를 내주고 사업을 추진했다. 그러나 프랑스 회사는 1893년 파산하고 사업운영권을 미국 회사가 넘겨받았다.

미국 정부는 미서전쟁에 승리한 이후 중미에 대한 관심이 커진 상황에서 1903년 파나마에서 발생한 정치적 소요를 활용해 파나마가 콜롬비아로부터 분리 독립하도록 직간접적으로 지원했다.

미국 루스벨트 대통령의 암묵적인 인지 속에서 프랑스 운하 개발사의 수석 엔지니어이었던 Philippe Buneau-Varilla가 반란을 일으키고 독립을 선언하자 미국은 콜롬비아가 반란 진압을 위해 파견한 군대가 파나마에 상륙하지 못하도록 해상을 봉쇄하는 물리적 지원을 했다. 또한 파나마가 독립을 선언하자 미국은 즉시 국가 승인을 하며 정치적 지지를 표명했다.

파나마 독립 후 즉시 미 국무장관인 존 헤이(John Hay)는 파나마 정부 대표인 Philippe Buneau-Varilla와 파나마 운하 중심 10 마일 지역을 미국의 통제 하에 둔다는 조약을 체결했다. 따라서 이 지역은 파나마의 주권이

---

[192] 1850년 미국과 영국은 클레이턴-불워 조약(Clayton-Bulwer Treaty)을 체결하여 중미지역 운하건설에 관해 이해관계를 조정 공동관리하기로 합의했다. 그러나 이 조약은 1900년 미국이 영국과 헤이-폰스풋 조약(Hay-Pauncefote Treaty)을 체결하여 폐기되고 미국은 자유재량권을 확보했다.

배제되고 사실상 미국 영토가 되었다.

파나마 운하는 1904년 건설이 재개되어 1914년에 완성된 이후부터 2000년 파나마 정부에게 반환될 때까지 오랜 기간 동안 미국이 지배하였다.

바) 중미 및 카리브 국가에 대한 간섭 강화

19세기가 끝나갈 무렵부터 미국은 중남미 진출 전략을 바꾸기 시작했는데 그 핵심은 영토 확장에서 영향력 확대로의 변화였다.

그 배경으로 크게 두 가지가 지적되고 있는데 첫째는 인종차별적 관점이다. 영토를 확장하면 이민의 급증으로 앵글로 색슨 사회의 순수성이 침해된다는 것이다. 둘째는 영토 확장 이익보다 통상 이익을 더 중요한 것으로 생각하기 시작했다. 영토 확장은 통치에 소요되는 인력과 경비가 너무 크기 때문에 실익이 적다고 판단한 것이다.

그러나 미국은 중남미에서 통상 이익을 확대하기 위해서 몇 가지 도전과 제들을 극복해야 했다. 우선 지리적으로 가깝고 안보 측면에서도 중요한 중미와 카리브지역에서 이미 기득권을 가지고 있는 영국, 프랑스, 독일, 화란 등 유럽 열강들과 경합해야 했다.

다음 스페인과 포르투갈로부터 독립한 이후부터 신생 남미국가들에 투자를 확대하며 경제적 지분을 늘려온 영국, 프랑스, 독일 등의 영향력을 극복하는 것이었는데 미국은 당시에 채권국가적 지위에 있지 않고 채무국가 지위에 있었기 때문에 남미 국가들에 대한 투자를 확대할 수 있는 여력이 충분하지 않았다.

따라서 미국 입장은 우선 중미와 카리브에 대한 영향력을 확보하는 것이 우선이었다. 미국은 시어도어 루스벨트 대통령(Theodore Roosevelt, 1901-09)이 시행한 강압적인 빅스틱 정책(Big Stick Policy)[193]을 전략적 수단으로 사

---

193 루스벨트 대통령이 의회에서 미국의 외교적 목표를 지원하기 위해 증강된 해군력의 군비를 옹호하면서 널리 알려진 문구이다. "말은 부드럽게 하되 압력을 가하라. 그리하면 일이 잘 풀릴 것

용했다. 미국은 중미와 카리브에 투자한 자국 민간기업의 경제적 이익을 보호한다는 명분을 가지고 증강된 해군력을 활용해 해병대를 파견하며 이 지역 국가들의 주권을 간섭했다.

또한 시어도어 루스벨트 대통령은 유럽 열강들의 잠재적 견제를 막기 위해 먼로독트린에 기반을 둔 루스벨트 계론(Roosevelt Corollary)[194]을 발표하며 미국의 군사적 간섭을 정당화하는 근거를 만들었다.

미서전쟁에서 승리한 해인 1898년부터 1934년 프랭클린 루스벨트(Franklin D. Roosevelt,1933-1945) 대통령의 선린정책(The Good Neighbor Policy) 실시 때까지 미국은 멕시코를 포함해 중미와 카리브 국가들을 대상으로 많은 군사적 간섭을 하며 제국주의적 영향력을 행사했다.

그 대상 국가는 멕시코, 코스타리카, 쿠바, 도미니카(공), 과테말라, 아이티, 온두라스, 니카라과, 파나마 등으로 30여회에 달했다. 간섭형태와 기간은 상황별로 각각 달랐다.

미국의 중미 및 카리브 국가 군사적 간섭현황(1889-1934)

대상국가	회수	시기
코스타리카	1	1921
쿠바	5	1898-1902, 1906-1909, 1912, 1917-1922
도미니카(공)	4	1903, 1904, 1914, 1916-1924
과테말라	1	1920
아이티	1	1915-1934
온두라스	7	1903, 1907, 1911, 1912, 1919, 1924, 1925

이다"라는 아프리카 속담을 인용한 이 문구는 루스벨트 자신과 다른 정치 지도자들과의 관계, 그리고 독점이나 노동조합의 요구를 규제하는 것과 같은 문제들에 대처하는 자신의 접근방법을 설명하기 위해 사용하기도 했다. 다음백과

194 The Roosevelt Corollary was an addition to the Monroe Doctrine articulated by President Theodore Roosevelt in his State of the Union address in 1904 after the Venezuela Crisis of 1902–1903. The corollary states that the United States will intervene in conflicts between the European countries and Latin American countries to enforce legitimate claims of the European powers, rather than having the Europeans press their claims directly

대상국가	회수	시기
멕시코	4	1913, 1914, 1916-1917, 1918-1919
니카라과	5	1898, 1899, 199-1910, 1912-1925, 1926-1933
파나마	3	1903-1914, 1921, 1925

자료원: Talon of The Eagle, 2008, 3rd Edition, Oxford Univ.

사) 범미주공동체 구축(The Pan-American Community)

19세기 말 미국은 미주대륙에 대한 제도적 주도권 확립을 위해 노력했다. 이는 중남미에서 영국, 프랑스, 독일 등의 기득권을 견제하고 자국의 영향력을 확보하기 위한 것이었다.

남미 국가들은 중미 및 카리브 국가들 보다 원거리에 위치해 있기 때문에 미국은 영토 확장보다는 통상과 투자이익 확보에 정책의 목표를 두었다. 그런데 이들이 국가건설 과정에서 내전과 인접국과의 국경분쟁 등 전쟁을 계속하자 미국은 이들과 통상 및 투자확대를 위해서는 우선 역내 정치적 안정 확보가 필요하다고 판단하고 그 제도적 틀을 만들고자 하였다.

1881년 블레인(James G. Blaine) 미국 국무장관은 칠레와 페루 및 볼리비아 동맹 간 태평양전쟁(1879,4-1883.10)이 한창인 가운데 역내 평화유지와 교역확대를 목표로 하는 국제회의 개최를 추진했다. 그러나 이는 미국 내 정치상황의 변화 때문에 1889년에 이르러서야 제1차 범미주회의 (Pan-American Conference)로 개최되었다.

이 회의에서는 역내 국가 간 평화유지 등 정치적 이슈와 함께 범미철도건설. 관세동맹 등 경제적 이슈 등이 논의되었으나 큰 성과는 내지 못했다. 다만 미주국가 상업국(Commercial Bureau of American Nations)을 설립했는데 이 기구는 1910년 부에노스아이레스에서 개최된 제4차 회의에서 범미주 연맹(Pan-American Union)으로 명칭이 바뀌었다.

1948년 보고타에서 개최된 제9차 범미주회의는 미주기구헌장(Charter of the Organization of American States)을 채택하고 그 역할을 종료하고 미주기구(OAS)로 재탄생되었다. 미주기구는 미국의 중남미 정책의 중요한 실행기구가 되었다.

2) 미국의 중남미 정책에 대한 이념적 기반과 외교정책

미국은 중남미에서 유럽 왕정을 대치하는 정치제도로 민주주의를 확산시켜야 한다는 사명감을 가지고 있었다. 미국의 정치적 신념과 목표는 위대한 국가건설(quest for national greatness)과 정치적 민주주의 촉진(promotion of political democracy)으로 이 목표들은 미국에게 단순한 선택의 문제가 아니고 신성한 의무(sacred obligation)로 받아들여졌다. 그리고 이것은 미국 외교정책이 이론상으로나마 유럽 열강과 차별화되는 지점이었다.

그러나 미국의 고결한 사명감은 현실 속에서는 전쟁을 통한 부적절한 영토 확장 등 자국의 제국주의 정책을 그럴듯하게 합리화하는 도구로 사용되었다. 미국 언론인 오설리번(John O'Sullivan)은 '명백한 운명(Manifest Destiny)'을 주장하며 '문명화하지 못한 사람들에게 미국의 기독교 정신과 민주주의적 가치를 전파하는 것이 신의 섭리이며 우리의 명백한 운명'이라고 설파했다. 이는 미국의 영토 확장 의지와 당위성을 나타내는 당시 이념의 흐름으로 여기에서 발현된 외교정책은 구체적으로 먼로독트린, 시어도어 루스벨트 대통령의 빅스틱 정책 등이었다.

미국이 제국주의 정책 실행 구실로 사용한 민주주의 확산 논리는 프랭클린 루스벨트 대통령이 중남미 외교방향을 선린정책으로 선회한 1930년대에 이르러서야 다소 완화되었다.

가) 명백한 운명(Manifest Destiny)

명백한 운명이란 미국이 대서양 연안에서부터 태평양 연안까지 영토를 확장해 나가는 것이 신의 섭리이며 운명이라는 믿음이다. 이 용어를 처음 사용한 인물은 언론인 오설리번(John L. O'Sullivan)이다. 그는 1845년 『데모크래틱 리뷰(Democratic Review)』에 쓴 「합병(Annexation)」이라는 글에서 "매해 수백만 명씩 증가하는 미국인들이 자유롭게 번영을 누리기 위해서 영토를 넓혀 나가는 것은 신의 섭리이며 우리의 명백한 운명"이라고 했다.

이 용어가 광범하게 사용된 것은 1840년대로 오리건, 텍사스 등 과거 멕시코 영토를 미국의 영토로 합병해 나가면서였다.

오설리번의 '명백한 운명'이 주목을 받은 것은 영국과 오리건 지역을 놓고 발생한 영토분쟁이었다. 그는 1845년 12월 27일 『뉴욕 모닝 타임즈(New York Morning Times)』에 '신께서 미국으로 하여금 북미 전체에 공화주의적 민주주의를 전파하는 소명을 주었다'고 하면서 오리건 지역에 대한 미국의 권리를 주장했다.

역사학계에서는 두 번째 영미전쟁이 종료되었던 1815년부터 남북전쟁 시작 전인 1860년까지 미국이 태평양 연안을 향해 서부로 영토를 넓혀가던 시기를 '명백한 운명'의 시대라고 부르기도 하였다.

'명백한 운명'은 이렇게 영토 확장에 대한 의지를 표현하는 말이기도 하지만 한편 '문명화되지 못한' 사람들에게 미국의 기독교 정신과 민주주의적 가치를 전파한다는 의미로도 사용되었다.

미국의 매킨리(William McKinley Jr.1897-1901) 대통령은 필리핀을 합병하며 그들을 한 단계 끌어올려 문명화시키는 것은 미국의 '명백한 운명'이라고 주장했다.

윌슨(Thomas Woodrow Wilson,1913-1921) 대통령은 1920년 연두교서에서 미국이 제1차 세계대전에 참여해야 한다고 하며 민주주의 정신을 전 세계로 확산시키는 것은 미국의 '명백한 운명'이라고 말했다.

역사학자들은 '명백한 운명'이라는 용어를 미국이 서부로 뻗어나가던 특정 시대 특히 1840년대를 설명할 때 주로 사용한다. 그 이후부터는 시대와 주체에 따라 조금씩 다른 의미로 쓰였다.

미국 외교정책에 비판적인 사람들은 '명백한 운명'을 미국의 팽창주의와 제국주의의 시작 또는 이념이라고 보고 있다.

나) 빅스틱 정책(Big Stick Policy)

시어도어 루스벨트(Theodore Roosevelt, 1901-09) 대통령이 의회에서 미국 외교목표를 지원하기 위한 해군력 증강을 요청하며 아프리카 속담을 인용 발언한 "말은 부드럽게 하되 압력을 가하라. 그러면 일이 잘 풀릴 것이다(speak softly and carry a big stick: you will go far)"를 표상한 외교정책이다. 그는 이 문구를 자신과 다른 정치 지도자와의 관계, 독점 규제, 노동조합 요구 조정 등과 같은 문제들을 대처하는 자신의 접근 방식을 설명하기 위해서도 종종 사용하였다.

언론계에서 '강압'(big stick)이라는 말이 사용될 때는 일반적으로 시어도어 루스벨트 대통령의 외교정책 특히 그가 미국의 절대적 우선권을 확립한 지역인 중미와 카리브 국가들에 대한 외교정책을 지칭하는 표현이었다.

먼로독트린과 루스벨트 계론이라는 외교정책을 기반으로 빅스틱 정책을 실행한 루스벨트 대통령은 스스로 자기 스타일을 '일어날 수 있는 모든 위기를 영리하게 판단하고 넘치도록 충분한 결정적인 행동을 사전에 취하는 것'이라고 설명했다.

이러한 스타일 속에서 루스벨트 대통령은 빅 스틱 정책을 운용하면서 상대방이 주의할 정도의 충분한 군사능력 보유, 정당하고 공평한 힘의 행사, 허세 금지, 사전준비를 통한 강한 공격, 상대방의 명분을 세워주는 자세 등 다섯 가지를 고려하였다.

특히 그는 1904년 먼로독트린에 대한 루스벨트 계론(Roosevelt Corollary to Monroe Doctrine)을 발표했다. 이는 유럽 열강이 미주 대륙에 개입하는 것은 원치 않는다는 먼로독트린은 중남미와 카리브 연안 국가들의 정세가 불안하거나 외채를 상환하지 못하면 미국이 내정에 간섭할 권한을 가지며 필요할 경우 국제경찰력을 행사할 수 있다는 것을 포함한다는 내용이다. 이후부터 실행된 미국의 멕시코, 중미, 카리브 지역에 대한 패권확보를 위한 제국주의 정책은 모두 이 틀에서 계획되고 실행되었으며 1934년 프랭클린 루스벨트 대통령이 선린정책을 발표하기 전까지 중남미 외교정책의 근간이었다.

다) 선린정책(Good Neighbor Policy)

시어도어 루스벨트 대통령의 빅스틱 정책은 1933년 프랭클린 루스벨트 대통령이 취임사에서 선린정책을 선언할 때가지 계속되었다.[195]

중남미 국가들은 미국의 빅스틱 정책에 대한 두려움 때문에 역내에서 미국의 존재를 꺼리고 영향력 확대에 적개심을 가지고 있었다. 이러한 배경 속에서 선린정책은 중남미 국가들에 대한 미국의 우월적 지위에 대한 적대감정을 완화시키기 위해 실시되었다.

미국의 선린정책은 같은 해 몬테비데오에서 개최된 제7차 범미주국가회의(7th International Conference of American States)에서 다시 선언되고 확인되었다. 헐(Cordell Hull) 미 국무장관은 '어느 국가도 타국의 국내외 문제에 간섭할 권리를 보유하고 있지 않으며 미국은 다른 국가가 제3국 정부의 주권, 자유, 내정 등에 간섭하는 것을 반대한다'고 천명하였다.

선린정책은 불간섭(non-intervention)과 불참견(non-interference)을

---

195 'In the field of World policy, I would dedicate this nation to the policy of the good neighbor, the neighbor who resolutely respects himself and, because he does so, respects the rights of others, the neighbor who respects his obligations and respects the sanctity of his agreements in and with a World of neighbors.'

기본 틀로 하고 있다. 불간섭은 군사력을 파견하지 않는다는 것이고 불참견은 이보다 더 나아가서 타국의 내정과 외정을 포함한 국내문제에 참견하지 않는다는 것이다. 그러나 이 정책은 역설적이게도 차후 중미와 카리브지역에서 다수의 독재자를 양성하는 결과를 가져왔다.[196]

미국은 정치적 불간섭주의를 표방하면서 역내 경제적 우위에 바탕을 둔 제도적 주도권을 확립하기 위해 자유무역을 제안하였다. 헐 미 국무장관은 1933년 몬테비데오 범미주국가회의에서 관세인하와 무역제한 철폐를 주장했다.

또한 콜롬비아, 쿠바, 브라질 등과는 이들의 미국에 대한 경제의존도를 활용해 유리한 무역조약을 체결하였다. 이 결과 이 시기 중 미국의 역내 수출은 크게 증가했다.

다. 중남미 국가들의 대응 ─────────────

미국이 유럽 열강들과 경쟁하며 중남미에서 취한 제국주의적 외교정책이 역내 국가에 미친 영향은 매우 심각했다. 중남미 역내 신생국가들이 국가건설을 시작한 1830년대부터 1930년대까지 약 100년 동안 미국은 역내 주도권 확보를 위해 기득권을 가진 유럽 열강들에 도전하는 한편 역내 국가들에게는 다양한 논리를 가지고 당근과 채찍이 조합된 외교정책을 구사했다.

이러한 상황은 역내 국가들 입장에서 볼 때 스페인과 포르투갈의 속박에서 어렵게 벗어나자마자 새롭게 떠오른 더 강력하고 근거리에 위치한 제국주의 국가와 맞닥뜨리게 되었다는 것을 의미한다.

중남미 국가들은 미국의 제국주의적 영향력에 대응하고자 다양한 대안을

---

196 엘살바도르의 Maximiliano Hernández Martinez, 과테말라의 Jorge Ubico, 도미니카(공)의 Rafael Trujillo, 쿠바의 Fulgencio Batista, 니카라과의 Anastasio Somoza 등

마련했다. 그러나 이러한 대응들은 종종 역내 개별 국가의 내분 원인이 되는 등 국가건설과 개발에 부정적 영향을 주었다.

이 기간 중에 중남미 국가들은 국가연합창설, 유럽과 연대강화, 역내 주도권 강화, 국제법 호소, 물리적 저항 등을 활용해 미국의 영향력에 대응하였다.[197]

1) 볼리바르의 꿈(Bolivarian Dream)

중남미연방(Latin American Confederation) 창설의 꿈은 스페인으로부터 독립운동이 시작되었던 때부터 태동되었다. 이를 구체적으로 실현하기 위해 노력했던 인사는 중남미 '해방자(Liberator)'라고 불리는 시몬 볼리바르(Simón Bolívar)장군[198]이었다.

그는 1815년 스페인군에 패전한 뒤 일시 피신해 있었던 자메이카에서 보낸 편지(Letter from Jamaica)에서 남미는 연방형태의 단일국가로 태어나야 한다며 주장하고 이를 실현하기 위해 노력했다.[199] 그가 생각한 중남미 연방의 영역은 멕시코, 중미, 스페인어 사용 남미 국가들을 포함하고 있다.

그러나 중남미연방을 창설하기 위한 그의 정치외교 및 군사적 노력은 독립을 이룬 각 지방의 이해관계 차이로 합의에 실패하고 자신이 건설했던 그란 콜롬비아(Gran Colombia)마저도 1830년 베네수엘라, 콜롬비아, 에콰

---

197 Talons of the Eagle, Latin America, the United States, and the World, 3rd Edition, Peter H. Smith, Oxford Univ. 2008, pp.95

198 베네수엘라 출신. 1783-1830, 스페인 통치하에 있던 남아메리카 국가들을 해방시켜 '해방자'라고 불린다. 누에바 그라나다(그란 콜롬비아), 페루, 볼리비아를 해방시키고 그란 콜롬비아와 페루의 대통령으로 취임하여 독재 권력을 휘둘렀다. 남아메리카가 내란으로 분열되자 대통령 직을 사임하고 유럽으로 갔다가 폐결핵으로 사망했다. 다음백과

199 ... It is a grandiose idea to think of consolidating the New World into a single nation, united by pacts into a single bond. It is reasoned that, as these parts have a common origin, language, customs, and religion, they ought to have a single government to permit the newly formed states o unite in a confederation.

도르 등 3개 국가로 분할되어 버렸다.

시몬 볼리바르는 같은 해 지병인 폐결핵으로 사망하며 그가 추진해왔던 중남미연방 창설도 꿈으로 끝났다. 그의 이상은 후세에 '볼리바르의 꿈 (Bolivarian Dream)'으로 불리며 현재에도 이어져 중남미통합 이념적 지표가 되고 있다.

2) 외부세력(External Powers) 활용

스페인에서 독립한 중남미 신생 국가들은 스페인이 다시 역내에서 세력을 회복하는 것과 먼로독트린에 기댄 미국의 영향력 확대를 경계하였다. 특히 먼로독트린에 대한 루스벨트 계론을 선언한 미국의 군사력에 대한 두려움이 컸다.

시몬 볼리바르 장군은 미국의 영향력 확대에 맞설 가장 적합한 외부 세력은 영국이 적합하다고 판단하여 1826년 본인이 추진한 파나마회의(Congress of Panama)에 영국을 정회원국으로 초청하는 등 외교적 행보를 취하기도 했다. 그러나 영국은 미국과 충돌을 회피하고자 참관국 자격으로 참가했으며 이후에도 자국의 경제적 이해관계에만 치중하면서 그 이익이 침해될 경우에만 군사 및 외교적 조치를 취했다.[200]

중남미 국가들은 미국의 영향력 확대를 경계해 1880년대부터 미국이 의욕적으로 추진한 범미주주의(Pan-Americanism)[201] 움직임을 거부하고

---

200 1846-1847년 부에노스아이레스 항구 봉쇄, 1894년 리우데자네이루 항구 봉쇄, 1894년 베네수엘라, 니카라과 군대 파병 등

201 미국의 지도 아래 아메리카 대륙 여러 나라가 공통의 이익과 안전을 위하여 협력 제휴한 운동이다. 이 운동은 라틴아메리카 제국이 스페인의 재정복에 대항하는 방위를 협의하려고 시몬 볼리바르의 제창으로 개최된 1826년의 파나마 회의로 시작된다. 1889년까지 라틴아메리카 제국의 운동은 유럽 제국에 대한 안전보장, 미국에 대한 공동 방위를 주된 목적으로 했다. 그러나 1889년, 미국의 초청으로 열린 제1회 범미회의는 미국의 주도 아래 라틴아메리카 제국의 결속을 도모하려 했다. 그 결과 '범미연합'이 설치되었다. 그러나 미국의 카리브 제국에의 간섭, 파나마 독립 원조, 파

회피하였다. 쿠바의 문필가이자 애국자였던 마르티(José Martí)는 1889년 기고를 통해 미국의 중남미 지배 의도를 경계하였고 칠레의 사상가인 디에고 포르탈레스(Diego Portales)도 미국의 지배에 종속되는 것을 주의하라고 경고했으며 아르헨티나의 정치가인 바우티스타 알베르디(Juan Bautista Alberdi)도 '위험은 미국이고 유럽은 보호자 이다'라고 주장하며 미국을 경계했다.

또한 중남미 국가들은 미국의 청교도적 영향력 확대를 막기 위해 중남미 정체성을 확립하고자 스페인주의(Hispanidad)와 프랑스주의(Francophilia)를 내세우며 유럽의 전통 문화가 미국 문화보다 우위에 있다는 것을 강조했다. 그럼에도 불구하고 유럽 국가들을 활용해 미국의 영향력을 배제하는 데는 앞서 설명한 양국의 사례와 같이 명백한 한계가 있었다.

3) 역내주도권 확보와 대응(Rivalry and Subregional Hegemony)

지정학적 위치, 국토 규모, 보유 자원 등을 고려한 국력을 배경으로 아르헨티나와 브라질은 제한된 수준에서나마 미국의 영향력에 대응하였다. 이들 두 국가의 의도는 북미와 중미는 미국이 주도하되 남미는 자신들이 주도한다는 것이었는데 두 국가가 미국을 대하는 방식은 서로 달랐다.

19세기 말 아르헨티나 국력은 미국에 상응할 정도로 커졌다. 미국이 서부개척을 할 때 아르헨티나도 서부의 초원과 사막을 개척하는 등 국력을 확대했다.[202] 또한 아르헨티나는 1870~1910년 시기 미국과 동일하게 유럽으로부터 많은 이민자들을 받아들여 인구를 늘렸다.

아르헨티나는 유럽 백인들의 이민이 크게 이루어지며 백인 인구비중이 압

나마 운하 건설 후의 적극적인 제국주의 정책은 라틴아메리카 제국의 반감을 높이 샀다. 위키백과

[202] 미국의 서부개척을 모방한 'Nuestro Far West(Our Far West)'란 정치적 구호를 사용했다.

도적으로 커지자 스스로 남미의 유럽 국가 행세를 했다. 사르미엔토(Domingo Sarmiento,1868-74) 대통령은 1888년 한 저술에서 '아르헨티나는 남미의 미국이 될 것이다'라고 기술할 정도로 자신감을 가지고 있었다.[203]

1920년대 말에 세계에서 일곱 번 째로 부유한 국가로 평가되는 등 국력이 커지자 스스로 미국과 견줄 수 있다고 믿으며 영국, 프랑스, 독일 등 유럽 국가와 연대해 미국의 영향력에 대응했다.

한편 브라질은 '하나님은 브라질 사람이다(God is a Brazilian)'이라는 표현을 사용할 정도로 자국의 거대함에 대한 자부심이 강했다. 브라질은 아르헨티나와 지역 패권을 다투며 유럽 국가들과 거리를 두고 미국과 연대하였다. 특히 북미는 미국 그리고 남미는 브라질이 주도권을 행사해야 한다는 인식을 가지고 미국이 멕시코 영토를 차지했던 것과 같은 방식으로 영토를 확대해 나갔다. 이 시기에 브라질은 약 115,000 평방 마일의 영토를 확장했다.

4) 국제법 호소(Doctrines and Diplomacy)

이론적인 측면에서 볼 때 국제법에 호소하는 것은 약소국이 강대국의 영향력에 대응할 수 있는 긍정적 자산이다. 중남미 국가들 입장에서도 국제법은 미국의 영향력을 차단할 수 있는 중요한 수단이었다.

19세기 중반 칠레 사상가이자 교육자인 베요(Andrés Bello)와 아르헨티나 역사학자인 칼보(Carlos Calvo)가 주장한 주권불가침원칙(sovereign immunity from external intervention)과 칼보조항(Calvo Clause)[204]에

---

203 'We shall reach the level of the United States. We shall be America as the sea is the ocean. We shall be the United States.'

204 어떠한 국가와 외국인의 계약에서 발생한 분쟁은 그 국가의 국내 재판소에서 해결하며, 외국인은 본국 정부의 외교적 보호를 요구하지 않기로 한 조항. 아르헨티나의 국제법학자 칼보(Calvo,

근거해 중남미 국가들은 미국의 간섭을 배제하기 위해 노력하였다.

특히 1899년 헤이그에 국제상설중재재판소가 설치되며 미국과 중남미 국가들은 분쟁에 대한 강제관할권을 두고 첨예하게 대립하였다. 미국은 국제상설중재재판소가 국가 간 모든 분쟁에 대한 강제관할권을 가지는 것이 당연하다고 하였으나 중남미 국가들은 국내법원 우선권을 주장하였다. 이 문제는 최종적으로 자발적 중재관할(voluntary arbitration)로 결론지어 졌다.

미국이 국제법 영역에서 보여주어 왔던 제국주의적 입장은 1933년 프랭클린 루스벨트 대통령이 선린정책을 표방하며 크게 후퇴했다. 루스벨트 대통령은 1933년 범미주회의에서 '어느 국가도 타국의 대내 및 대외 문제에 간섭할 권리를 보유하지 않는다'라는 원칙에 합의했다.

라. 중남미 국가들의 반미정서 태동

미국의 중남미 외교정책은 역내 국가들의 반미 정서를 일으켰다. 반미정서는 정서적이고 수사적인 것이어서 구체적 전략이나 정책을 내포하고 있지는 않지만 역내에서 '저항문화(cultures of resistance)'를 형성하였다.

중남미 신생 국가들이 주권을 보호하기 위해서는 민족주의적일 수밖에 없었다. 민족주의자(nationalist)는 반제국주의자(anti-imperialist)가 되고 반제국주의자가 되는 것은 당시 미국을 상정해 볼 때 자연스럽게 반미주의자(anti-american, anti-gringo, anti-yanqui)가 될 수밖에 없었다. 미국의 침략을 경험한 멕시코, 쿠바, 니카라과 등 국가에서 이러한 경향은 더욱 그렇다. 반미정서는 중남미 문화 내부에 깊게 자리 잡아 현재까지 이어지고 있다.

C.)가 발안하였다.

냉전시대는 2차 세계대전 이후 미국과 소련을 중심으로 우방국들이 동서블록으로 나뉘어 대립하며 지정학적 긴장을 유지했던 시기를 말한다. 미국이 1947년 트루먼 독트린[205]을 발표한 때부터 소련이 해체된 1991년까지가 이 시대에 해당된다.

국가안보가 미국 외교정책의 최고 목표가 되면서 중남미는 미국과 소련 그리고 자본주의와 공산주의 이념의 전장이 되었다. 미국은 중남미에서 소련의 도전을 저지하고 정치적 우위를 확보하기 위해 반공운동을 시작했다.

미국은 우선 공산주의에 반대하는 역내 국가들과 정치군사적 동맹을 강화했는데 역내 독재정권과도 그들이 반공정책을 추진하면 협력관계를 유지했다. 그러나 좌파 정권이나 공산주의에 우호적인 정권은 사정없이 분쇄하는 정책을 취했다.

1950년대 중반 중남미에서 소련의 영향력 확대 움직임은 다소 과장된 측면이 있다. 그러나 미국의 반공정책은 1980년대까지 중남미외교에서 매우 중요한 축이었다.

가. 우방진영 결속과 유대강화

제2차 세계대전은 미국을 초강대국 지위로 끌어올렸다. 전쟁 이전 미국의 외교적 영향력은 중남미를 크게 벗어나지 못했다. 그러던 미국이 세계대전

---

205 미국 대통령 해리 S. 트루먼이 1947년 3월 12일 공산주의 폭동으로 위협을 받고 있던 그리스 정부와 지중해에서 소련의 팽창으로 압력을 받고 있던 터키에 대해 즉각적인 경제·군사 원조를 제공할 것을 공약한 선언이다. 다음백과

이후에는 막강한 제조업 능력과 금융 여력에 기반을 둔 경제력과 군사력을 가지고 전 세계에 영향력을 확대하였다.[206]

그러나 미국의 일극체제는 소련이 폴란드를 시작으로 동구에서 영향력을 확대하자 곧바로 긴장관계가 조성되며 양극체제로 전환되었다. 이후부터 미국과 소련은 세계 곳곳에서 각각 지지하고 있는 자본주의와 공산주의 간 이념적 대결, 막강한 군사력을 배경으로 한 외교적 대결, 대리전을 통한 군사적 대결을 계속했다.

이러한 상황은 양자 간 새롭게 형성된 세력균형(Balance of Power)에 기반을 둔 냉전체제로 이어졌다.

1) 냉전초기 미국의 중남미 외교

미국 육해군합동자문기구(Joint Army and Navy Advisory Board)는 1943년 12월 중남미방위프로그램(Western Hemisphere Defense Program)을 만들어 중남미 국가들이 연합국 진영에 합류할 것을 종용했다.

1946년 유엔 창설 과정에서도 미국은 역내 국가들의 유엔 창설 참여를 독려하고 역내 지역안보기구를 만들 수 있도록 유엔 헌장 51조에 명기했다. 당시 창설에 참여한 역내 국가 규모는 전체의 40%에 달했다.

중남미 국가들은 유엔헌장 51조에 따라 1947년 9월 리우조약(Rio Treaty)을 체결하였다.[207] 일명 중남미방위독트린(Hemispheric Defence Doctrine)으로 알려진 이 조약의 핵심은 역내 한 국가에 대한 침략은 전체 국가에 대한 침략으로 간주 된다는 것에 있다.

---

206 1930년대 말 기준 미군은 185,000명이었으나 1960년대 말에는 2백만 명에 달했다.

207 미주상호원조조약(Inter-American Treaty of Reciprocal Assistance)의 별명이다. 1947년 9월 2일 서명되고 1948년 3월 12일 발효되었다.

이 조약의 목적은 역내 집단안보체제를 구축하는 것인데 역내 국가들은 이 조약을 통해 미국이 자국에 간섭하는 것을 제어할 수 있다고 생각했다. 그러나 미국은 이 조약을 유엔 안전보장이사회 동의 없이 역외 세력의 중남미 무력진출을 물리적으로 방어할 수 있는 근거로 활용할 수 있게 되었다.

미국은 1948년 4월 선린정책을 표방하며 미주기구(OAS)를 창설했다. 미주기구는 미국의 중남미 역내 주도권을 제도적으로 확립해주는 중요한 기구이다. 미주기구 헌장 15조는 역내 국가에 대한 간섭배제를 명료하게 규정하고 있는데[208] 미국은 여기에서 미주 통합을 위해 역내 국가들과 협력하며 무력사용을 하지 않을 것을 명시했다.

2) 중남미 독재자(Dictators)들과의 관계강화

냉전시대 미국의 중남미 외교목표의 핵심은 반공정권의 육성과 강화였다. 그러나 2차 세계대전 직후 미국이 경계한 역내 정치이념은 파시즘으로 공산주의가 아니었다. 그 예로 미국은 아르헨티나에서 민족주의와 노조를 기반으로 등장한 대중주의적 정치가 페론(Juan Perón)을 경계하며 활동을 방해했다.

한편 2차 세계대전 이후 중남미에서는 대체적으로 민주주의에 기초한 자유선거를 통해 정권이 출범하고 있었다. 칠레, 코스타리카, 콜롬비아에서는 이미 민간정부가 들어섰고 1947년에는 에콰도르, 쿠바, 페루, 베네수엘라에서도 자유선거를 통해 민간정부가 출범하였다.[209]

---

208 'No state or group of states has the right to intervene, directly or indirectly, for any reason whatever, in the internal or external affairs of any other state.'

209 에콰도르의 José María Velasco Ibarra 정권, 쿠바의 Ramón Grau San Martín 정권, 페루의 José Luis Bustamante y Rivero 정권, 베네수엘라의 Rómulo Gallegos 정권 등

이러한 정치 환경 속에서 진보적 정치세력과 함께 공산당을 포함한 좌파 정당도 합법적인 정치세력으로 자리를 잡고 영향력을 확대하기 시작했다. 특히 공산당원의 규모는 1947년에 약 40만 명으로 추산되고 있는데 1939년의 10만 명 미만 수준과 비교해 볼 때 크게 약진했다. 아울러 노동운동도 활발하게 전개된 결과 1945년 기준 역내 노조 규모는 3.5~4백만 명에 이르렀다.

그러나 민주주의에 기초한 정치 환경은 군부가 정치에 다시 등장하며 급격하게 변화하였다. 군부는 쿠데타를 일으키거나 정치적 압박을 가하는 등 다양한 방법을 가지고 정권을 장악하였다.

1946년 브라질에서는 선거 방식으로 사실상의 군부정권이 출범했다. 이어서 1947년 니카라과, 1948년 페루와 베네수엘라, 1952년 쿠바 등에서 연쇄적으로 군부가 정치에 간섭해 민간정부는 군부가 통치하는 우파 권위주의적 정권으로 대체되었다.[210] 이러한 양상은 계속되어 1954년 말까지는 칠레, 우루과이, 코스타리카를 제외하고는 모두 군부가 정권을 장악하였다.

미국은 중남미에서 소련의 영향력 확대를 저지하기 위해 우파 군부정권에 대한 외교적 승인을 즉각 보내면서 연대를 강화하였다. 중남미 우파 군부정권들은 미국의 역내 외교 방향인 반공정책을 강화하면서 미국의 내정간섭을 배제하고 외교적 지지를 확보하였다.

1953년에 취임한 아이젠하워(Dwight D. Eisenhower) 미 대통령은 '만약 공산주의자들과 전쟁이 시작되면 우리는 중남미를 방어할 수 없기 때문에 역내 국가들의 군사력 강화는 매우 중요하다'라고 언급하며 공산주의 세력의 역내확장을 극도로 경계하고 군부세력 증대를 정당화했다. 당시 닉슨(Richard Nixon) 부통령도 쿠바의 군부 독재자인 바티스타를 아브라함 링

---

210 브라질 Eurico Gaspar Dutra 정권, 페루 Manuel Odría 정권, 베네수엘라 Marco Pérez Jiménez 정권, 쿠바 Fulgencio Batista 정권, 니카라과 Anastasio Somoza 정권 등

컨 대통령에 비유하는 등 치켜세우고 유대를 강화했다.

미국이 군부 독재자들과 관계를 강화한 것은 민주주의 체제 보다 권위주의 체제를 선호한다는 가치판단에 의한 것은 아니었다. 다만 당시 역내 상황 속에서 공산주의 확대를 저지하는 데는 민주주의 정권보다 군부의 권위주의 정권이 더 효율적으로 작동한다는 냉정한 정치적 계산에 따른 것이었다.

미국과 역내 군부 독재자들은 공산주의 확산을 막기 위해 공산당 불법화, 노동운동 탄압, 소련과 외교관계 단절 등 세 가지 정책을 중심으로 협력했다. 이 결과 1944-47년 기간 중 전성기를 맞았던 공산당은 각 국가별로 불법 정치단체로 간주되어 의회나 행정기관에서 축출되었다.[211]

역내 군부 독재자들은 공산당을 불법화하고 재제하는 것이 미국과 관계를 강화할 수 있는 계기가 될 뿐 아니라 국내 정치에서도 반대파를 공산주의자로 몰아 제압할 수 있는 논리로 사용할 수 있는 일거양득의 수단임을 잘 인식하고 있었다.

노동운동에 대한 통제는 역내 노동조합의 탄압으로 이어졌다. 노동계층은 그 특성상 좌파이념에 설득당하기 쉽기 때문에 이들을 구성원으로 하는 노동조합은 공산주의 이념 확산의 온상이자 제도적 조직이었다. 역내 군부 독재자들은 자국 주재 미국대사관 노무관과 우파 성향의 미국 전국 노조(AFL)의 지원 하에 여러 가지 방법을 활용하여 노조활동을 통제했다.

소련은 제2차 세계대전 이전 중남미에서 멕시코(1924), 우루과이(1926), 콜롬비아(1935) 등 3개 국가와 외교관계를 가지고 있었다. 미국은 전쟁 중 소련이 연합국에 소속되어 있었기 때문에 역내 국가들이 소련과 외교관계를 개설하도록 지원하기도 했는데 이 결과 전쟁이 종료된 시점에서 소련이 외교관계를 수립한 국가는 15개로 늘어났다.

---

211 예를 들어 브라질, 칠레, 코스타리카는 각각 1947년 5월, 1948년 4월, 1948년 7월 공산당을 불법화하였다.

그럼에도 불구하고 냉전체제가 깊어져 가고 있었던 1950년대 중반에는 미국의 영향력으로 소련과 외교관계를 수립했던 15개 중남미 국가 중 13개 국가가 외교관계를 단절하였다. 이 결과 소련은 중남미에서 다시 외교적으로 고립되고 말았다.[212]

3) 닉슨 중남미 순방과 친구 만들기

아이젠하워 대통령이 주도했던 1950년대 미국의 중남미 외교정책은 표면적으로 성공한 것으로 평가되고 있었다. 미행정부 관료들도 다양한 방법으로 만족감을 표시했다.[213] 닉슨 부통령은 이러한 긍정적 평가를 배경으로 1958년 5월 중남미 국가 순방에 나섰다.

그러나 역내 개별국가 정권을 담당한 독재자와는 다르게 대중의 반미 정서는 매우 강했다. 닉슨 부통령은 파라과이, 콜롬비아, 에콰도르 등에서는 기대했던 환대를 받았지만 우루과이, 아르헨티나, 파라과이, 페루, 베네수엘라 등에서는 격렬한 반미정서를 경험했다. 특히 그는 베네수엘라 방문 때 공항에서 겪은 폭도들의 공격적 시위로 느낀 놀라움과 두려웠던 경험을 회고했다.[214]

닉슨 부통령이 중남미 순방에서 확인한 미국에 대한 대중의 적개심에 대해 미국 관리들은 일단 표면적으로는 공산주의자들의 선전선동에 의한 것

---

212 사례를 보면 브라질과 칠레는 1947년, 콜롬비아는 1948년, 베네수엘라와 쿠바는 1952년, 과테말라는 1954년에 외교관계를 단절하였다.

213 In late 1957 John Foster Dulles assured a group of journalists that "we see no likelihood at the present time of communism getting into control of the political institutions of any of the American Republics." Talons of the Eagle, pp.129

214 Nixon remembered, "I felt as though I had come as close as anyone could get, and still remain alive, to a firsthand demonstration of the ruthlessness, fanaticism and determination of the enemy we face in the world struggle.", Talons of the Eagle, pp.130

이라고 폄훼하였다.

그러나 내부적으로는 미국의 중남미 외교정책 방향을 냉정하게 평가해 보는 계기가 되었다. 닉슨 부통령 자신도 독재자들을 멀리하고(formal handshake for dictators) 민주적 지도자들을 포용해야 한다고(embracing for leaders in freedom) 주장했다.

아이젠하워 대통령도 덜레스(Jon Foster Dulles) 국무장관의 반대에도 불구하고 닉슨 부통령의 아이디어를 승인하고 민주적인 정권에 대해 특별한 지지와 원조를 하도록 지시했다. 특히 그는 도미니카공화국에서 오랫동안 잔혹한 독재자로 군림해온 트루히요(Rafael Trujillo)의 퇴출계획 수립을 허락하기도 했다.[215]

그럼에도 불구하고 미국의 중남미 독재자들을 멀리하는 정책은 결정적이지 못했다. 국가안보를 위해서는 반공정책을 우선시하는 중남미 독재자들의 지지가 필요하다는 것이 당시 미국 행정부의 주류 의견이었다. 다만 중남미 국가들의 개발을 지원하기 위한 경제적 지원을 확대해야 한다는 방향이 설정되었다. 이를 위한 제도적 기구로 아이젠하워 대통령은 1959년 미주개발은행(IaDB) 창설을 추진하며 범미주공동체 비전을 제시했다. 또한 5억 불 규모의 사회개발신탁기금(Social Progress Trust Fund)을 조성해 주택, 보건, 교육, 토지분배 개선사업을 미주개발은행을 통해 실행하였다.

4) 쿠바혁명 발생과 진보동맹(Alliance for Progress)

제2차 세계대전 이후 중남미 국가들은 미국과 불리한 경제관계를 유지해왔다. 중남미 국가들이 전쟁물자 수출채권으로 34억 불을 가지고 있었지

---

[215] 트루히요 대통령은 일련의 군과 민간의 반대파 음모로 1961년 5월 산토도밍고 교외에서 차량을 타고 가는 도중 총격을 받아 살해되었다.

만 미국이 중남미에 수출하는 자본재 가격을 인상해 제대로 회수하지 못한 것도 그 한 사례이다.

1945-52년 마셜플랜(Marshall Plan)이 실시되면서 중남미 국가들은 미국의 경제적 지원에서 소외되었다. 이 시기 중 중남미 전체가 받은 경제적 지원규모가 유럽의 소국인 벨기에나 룩셈부르크 보다 적었다. 또한 1948-58년 중 집행된 미국의 대외경제원조에서 중남미 지분은 단지 2.4%이었다.

1958년에 들어 중남미 순방에서 반미정서를 눈으로 확인한 닉슨 부통령은 새로운 중남미 경제개발 프로그램이 절실하게 필요하다는 것을 인식하고 이를 적극적으로 개발 추진하고자 했다. 그러나 당시 퇴임을 앞두고 있었던 아이젠하워 대통령의 지지가 제한적이었기 때문에 구체화되지 못했다.

그러던 것이 1959년 카스트로(Fidel Castro)가 주도한 쿠바혁명이 성공한 뒤 1961년 카스트로가 스스로 마르크스-레닌주의자 임을 인정하자 미국의 분위기는 갑자기 변화하였다. 미국은 자국의 완전한 영향력 범위 내에 있다고 생각한 쿠바가 공산화된 것을 모욕이자 도전으로 받아들였다.

1960년 말 공화당의 닉슨 후보를 이기고 대선에서 승리한 케네디(John F. Kennedy) 대통령은 1961년 쿠바혁명에서 시작된 공산주의의 도전을 극복하기 위해 10년 기한의 진보동맹(Alliance for Progress) 프로그램을 실행하였다.

진보동맹은 미국과 중남미 국가들 간 경제협력강화를 목표로 1961년 3월 케네디 대통령이 제안하고 같은 해 8월 우루과이의 푼타 델 에스테(Punta del Este)에서 개최된 범미주회의에서 서명되었다.

진보동맹 헌장에는 역내 1인당 국민소득 2.5% 상승, 민주정부체제 확립, 문맹퇴치, 인플레와 디플레 예방을 통한 가격체계 안정, 균등한 소득분배, 토지개혁, 경제사회개발 추진 등 구체적인 목표들이 포함되어 있다. 이러한 목표를 위해서 중남미 국가들은 향후 10년 동안 800억 불의 자본투자를 하고 미국은 200억불을 지원하기로 합의했다.

진보동맹 프로그램의 실행으로 미국의 중남미 국가들에 대한 원조는 바로 증가했다. 케네디와 존슨(Lyndon B. Johnson) 행정부 기간 중 중남미 원조 규모는 전체의 18%로 트루먼(Harry S. Truman)과 아이젠하워 행정부의 3%, 9%에 비교해 크게 증가했다. 다만 1968년 닉슨 행정부가 들어온 뒤 그 규모가 갑자기 축소되었다. 그럼에도 불구하고 진보동맹 프로그램 실행기간 중 미국의 지원 규모는 누적 기준 223억 불이었다.

케네디 행정부가 의욕을 가지고 추진한 진보동맹 프로그램은 결과적으로 성공하지 못했다. 우선 정치적으로는 1960년대 대부분의 중남미 국가들은 군부정권 통치를 받고 있었기 때문에 진보동맹이 추구하는 민주정부체제 확립과는 거리가 멀었다.

경제는 1960년 대 연평균 2.4%의 성장세를 보여주었다. 이는 기간 중 역내 주요 국가에서 실시된 수입대체산업화(ISI) 정책의 성공적 실행, 미국 등 주요 수입시장 활성화, 민간투자 활성화 등 요인들이 작용한 것으로 진보동맹을 통한 미국의 원조는 큰 역할을 하지 못했다.

또한 교육, 주택 등 사회개혁과 토지분배 등 농업개혁에서도 만족할 만한 성과를 내지 못했기 때문에 전체적으로 진보동맹 프로그램은 성공하지 못한 것으로 평가되었다.

그 원인으로 몇 가지가 지적되고 있다. 첫째는 미국의 원조 규모가 충분하게 크지 못했다는 것이다. 둘째는 계획 입안자들이 프로그램의 실시로 새롭게 등장한 중남미 중산층이 미국식 평등과 민주주의 이념에 충실할 것이라고 판단했다는 것이다. 그러나 오히려 이들은 기회주의적이었고 기득권층과 궤를 같이하였으며 비민주적인 군부 독재자들의 입장을 지지했다. 셋째는 중남미 상류층은 기득권 보호를 위해 반대편 계층과 치열한 투쟁을 하고 있어 토지분배, 공평한 소득분배 등 사회개혁이 효율적으로 이루어질 수 없었다. 넷째는 계획 입안자들은 사회개혁 동력으로 새로운 정치세력의 등장을 기대했지만 그러한 일은 일어나지 않았다는 것 등이다.

5) 군부 독재정권 출현과 관계강화

진보동맹 프로그램의 가장 큰 실패는 1960년대 이후 중남미 정치에 그림자를 드리운 군부 쿠데타이었다.

군부 쿠데타는 진보동맹 프로그램이 시작된 직후인 1962-63년 중에도 아르헨티나(1962.3), 페루(1962.7), 과테말라(1963.3), 에콰도르(1963.7), 도미니카공화국(1963.9), 온두라스(1963.10) 등 6개국에서 일어났다. 브라질에서도 1964년 4월 쿠데타가 발생했으며 이미 쿠데타가 발생한 아르헨티나와 페루에서는 쿠데타가 재발하는 등 정치적 불안이 계속되었다.

이 결과 1968년 말까지 아르헨티나, 브라질, 페루, 파라과이, 볼리비아, 에콰도르 등 역내 주요 국가에 권위주의적인 군부독재정권이 들어섰다. 멕시코는 군부 쿠데타를 경험하지 않았지만 제도혁명당(PRI)의 오랜 지배가 계속되며 군부정권에 못지않은 권위주의적 통치를 하고 있었다.

군부정권의 등장은 진보동맹 프로그램이 이루고자 했던 것은 역내 민주주의제도 확립에 부정적인 것이었다. 따라서 케네디 행정부는 중남미에서 발생하고 있는 쿠데타에 대해 격노하며 제재를 가하는 등 강경한 반대 입장을 취했다. 중남미 국가들은 미국이 내정간섭을 하고 있다고 주장하며 정치 외교적 반감을 표출했다.

그러나 미국의 입장은 시간이 가면서 변화했다. 우선 1963년 케네디 대통령이 암살된 뒤 들어선 존스 행정부는 중남미에서 계속 발생하고 있는 쿠데타를 현실적으로 저지할 수 없다는 것을 인식하고 이를 암묵적으로 인정하기 시작했다. 1969년의 닉슨 행정부는 이보다 더 나아가 중남미 군부정권 출현을 명료하게 받아들이고 협력을 강화하는 방향으로 외교정책을 선회하였다. 단 1977년의 카터(Jimmy Carter) 행정부는 인권보호라는 도덕적 신념을 가지고 이를 유린한 군부정권을 핍박하였다.[216]

나. 비 우방진영에 대한 강경정책 실행 ─────────

냉전시기에 미국은 중남미에서 사회주의, 마르크스-레닌주의, 좌파성향 정권의 등장을 극도로 경계했다. 미국은 역내 좌파성향 정권의 등장을 소련의 영향력 확산 책동으로 간주하고 이는 미국의 중남미 외교정책의 한 축인 먼로주의를 반하는 것이라고 생각했다.

특히 미국 행정부 강경론자들은 좌파정권의 등장을 국가안보와 글로벌 세력균형에 대한 위험요소로 판단하고 역내에서 일어나는 좌경화 움직임을 차단하기 위해 다양하고 단호한 정치적 간섭을 했다. 미국이 실행한 역내 국가 정치적 간섭은 1954년 과테말라 침공에서 시작해 1961년 쿠바, 1965년 도미니카공화국, 1973년 칠레, 1983년 그레나다, 1980년대 중미의 콘트라 전쟁(Contra War)까지 이어졌다.

1) 과테말라 침공

1950년 과테말라에서 치러진 자유선거에서 승리한 아르벤즈 구즈만 (Jacobo Arbenz Guzmán)대통령은 1951년 3월 취임 후 과테말라가 외세에 의존하지 않은 경제적 독립, 봉건적 경제체제를 탈피한 근대적 자본

---

216 인권을 탄압하고 있다고 판단한 아르헨티나, 칠레, 과테말라 정권에 경제 및 군사적 지원을 중지시키고 니카라과에서는 산디니스타(Sandisnista) 혁명군에게 고전을 하고 있는 아나스타시오 소모사(Anastasio Somoza) 정권을 지원하지 않음으로서 산디니스타 좌파정권이 들어서게 했다.

주의 국가건설, 국민생활 수준 향상 등의 정부 목표를 달성하기 위해 농업개혁이 필요함을 주장했다.

그는 1952년 농업개혁법(법령 900)을 공표하고 경작하지 않는 농토를 몰수해 농민들에게 배분해 주었다.[217] 이 과정에서 유나이티드 프루트 컴퍼니가 보유하고 있던 농지의 85%가 경작하지 않는다는 이유로 몰수되었다.[218]

미국 정부는 돌연 아르벤즈 구즈만 정권이 공산주의자에게 관대해 미국을 포함한 자유세계에 위협이 되고 있다고 비난하기 시작했다. 미국은 아르벤즈 구즈만 정권의 농업개혁정책은 공산주의 이념에 따른 것이며 과테말라가 공산화되면 소련이 파나마 운하를 장악하게 될 것이라며 위기감까지 조성했다.[219] 그러나 미국의 의도는 사실상 유나이티드 프루트 컴퍼니의 이익을 지키기 위한 것이었다.[220]

미 중앙정보국(CIA)은 과테말라 군부 출신인 카스티요 아르마스(Carlos Castillo Armas)를 움직여 반군을 조직해 온두라스 국경에서 훈련시킨 뒤 과테말라시티를 공격하도록 사주했다.[221] 1954년 6월 아르벤즈 구즈만 대통령은 퇴진하고 카스티요 아르마스 정권이 들어섰다.

그러나 카스티요 아르마스 대통령은 1957년 암살당했다. 그 이후 과테말라에서는 군부 쿠데타가 계속 발생하는 등 정정불안이 이어지며 긴 내전의 시기(1960-1996)를 맞이하게 되었다.

---

217 법령 시행 18개월 동안 150만 에이커를 몰수하여 10만 농민 가구에 분배했다. 이 과정에서 하코보 아르벤스 대통령 본인이 보유하고 있는 토지 1,700 에이커도 몰수되었다.

218 과테말라 정부는 당시 토지 보유세금 산출 지가를 기준으로 627,572불의 보상을 제시했고 미 국무성은 15,854,849불의 보상을 원했다.

219 미국은 1954년 베네수엘라 카라카스에서 개최된 미주기구 총회에서 먼로독트린을 언급하며 과테말라에 대한 간섭을 시사하고 합리화했다.

220 당시 존 포스터 덜레스(John Foster Dulles) 미 국무장관과 앨런 덜레스(Allen Dulles) 미 CIA 국장 모두 유나이티드 프루트 컴퍼니와 긴밀한 관계를 가지고 있는 뉴욕법률회사 출신들이었다.

221 작전명은 Operation PBSuccess 였다.

2) 쿠바, 카스트로 그리고 피그만 침공

카스트로가 주도한 쿠바혁명은 냉전시대에 들어 미국이 맞이한 가장 큰 도전이었다. 사탕수수 의존 경제, 소수 특권 엘리트층에 의해 지배되어온 사회, 부패와 무질서 그리고 폭압으로 물든 정치, 미국의 간섭과 방해로 점철된 역사로 특징되는 쿠바는 바티스타(Juan Batista) 군부독재정권을 마지막으로 1959년 1월 1일 공식적으로 카스트로 혁명군에 의해 접수되었다.

그동안 바티스타 정권을 지지하고 옹호해왔던 미국은 카스트로 정권이 출범하자 노골적인 적대감을 표출했다. 1959년 4월 카스트로 미국 방문 시 아이젠하워 대통령은 공식적으로 그를 만나지 않고 닉슨 부통령이 상대하도록 하는 등 외교적으로 부적절한 행위를 하기도 했다.

카스트로 정권이 추진한 농업개혁정책은 미국을 크게 자극했다. 특히 카스트로 정권이 미국 기업 소유 사탕수수 농장들을 몰수해버리자 미국 내 여론이 크게 악화되었다. 미국 행정부는 이를 구실로 쿠바에 대한 설탕금수조치를 취했다.

미국시장에 전적으로 의존했던 쿠바 설탕산업이 위기에 처하자 카스트로 정권은 대안으로 소련에 의존하는 것으로 방향을 전환했다. 쿠바와 소련은 경제협력협정을 체결했는데 이 협정에 따라 쿠바는 1960년에 45만 톤의 설탕을 소련에 수출하고 향후 4년 동안 백만 톤을 수출할 수 있게 되었다. 여기에 더해 1억 파운드의 차관까지 제공받았다.

아이젠하워 대통령은 1960년 3월 미 중앙정보국이 작성한 '반 쿠바 비밀 작전 계획(A Program of Covert Action against the Castro Regime)'을 승인했다. 이 계획은 쿠바에 대한 정치적 압박 강화, 강력하고 공격적인 반 쿠바 선전, 반 쿠바 첩보활동, 반 쿠바 준군사적 게릴라 활동 준비 등 네 가지를 포함하고 있었다.

이에 따라 미 행정부는 1960년 10월 과테말라 국경지역에서 4-5백 명의 쿠바 탈출 이민자를 대상으로 게릴라 군사 훈련을 시켰으며 이후 그 규모를 일천 명으로 확대해 쿠바 침공을 계획했다.

이 작전은 게릴라 군이 쿠바에 상륙하면 이에 호응해 민중봉기가 일어날 것이라는 것과 게릴라 군의 활동은 결국 미국의 군사개입 구실을 제공해 줄 것이라는 기대 속에서 계획되었다.

아이젠하워 행정부는 1961년 1월 케네디 행정부가 출범하기 직전 쿠바와 외교관계를 단절했다. 곧 이어 취임한 케네디 대통령은 3월 진보동맹(Alliance for Progress)을 출범시킨 후 발표한 화이트 페이퍼에서 '쿠바의 현 상황으로 중남미(Western Hemisphere)와 미주 시스템(Inter-American System)은 매우 심각하고 시급한 도전에 직면하고 있다'라고 지적하였다.

1961년 4월 15일 미 중앙정보국 주도로 쿠바 전투기로 위장한 미국 전투기들이 쿠바 공항을 경미하게 공격한 후 다음 날 천여 명의 반군이 피그만(Bay of Pigs)에 상륙해 전투를 시작했다.[222] 그러나 이 전투는 카스트로 정권의 치밀한 사전준비로 쿠바군의 승리로 끝났다.[223] 반군의 대부분은 포로로 잡혔고 이로서 미 중앙정보국이 쿠바 이민자를 활용해 의욕적으로 실시한 공격작전은 완전하게 실패했다.

미국의 피그만 공격작전 실패는 냉전체제 속에서 미국, 쿠바, 소련, 역내 국가들에게 매우 의미심장한 후유증과 의미를 남겼다. 우선 미국은 이 작전의 실패로 굴욕을 겪었으며 쿠바 카스트로 정권은 국내외에서 정치적 당위성과 입지를 강화하였다. 소련은 이 사건을 쿠바와 협력관계를 더욱 강화할 수 있었다. 카스트로는 같은 해 12월 '일생을 두고 마르크스 레닌주의에 충성할 것'을 선언하며 스스로 공산주의자임을 천명하였다.

피그만 침공 사건 이후 급격하게 밀접해진 쿠바와 소련의 협력관계는

---

222 1,297명이 상륙했다.

223 쿠바 정부군은 1,180명을 포로로 잡아 1년 반 동안 구금하였다. 이후 쿠바는 미국으로부터 의약품 공급을 대가로 이들을 석방하였다.

1962년 소련이 쿠바에 중거리 미사일 기지 건설로 이어지면서 미-소 쿠바 미사일 위기를 일으켰다.

3) 도미니카공화국 침공

미국은 쿠바에 이어 반미 감정이 강하고 오랫동안 군부독재정치에 시달리고 있는 도미니카공화국이 공산화되는 것에 대한 두려움을 가지고 있었다. 아이젠하워 행정부는 트루히요(Rafael Trujillo) 군부독재정권에 대한 지원을 줄이며 민주적인 정권으로 변화를 획책하였다.

1961년 5월 트루히요 대통령이 암살당하자 도미니카공화국은 정치적 혼란기를 맞이했다. 미국은 쿠바와 같은 상황 발생을 우려해 산토도밍고 근교에 해병대를 주둔시키고 좌파세력의 준동을 감시하였다. 우선 국가위원회(Council of State)가 구성되었고 임시정부가 수립되었다.

1963년 2월 실시된 대선에서 승리해 출범한 좌파성향의 보시(Juan Bosh) 정권은 9월 군부 쿠데타로 침몰하였다. 군부는 12월 카브랄(Reid Cabral) 등 정치적 기반이 약한 민간인들로 구성한 3인 위원회 정부를 출현시키고 일단 정치 일선에서 물러났다.

카브랄 정권은 1965년 4월 24일 보시 전 대통령과 연계를 가진 일련의 젊은 군인들이 일으킨 쿠데타로 무너졌다. 이후 군부는 보시 전 대통령을 지지하는 입헌주의자(Constitutionalist)와 과거 트루히요 체제를 지지하는 보수주의자(Loyalist)로 나뉘어 각자 개별 정부를 구성해 대치하는 등 정치적 혼란이 계속되었다.

이 과정에서 보시 전 대통령과 연관이 있는 입헌주의자의 세력이 커지자 미국의 존슨 행정부는 좌파 성향의 보시 전 대통령과 추종자들의 등장을 막기 위해 12,200명의 해병대를 도미니카공화국에 긴급 상륙시키고 곧 바로

23,000명으로 증원했다.

미국의 이러한 신속 대응은 쿠바 피그만 공격 실패에서 교훈을 얻은 것으로 확실한 군사력을 통해 상황을 신속하게 장악하자는 것이었다.

1965년 9월 3일 실시된 대선에서 온건론자인 가르시아 고도이(Héctor García Godoy)가 임시 대통령으로 선출된 후 1966년 다시 실시된 대선에서 승리한 발라게르(Joaquín Balaguer) 대통령에게 정권을 이양했다.

발라게르 대통령은 트루히요 정권에서 오랫동안 봉사해왔던 정치인으로 1960~62년 기간 중에도 대통령 직을 수행한 바 있다. 1966년에 다시 집권한 그는 1978년까지 정권을 유지했으며 8년의 공백을 둔 후 1986년 재집권에 성공해 1996년까지 대통령으로서 발라게르 시대를 열었다.

4) 칠레 아옌데 정권 전복

1970년 11월 남미 칠레에서는 사회당(Socialist Party) 지도자이면서 마르크스주의자인 아옌데(Salvador Allende)가 자유선거를 통해 28대 칠레 대통령으로 취임하였다.[224] 이는 냉전시기 미국의 입장에서 볼 때 매우 바람직하지 못한 상황이었다.

도미니카공화국에서 좌파성향의 보시 대통령 당선을 경험한 미국은 다시 칠레에서 투명하고 공정한 선거를 통해 좌파 대통령이 선출된 것은 매우 당황스러운 일이었지만 정치적으로 문제를 제기할 수는 없었다. 이 지점에서 미국은 중남미에서 자신이 지지해왔던 투명하고 공정하며 민주적

---

[224] 칠레 사회당 창설에 기여를 한 살바도르 아옌데는 사회당 대통령 후보로 1952년, 1958년, 1964년에 이미 세 번 출마했다. 1970년 대선에서 그는 좌파연합(Popular Unity) 후보로 출마하여 36.2%의 득표율로 우파연합 후보의 호르헤 알레산드리(Jorge Alessandri)의 34.9%, 중도성향 기민당 후보인 라도미르 토믹(Radomir Tomic)의 27.8% 보다 앞섰으나 과반 확보에 실패하여 헌법에 따라 의회에서 알레산드리와 결선투표에 들어갔다. 이 때 중도인 기민당(PDC)이 아옌데 후보를 지지하여 공정한 선거에 의거한 아옌데 정권이 출현하게 되었다.

인 선거로 사회주의 또는 공산주의 정권이 출범할 수 있다는 사실에 두려움을 가졌다.

닉슨 행정부의 키신저(Henry Kissinger) 국가안보위원장은 칠레 대선이 실시되기 전 아엔데 승리를 저지하기 위해 국무부, 국방부, 중앙정보국, 합참의장 등으로 구성된 40인 위원회를 구성하고 대책을 마련했다. 그 대책은 일단 아엔데의 대선 승리를 총력 저지하면서 만약 실패하면 쿠데타를 통해 정권을 전복시킨다는 것이었다.

특히 1971-73년 기간 중 미 중앙정보국은 아엔데 정권에 반대하는 세력에 자금을 지원하는 등의 활동을 계속하였는데 1973년 3월 중간 선거에서는 40인 위원회가 야당에 자금을 지원하는 등 은밀하게 선거를 지원했다. 이 결과 야당 연합은 의회의 56% 지분을 확보하고 아엔데 정권과 첨예하게 대립했다. 칠레 군부는 기본적으로 중도 및 우파 성향을 가진 야당에 동조하고 있었다.

1973년 8월 22일 육군참모총장으로 취임한 피노체트(Augusto Pinochet) 장군은 9월 11일 쿠데타를 감행해 아엔데 정권을 정복시켰다. 아엔데 대통령은 대통령궁에서 자살로 생을 마감했다. 피노체트 군부정권은 아엔데 정권에 동조했거나 참여했던 세력에 대한 잔혹한 숙청으로 인권유린 비판을 받았다.

칠레 군부 쿠데타는 아엔데 정권 시기 국내의 다양한 정치적 이해관계 충돌로 야기된 혼란 때문인 것으로 분석되고 있다. 그러나 미국이 아엔데 정권을 전복시키기 위해 암묵적으로 활동했다는 것은 부정할 수 없는 사실로 받아들여지고 있다.

닉슨 행정부는 피노체트 군부정권의 등장을 환호하고 지지를 보냈다. 카터 행정부는 인권유린 이슈로 피노체트 정권과 거리를 두었지만 레이건 행정부는 다시 관계를 개선했다.

이러한 미국도 칠레 군부독재정권에 대한 국내외 저항이 점점 커지자 칠레가 남미의 니카라과가 되는 것을 피하기 위해 1980년대 중반부터 피노체트 군부정권에 대한 지지를 축소해갔다. 그리고 종국에는 쿠바의 바티스타 정권, 도미니카공화국의 트루히요 정권, 니카라과의 소모자 정권에게 했던 것처럼 피노체트 군부정권에 대한 지지를 철회했다.

피노체트는 1989년 12월 대선에서 야당연합의 앨윈(Patricio Aylwin) 후보에게 패한 뒤 이듬 해 정권을 앨윈 민간정부에 이양했다.

5) 그레나다 침공

그레나다는 카리브 해 서인도제도 내에 있는 인구 11만 명의 주권국가이다. 1974년 영국에서 독립했으나 영국 왕을 수장으로 하는 영연방의 일원이다.

영국으로부터 독립한 뒤 그레나다를 통치한 게어리(Eric Gairy) 정부는 1979년 3월 마르크스 이념을 따르는 신보석운동(New Jewel Movement)의 비숍(Maurice Bishop)의 무혈 쿠데타로 무너졌다.

비숍 정권은 쿠바, 니카라과 등 공산주의 국가들과 관계를 강화했다. 그러나 그는 온건한 마르크스주의자로 이에 불만을 가진 군부가 1983년 10월 코드(Bernard Coard) 부수상을 앞세워 쿠데타를 일으켜 실각하고 투옥되었다.

비숍은 지지자들에 의해 일시 석방된 후 반 군부정권 시위를 주도하다가 체포되어 처형되었다. 이후 오스틴(Hudson Austin)이 주도하는 공산주의 군부정권이 들어서게 되었다.

레이건 행정부는 그레나다 사태를 카리브 지역과 미국의 안전보장을 위협하는 정치적 사건으로 인식하였다. 특히 그레나다가 건설하고 있는 관광용 공항 활주로가 군사적 용도로 사용될 수 있다고 의심하였는데 그 이유는 공항 건설에 쿠바인들이 투입되었다는 것이었다.

1983년 10월 25일 미국은 그레나다 공항건설이 군사용이라는 것과 그레나다에 거주하는 800~1,000명의 미국인을 좌파 갱의 위협으로부터 보호한다는 명분을 내세워 1,900명의 해병대를 파견해 그레나다를 점령했다. 오스틴이 주도하는 군사정권은 단 며칠 만에 붕괴되었다.

미국의 그레나다 공격은 국제적 비난을 받았다. 유엔 안전보장이사회는 미국을 비난하는 결의안을 통과시켰고 당시 레이건 대통령의 이념적 지지자였던 영국의 대처(Margaret Thatcher) 수상도 미국의 그레나다 공격을 강력하게 비난했다.

6) 니카라과 혁명과 콘트라 전쟁(The Contra War)

니카라과 혁명은 1960~70년대 소모자 독재정권에 대한 모든 저항, 1978-79년 산디니스타국가해방전선(FSLN)[225]의 소모자 정권 축출, 1990년까지 이어진 산디니스타 집권, 1981-90년 니카라과 정부가 지원하는 산디니스타국가해방전선과 미국이 배후 지원하는 콘트라(Contra) 반군과의 전쟁 등을 모두 포함하고 있다. 결과적으로 볼 때 니카라과 혁명은 냉전시기 니카라과를 미국과 소련의 대리전장으로 만들었다.

즉 콘트라 전쟁(The Contra War)은 특히 1980년대 수만 명의 사망자를 낸 미국과 소련의 대리전으로 미국은 콘트라 반군 그리고 소련은 산디니스타국가해방전선을 지원했다.

카터 행정부는 니카라과에 산디니스타 정권이 들어섰음에도 불구하고 공

---

[225] 1961년 니카라과에서 카를로스 폰세카(Carlos Fonseca), 실비오 마요르가(Silvio Mayorga), 토마스 보르헤(Tomás Borge) 등이 미국의 니카라과 점령(1922~1934)에 대항해 반란을 일으킨 아우구스토 세사르 산디노(Augusto César Sandino)의 이름을 따서 만든 무장혁명 단체이며, 현재 사회주의 정당이다. 다음백과

존해 나갈 수 있다는 입장을 견지했다. 그러나 이러한 분위기는 1981년 강력한 반공이념을 가지고 취임한 레이건 대통령이 중남미 역내 국가들에 대한 본보기로 산디니스타 정권을 고립시키는 전략을 채택하며 크게 바뀌었다.

미국은 1981년 초기 니카라과와 국경을 맞대고 있는 온두라스 국경지대에서 산디니스타 혁명에 반대하는 반혁명(Counterrevolution)군을 조직했다. 이들은 대부분 소모사 정권하에서 전직 군인과 경찰로 활동했던 계층으로 산디니스타 정권이 들어선 후 온두라스에 망명 중에 있었다.

1981년 8월 레이건 대통령은 국가안전보장훈령 7호를 발령하여 이 지역에 보낼 무기의 생산과 선적을 허용하고 11월에는 역시 국가안전보장 훈령 17호로 반 산디니스타 군대 조직인 콘트라 반군에 대한 비밀 지원을 승인했다.

이렇게 시작된 전쟁은 기존 엘살바도르와 과테말라에서 진행되고 있었던 내전과 함께 중미 전체의 정치사회적 불안전성을 높였다.

콘트라 전쟁은 수년 동안 계속되며 4만 3천여 명이 희생된 뒤 아리아스 산체스(Óscar Arias Sánchez) 코스타리카 대통령[226]의 중재로 1987년 8월 7일 중미 5개 국가 간 중미평화조약으로[227] 불리는 에스키풀라스(Esquiplas) 니카라과 평화조약이[228] 체결되며 종식되었다.

산디니스타 정권은 평화조약에 근거하여 1990년에 공정한 대선을 치를 것을 공약하였고 이 대선에서 야당 후보인 차모로(Violeta Barrios de Chamorro)에 패한 뒤 정권을 이양했다.

---

226 코스타리카 40대(1986-1990), 45대(2006-2010) 대통령으로 중미평화조약을 이끌어온 공로를 가지고 1987년 노벨평화상을 받았다.

227 Central American Peace Accords

228 Esquipulas Nicaragua Peace Agreement

다. 중남미 국가의 대응

 냉전 시기 중 중남미는 미국과 소련의 이념 간 전장이 되었다. 역내국가 지도자들은 새롭게 조성된 미묘한 국제정치 환경 속에서 사회주의 또는 공산주의 국가로 체제 변환, 미국에 동조하는 반공노선 참여, 제3의 길 모색 등 세 가지 대안 중 하나를 선택해야만 했다.

1) 사회주의 또는 공산주의 국가로 체제변환

 마르크스주의 이념은 사회계층 간 불평등이 심한 중남미에서 노동자와 농민들에게 호소력이 강했다. 특히 자본주의의 궁극적 형태인 제국주의에 저항하려면 국가 주권 확립이 필요하다는 레닌 강령이 설득력을 얻었다.

 중남미에서 공산주의 이념은 1920년대에 나타나기 시작했으며 1930-40년대에 크게 확산되었다. 냉전이 시작되자 미국 노선을 따르는 많은 국가에서는 공산당과 그 이념단체가 불법화되어 세력이 약화되었다.

 이러한 상황 속에서 미국은 국제 마르크스주의자들과 국내 민족주의자들의 공동의 적이 되었다. 특히 중미와 쿠바 그리고 일부 남미 국가들에서는 불법적인 반정부 게릴라 단체나 합법적인 반정부 정치단체들이 물리적 또는 정치적 투쟁을 해왔다.

 1950년대 말 쿠바 카스트로가 주도했던 7.26 운동(26 July Movement), 과테말라의 과테말라무장혁명연합(URNG), 니카라과의 산디니스타국가해방전선(FSLN), 엘살바도르의 파라분도 마르티 해방군(FMLN), 베네수엘라의 국가해방무장군(FALN)과 좌파혁명운동(MIR), 콜롬비아의 콜롬비아혁명무장군(FARC)과 국가해방군(ELN), 페루의 빛나는 길(Sendero Luminoso) 등이 비정규전 형태인 게릴라 무장투쟁을 했다.

이 중 쿠바와 니카라과에서는 무장투쟁이 성공해 공산주의 또는 사회주의 정권이 수립되었다. 칠레에서는 1970년 대선에서 사회당 대선 후보인 아옌데가 좌파연합(Popular Unity)을 만들어 승리해 사회주의 정권을 수립했다.

2) 반공노선 참여

제2차 세계대전 직후 미국은 루스벨트 대통령의 선린정책에 따라 내정 불간섭과 민주주의적 통치를 지지하였다. 미국의 입장을 압축하면 '내정은 불간섭하지만 그렇다고 폭정을 인정하는 것은 아니다'라는 것이었다.[229]

그러나 냉전이 깊어지자 역내 권위주의적 군부독재정권에 대한 미국의 입장은 변했다. 미국은 당시 이념적으로 명료하게 반공 입장을 표명하며 자국의 노선을 추종하는 정권에 대해서는 외교적 또는 경제적 지원을 해주었다.

1960-80년대 남미 국가에서는 군부 쿠데타가 빈발하며 권위주의적 군부독재정권이 출현하였다. 이는 중미와 카리브 국가에서와 같이 독재자 개인의 카리스마를 배경으로 한 것이 아니고 군부라는 강력하고 물리적인 힘을 가지고 있는 조직이 움직이고 있었기 때문에 보다 더 권위주의적이면서 많은 인권탄압이 수반되었다.

그럼에도 불구하고 미국은 군부독재정권을 반공의 이름으로 냉전이 종식될 때까지 지원했다. 역내 군부독재정권들은 소련을 적으로 돌리는 반공 전선에 일사분란하게 동참하면서 미국의 정치 외교적 지지를 계속 확보했다. 1977년 카터 행정부 시기 강조된 인권 이슈로 중남미 군부 정권과의 관계는 다소 불편했지만 이어진 레이건 행정부에서 다시 이들 관계는 원

---

[229] 1945년 10월 해리 트루먼(Harry Truman) 대통령 행정부 제임스 번스(James Byrnes) 국무장관은 ' 'Nonintervention does not mean the approval of local tyranny' 라고 주장했다.

상을 회복했다.

한편 역내 군부독재정권 지도자들은 이를 기회로 미국의 암묵적 동의 속에서 정권 반대세력을 공산주의자나 사회주의자로 몰아 정치적으로 탄압할 수 있었다. 이 결과 역내에서는 정권이 인권을 유린하는 상황이 계속되었다.

미국이 이 시기에 관심을 가지고 있는 중남미 역내 이슈는 민주주의 여부가 아니라 반공 여부이었다. 그러나 쿠바나 니카라과 사례에서 보는 바와 같이 부패한 독재정권의 장기집권은 결국 좌파 세력에게 명분을 주게 되고 혁명으로 이어질 수 있다는 우려감으로 미국은 이들에 대한 지지와 지원을 조정하기 시작했다.

3) 제 3의 길 모색

중남미 국가들은 역내 정치에서 미국의 영향력을 최대한 축소시키기 위해 역내외적으로 다양하게 새로운 길을 모색했다.

첫째 역내 지역협력기구를 만들어 집단적 대응을 모색했다. 이 시기에 형성된 라틴아메리카자유무역지대(LAFTA), 라틴아메리카통합연합(LAIA), 콘타도라그룹(Contadora Group)[230], 리오그룹(Rio Group)[231] 등이 그것들이다.

---

230 The Contadora Group was an initiative launched in the early 1980s by the foreign ministers of Colombia, Mexico, Panama and Venezuela to deal with the Central American crisis (military conflicts in El Salvador, Nicaragua and Guatemala), which were threatening to destabilize the entire Central American region.

231 1986년 12월 브라질의 리우데자네이루에서 라틴아메리카 각국 간의 정치적인 협조와 대화 확대를 위해 설립된 단체이다. 라틴아메리카와 카리브 해의 대표적인 정치 대변기관으로서, 지역의 공통관심사 토의, 각국 간의 갈등해소, 정치·사회·경제·과학 등의 기술협력을 통한 라틴아메리카와 카리브 해 연안의 지역개발, 민주주의 강화 및 평화유지에 공헌하며, 세계 각국과 각 지역 간의 대화창구 역할을 한다. 다음백과

둘째 제2차 세계대전이 끝나고 국제질서가 미국과 소련을 중심으로 재편되고 양국의 경쟁이 심화되면서 이를 거부하는 움직임이 나타났다. 이러한 나라들은 대부분 제2차 세계대전 이후 독립해 새로 건국된 제3세계 국가들로 이들은 반둥 회의 이후 비동맹(NAM) 그룹을 형성하고 점차 영향력을 확대시켰다. 중남미 국가들은 당연하게 이 그룹에 적극적으로 참여하면서 냉전체제의 영향력에서 벗어나고자 노력했다.

4. 불확실성의 시기(Decade of Uncertainty)

1980년대 말에 발생한 베를린 장벽 붕괴와 독일 통일, 동구 해방, 미국과 소련의 데탕트 강화 등 새로운 국제질서의 광범위하고 신속한 전환은 미래에 대한 낙관과 함께 불확실성을 예고하고 있었다. 여기에 1991년 소련의 붕괴는 냉전체제의 돌연한 종식을 가져왔다. 학자들과 정치가들은 냉전종식이 공산주의에 대한 자본주의의 최종 승리라고 규정하였다.[232]

그러나 냉전체제가 종식된 1990년대 이후 국제질서가 어떻게 펼쳐질 것인가에 대해 그 형태와 내용이 명료하지 않은 가운데 미국과 중남미 국가 간 관계도 당연하게 불확실해졌다.

우선 국제정치에서 미국의 일극체제가 유지되었다. 경제에서는 미국, 유럽, 동아시아 3극체제가 계속되었다. 그러나 이념에 기초한 양극체제가 사라진 뒤 민족, 종교, 마약 등 범죄 조직의 영향으로 발생한 분쟁이 계속되며 '게임규칙이 상실된 시대(A time of without rules)'가 도래 했다.

---

[232] 프랜시스 후쿠야마(Francis Fukuyama) 교수는 1989년 그의 저서 'The End of History'에서 1991년 소련의 붕괴는 공산주의에 대한 자유민주주의와 시장경제의 승리로 평가하고 '역사의 종언'을 설파하였다.

가. 미국의 경제체제 이식 ────────

 미국은 일극체제의 초강대국 위치를 확보한 뒤 세계경찰국가로 많은 국제적 이슈에 관여했다. 중남미에서도 미국은 정치적으로 이제 누구의 눈치도 볼 필요가 없이 사실상의 디폴트 패권국(default hegemony)이 되었고 중남미는 미국의 디폴트 뒷마당(default backyard)이 되었다.

 이러한 상황은 경제측면에서 훨씬 두드러졌다. 1950년 미국과 중남미 전체 인구는 비슷했으나 1990년에는 중남미 전체 인구는 436 백만 명으로 미국의 250 백만 명보다 75%가 더 많았다. 그러나 1990년 기준 국내총생산은 미국이 중남미 전체의 5배를 넘었으며 아르헨티나의 58배, 브라질의 13배, 멕시코의 23배로 미국의 경제적 영향력은 가히 압도적이었다.

 미국의 중남미에 대한 패권의 완성은 예외적으로 완전했다. 미국에 정치적 부담을 주었던 외부 세력은 이제 제거되었고 경제력에 기초한 힘의 균형은 미국에 완전하게 기울어 미국의 패권은 디폴트 옵션으로 확보되었다. 그러나 역설적이게도 미국은 이 상황을 어떻게 운용해야 할 것인가에 대한 구체적 아이디어를 가지고 있지 못했다.

1) 새로운 경제의제: 워싱턴 컨센서스(Washington Consensus)
────────

가) 중남미 외채위기(Debt Crisis)

 1982년 멕시코 채무 불이행에서 시작된 역내 외채위기는 1970년대 석유수출기구(OPEC)가 감산을 통해 야기한 두 번의 석유위기[233]까지 이어졌다. 산유국들은 급격한 유가상승으로 확보한 막대한 달러 유동성을 미국과

────────

[233] 1973-74년, 1979-81년

유럽의 투자 은행에 예치했다.

투자은행들은 선진국 경제의 침체로 투자처를 찾지 못하다가 당시 경제개발전략으로 수입대체산업화정책을 추진하면서 인프라 건설과 기자재 및 중간재 수입을 확대하고 있는 중남미 국가들에게 정부보증을 조건으로 공공과 민간부문에 자금을 대출하였다. 자금 대출은 역내에서 경제규모가 크고 자원이 많은 멕시코, 아르헨티나, 브라질, 베네수엘라 등을 중심으로 이루어졌다.

이러한 분위기 속에서 중남미 전체 외채규모는 1970년 기준 300억에서 1980년에는 2,400억불로 크게 늘어났다.

1980년대에 들어 역내에 투자된 외채생산성이 그 상환 수준에 크게 미치지 못한 가운데 세계경제 침체, 일차산품 국제가격 하락, 미국의 재정긴축과 이자율 상승 등으로 인한 역내 국가들의 외환사정 악화는 차입 원금과 이자 상환을 할 수 없는 상황에 이르렀다.[234] 이 결과 중남미 국가들은 채무변제(Debt Service)를 위해 다시 채권은행으로부터 차입해야하는 외채의 악순환 구조에 들어서게 되었다.[235]

1982년 8월 멕시코 정부의 최초 외채지불불능 선언으로 시작된 중남미 외채위기는 다른 국가들에게 이어지면서 현지화 평가절하는 계속되었다. 현지화 평가절하는 하이퍼인플레이션을 야기해 소위 중남미의 '잃어버린 10년'의 배경이 되었다.

채권은행은 파산을 피하기 위해 단기대출을 계속했지만 결국은 채무불이행으로 부채구조조정을 해야 하는 상황에 이르게 되었다. 이들은 채무구조조정에 따른 신규대출을 실행하였고 채무국은 대출조건으로 국제통화기금의 경제정책 간섭을 허용하였다.

---

234 1984년 중남미 각 국가들이 지불해야 하는 채무변제(Debt Service) 규모는 총 수출의 46%에 상당했다.
235 1975년 부채규모는 990억불이었는데 1985년에는 3,840억불로 증가했다.

미국은 부채구조조정 문제를 해결하기 위해 베이커 플랜(Baker Plan)[236]을 제안했으나 성공하지 못하고 이어서 브래디 플랜(Brady Plan)[237]을 발표해 일정한 성과를 거두었다.

그러나 정작 미국의 중남미 외채위기 극복을 위한 정책은 국제통화기금의 워싱턴 컨센서스를 통해 구체적으로 실행되었는데 이를 통해 중남미경제는 미국이 주도하는 신자유주의 경제체제로 편입되었다.

나) 워싱턴 컨센서스(Washington Consensus)

미국 중심의 선진국과 채권은행은 중남미에서 계속 발생하고 있는 금융위기와 인플레이션을 극복하기 위해서는 경제의 구조적 개편이 필요하다는 결론에 이르렀다. 특히 이들은 중남미 경제가 구조적 왜곡에 처하게 된 것은 수입대체산업화(ISI) 경제개발전략에 있다고 분석했다.

유엔중남미경제위원회를 창설하고 이끌어온 일련의 경제학자들이 주도한 경제개발전략인 수입대체산업화정책은 일단 1970년대에는 멕시코, 브라질, 아르헨티나 등 중남미 주요 국가들의 경제성장을 이끌었다.

그러나 이 정책은 지나친 국가주도, 과도한 국영기업운용, 내수시장 치중, 초과시설투자, 강력한 보호무역주의 등의 틀로 추진되어 1980년대 세계무역 성장기에 국제경쟁력을 상실해 어려움에 처하게 되었고 결국 외채위기

---

236 80년대 들어 외채문제가 심각하게 대두된 이후 미국정부는 처음에는 소극적인 자세를 견지하였으나 미국계 채권은행들이 도산위기를 맞게 되자 소극적인 자세를 버리고 적극적인 자세로 나오면서 외채해결을 위해 85년 IMF-IBRD 연차총회에서 당시 미국의 재무장관이었던 베이커를 통해 제안하였던 개도국 외채문제 해결방안이다. 그 주요 내용은 채무국의 수요억제가 아니라 성장촉진이 외채문제 해결의 지름길임을 인식하고 국제 금융기구 및 국제민간은행들이 86~88년간 290억달러의 신규자금을 채무국에게 공여할 것을 제안한 것이나, 구체적으로 실현되지는 못하였다. 매경시사용어사전

237 브래디플랜은 1980년대 멕시코 등 중남미 국가들의 채무불이행 사태가 발생하자 미국의 재무장관인 니콜라스 브래디(Nicholas Brady)가 발표한 개발도상국 채무구제방안을 말한다. 1989년 브래디 재무장관은 이들 국가의 채무를 일부 탕감해주는 한편, 미국정부가 지급 보증하는 최장 30년 만기의 채권인 일명 '브래디본드(Brady Bond)'를 발행해 개발도상국들의 채무상환을 도와, 당시 외채 위기를 겪던 남미국가들은 물론 필리핀과 불가리아 등도 혜택을 받았다. 중남미 국가들의 경제 회복에 크게 기여했다는 평가를 받았다. 매경시사용어사전

를 야기한 중요한 배경이 되었다.

워싱턴 컨센서스는 워싱턴에 소재한 국제통화기금(IMF), 세계은행(WB), 미재무부가 외채위기로 경제적 어려움을 겪고 있는 중남미 국가들을 대상으로 함께 마련한 경제 처방전이다. 이 처방전은 경제에 대한 정부의 역할 축소, 민간부문 역할증대, 대외무역개방 등 세 가지를 개혁의 축으로 하고 있다. 이는 역내 국가들이 그동안 취해왔던 경제정책을 거꾸로 뒤집는 것이었다.

워싱턴 컨센서스는 미국이 추진하고 있는 대외경제정책에 부합하는 것이었다. 미국은 시장개방을 통해 무역과 투자확대를 도모하였는데 워싱턴 컨센서스는 중남미에서 미국의 이익에 기여하는 환경을 조성하였다. 이를 통해 중남미 경제는 미국이 주도하는 신자유주의 경제질서에 편입되었다.

중남미 경제는 워싱턴 컨센서스에 기초한 신자유주의 경제로 구조가 개편되었다. 기간산업과 공공서비스 국영기업체는 민영화되었고 여기에 많은 국내외 투자가 이루어졌다. 무역시장과 금융시장이 개방되었으며 외환통제가 완화되었다. 민간부문의 역할이 크게 증가하였다.

이 결과 중남미 역내 각국의 거시경제지표는 크게 긍정적으로 개선되고 미국주도의 중남미 경제구조개혁은 일단 성공하는 듯했다. 그러나 한편으로 신자유주의 경제정책의 실행은 부의 양극화를 심화시키며 2000년대 좌파정부 출현의 사회적 환경을 조성했다.

다) 북미자유무역협정(NAFTA)과 미주자유무역지대(FTAA)

워싱턴 컨센서스 실행과 함께 1980년대 중남미에서는 자유무역에 대한 우호적 분위기가 확산하고 있었다. 우선 1980년대 중반에 시작된 아르헨티나, 브라질, 파라과이, 우루과이 등 남미 4개국 간 자유무역 논의는 1991년 3월 26일 아순시온 조약(Treaty of Asuncion)에 따른 남미공동시장(Mercosur) 창설로 성과를 보여주었다.

북미자유무역협정은 미국, 캐나다, 멕시코 3국이 체결한 협정으로 1994년 1월 1일부로 발효하였다. 북미자유무역협정 아이디어는 레이건 대통령이 1979년 대선에서 선거공약으로 제시되었다.

먼저 1988년 미국-캐나다 자유무역협정이 체결되어 발효되었다. 다음 멕시코 살리나스 고르타리(Carlos Salinas de Gortari) 대통령이 미국 투자를 유치하기 위해 부시 대통령에게 자유무역협정 참여를 희망하며 북미 3개국 간 자유무역협상이 개시되었다.

이 협정은 기본적으로 미국, 캐나다, 멕시코 등 3국의 경제통합을 목표로하고 있다. 미국은 북미자유무역협정을 북미 3개국 협정이지만 향후 전 미주자유무역협정을 위한 준비 단계로 보았다. 미국은 미주대륙 전체를 자유무역지대로 만드는 비전을 가지고 있었다.

클린턴(Bill Clinton) 행정부는 1994년 마이아미에서 미주정상회의(Summit of the Americas)를 개최하고 자유무역을 위해 관세와 비관세 장벽 축소를 목표로 하는 미주자유무역지대(FTAA) 창설을 제안하고 협상 개시를 합의했다.

그러나 미주자유무역지대 창설은 실패로 끝났다. 역내 국가들은 다양한 정치 경제적 이해관계를 이유로 협상에 적극적이지 않았다. 결국 협상 종료기한인 2005년까지 합의에 이르지 못해 사실상 이 논의는 종식되었다.

이후부터 미국은 다자간 자유무역협상을 지양하고 양자 간 자유무역협상으로 전략을 수정했다.

나. 불법 마약유통과 이주 ───────────

1980~90년대에 들어 미국과 중남미 국가 간 상호 의존관계는 더욱 깊어지면서 인적교류가 크게 증가했다. 특히 중남미 국가들의 정치 및 경제사

회적 어려움에 기인한 생계형 이민도 인적교류 확대의 주요 원인이었다.

인적교류 방식과 규모는 미국 이민정책의 변화에 따라 시기별로 다르다. 인적교류 증가는 시기적으로 긍정적 성과를 거두기도 했지만 마약유통과 불법이주라는 부정적 역내 이슈를 만들어냈다.

마약과 노동력에 대한 미국 시장의 수요가 계속 성장하자 중남미로부터 이 두 상품의 공급 역시 합법과 불법에 상관없이 계속 확대될 수밖에 없었다. 미국 행정부는 다양한 정책과 방침을 정해 이 상황을 대처해왔는데 이 과정에서 많은 정치 외교적 분쟁이 야기되었다.

1) 불법마약유통과 마약전쟁

가) 불법마약유통

미국에서 향정신성 물품 불법유통의 뿌리는 깊다. 1920년대 금주법 시대 주류, 1940년대 아편, 1960년대 마리화나, 1970년대 해로인, 1980년대 이후 코카인, 2000년대 메스(meth), 크랭크(crank), 아이스(ice)라고 불리는 메스암페타민(methamphetamine)이 끊임없이 불법적으로 유통되었다.

마약 불법유통이 계속 확대되고 있는 것은 그만큼 수요가 증가하고 있기 때문이다. 전문가들은 마약수요 증가 요소로 베이비부머 세대 등장, 중남미 불법이민 증가, 실업과 빈부격차 등 여러 가지를 지적하고 있다.

미국 내 마약소비가 증가하자 중독자가 늘어나고 범죄와 폭력이 크게 증가하는 등 크게 사회문제화 되자 1971년 6월 닉슨 행정부는 의회에 보낸 '마약남용예방과 통제(Drug Abuse Prevention and Control)' 서한에서 마약남용을 '공적 1호(public enemy number one)'로 규정했다.

'마약과의 전쟁'은 닉슨 대통령이 1969년 대통령에 취임하며 이미 공언하였다. 1970년 '마약남용 예방과 통제를 위한 총괄법률'이 공표된 뒤 마약단속에 관한 다양한 법률은 이어진 차기 행정부에서도 계속 입법되었다. 특히 1973년에는 마약단속국(DEA)을 창설되었고 유엔 등 국제기구를 활용해 마약 불법유통을 금지하는 국제적 규범도 만들어졌다.

'마약과의 전쟁'은 미 행정부가 미국 내 마약 불법유통 근절을 목표로 실시하고 있는 글로벌 마약퇴치 프로그램으로 마약의 생산, 유통, 소비를 저지하기 위한 모든 실행계획을 포함하고 있다. 군사적 원조와 지원도 당연하게 이루어진다.

따라서 마약과의 전쟁은 필연적으로 마약 생산과 유통이 이루어지는 중남미 국가들과 다양한 협력과 충돌을 가져왔다.

나) 마약과의 전쟁(War on Drugs)

① 차단 작전(Operation Intercept)

닉슨 행정부가 멕시코에서 미국으로 밀수되는 마리화나를 줄이기 위해 1969년 9월 실시한 마약퇴치 작전이다. 멕시코 국경을 통해 들어오는 마리화나를 적발하는 목적으로 실시했는데 국경 교통을 마비시키는 결과를 가져왔기 때문에 실시한지 20여일 만에 종료되었다.

② 대의명분 작전(Operation Just Cause)

미국은 1989년 12월 20일 '대의명분 작전'이라는 이름으로 2만 5천명의 미군을 파나마에 파견해 당시 파나마 통치자이었던 노리에가(Manuel Noriega) 장군을 체포해 미국으로 압송했다.

노리에가 장군은 군 복무 시기인 1960년대부터 마약 불법유통에 연루되어 있었는데 미국 행정부는 이를 잘 인지하고 있었다. 그러나 그는 니카라과에서 활동 중인 콘트라 반군에게 군사적 지원을 해주고 있었기 때문에 그

대가로 묵인해 주고 있었다.[238]

1986년 콘트라 반군을 지원하던 미 중앙정보국 비행기가 산디니스타 반군의 사격으로 니카라과에서 추락된 후 비행기에서 발견된 중앙정보국 비밀문서에 노리에가 장군과 미 중앙정보국 관계가 노출되었다. 미 행정부는 이 추문으로부터 책임회피를 위해 마약단속국을 움직여 노리에가 장군을 미국 법원에 기소했다. 이 사건을 계기로 부시 행정부와 노리에가 장군의 반목이 시작되었다.

대의명분 작전의 목표는 노리에가 장군을 체포해 미국 법원의 재판에 넘기는 것이었다. 그는 1990년 1월 3일 항복하고 미국에 송환된 후 마이애미 법원에서 30년 형을 받았다.[239]

③ 콜롬비아계획(Plan Colombia)

콜롬비아계획은 클린턴 행정부가 콜롬비아 마약카르텔과 마약유통을 통해 자금을 마련하고 있는 좌익 반군인 콜롬비아무장혁명군(FARC)을 근절하고자 콜롬비아 정부를 지원하는 외교 군사적 이니셔티브이다. 이 계획은 1999년 클린턴 미 대통령과 파스트라나(Andrés Pastrana) 콜롬비아 대통령 간 처음 논의된 후 2000년에 법률로 서명되었다.

콜롬비아계획에 근거해 미국은 콜롬비아에 무기 등 각종 전투 장비를 공급하고 정부군과 우파 자위대를 훈련시켰다. 미국은 콜롬비아계획에 연간 수억 불의 예산을 투입했다.

이 결과 콜롬비아무장혁명군의 세력은 크게 약화되어 2017년 콜롬비아

---

238 미 마약단속국은 1971년 노리에가를 기소하려고 했으나 당시 미국 중앙정보국(CIA)은 이를 저지했다. 중앙정보국은 노리에가에게 매년 자금을 지원하며 정치적으로 이용하고 있었다. 미래의 미국 대통령이었던 조지 부시(George W. Bush)가 당시 중앙정보국장 이었다.

239 마누엘 노리에가 장군은 미국에서 30년 형을 받은 뒤 최종적으로 감형되어 2007년 석방되었으나 프랑스 법원에 자금세탁으로 기소되어 다시 프랑스에 송환되어 투옥되었다. 이후 파나마 정부는 프랑스 정부에 노리에가 장군이 파나마에서도 살인죄로 기소되어 투옥판결을 받았음을 주장하여 그는 다시 파나마로 송환되었다. 2017년 5월 29일 가택구금 중 지병으로 83세에 사망하였다.

정부와 반군 간에 평화협정이 성사될 수 있는 배경이 되었다. 이와 함께 콜롬비아 내 코카인 생산량도 2001~12년 기간 중 72% 감소했다.

콜롬비아계획은 미국의 중남미 외교 군사정책의 성공사례로 평가되고 있다. 콜롬비아 정부도 이 계획이 콜롬비아 정부의 취약을 극복하고 국가 개조를 추진할 수 있었던 중요한 전환점으로 평가하고 있다.

④ 메리다 이니셔티브(Mérida Initiative)

메리다 이니셔티브는 미국과 멕시코 그리고 중미국가 간 체결된 안보협력 협정이다. 이 협정의 목표는 협정체결 국가 역내에서 마약유통, 다국적 조직범죄, 자금세탁 등을 근절하는 것이다. 다만 멕시코가 협정의 주 대상국가로 미국의 예산이 가장 많이 지원되었다.

멕시코 정부는 미국에서 마약 소비가 감소하지 않으면 멕시코 국경을 통과하는 마약 불법유통은 계속 증가할 것이기 때문에 미국과 멕시코는 공동으로 문제를 인식하고 해결방법을 강구해야 한다는 입장을 가지고 있었다.

미국 행정부도 매년 미국 소비자로부터 120~150억 불이 멕시코 마약 카르텔에 흘러들어가고 있다고 추정하고 있어[240] 그 심각성을 충분하게 인식하고 있었다.

2006년 12월 취임한 멕시코 칼데론(Felipe Calderón) 대통령은 안보, 범죄, 마약 이슈에 대해 미국과 협력할 수 있다는 입장을 보여 주었다. 이에 따라 설계된 메리다 이니셔티브는 2007년 10월 22일 발표되고 2008년 6월 30일 법률로 서명되었으며 2017년 3월까지 22대의 항공장비를 포함한 16억 불의 자금이 멕시코에 지원되었다.

메리다 이니셔티브는 일명 멕시코 계획(Plan Mexico)으로도 불린다. 미국의 지원을 받아 칼데론 정권이 시작한 멕시코 마약 카르텔 소탕작전은 일

---

[240] 미국 회계국(Government Accountability Office)과 국가마약정보센터(National Drug Intelligence Center)는 연간 230억불로 추정하기도 한다.

명 '멕시코 마약전쟁(Mexican Drug War)'으로 확대되며 초기 예상과 다르게 복잡한 양상으로 전개되었다.

우선 미국 정부와 마약 카르텔 및 갱단 간 투쟁, 멕시코 정부와 마약 카르텔 간 무장투쟁, 마약 카르텔들 간 영역확보 무장투쟁, 마약 카르텔 내분 투쟁 등 다양한 형태의 무장투쟁이 빈발하고 여기에 납치, 강간 및 살해 등 수많은 폭력과 범죄가 수반되었다. 멕시코 정부군도 마약카르텔 소탕작전을 수행하며 무고한 시민들을 대상으로 많은 인권유린을 자행해 사회적 문제를 일으켰다.

멕시코 마약전쟁은 많은 인명 살상을 가져왔으며 이는 지금도 진행 중이다. 칼데론 정권을 이은 니에토(Enrique Peña Nieto) 정권도 마약카르텔 소탕작전을 계속했지만 역시 성공하지 못했다. 이들은 정부군과 대치하며 분화와 진화를 계속하며 매우 심각한 사회적 이슈로 등장했다.

2018년 12월 취임한 오브라도르(Andrés Manuel López Obrador) 대통령은 마약카르텔에 대한 강력한 대응만이 문제 해결방안이 아니라고 주장하며 온건한 대응을 취하고 있다. 그러나 그의 입장은 논란의 대상이 되고 있다.[241]

⑤ 온두라스 작전(Operations in Honduras)

온두라스는 마약 불법유통의 중간기지로 활용되고 있다. 콜롬비아, 페루에서 생산된 마약은 소형 비행기로 온두라스에 이송된 후 육로를 통해 멕시코로 들어갔다. 미 마약단속국 요원들은 2012년 온두라스 보안군과 협력해 이 지역에서 마약 불법유통 근절을 위한 군사작전을 실행하기도 했다.

---

[241] 그는 'Abrazos, no balazos(Hugs, no bullets)'를 주장하고 있으나 마약 카르텔과 대치하고 있는 군경의 사기를 떨어뜨린다는 비난을 사고 있다. 특히 2019년 10월 시날로아 카르텔 두목이었던 차포(Chapo: Joaquin Guzmán Loera) 아들(Ovidio Guzmán López)을 체포한 뒤 이 것이 쿨리아칸(Culiacán) 시내 총격전으로 확대되자 다시 석방시킨 사안을 두고 많은 논란을 일으켰다.

⑥ 살충제 공중 살포(Aerial herbicide application)

미국 정부는 코카인 원료인 코카 재배 면적을 줄이기 위해 코카 생산 국가 정부에 예산을 지원해 재배 지역에 정기적으로 제초제를 살포하도록 했다. 그러나 이러한 조치는 열대우림 환경파괴와 현지 주민들의 보건환경 악화를 초래한다는 비난에 직면했다.

2) 불법이주

중남미인들의 미국 이주 문제는 미국 정치외교에 있어서 항상 매우 민감한 이슈이다. 이주는 한 개인이나 가족의 독립적인 의사결정에 따라 실행되지만 그 결정의 배경인 이주민의 본국과 이주대상국의 정치 및 경제적 환경을 간과할 수 없다.

중남미인들의 미국 이주형태와 규모는 지리적 인접성과 함께 개별국가들의 과거부터 현재까지 이어지고 있는 미국과의 정치 경제 및 역사적 관계와 밀접하게 연계되어 있다. 미국 이주 중남미인 구성에서 멕시코, 쿠바, 중미국가에서 온 이주민이 대부분을 차지하고 있다는 것을 감안해보면 더욱 그렇다.

2018년 기준 미국 거주 중남미인 규모는 44.8 백만 명으로 전체인구의 13.7%를 차지하고 있다. 이는 1960년 9.7백만 명, 5.4% 비중 대비 4배 증가한 규모이다.[242]

---

242 Power Research Center, Facts on U.S. immigrants, 2018, 2020.8.20.

가) 미국의 중남미인 이민정책

미국 이민법(U.S. Immigration Laws)은 1790년 귀화법(Naturalization Law)이 최초로 제정된 이후 많은 수정과 추가 법률을 제정하며 변화해왔다. 1952년에 제정된 일명 맥캐런-월터법(McCarran-Walter Act)으로 불리는 이민귀화법(INA)은 1920년대에 설정된 국가별 이민 쿼터를 더욱 제한하였다. 1965년에 제정된 일명 하트-셀러법(Hart-Celler Act)으로 불리는 이민귀화법 수정안은 중남미 국가들에 대한 이민 쿼터를 다시 설정하였다. 1966년에는 쿠바난민조정법(Cuban Refugee Adjustment Act)을 제정했다.

1980년대 미국 행정부는 불법이주자가 130만 명에 이르자 이를 통제하기 위해 1986년 이민개혁통제법(IRCA)을 제정했는데 이 법은 불법이주자를 고용하는 고용주를 처벌하는 것이었다.

그럼에도 불구하고 1990년대 불법이주 규모가 580만 명에 이르렀으며 이주민의 대부분은 멕시코와 중미국가로부터 도착했다. 미국은 이를 저지하기 위해 또다시 다양한 입법을 하였다.[243]

전체적으로 볼 때 미국 이주법의 제정과 개정방향의 초점은 1980년대 이전까지는 대체적으로 합법적 이민운용에 있었는데 이후부터는 불법이주를 저지하는 방향으로 바뀌었다.

나) 멕시코인 이주

20세기 초부터 1930년대까지 미국의 중남미 이민정책의 초점은 멕시코인을 대상으로 한 것이었다. 이 시기 비공식적으로 실시된 미국의 국경개방정책(Open Border Policy)으로 많은 멕시코인이 계절노동자로 미국 남부에 이주하였다.

---

243 1990년 이민법(Immigration Act), 1996년 불법이민개혁 및 이민자책임법(IIRaIRA), 2000년 국토안보법(Homeland Security Act) 등 다수

그러나 1930년대 대공황의 영향으로 멕시코인 계절노동자 이주는 제약을 받았다. 더구나 반 멕시코인 정서까지 발생하여 계절노동자로 정착하고 있는 50만 명 이상의 멕시코 인이 강제송환 되는 일이 발생하기도 했다.

제2차 세계대전 발발 후 미국 행정부는 부족한 노동력 확보를 위해 1942년 일용노동자 프로그램(the Bracero Program)을 만들어 멕시코 일용노동자 이주를 허용했다. 이 정책은 1964년까지 실행되었다.

1986년에 제정된 이민개혁통제법(IRCA)은 멕시코인이 합법적으로 미국에 이주하는 것에 큰 타격을 주었다. 이는 멕시코인의 미국 불법이주가 크게 증가하는 계기가 되었다.

1994년 발효된 북미자유무역협정(NAFTA)은 당사국 간 자유로운 인적교류를 규정하고 있지만 미국과 멕시코에는 이 규정이 적용되지 못하고 오히려 국경장벽을 설치하는 등 물리적 통제를 강화하는 모순을 보여주고 있다.

다) 쿠바인 이주

쿠바인의 미국 이주는 크게 볼 때 두 시기에 걸쳐 이루어졌다. 첫 번째 시기는 19세기 후기와 20세기 초기 사이로 쿠바에 소재했던 입담배 제조공장이 쿠바 정정의 불안으로 플로리다 키 웨스트(Key West)와 탬파(Tampa)로 옮겨가면서 발생한 이주이다.

두 번째 시기는 쿠바가 공산화된 이후 다양한 계기를 통해 이루어진 합법 또는 불법적 이주이다. 미국 정부는 카스트로 정권 약화를 목표로 이민정책을 활용했다. 우선 카스트로 정권이 등장하자 쿠바 중상계층 대부분은 플로리다로 이주했다. 이후부터는 쿠바의 경제적 어려움이 계속되자 보다 풍요로운 삶을 찾기 위한 불법이주가 늘어났다. 미국은 정치적 이유로 쿠바인들을 관대하게 대했다.[244]

---

244 Cuban refugee Adjustment Act(1966)

한편 카스트로 정부도 미국의 의도를 파악하고 이를 나름대로 활용했다. 카스트로 정권은 1980년에 있었던 마리엘 엑소더스(Éxodo de Mariel) 계기에 쿠바 내 범죄자, 정신이상자 등을 의도적으로 미국에 보내기도 했다.

전체적으로 볼 때 미국은 쿠바인들의 미국 이주에 대해 여타 중남미 국가들에 비해 관대하였다. 1980년대 까지 미국은 쿠바 불법이주자를 정치적 망명자로 간주해 법적지위를 부여하였다.

그러나 1990년대 들어 소위 '젖은 발과 마른 발 정책(wet foot, dry foot policy)'를 실시하면서 오로지 육지를 통해 입국하는 불법 이주자만 법적지위를 부여하는 방향으로 제한하는 등 통제를 강화하고 있다.

라) 중미국가인 이주

2017년 기준 미국에 거주하는 중미국가 인들은 약 350만 명인데 이중 절반 이상은 2000년 이전 미국에 이주한 것으로 추정되고 있다. 이는 2000년 이후에 중미인의 미국 이주가 폭증했다는 것을 나타내고 있다. 2018년에 발생한 중미인의 미국 이주 카라반 행렬은 미국의 멕시코 국경장벽 건설 프로그램과 함께 미국 행정부가 중남미인 불법이주를 어떻게 보고 있는지를 상징적으로 보여주고 있는 사건이다.

중미인의 미국 이주는 1960~80년대에 크게 증가하였다. 그 배경은 1960년 대 중미 북쪽 삼각지대 국가(Northern Triangle Countries)들인 엘살바도르, 온두라스, 과테말라에서 발생해 20년 가까이 진행된 내전이다. 이 시기 이들 국가 시민들은 내전의 폭력과 악화된 경제상황을 피해 미국으로 이주했다.

그러나 중미인 이주민 공동체의 자경을 위해 조직된 단체가 불법적 갱단으로 변화하고 다시 국제화되며 미국 안보에 부정적으로 작용하자 미국 행

정부는 이들을 체포해 본국으로 송환했다.[245]

본국으로 송환된 갱단 조직원들은 중미 내전이 종식된 뒤 실업상태에 있는 많은 전직 군경퇴직자들을 흡수해 범죄조직을 만들고 다시 미국에서 활동하고 있는 기존 갱단들과 연계해 중미 3개 국가의 치안상황을 크게 악화시켰다.

치안상황 악화는 다시 경제침체를 유발하고 많은 실업을 야기하는 악순환을 일으켰으며 2000년대 중미국가 시민들의 미국 이주행렬은 이러한 상황을 배경으로 한 것으로 필사적이었다. 그 상징적인 사건이 2018년에 발생한 중미인 이주카라반(Central American Migrant Caravan)이다.[246]

다. 중남미 국가의 대응 ─────────

냉전체제의 종식은 중남미 국가들에게 유리한 측면과 불리한 측면이 상존하는 전환점이었다. 우선 중남미 국가들은 더 이상 자본주의와 공산주의 이념의 각축장이 되지 않고 자유주의 경제와 민주주의 체제를 공고화하며 경제개발에 집중할 수 있는 기회를 가지게 되었다. 그러나 한편으로는 이제 일극 국가로 등극한 미국의 강력한 역내 영향력을 어떻게 대응해 날 갈 것인가 하는 도전에 직면했다.

중남미 국가들은 냉전종식 초기의 낙관적 전망과는 다르게 미국의 역내 영향력에 대응하기 위해 활용이 가능한 역외세력을 찾을 수 없었다. 즉 미국 주도 일극체제 속에서 유럽 선진국들은 자국의 입지 강화에만 몰두하였고 개도국 입장을 대변해왔던 제3세계 운동은 전통적 제3세계와 제4세

<hr>

245 Mara Salvatrucha(MS-13), 18th Street Gang
246 온두라스 산 페드로 데 술라 (San Pedro de Sula)에서 출발한 후 과테말라를 통과해 멕시코 티후아나(Tijuana)까지 총 4,980킬로미터의 여정임.

계(the Forth World)로 분화하며 결속력의 약화로 남남협력을 기대할 수 없게 되었다.

역내 국가 지도자들도 이제 냉전시대의 반공정책만을 가지고 경제지원 등 미국의 역내 협력을 기대할 수가 없었다. 이념 대결에서 공산주의가 패함으로서 역내 사회주의혁명 분위기가 사실상 소멸했다. 다만 페루와 콜롬비아에서 납치와 마약유통으로 마련한 자금을 기반으로 반정부 좌익무장단체가 활동하고 있는 수준이었다.[247]

소련의 정치 경제적 지원에 크게 의존해왔던 쿠바와 니카라과 등은 후원국가의 소멸로 가장 크게 타격을 받았다. 먼저 니카라과 산디니스타 오르테가(Daniel Ortega)정권은 경제적 어려움을 견디지 못하고 대선에서 민주해방연합(UDL)의 차모로(Violeta Chamorro) 후보에게 패했다. 한편 쿠바는 1990년대를 특별시기(Special Period)로 규정하고 자본주의 경제체제를 부분적으로 허용하며 경제적 난국을 해쳐나가야 했다.

이러한 여건 속에서 중남미 국가들이 선택할 수 있는 대안의 폭은 좁을 수밖에 없었다.

1) 무역다변화를 통한 간섭 최소화

경제자유화와 자유무역에 기초한 무역다변화를 통해 미국의 영향력 감소를 도모했는데 칠레가 그 대표적 사례이다.

칠레는 1930-73년까지 법정 관세(modal tariff)가 90%에 이르고 다양한 비관세장벽을 운용하는 등 강력한 보호무역주의 정책을 운용하고 있었다. 그러나 1973년 쿠데타로 집권한 피노체트 군부정권은 보호무역주의를 포

---

247 콜롬비아의 '콜롬비아무장혁명군(FARC)', '국가해방군(ELN)', 페루의 아비마엘 구즈만(Abimael Guzmán)이 이끌었던 '빛나는 길(Sendero Luminoso)' 등

함한 정부주도 경제정책을 포기하고 경제자유화와 자유무역주의를 채택하였다. 이는 1980년대 말 중남미 외채위기 이후 실시된 워싱턴 컨센서스를 칠레는 이보다 훨씬 앞선 1974년에 일방적으로 실행한 셈이다.[248]

칠레는 경제자유화와 자유무역주의 정책 채택으로 그동안 보호무역주의 정책 아래 온존하게 보호되어왔던 국내기업들이 도산하는 등 어려운 경제 조정을 겪어야 했다.

그럼에도 불구하고 1990년대에 이르러서 칠레는 국내적으로 매우 안정된 경제를 운용하게 되고 대외적으로 개방정책에 따른 자유무역협정을 확대해 무역대상 국가의 다변화에 성공하였다.[249]

칠레는 이와 같은 국내외적 자신감을 배경으로 미국의 일방적인 역내 정치경제적 압력을 과감하게 반대하거나 피해나갈 수 있었다.

2) 미국과 협력 강화

미국은 냉전체제 종식 이후 유럽과 일본으로 대표되는 경제 다극화에 대응하기 위해 중남미 국가들의 경제운용 방향이 미국의 이익에 부합되기를 원했다. 또한 중남미 국가들은 미국의 일방적 독주를 거부하지 못할 바에는 미국의 힘에 편승해 자국의 이익을 늘리고자 했다.

자유주의 경제체제와 무역투자 자유화는 워싱턴 컨센서스의 기초로 미국과 중남미 국가 경제를 일체화시키는 구체적 수단이었다. 외채위기에 처한 국가들은 국제통화기금을 통한 미국의 일방적 조치를 사실상 수용할 수밖

---

248 이 정책은 소위 시카고 보이스(Chicago Boys)라고 불리는 칠레 자유주의경제학파 학자들이 주도해 실시되었다. 이들은 시카고 대학 경제학부 자유주의경제학파였던 밀턴 프리드먼(Milton Friedman) 교수의 지도하에서 공부했던 학자들로서 귀국 후 피노체트 군부독재기간(1973-1990)중 칠레 경제정책을 주도했다.

249 칠레는 한국, 중국, 일본과 자유무역협정을 체결했고 아시아 지역이 칠레 대외무역의 1/3을 차지하고 있다.

에 없었다. 이 결과 역내 국가들의 거시경제지표는 개별 국가별로 편차가 있지만 전체적으로 볼 때는 건전하게 개선되었다.

대표적으로 성공한 국가는 멕시코로 특히 1994년에 발효된 북미자유무역협정(NAFTA)의 당사국이 되어 가장 큰 수혜자가 되었다. 페루, 코스타리카, 칠레, 콜롬비아 등은 미국과 자유무역협정을 체결하는 등 미국과 연대를 강화했다. 그러나 브라질, 아르헨티나 등 대서양 연안국가 등은 유럽과 이어져온 전통적 유산에 기초하여 미국과의 현실적 강약관계를 수용하면서 유럽 국가들과 관계를 강화해 나갔다.

3) 역내 자강정책

중남미 국가들이 미국의 영향력에 대응하기 위한 세 번째 방식은 역내 국가 간 경제협력을 강화하는 것이었다.

경제협력강화를 위한 역내경제통합은 1960년 몬테비데오 조약(Montevideo Treaty)에 따른 중남미자유무역지대(LAFTA)가 창설되는 것으로부터 시작되었다. 중남미자유무역지대는 1980년 다시 몬테비데오 조약을 체결하여 중남미통합연합(LAIA)로 변화했다.

안데스지역에서는 1969년 역내 카르타헤나 협정(Agreement of Cartagena) 체결로 안데스공동시장(ANCOM)이 창설되었다. 이는 1996년 안데스공동체(Andean Community)로 개편되었다.

중미지역에서는 1960년 12월 중미공동시장(CACM)이 창설되었고 1993년에 중미통합체(SICA)로 개편했다.

카리브지역에서는 1973년 차과라마스 조약(Treaty of Chaguaramas)에 따라 카리브공동시장(CARICOM)이 창설되었고 2001년에 카리브공동체(CC)로 개편되었다.

1990년대 들어서 멕시코는 북미자유무역협정(NAFTA)의 당사국으로 북미경제권에 편입되었다. 북미자유무역협정은 트럼프 행정부가 들어선 후 협정 재협상이 개시되어 최종합의를 한 후 2020년 7월 1일 미국-멕시코-캐나다 협정(USMCA, United States-Mexico-Canada Agreement)로 개편되었다.

브라질, 아르헨티나, 파라과이, 우루과이 등 남미 4개 국가들은 1991년 아순시온 조약(treaty of Asunción)조약을 체결하여 남미공동시장(Mercosur) 창설에 합의하고 1994년 12월 오우로 프레토 프로토콜(Protocol of Ouro Preto)에 서명하며 발족시켰다.

한편 칠레 콜롬비아 멕시코, 페루 등 태평양 연안 국가들은 2011년 페루 가르시아(Alan Garcia) 대통령의 주도로 리마 선언(Lima Declaration)을 발표하고 이를 근거로 2012년 6월 태평양동맹(PA)을 창설했다. 태평양동맹은 아시아와 무역관계를 강화하고 회원국 간 경제통합을 목표로 하고 있다.

중남미 경제통합체는 현재 크게 중남미통합연합(LAIA), 안데스공동체(AC), 남미공동시장(Mercosur), 태평양동맹(PA), 중미통합체(SICA), 카리브공동체(CC)등으로 구성되었다.

4) 외연확장

1990년대 초 중남미 국가들은 미국 주도 일극체제 속에서 외연확장을 고려할만한 여유가 없었다. 이 시기는 외채위기 이후 미국주도 신자유주의경제정책이 광범위하게 실행되고 있었던 때로 미국 패권이 강력하게 운용되고 있었다.

그러나 1990년대 중반기에 들어서자 역내 국가 지도자들은 유럽연합과 아시아 지역으로 경제적 외연을 확장하기 시작했다. 우선 유럽연합은 중남미와 역사적 유대관계가 깊어 과거부터 무역과 투자관계가 잘 유지되고 있었다. 특히 아르헨티나와 브라질 등 대서양 연안 국가들은 유럽연합과 관계 확대에 매우 적극적이었다.

대서양 연안 국가들은 1994년 창설된 남미공동시장과 유럽연합 간 새로운 동반자관계 구축을 위한 기본협정(framework agreement)을 1995년에 체결하고 정치, 경제, 무역, 산업, 과학, 기술, 제도, 문화 등 다양한 부문에서 상호 협력할 것을 합의했다.

유럽 국가들은 아르헨티나, 브라질 등이 신자유주의 경제체제로 경제를 구조 조정할 때 많은 투자를 하였다. 특히 과거 중남미 식민지 종주국인 스페인의 투자가 가장 두드러졌다.[250]

스페인은 카를로스(Juan Carlos) 국왕은 1991년부터 이베로 아메리카 정상회의(Ibero-American Summit)를 창설하고 매년 스페인 식민지로부터 독립한 국가 정상들과 회의를 개최하며 관계강화를 도모했다.

한편 역내 국가 지도자들은 태평양시대를 예견하고 아시아 지역과 통상 강화를 도모했다. 아시아지역과 유대관계 강화를 추진한 국가들은 대부분 태평양 연안 국가들로서 칠레가 선두주자 국가이었다. 이 배경에는 1993년부터 매년 정상회의를 개최해온 아시아 태평양 경제협력체(APEC)가 있는데 중남미 태평양 연안국가들 대부분이 회원국이다.

칠레, 페루, 멕시코 등은 한국, 중국, 일본 등 동아시아 국가들을 대상으로 통상관계를 강화했다. 아시아 국가들과 관계 확대는 미국에 대한 중남미 국가들의 아시아 카드(Asian Card)로 작용했다.

---

250 1990-1997년 기간 중 스페인 해외직접투자의 60%가 중남미 지역에 집중되었다. Talons of the Eagle, Peter H. Smith, Oxford Univ. Press, 2008, pp.291

21세기에 들어서도 미국 일극체제는 계속되고 있었다. 냉전은 이제 과거 역사일 뿐이었고 중미 내전도 종식되었으며 역내 국가에서 대의민주주의에 기초한 정권교체도 순조롭게 이루어지고 있었다.

2001년 1월 취임한 부시(George W. Bush) 대통령은 텍사스 주 출신으로 중남미에 대한 높은 관심을 보여주었다.[251] 이를 증명하듯 그는 취임 직후 4월 캐나다 퀘벡에서 개최된 제3차 미주정상회의에서 1994년 제1차 미주정상회의에서 제안된 미주자유무역지대(FTAA) 창설 필요성을 강조하며 '미주대륙의 세기'의 시작을 선언하기도 했다.

또한 그는 취임 후 최초 해외 방문국가로 멕시코를 선정하고 같은 해 9월 공식 방문해 폭스(Vicente Fox) 멕시코 대통령과 이민법 개혁 등 다양한 이슈에 대해 우호적인 협상을 진행했다.[252]

그러나 미국의 대외정책에서 중남미 우선 입장은 2001년 9월 11일 사태가 발생하자 일순간 변했다. 부시 행정부는 즉시 테러와의 전쟁을 선포하였다. 테러와의 전쟁이 미국 외교정책의 최우선순위 사항이 되면서 미국과 중남미 역내 국가 간 추진되어야 할 이민, 통상, 불법마약거래 등 여러 가지 이슈들은 미국의 관심에서 멀어졌다. 9.11 사태를 기점으로 1990년대부터 이어져 온 지경학(geoeconomics) 시대가 끝나고 지정학(geopolitics) 시대가 시작되었다.

한편 중남미 국가 지도자들은 9.11 사태 이후 미국 대외정책의 축이 중

---

251 대선 후보시절 부시 대통령은 He would 'look south, not as an afterthought but as a fundamental commitment." 이라고 공언했다. Talons of the Eagle, Peter H. Smith, Oxford Univ. Press, 2008, pp.307

252 The White House, Remarks by President George Bush and President Vicente Fox of Mexico at Arrival Ceremony, sep. 5, 2001

동으로 옮겨간 것에 더해 중국의 부상과 북핵 문제로 아시아에게도 우선순위가 밀리자 이 상황을 위기(threat)와 함께 기회(opportunity)로도 인식하기 시작하였다.

중남미 국가들은 미국에 대한 경제의존도가 높기 때문에 미국의 중남미에 대한 관심 축소가 경제성장에 미칠 부정적 영향을 항상 우려했다. 그러나 이제 9.11 사태로 인해 국제정치환경이 1990년대 지경학적인 것에서 지정학적인 것으로 전환되었고 미국의 대외정책 우선순위도 변했다면 중남미 국가들도 과거 미국과 긴밀한 관계에 의존하지 않고 경제성장을 이룰 수 있는 대안을 마련해야 했다. 그것은 한편 미국의 역내 패권에서 탈피할 수 있는 좋은 기회이기도 했다.

특히 중남미에서는 쿠바 등 일부 국가를 제외하고는 대의민주주의에 기초한 정권의 평화적인 교체가 정착되어 있었으며 민주적이고 합법적으로 선출된 정권은 그 자체로 미국의 간섭을 제한할 수 있는 강력한 방어막이 되었다.

9.11 사태 이후 미국의 아프가니스탄 침공에 대해 중남미 국가들은 과거 이라크 침공 때와는 달리 초기에는 우호적 지지를 보냈다. 그러나 점령지에서 미군이 자행한 인권유린이 밝혀지며 반미정서가 확산되었다.

아울러 1980년대 말부터 시행된 신자유주의 경제정책은 경제사회적 양극화를 더욱 심화시켜 가난한 다수를 양산시켰다. 이러한 상황은 중남미에서 좌파정부가 출현할 수 있는 토양이 되었다.

한편 중남미 국가들은 중국을 패권주의를 지양하고 공정하고 평등하며 호혜적인 관계설정을 앞세우는 국가로 판단하며 미국시장을 대체할 수 있는 새로운 대안지역으로 고려했다.

가. 미국의 중남미 정책 ──────────────

미국의 테러와의 전쟁은 미국과 중남미 국가 관계에 많은 변화를 가져왔다. 미국의 최우선 관심지역은 중동, 중앙아시아, 남아시아에 이어 중국 등 동아시아, 북한이 그 뒤를 이었다. 중남미는 미국 대외정책의 뒷마당으로 사라졌고 단지 부시 대통령의 개인적 관심을 보여주는 미사여구에서만 존재했다.

미국의 중남미에 대한 무관심을 보여주는 가장 상징적인 사례는 2002년 초 아르헨티나 외채지불불능 사태로 시작된 중남미 경제위기 확산에 대한 미국의 무관심이다.

1990년대 미국 주도의 신자유주의 경제체제를 충실하게 이행했던 아르헨티나 경제는 당시 경제운용의 핵심이었던 태환정책의 역기능 때문에 결국 2002년 외채지불불능 상황을 겪었다. 아르헨티나 경제위기가 인접 국가들에게 확산해가고 있는 상황에서 보여준 미국의 무관심은 역내 국가 지도자들과 국민들에게 반미감정을 불러 일으켰다.

중남미 국가들이 2003년 미국의 이라크 침공에 대해 콜롬비아를 제외하고 공식적으로 반대하거나[253] 정치적 지원을 유보하는 등 과거와는 다른 외교적 입장을 취한 것은 그 한 사례이다.[254] 역내 반미시위도 크게 확산되었다. 그럼에도 불구하고 미국은 중남미에 대한 무관심을 계속했다.

───────────────

[253] 콜롬비아 우리베(Álvaro Uribe) 대통령은 공시적인 지지를 표명하고 베네수엘라 차베스(Hugo Chávez) 대통령은 신랄한 비난을 했다.

[254] 칠레와 멕시코는 안전보장이사회 비상임이사국 자격으로 미국의 이라크 침공을 정당화하는 결의안에 대해 유보적 입장을 취하면서 지지하지 않았다.

1) 이민개혁

2000년 기준 미국 거주 멕시코 이민자 규모는 약 2,500만 명이었다. 이중 약450만 명은 불법거주자 신분이었다. 멕시코 불법거주자들에게 법적지위를 마련해주는 것은 멕시코 정부의 오래된 정치적 숙원이었다.

2000년 12월 대선에서 70여 년 동안 멕시코 정권을 담당했던 제도혁명당(PRI)에 승리한 국가행동당(PAN) 폭스(Vicente Fox) 대통령은 부시 대통령과 쌓아온 긴밀한 관계를 배경으로 미국 이민법을 개혁해 불법거주자에 대한 법적지위 부여 문제를 해결하고자 했다.

그러나 2001년 부시 대통령의 멕시코 방문과 폭스 대통령의 워싱턴 방문 등으로 우호적 해결이 기대되었던 이민개혁 문제는 갑자기 발생한 9.11 사태로 없던 일이 되어 버렸다. 미국은 테러와의 전쟁에 돌입하면서 외국인에 대한 미국의 입출국 통제를 강화하기 시작했다.

이러한 상황 속에서 장기 체류 불법거주자에 대한 법적지위 부여 등을 포함한 이민규제 완화는 미국 국가안보와 직결된 이슈로 당시 분위기 속에서 결코 양립될 수가 없었다.

폭스 대통령 입장에서 볼 때 불법거주자 문제 해결은 정권에 대한 국내 지지율을 올릴 수 있는 최상의 카드였지만 9.11 사태로 인해 불발로 끝났다. 이후 그의 재임기간인 2006년까지 매년 평균 48만 5천 명의 불법이민이 미국으로 향했다.[255]

멕시코인들의 미국 불법이민 이유는 순전하게 경제적인 것으로 이들이 미국에서 멕시코로 보내는 송금 규모는 2005년 기준 65억 불에 달했다. 이는 1995년의 36억 불과 비교할 때 거의 배증한 것이다.

---

[255] Talons of the Eagle, Peter H. Smith, Oxford Univ. Press, 2008, pp.320

2) 미국식 중남미 자유무역

국제경제는 지정학적 환경과 긴밀하게 관련되어있다. 1994년 마이애미에서 개최된 미주정상회의에서 최초로 제안된 미주자유무역지대 창설은 미국의 국가안보에 중요한 요소이었다. 특히 9.11 사태가 발생한 뒤 미주자유무역지대 창설 필요성은 더욱 커졌다.

그러나 중남미 국가들은 미국 주도 미주자유무역지대는 과거 경험에 비추어 볼 때 미국이 경제통상 부문에서 영향력을 확대하기 위한 제도적 장치로 이해하고 있었다. 즉 이 계획은 미국이 중심국가(hub)가 되고 중남미 국가들은 변방국가(spoke)가 되는 허브-앤드-스포크 전략(hub-and-spoke strategy)으로 결국 중남미는 미국의 영향력 속에 갇힐 수밖에 없다는 것이었다.

미주자유무역지대 창설에 대한 미국과 중남미 역내국가 간 서로 다른 입장은 2005년 아르헨티나 마르 델 플라타(Mar del Plata)에서 개최된 제5차 미주정상회담에서 충돌해 최종 합의를 보지 못하고 사실상 폐기되었다.

여기에 2001년 시작된 세계무역기구의 도하라운드가 2006년 중반까지 성과를 내지 못하고 협상이 동결되자 미국은 다자무역기구 창설을 중지하고 중남미 개별국가들과 양자 간 자유무역협정을 체결하는 것으로 방향으로 바꿨다.

2006년 중반을 기준으로 미국은 멕시코, 칠레, 과테말라, 엘살바도르, 온두라스, 니카라과, 도미니카(공)와 자유무역을 체결했고 코스타리카, 콜롬비아, 페루와는 자유무역협상을 완료하고 의회승인을 대기하고 있었다.

미국의 역내 개별국가와 자유무역협정 체결은 결과적으로 역내경제통합을 저해하는 결과를 가져왔다. 즉 이는 다자무역체제의 허브-앤드-스포크 전략과는 달리 미국과 자유무역을 체결한 국가에게만 미국시장에 유리하게 접근할 수 있는 분할정복전략(Divide and Conquer Strategy)의 성격을 가지고 있기 때문이었다.

3) 불법마약유통

　미국과 중남미 국가 간 불법마약 유통은 과거부터 현재까지 이해관계가
매우 첨예한 이슈이었다. 미국 정부는 국내 마약수요 증가를 제어하는 것
보다는 중남미로부터 마약공급을 근절하는 정책에 초점을 두었다. 냉전이
종식되고 일극체제로 옮겨가는 이 시기 미국은 중남미에서 마약과의 전쟁
(war on drugs)을 시작했다.

　그러나 9.11 사태 후 마약과의 전쟁은 테러와의 전쟁에 우선순위가 밀렸
다. 콜롬비아에서는 콜롬비아 계획(Plan Colombia) 그리고 멕시코에서는
메리다 이니셔티브(Mérida Initiative)가 실행되고 있었지만 2006년 국가
마약통제전략(National Drug Control Strategy) 지침에 의하면 이는 단
지 전 세계적으로 치러지고 있는 테러와의 전쟁에 기여하는 것 정도로 평가
하고 있다. 즉 마약밀매조직과 테러조직이 아프가니스탄이나 콜롬비아에
서 상호 연계하는 것을 분쇄해야 한다는 수준 정도였다.[256]

　2000년대 미국이 마약근절정책을 직접적으로 실시한 국가는 콜롬비아,
멕시코, 베네수엘라 등 3개국 이었다. 콜롬비아는 콜롬비아무장혁명군
(FARC)과 국가해방군(ELN)등 납치와 테러를 일삼는 반정부 게릴라 단체
가 활동자금 확보를 위해 마약을 활용하고 있어 미국의 테러와의 전쟁 목
표에 더욱 부합했다.

　1990년대 콜롬비아 마약생산과 유통의 양대 축이이었던 메데인 카르텔
(Medellín Cartel)과 칼리 카르텔(Cali Cartel)은 미국과 콜롬비아 정부군

---

[256] Executive Office of the President of the United States, National Drug Control Strat-
egy, Data Supplement 2016

의 계속적인 추적으로 붕괴되었다. 그러자 미국과 광대한 국경을 접하고 있다는 지리적 이점으로 콜롬비아에서 생산된 코카인을 미국으로 대량 유통시키는 경유 지역에 불과했던 멕시코가 주요 마약 공급국가로 등장했다.

콜롬비아의 양대 마약 카르텔로부터 수수료를 받으며 미국으로 밀수출을 했던 멕시코 마약유통조직들은 2000년대 들어 급격하게 성장하며 마약의 생산과 소비시장을 통제하는 막강한 마약카르텔로 변화했다. 이들은 콜롬비아나 페루에서 생산된 코카인뿐만 아니라 과거부터 국내생산을 해왔던 마리화나나 메스암페타민 등 화학성 마약제품을 미국에 불법 유통시켰다.

2005년 미 행정부 추산에 따르면 멕시코 마약 카르텔은 미국 시장에서 마약불법유통으로 연간 138억 불의 수익을 올렸다. 이 중 61%인 85억 불은 마리화나로 벌어들인 것이다. 부시 행정부는 멕시코의 칼데론(Felipe Calderón) 정부와 함께 메리다 이니셔티브를 가동시켜 이들을 분쇄하고자 했다. 그러나 이 시도는 성공하지 못했고 오히려 멕시코 마약전쟁을 촉발시키고 말았다.

미국은 베네수엘라가 콜롬비아에서 생산된 코카인의 경유지역으로 마약불법유통 비즈니스에 베네수엘라의 부패한 정치인, 군인, 경찰이 연계되어 있다고 판단하고 연계가 의심되는 개인과 또는 정부를 상대로 정치 경제적 제제조치를 취하며 베네수엘라를 압박하고 있다.

그러나 베네수엘라 마약불법유통에 관해 미 행정부가 어느 정도 확실한 증거를 가지고 있는 가에 대해서는 논란의 여지가 있다. 미 행정부와 베네수엘라 정권의 정치 외교적인 불화로 마약불법유통 이슈가 실제보다 더 과장되게 부각되고 있다는 견해도 있다.

나. 중남미 국가의 대응

테러와의 전쟁은 중남미 국가 지도자들에게 위협과 기회가 되었다. 9.11 사태가 일어나자 중남미 시민들은 대체적으로 미국에 대한 동정을 나타내며 아프가니스탄 침공도 어느 정도 지지하는 분위기를 보여주었다. 그러나 2003년 다시 이어진 제2차 걸프전인 이라크 침공과 이후에 발생한 이라크 전쟁포로에 대한 인권침해는[257] 이들의 격렬한 저항을 받았다.

이러한 여건 속에서 중남미 역내 국가 지도자들은 미국에 대한 정치적 지지와 국민들의 반미 정서 확대 사이에서 대안을 선택하는데 어려움에 처하기도 했다.[258]

9.11 사태가 만들어낸 한 가지 명확한 사실은 이후 모든 역내 이슈들이 지경학적(geoeconomic) 관점에서 논의되지 않고 지정학(geopolitic) 관점에서 논의되었다는 것이다. 즉 기간 중 미국의 대외정책은 모든 역내 이슈들을 테러와의 전쟁 관점에서 해석하고 중남미 개별 국가들이 미국 편을 들 것인가 여부에 초점을 맞추고 있었다.

그러나 미국의 이러한 입장에 대해 역내 국가들의 반응은 21세기에 새롭게 형성된 중남미 상황에 따라 매우 다르게 나타났다.

1) 중남미 상황

21세기 들어 중남미에 새로운 정치 경제 및 사회적 상황이 형성되었는

---

[257] 특히 전쟁초기 아부 그라이브(Abu Ghraib) 감옥에서 미군과 미중앙정보국(CIA) 요원들에 의해 자행된 인권유린 ─신체 및 성적남용, 고문, 강간, 수간, 살인 등─은 국제적으로 심각한 비난을 초래했다.

[258] 중남미 33개 국가 중 중미 5개 국가와 도미니카(공) 등 6개국만 미국의 이라크 침공을 지지했다.

데 경제사회적 불평등의 심화와 대의민주주의 확산과 정착이 그것들이다.

2004년부터 시작된 역내 주요 국가들의 경제는 괄목할 만한 성장을 이루었다. 그러나 이러한 성과는 역내 국가들이 실행한 경제개발정책에 의한 것이 아니고 기간 중 중국을 중심으로 한 아시아 그리고 유럽 등 선진국 경제권의 중남미 일차산품 수요증대와 국제가격상승에 기인한 것이었다.

경제성장은 가난한 다수 대중의 생활수준을 어느 정도 개선하는 성과를 가져왔다. 그럼에도 불구하고 이는 1990년대 실시된 워싱턴 컨센서스로 야기된 경제사회적 불평등 특히 부의 양극화를 해결하는 데는 절대적으로 부족했다. 이러한 상황은 가난한 다수 대중이 기존 질서를 불신하고 집단적으로 저항하는 사회운동(social movements)의 배경과 동력이 되었다.

냉전종식과 함께 미국이 중남미에 정치적 역점사업으로 확산시켰던 대의민주주의는 전체적으로 볼 때 성공적으로 정착했다. 대부분 국가들에서 민주적이고 자유로운 선거를 통해 정권교체가 평화적으로 이루어지고 있어 개별국가 정권은 대부분 합법적 정당성을 확보하고 있었다.

한편 냉전시대를 경험한 미국은 대의민주주의에 의해 성립된 민주정권은 어느 경우라도 자유민주주의 국가의 표상인 미국을 지지한다는 믿음을 가지고 있었다. 따라서 대의민주주의에 기초한 합법적 정당성을 가지고 선출된 정권은 그 자체가 미국의 정치적 간섭을 배제할 수 있는 중요한 방어막이었다.

미국 주도 신자유주의 경제정책으로 더 심화된 부의 양극화와 가난한 다수(the poorest majority)의 확대는 새롭게 자리 잡은 중남미 대의민주주의 정치체제에서 식민시기 부터 계속된 부유한 소수(the richest minority)의 지배체제를 대체시킬 수 있는 원동력이 되었다. 이는 구체적으로 1998년 베네수엘라에서 좌파 군부출신인 차베스(Hugo Chavez) 집권으로부터 시작된 핑크 타이드(The Pink Tide)로 나타났다.

2) 핑크 타이드(The Pink Tide)와 대미관계

핑크 타이드는 외부에서 유입된 조직된 정치운동이 아니었다. 그것은 중남미 사회에 실망한 계층들인 가난한 다수가 대의민주주의 정치제도를 통해 자발적으로 불만을 표시하면서 등장했다.

핑크 타이드의 시작은 1998년 베네수엘라 대선에서 좌파 성향의 차베스가 압도적으로 승리한 사건이었다. 그의 대선 승리는 1970년 칠레 대선에서 좌파 성향의 아옌데(Salvador Allende) 정권이 등장한 이후 처음이었다.

이어서 중남미에 칠레의 라고스(Ricardo Lagos, 2000), 브라질의 룰라(Inácio Lula da Silva, 2003), 아르헨티나의 키르츠네르(Néstor Kirchner), 볼리비아의 모랄레스(Evo Morales, 2006), 에콰도르의 코르레아(Rafael Correa), 우루과이의 바스케스(Tabaré Vázquez, 2005), 파라과이의 루고(Fernando Lugo, 2008), 페루의 우말라(Ollanta Humala, 2011), 도미니카공화국의 페르난데스(Leonel Fernández, 2004), 엘살바도르의 푸네스(Mauricio Funes, 2009), 온두라스의 젤라야(Manuel Zelaya, 2006) 등 좌파 성향 정권이 줄이어 들어섰다.

중남미 좌파 정권의 성향은 크게 온건파와 급진파로 구분되어 미국에 대한 대응에서 차이를 나타냈다.

우선 베네수엘라, 쿠바, 에콰도르, 볼리비아, 니카라과 등 급진좌파 국가들은 강경한 반미정책을 표방하고 미국의 역내 영향력 확대를 거부했다. 그 사례로 베네수엘라와 쿠바가 미국 주도 미주자유무역지대(FTAA) 창설을 반대하고 대안으로 아메리카 인민을 위한 볼리바르 연합(ALBA)을 만들어 미국의 의도를 좌절시킨 것을 들 수 있다.

베네수엘라는 쿠바 카스트로의 이념적 지도 아래 기간 중 확보한 막대한 석유 달러를 활용해 급진 좌파 국가들의 연대를 강화하고 국제정치에서 강력한 반미 활동을 전개했다.

그러나 칠레, 브라질, 페루, 우루과이, 파라과이 등 온건좌파 국가들은 미국의 정책을 노골적으로 반대하지 않으면서도 미국과 차별화된 입장을 유지했다.

먼저 브라질은 남미에서 주도권은 당연하게 가장 대국인 자국이 가져야 한다는 전통적 외교정책에 입각해 미국을 상대했다.

아르헨티나는 전통적으로 유럽 친화 성향 국가로서 메넴(Carlos Menem) 대통령 시기를 제외하고 미국과는 항상 냉랭한 관계를 유지했다. 특히 2002년 외환위기 때 미국의 무시와 무관심 속에서 경제적 난국을 돌파해낸 키르츠네르 (Nestór Kirchner) 대통령과 페르난데스(Cristina Fernandez) 대통령은 끝내 미국과의 관계개선을 이루지 못했다.

멕시코와 콜롬비아는 핑크 타이드 시기에도 불구하고 우파정권이 들어서며 전통적 우방으로서 미국의 대외정책을 적극 지지했다. 멕시코 폭스 대통령은 멕시코의 북미자유무역협정 회원국 입장, 미국과의 정치 지리적 인접성, 부시 대통령과 개인적인 친분 관계를 앞세워 미국과 역내 국가들의 관계를 조화롭게 중재하고 미국의 이민법 개혁을 주도하는 등의 역할을 하고자 했다. 그러나 그의 이러한 계획은 9.11 사태가 발생하고 미국의 관심이 중남미에서 중동과 아시아로 옮겨가면서 동력을 상실했다.

2006년 집권한 칼테론(Felipe Calderón) 대통령은 메리다 이니셔티브를 매개로 미국과 연대한 후 마약전쟁을 치르는데 급급해 역내 중재자로서의 영향력을 가지지 못했다.

3) 외연확장

9.11 사태 이후 중남미 국가 지도자들은 사회복지개선, 경제성장, 수출확대를 위해 미국 이외 여타 지역과 정치 경제적 관계 확대의 필요성이 절실

해졌다. 그 대상지역은 유럽 선진국과 중국과 일본 등 아시아 국가들이었는데 그 성과는 지역별로 차이가 있었다.

가) 유럽

유럽은 전통적으로 중남미에 대해 매우 우호적인 입장을 가지고 있었을 뿐만 아니라 중남미가 가지고 있는 여러 가지 문제에 대해 해결을 위한 관심을 표명해왔다.

그러나 9.11 사태가 발생한 이후 유럽연합(EU) 회원국들의 입장은 편하지가 않았다. 우선 미국이 주도한 테러와의 전쟁에 대해 회원국들 간 지지 여부는 분열되어 있었고[259] 다음 유럽 국가들은 회원국 확대여부에 대한 의견대립으로 상호 충돌하고 있었다. 끝으로 유럽연합 헌법 승인과 관련 화란과 프랑스는 거부입장을 표시하고 있어서 유럽연합 스스로 통일적 행동을 하는데 한계를 가지고 있었다.

이 결과 2006년에 개최된 유럽-중남미 정상회담에서도 과거 정상회담에서 논의된 전략적 관계를 더욱 증진한다는 원론적 선언에 그칠 수밖에 없었다. 양자 간 자유무역협정 논의도 지지부진하였고 이베로-아메리카 정상회담도 2004년에 취임한 자파테로(José Luis Zapatero) 스페인 총리의 노력에도 활기를 찾지 못했다. 1980~90년 시기 왕성했던 스페인의 중남미 투자는 그 열기가 크게 식어버렸다.

나) 일본

중남미 역내 국가 지도자들은 유럽과의 연대가 지지부진하자 아시아로 눈을 돌렸다. 특히 1990년 일본 이민자 후손인 후지모리(Alberto Fujimori)가 페루 대통령으로 당선되자 일본에 대한 관심이 높아졌다. 아시아에 대한

---

259 영국과 스페인은 미국의 아프가니스탄과 이라크 침공을 지지하였지만 프랑스와 독일은 지지하지 않았다. Talons of the Eagle, Peter H. Smith, Oxford Univ. Press, 2008, pp.361-362

관심은 대서양 연안보다는 태평양 연안 국가들에게서 더 높았다.

그럼에도 불구하고 이 시기 중 그 성과는 크지 않았다. 이는 당시 일본의 경제가 중남미에 관심을 높일 만큼 충분한 여유를 가지고 있지 못했기 때문이었다. 2004년 멕시코가 일본과 자유무역협정을 체결하고 발효하는 수준에서 관계개선이 이루어졌다.

다) 중국

중국은 유럽이나 일본과 다르게 진행되었다. 중국 경제가 성장하며 발생한 막대한 일차산품 수요는 중남미 국가 지도자들이 '중국 열병(china fever)'이라고 표현할 정도로 늘어났다.

장쩌민, 후진타오 주석 등 중국의 고위층의 중남미 순방과 중남미 국가 지도자들의 중국 방문이 많아지며 양 지역 관계는 모든 부문에서 급격한 성장이 이루어졌다.

이 결과 양 지역 간 무역과 투자규모가 크게 확장했으며 중국은 중남미 대부분 국가에서 유럽연합을 제치고 미국에 이은 두 번째로 무역규모가 큰 국가로 등장했다.

중남미 국가 입장에서 보면 중국과의 무역투자 관계 확대는 미국의 역내에 대한 경제적 영향력을 상쇄시킬 수 있는 지렛대로 활용할 수 있어서 중남미가 경제적 외연 확장에 성공한 사례로 평가된다.

CHAPTER 15.

중국

1. 시대별 구분

중국-중남미 관계는 명나라 만력제 시대(1563~1620)까지 거슬러 올라 간다. 이 시기에 일명 해상 실크로드를 통해 중국은 중남미와 교역을 한 것 으로 알려지고 있다.

1949년 중화인민공화국이 출범한 이후 중국과 중남미 관계는 당시 미국 과 대만의 방해와 냉전시기 중남미 지도자들의 중국에 대한 이념적 의심 등 으로 교류를 활발하게 할 수 없었다.

이러한 상황에 대해 저우언라이 수상은 '중국과 중남미 관계는 단계적으 로 발전해야 한다. 중국은 중남미에 지나친 요구를 해서는 안 된다'라고 지 시했다. 이 지침에 따라 중국은 단계적으로 천천히 관계를 축적해 가는 모 델을[260] 운용해왔다.

이를 시대별로 구분해서 보면 인민교류 단계(1949-69), 외교관계수립단 계(1970-77), 평등호혜협력개발단계(1978-92), 전략적동반자관계수립단 계(1993-2000), 약진단계(2000년 이후) 등 크게 다섯 단계로 분류될 수 있다.[261]

가. 인민교류단계(1949-69년)

저우언라이 수상은 '중국과 중남미 간 우호관계를 수립하기 위해서는 우

260 a Model of 'Accumulation' Development and Advancement with steady steps on China-Latin American relations

261 China-Latin America Relations: Review and Analysis, The Present Situation and Prospect of China-Latin American Relations: A Review of the History since 1949 by Zheng Bingwen, Sun Hongbo and Yue Yunxia, 사회과학문헌출판사

선 인민 간 교류를 활성화하고 다음 문화적 관계로 확대한다. 그리고 이를 기반으로 경제적 관계를 발전시킨 후에 외교관계를 개설한다'라는 단계적 접근 방침을 설정하였다.

이에 따라 1950~1959년 기간 중 중국은 16개에 달하는 문화, 예술, 경제 사절단을 중남미에 파견하였다. 한편 같은 기간 중 중남미 19개 국가에서 약 1,200명의 중남미 인사가 중국을 방문하였다.

대부분 중남미 국가들은 중국과 교류를 강화하기 위해 비정치 분야에서 문화우호협회 성격의 비정부기구를 만들어 인민 간 교류를 활성화 했다.

이 시기에 중국은 역내 국가 중 쿠바와 최초 외교관계를 개설했다. 정치적으로는 파나마 운하 주권회복 운동, 핵 없는 중남미 등 반제국주의와 반식민주의 운동을 지원하였다.

나. 외교관계 수립단계(1970-77년)

1970년대는 중국이 중남미 국가에 대한 정치적 관계를 축적하는 단계이었다. 중국은 1971년 유엔 정회원국 자격과 안보리 상임이사국 지위를 회복하고 이를 기초로 중남미 주요 국가들과 외교관계 수립에 나섰다. 이 시기 마오쩌둥 주석은 '제3세계'라는 전략적 개념을 처음으로 도입하였는데 중남미 국가 지도자들도 이 관점에 따라 자국 사정에 맞는 중국 외교노선을 채택했다.

이 결과 중국은 1970년대 후반기까지 칠레, 아르헨티나, 멕시코, 브라질, 베네수엘라 등 총 12개 국가와 외교관계를 개설하였고 무역규모는 미화 30억 불에 달했다. 페루, 자메이카, 가이아나 등에는 무이자 장기차관을 제공하기도 하였다.

다. 평등과 호혜, 협력개발단계(1978-92년) ─────────

1978년 중국이 개혁개방정책을 실시하며 중남미 정책은 상당한 변화를 맞이했는데 그 요점은 '외교관계 확대와 함께 무역관계를 강화한다'는 것이었다.

중국은 1985년 '평화, 상호지원, 호혜, 협력개발' 등 '중국과 중남미 관계 강화 4대 원칙'과 1988년 '평화공존, 자주독립, 평등, 상호존중, 국내문제 불간섭' 등 5대 원칙을 발표하고 이 원칙에 기초한 상호 우호관계 발전을 도모하기 시작했다.

이 결과 1980년대 양 지역 고위급 인사들의 많은 교차방문이 이루어졌고 외교관계를 수립한 국가는 17개로 늘어났다. 무역규모도 1992년 290억 불로 성장하였으며 17개의 협력합작 프로젝트 협약이 서명되었다.

라. 전략적 동반자 관계 수립단계(1993-2000년) ─────────

1990년대는 중국의 개혁개방정책이 중남미에 큰 영향력을 미친 시기였다. 이 시기 중 30명 이상의 중남미 국가 정상들이 중국을 방문했고 중국 지도자들도 중남미 국가를 방문했다.

1993년 11월 중국은 브라질과 '전략적 호혜 동반자 관계'를 설정하였는데 이는 중국-중남미 관계발전의 새로운 시발점이 되었다.

1995년 11월 장쩌민 주석은 쿠바 피델 카스트로 의장을 만나 '중국 외교 정책의 기본자세는 중남미 국가를 포함한 개도국과 연합하고 협력을 강화하는 것이다'라고 말하였다.

1990년대 말까지 중국은 19개 중남미 국가와 외교관계를 수립하였다. 또한 중국은 리오그룹(Rio Group), 남미공동시장(Mercosur) 등 역내 다자기구와 관계강화를 도모하였으며 카리브개발은행에도 가입하였다.

1993~2000년 중 중국과 중남미 무역규모는 두 배 증가했다. 중남미에 대한 투자도 크게 증가했는데 1999년에는 브라질과 인공위성을[262] 공동으로 개발 발사하는 등 과학기술부문의 협력도 강화되었다.

마. 약진단계(2000년 이후)

21세기 들어 중국과 중남미 관계는 약진단계로 진입했다. 이는 그동안 50년 넘게 축적해온 관계를 바탕으로 한 것으로서 양 지역 간 이해관계가 서로 맞아떨어진 것에 그 이유가 있다.

중국의 중남미 일차산품에 대한 수입증가는 중남미 국가들의 교역조건을 개선시켜 중남미 경제가 성장하는 중요한 계기가 되었다. 이 결과 중국은 중남미 정부뿐만 아니라 인민교류 관계를 크게 증대시키는 기회를 맞이하게 되었다.

약진단계에서 중국의 중남미 진출은 몇 가지 특징을 가지고 있었다. 우선 중국은 중남미 국가들과 전략적 협력관계를 만드는데 초점을 두었다. 이에 따라 2001~08년 중 중국은 베네수엘라, 아르헨티나, 멕시코, 페루와 전략적 동반자관계를 설정하였다.

특히 2008년 11월 후진타오 주석의 중남미 방문을 계기로 중국 정부는 '중국의 대중남미 정책 문서'[263]를 통해 '중국은 중국-중남미 관계를 전략적인 관점에서 고려하고 있다'라고 발표하고 '중국은 중남미 지역과 평등, 호혜 그리고 협력개발에 기반을 둔 포괄적 협력동반자 관계를 만들고 발전시

---

262 Earth Resources Satellite 1
263 China's Policy Document to Latin American and Caribbean Nations

키기 위해 노력한다'는 것을 명확하게 표명했다.[264]

둘째 중국은 중남미 국가에 대한 지역적 균형을 유지했다. 우선 멕시코, 브라질, 아르헨티나를 중남미 중심국가, 페루, 베네수엘라, 칠레를 2선 국가로 분류해 전략적 또는 포괄적 협력동반자 관계를 설정했다. 중미 및 카리브 지역 진출확대를 위해서는 2007년 5월에 코스타리카와 외교관계를 수립하고 장관급 협의체를 만들기도 했다.

셋째 중국은 매우 포괄적 협력관계를 구축했다. 2000년 이후에 중남미에서 90명 이상의 정부수반, 의회인사 등이 중국을 방문했으며 중국의 고위층도 20개국 이상의 중남미 국가를 방문했다.

중국 공산당은 중남미 역내 80개 이상의 정당과 당 차원의 관계를 형성했다. 도시 간 자매결연은 102 개에 달했고 10개의 과학기술협력, 3개의 위성협력, 교육문화협력을 체결했다.

넷째 중국은 중남미 교역을 다양하게 추구했다. 이 시기에 중국은 중남미에서 두 번째로 큰 교역국가로 부상했고 중남미는 중국의 두 번째 해외투자 대상지역이 되었다. 이 결과 중국은 중남미 경제성장의 중요한 동력으로 등장하였다. 현재 중국은 칠레, 코스타리카, 페루와 자유무역협정을 체결하고 금융협력을 통한 관계도 더욱 긴밀하게 했다. 이 시기 중국의 금융협력은 과거의 무역확대를 위한 양허방식 차관에서 벗어나 자원 확보, 인프라 건설 수주를 위한 금융협력이나 통화 스와프 형태로 변화했다.

다섯째 중국은 중남미 각국과 양자 간 대화협의체를 만들어 관계를 증진시켰다. 2000년 안데스 공동체와 대화협의체를 구성하고 카리브 국가들과는 2005년 '중국-카리브 경제무역 협력 포럼'을 만들었다. 2007년 4월 브라질과는 전략적동반자 관계를 더 깊게 하기 위해 중국-브라질 대화협의체를 구성하였다. 2009년에는 멕시코와 제1차 전략적 대화를 개최한 뒤 이어

---

264 2008년 11월 후진타오 주석은 페루 의회연설을 통해 '중국과 중남미의 호혜는 매우 깊은 곳까지 이르렀고 양자 간 관계도 매우 높은 수준에 도달했다.'라고 그 동안의 성과를 과시했다.

서 2010년 11월 브라질과도 전략적 대화 회의를 개최하였다.

또한 카리브 개발은행, 미주개발은행, 유엔 중남미경제위원회의 정회원국 지위를 확보하여 역내 경제기구와의 관계를 강화하고 있다.

여섯째 국제다자협력을 강화하고 있다. 중국은 유엔개혁, 국제금융시스템 개혁, WTO 협상, 유엔기후변화협상 등에서 중남미 국가들과 공동보조를 취하고 있다. 유엔 개혁과 관련하여 중국은 멕시코, 브라질, 아르헨티나의 위상을 강화해주기 위하여 이들 국가에 대한 지원을 아끼지 않고 있다.

2. 21세기 중국과 중남미 관계

가. 경제관계

중국과 중남미 국가 간 경제관계는 2000년 이후부터 무역과 투자를 중심으로 약진하였다. 교역규모는 2013년 2,780억 불로 최고 수준을 기록한 뒤 중국 정부의 내수확대정책 실시로 인한 일차산품 수입 감소와 가격 하락으로 그 규모가 다소 축소되었다.[265]

중국의 중남미 직접투자는 2010년부터 확대되었다. 1990-2009년 기간 중국의 중남미 직접투자 누적 규모는 7,342 백만 불에 불과했으나 2010년 13,712 백만 불 투자를 시작으로 그 규모가 크게 늘었다. 2010-15년 중 연평균 9,455 백만 불의 투자가 이루어졌다.[266]

중국 정부는 이 시기 중 교역과 투자확대를 위해 칠레, 코스타리카, 페루와 자유무역협정을 체결하였다. 2015년 1월에는 베이징에서 중국-중남

---

265 2015년 기준 2,450억 불

266 ECLAC, Relaciones económicas entre América Latina y el Caribe y China, Oportunidades y Desafíos, Noviembre de 2016

미경제공동체(CELAC) 포럼 제1차 장관급회의를 개최하고 베이징선언을 통해 일명 '1+3+6'이라고도 알려지고 있는 '2015-19 협력계획(Plan of Cooperation 2015-2019)'을 발표하는 등 경제외교도 강화하였다.

1) 중남미에 대한 경제적 이해관계

중남미는 중국의 중요한 원자재와 중간재 공급지로 원유, 철광(iron ore), 구리정광(copper concentrate), 귀금속광, 보크사이트, 크롬, 니켈, 포타슘, 알루미늄, 주석, 몰리브덴, 대두, 목재펄프, 식용오일, 화학섬유 원자재 등을 수입하고 있다.

2001-07년 중 중국의 중남미 원자재 및 중간재 수입은 연평균 8% 성장했다. 금속과 목재펄프 등은 6%, 광물, 목재 및 섬유 원자재 및 중간재는 7%, 화학원자재 및 동식물 오일 등은 10% 성장세를 나타냈다.

중남미는 중국 정부의 에너지 안보를 담보해주는 중요한 지역이다. 유엔 상품교역통계(UNCOMTRADE)에 따르면 2000년 이후 중남미가 중국의 안정적 원유 공급지로 부상하였음을 알 수 있다.

중남미 전체의 중국 원유수출은 2002년 6백만 불에서 2009년 6,910 백만 불로 크게 증가했다. 중국의 중남미 원유수입 비중도 2002년 0.3%에서 2009년 6.5%로 크게 증가했다. 중국은 2000년까지 원유를 중동, 아태지역, 아프리카, 러시아 등 4개 지역에서 수입했는데 아태지역 수입을 줄이고 중남미 수입을 늘려 공급선 다변화를 이루었다. 특히 중국 정부는 중남미 산유국들에게 석유차관협정 체결을 통해 원유물량을 점진적으로 늘렸다.[267]

---

267 베네수엘라, 브라질, 에콰도르 등 3개국이 전체 석유차관의 대부분을 차지하고 있다.

중국은 자원의 안정적 확보를 위한 전략적 투자진출 지역으로 중남미를 새롭게 인식하고 2010년부터 자원개발투자를 크게 늘렸다.

2) 중남미의 중국에 대한 경제적 이해관계

중국이 중남미 원자재와 중간재를 대량 수입하자 중남미 국가들의 무역수지는 크게 개선되었다. 이러한 긍정적인 효과로 '중국은 무역천사(trade angel)'라는 표현도 나왔다. 특히 중국경제의 성장으로 원자재와 중간재 수입수요가 증가하며 이들의 국제가격이 상승했다.

유엔중남미경제위원회 통계에 따르면 2000-07년 사이 주요 품목 세계 소비증가율에서 중국비중은 대두유 50%, 대두 33%, 제련동 50%, 알루미늄과 아연봉 75%, 원유 35%로 중국의 원자재 수요증가로 국제가격이 상승했음을 알 수 있다.

이는 중남미 교역조건 개선에 크게 기여하였는데 베네수엘라, 볼리비아, 칠레, 콜롬비아, 브라질, 페루 등이 큰 수혜 국가들이다. 우루과이, 파라과이, 니카라과, 엘살바도르 코스타리카, 멕시코, 콜롬비아 등도 긍정적 효과를 경험했다. 중남미산 완제품의 중국수출은 원자재보다는 못했지만 꾸준하게 증가했다.

중국은 중남미 국가들의 인프라 부족 해결을 위한 재원 공여국가로 부상했다. 세계은행은 중남미 국가들이 빈곤퇴치, 고용증가, 경쟁력 향상을 위해 인프라를 시급하게 확충해야 한다는 권고를 해왔다. 그러나 이들 국가들은 재원부족과 기술낙후로 원활하게 인프라를 확충할 수 있는 형편이 아니었다. 이 상황은 중국이 중남미 국가들과 개별 프로젝트 계약방식으로 직접

인프라 건설에 참여하고[268] 중남미 국가들은 중국의 자본과 기술을 활용해 인프라 부족 문제를 해결하는 협력관계로 발전했다.

나. 무역관계

2000년대 들어 중국의 중남미 교역 성장세는 총액 규모와 함께 개별국가 교역에서 중국이 차지하고 있는 순위로도 평가할 수 있다. 중국의 중남미 교역규모는 꾸준하게 늘어나 2013년에 정점에 도달했다.

2000년 대비 2013년 중남미 교역규모 순위를 보면 2000년 중국의 교역 규모는 수출입 모두 큰 특징이 없이 중위 수준을 유지한 반면 2013년 수출 은 중미와 카리브국가를 제외하고 대부분 1~3위를 차지했고 수입은 지역 에 관계없이 대부분 1~3위이었다.

특히 중남미 지역에서 가장 큰 경제규모를 유지하고 있는 브라질, 아르헨 티나, 칠레, 페루, 멕시코 등 국가들의 2013년 교역규모 순위는 중국이 수 출입 모두 1~2위를 차지하고 있다.

중남미 주요국가에서 중국의 교역규모 순위

구분 및 년도 / 국명	수 출		수 입	
	2000	2013	2000	2013
아르헨티나	6	2	4	2
볼리비아	18	8	7	3
브라질	5	1	4	1
칠레	12	1	11	2

---

268 China-Latin America Relations: Review and Analysis. 중국 사회과학문헌출판사, "China adopted the form of 'financing +EPC general contracting' to integrate project construction and technological exports with capital export, which has helped solve problems of fund shortage and the technical backwardness in the infra-structural construction domain in Latin America... "

구분 및 년도	수 출		수 입	
/ 국명	2000	2013	2000	2013
페루	4	2	9	2
콜롬비아	36	2	9	2
에콰도르	19	9	10	2
멕시코	19	4	7	2
파라과이	15	29	3	1
우루과이	4	2	9	2
베네수엘라	35	2	18	2

자료: ECLAC, Relaciones económicas entre América Latina y el Caribe y China,
Oportunidades y Desafíos, Noviembre de 2016

중국과 중남미간 교역규모가 최고 수준에 달했던 2013년 중남미 국가별 중국 수출규모는 브라질이 46,026 백만 불로 가장 많다. 다음으로 칠레 (19,090 백만 불), 베네수엘라(13,374 백만 불), 페루(7,354 백만 불), 멕시코(6,468 백만 불), 아르헨티나(5,512 백만 불), 콜롬비아(5,102 백만 불), 우루과이(1,291 백만 불) 순이었다.

중남미 국가들의 중국 수출 품목은 원유, 광물, 농축수산물 등 원자재 및 중간재가 대부분이다. 2015년 수출금액 기준 비중을 통해 본 수출상품구조는 아래와 같다.

중남미 국별 중국 수출 5대 상품

국 명	비중(%)	1위	2위	3위	4위	5위
아르헨티나	84.8	대두	대두유	우육	원유/역청	새우/가재
브라질	78.9	대두	철광	원유/역청	목재펄프	원당
칠레	84.1	정련동	동괴	비정련동	목재펄프	철광
콜롬비아	96.0	원유	페로니켈	동폐기물	우피	역청탄
에콰도르	82.0	새우/가재	원유/역청	바나나	귀금속 폐기물	목재
멕시코	49.2	동광	자동차	변속장치	동폐기물	원유/역청
파라과이	87.2	우피	동폐기물	목재	참깨	기타 피혁
페루	84.0	동광	어분	정련동	아연광	연광
우루과이	80.3	우육	대두	가공우육	양모	냉동우육

국 명	비중(%)	1위	2위	3위	4위	5위
베네수엘라	99.9	원유	역청유	철광	페로니켈	피혁

자료: ECLAC, Relaciones económicas entre América Latina y el Caribe y China, Oportunidades y Desafíos, Noviembre de 2016

중국의 중남미 수출은 대부분 공산품 및 중간재로 구성되어 있다. 2015년에는 이 비중이 91%를 넘고 있다. 이러한 상황은 이후에도 계속되고 있다. 멕시코, 브라질 등 공산품 생산 능력을 갖추고 있는 국가들은 중국산 공산품으로부터 국내산업을 보호하기 위해 보호무역 조치를 취했으나 전반적으로 중국산 공산품 증가 추세는 막지 못했다.

그러나 2000년 대 들어 크게 확대된 중국과 중남미 교역은 중남미가 회피하고 싶어 했던 일차산품 의존 경제에 다시 진입하는 상황(Reprimarization)을 가져왔다. 여기에 저렴한 중국 공산품의 수입은 역내 제조업의 국내외 경쟁력 상실로 이어졌다. 이에 대해 중남미 국가들은 중국이 과거 미국과 유럽 국가들과 같이 원자재를 가져가고 공산품을 파는 제국주의적 착취를 하고 있다는 입장을 보이기 시작했다.

중국은 이러한 견해로 역내에서 반중정서가 확산되기 시작하자 이를 무마하기 위해 금융과 투자부문에서 상호 호혜적 경제협력사업을 추진하기 시작했다.

다. 투자관계

유엔중남미경제위원회 통계에 따르면 중국의 중남미 직접투자는 2010년부터 급격하게 증가했다. 2010년 직접투자 규모는 1999-2009년 중국의 중남미 직접투자 누계총액인 7,343 백만 불보다 두 배 많은 13,712 백만 불에 달했다. 그 후에도 매년 6,000~11.000 백만 불 규모로 직접투자가 이루어졌다.

1990-2015 중국의 중남미 직접투자 현황

(단위: 미불 백만)

국명/년도	1990-2000	2010	2011	2012	2013	2014	2015
브라질	255	9563	5676	6067	2094	1161	4719
아르헨티나	143	3,100	2,450	600	-	-	-
페루	2,262	84	829	1.307	2,154	9,605	2,142
에콰도르	1,619	45	59	86	88	79	94
베네수엘라	240	900	-	-	1,400	-	-
콜롬비아	1,677	6	293	996	-	-	-
기타	1146	14	867	150	34	70	-
중남미 전체	7342	13712	10174	9206	5770	10,915	6,955

자료: ECLAC, Relaciones económicas entre América Latina y el Caribe y China, Oportunidades y Desafíos, Noviembre de 2016

2010년에 이루어진 중국의 중남미 직접투자액은 같은 해 중남미 전제 직접투자 유입총액의 11%에 달하는 규모이었는데 이는 중국석유화공(SIN-OPEC)[269]과 중국해양석유총공사(CNOOC)[270]가 브라질과 아르헨티나의 석유회사 지분을 인수했기 때문이다.[271]

여기에서 특징적인 것은 대부분의 투자가 자원부문에 집중되었다는 것이다. 2011-14년 기간 중에 이루어진 투자도 90% 이상이 자원부문에서 이루어졌다. 이 현상을 같은 기간 중 세계 전체의 중남미 직접투자에서 자원

---

[269] 위키백과, 중국석유화공(中国石油化工)은 시노펙이라고도 불리는 중화인민공화국에서 제일 큰 석유 회사로 정식 이름은 중국석유화공고분유한공사(中国石油化工股份有限公司)이고, 약칭은 중국석화(中國石化) 또는 중석화(中石化)이다.

[270] 위키백과, 중국해양석유총공사는 중국의 국영 석유, 천연 가스 기업이다. 주로 중국 대륙 앞바다에서 석유 및 천연가스의 탐사, 채굴, 개발 등의 일을 담당한다.

[271] www.reuters.com/article/us-repsol-sinopec-idUSTRE6900YZ20101001,China's Sinopec buys Repsol Brazil stake for $7.1 billion, www.reuters.com/article/us-cnooc-idUSTRE62D0OF20100315, CNOOC gets LatAm foothold with $3.1 billion Argentina deal

투자 비중이 25%이었다는 것을 고려해 볼 때 중국이 중남미를 경제적 관점에서 보는 입장이 명료하게 나타나고 있다.

중국의 중남미 직접투자 상황을 구체적으로 보면 우선 중국석유공사(CNPC)가 2013년 페루에서 활동하고 있는 브라질석유공사(Petrobras) 자회사Peru Unit)를 26,000 백만 불에 인수하였고 중국 민메탈(Mineral and Metals Group)도 2014년 페루에서 스위스 글렌코아 엑스트라타(Glencore Xstrata)가 소유하고 있는 라스 밤바스 구리광산 프로젝트(Las Bambas Copper Mine Project)의 다수지분(62.5%)을 7,005 백만 불에 매입하였다.[272]

중국중신집단(CITIC Group)은 2011년 니오부(Nobium)를 채굴하고 있는 브라질광물야금회사(CBMM) 지분 15%를 1,950 백만 불에 인수하였고 [273] 2013년 말 중국석유공사(CNPC)와 중국해양석유총공사(CNOOC)는 프랑스 토탈(Total)사 및 화란 쉘(Shell)사와 컨소시엄을 구성해 브라질 국영석유공사 페트로브라스(Petrobaras)가 발주하는 리브라 암염하층 유전개발 프로젝트에 참여했다.

중국석유공사(CNPC)와 중국해양석유총공사(CNOOC)는 베네수엘라 최대 유전지대인 오리노코 석유개발 프로젝트에도 참여하여 이 곳에서 생산된 중질유를 수입하고 있다.

중국의 직접투자는 인프라 건설에서도 이루어졌는데 대부분 발전과 송전 등 전력부문과 도로와 철도 등 건설부문에 집중되어 있다. 구체적으로는 2010~12년 중 중국국가전력망공사(State Grid Corp. of China)가 브라질에서 2,700 백만 불을 투자해 스페인 전력회사 지분을 획득하고 6,000 킬로미터에 달하는 송전망을 운용하는 것으로 시작해서 2016년에 1,800

---

[272] www.reuters.com/article/us-petrochina-petrobras-acquisition-idUSBRE9AC-0CU20131113,
Petrobras sells Peru unit to PetroChina/CNPC for $2.6 billion
[273] 서울경제, 중, 브라질 광산업체 CBMM 인수, 2011. 9.4.

백만 불을 투자해 브라질 CPFL 에너지 사 지분 94.76%를 인수하는 등 브라질 전력 인프라 확대를 위한 적극적인 투자를 했으며 현재까지 이어지고 있다.[274]

아울러 중국장강삼협집단(China Three Gorges Corp.)은 3,680 백만 불을 투자해 브라질 Jupia e Ilha Solteira 수력발전소 건설 양허를 받았으며 2016년에는 1,200 백만 불로 듀크 에너지(Duke Energy International-al)사 브라질 영업을 인수했다.[275] 중국의 전력 인프라 투자는 특히 중국이 추진 중인 일대일로 정책에 맞춰 진행되었다.

중국은 건설부문에도 적극적인 진출을 했다. 중국의 건설부문 투자규모는 공식적으로 중국의 중남미 직접투자 통계에는 집계되고 있지 않고 있다. 그러나 중국 국책은행은 중남미 국가들에게 금융협력을 제공하며 부수적 조건으로 주택, 도로, 전력개발 등 각종 인프라 건설에 중국 건설업체가 진출할 수 있도록 했다.

그럼에도 불구하고 중국 건설업체들이 중남미에서 대형 건설 프로젝트 입찰에서는 성공하고 있지 못하다. 참고로 2016년 9월 중국국제수전공사(CWE)[276]와 중국장강삼협집단(CTG) 컨소시엄이 중국수출입은행 금융제공으로 추진된 볼리비아 정부의 10억 불 규모의 로시타스 수력발전 프로젝트(Rositas Hydroelectric Project)트 건설을 수주한 바 있다.

중국의 중남미에 대한 농업투자는 식량안보전략 차원에서 추진되고 있는 것으로 알려지고 있다.[277] 그럼에도 불구하고 농업부문에 대한 중국의 투자진출은 자원과 인프라 부문과 같이 뚜렷하지 않지만 점차 증가 추세

274 www.ft.com/content/631ed000-0d32-11e0-82ff-00144feabdc0, China's State Grid in Brazil Push

275 http://news.duke-energy.com, Duke Energy to sell its Brazilian business to China Three Gorges Corporation for $1.2 billion enterprise value

276 China International Water and Electric Corp.

277 https://usa.chinadaily.com.cn/business/2011-06/10/content_12673745.htm, Chinese agro giant to invest $1.5b in Argentina

에 있다.

그 사례로 충칭곡물그룹(CGG)이 2011년 중국개발은행(CDB)의 금융지원으로 브라질 바히하(Bahia) 지역에서 대두재배와 가공을 위해 879 백만 불 투자를 실행했다.[278]

중량집단공사(COFCO)는 2010년 칠레의 비스코테스 포도원(Biscottes Vineyard)을 18 백만 불에 매입하였으며 곽 브라더스 그룹(KUOK Group)과 공동으로 브라질 노블레(Noble) 지분을 인수해 에탄올 생산에도 참여하였다. 아르헨티나에서는 헤이룽장 베이다황 농켄 그룹(Heilongjiang Beidahuang Nongken Group)이 남부지역에 3십만 헥타를 임대해 대두 경작을 추진했다.

중남미 기업들도 중국의 농산물시장 진출하기 위해 중국기업들과 합작투자(JV)를 하는 등 협력관계가 늘려갔다. 특히 브라질과 칠레 기업들의 진출이 뚜렷했다.[279]

중국의 중남미 농업투자는 향후에도 계속될 것으로 전망되고 있는데 이는 중국은 농산물 대량 수입국으로 중남미 국가들의 이해관계가 맞아 떨어지기 때문이다.

중국의 중남미 제조업 직접투자는 2010년 이후에 시작되었지만 그 규모는 다른 부문과 비교해 작다. 중국 정부는 다양한 계기에 중남미 제조업 직접투자 프로젝트를 발표했지만 실행하지 않아 현지의 신뢰를 상실하기도 했다.

브라질에서는 중소형 제조업 직접투자가 많이 이루어졌다. 이는 브라질 정부가 중국제품에 대해 취한 무역규제를 회피하기 위한 것이었다. 멕시코에서는 북미자유무역협정을 활용한 미국 시장 진출을 위한 제조업 투자가

---

278 www.reuters.com/article/us-brazil-china-soybeans-idUSBREA331F720140404, Big Chinese soy project in Brazil: so far, just an empty field

279 브라질 Marfrig, BRF와 중국 COFCO 등과 기업 간 협력/칠레 기업(Rio Blanco, Agricola San Clemente 등)의 중국투자 등

이루어졌다.[280]

라. 금융관계 ──────────────────────

　중국의 중남미 금융협력은 2009년부터 빠르게 증가했다. 2009-18년 기간 중 금융협력 전체규모는 1,359억 불에 이르렀는데 2009년 127억 불, 2010년 356억 불, 2015년 215억 불을 제외하고 매년 100억 불 내외에서 이루어졌다. 이 규모는 기간 중 미주개발은행(IADB) 금융협력 규모보다 더 큰 수준이었다.

　주요 협력 대상 부문은 에너지, 발전, 사회 인프라 부문으로 미주개발은행과는 다르게 협력대상 국가는 베네수엘라, 브라질, 에콰도르, 아르헨티나, 칠레, 페루 등 중국의 경제적 이해관계가 큰 나라들이었다. 이들 국가 중 베네수엘라가 석유차관(Oil for Loan)을 배경으로 최대 수혜국가이었다.

　또한 중국은 아르헨티나, 브라질, 칠레, 수리남 등과 통화 스와프 협정을 체결했다. 이는 중국이 협정체결 국가들의 무역과 금융환경을 개선시키며 영향력을 확대하는 전략의 일환이었다.

　국별로 보면 아르헨티나가 2009년 최초로 스와프협정을 체결하고 매년 갱신했다. 2018년에도 187억 불 규모의 스와프 협정을 연장하였다.[281] 브라질도 2013년 300억 불 규모의 스와프 협정을 체결했다. 칠레는 2015년 36억 불 상당의 스와프 협정을 체결했다.[282]

───────────────────────────────

280 컴퓨터 제조업체 Lenovo, 자동차 부품 Nexteer 등

281 https://www.reuters.com/article/argentina-economy-currency-idUSL2N1X-J1VW, UPDATE 1-Argentina expands China currency swap as Beijing eyes Latin America

282 https://www.ft.com/content/3e20302e-9632-11e2-9ab2-00144feabdc0, Brazil and China
agree currency swap/ https://www.reuters.com/article/idUSL3N0YG39B20150525, UPDATE 1-China and Chile sign currency swap agreement to help trade

마. 도전과제

　중남미 국가들은 기본적으로 중국의 직접투자를 환영하고 있다. 그러나 2010년부터 빠르게 확대되고 있는 중국의 직접투자에서 나타나고 있는 역기능에 대해 유엔중남미경제위원회와 각 국가 정부들은 우려감을 가지기 시작했다.

　유엔중남미경제위원회가 중국의 직접투자확대와 관련해 가지고 있는 우려감은 다음과 같다.

　첫째는 중국이 최근 몇 년 직접투자규모를 확대하고는 있지만 미국과 유럽연합 등 역사적 유대감을 가진 선진국과 비교해 아직 그 비중이 크지 않다는 것이다. 더구나 2015년 이후부터 중국의 역내 직접투자규모가 감소되고 있다. 따라서 유엔중남미경제위원회는 2015년 1월 베이징에서 개최된 제1차 중국-중남미·카리브 국가공동체 장관급 포럼에서 논의되고 약속된 중국의 중남미에 대한 경제협력조치가 적극적으로 실행되어야 한다고 주장했다.

　둘째는 중국의 투자대상이 자원개발에 집중되어 있다는 것인데 앞으로 제조업과 서비스업에 대한 투자가 이루어져야 한다는 것이다. 2014-18년 기간 중 중국의 중남미 직접투자 중 자원개발부문 비중은 평균 34%로 미국과 유럽 등 서방 선진국의 18% 대비 매우 높은 수준이다.[283] 자원개발투자는 역내 국가의 고용과 소득 성장 유인효과가 크지 않기 때문에 중남미 국가들은 제조 및 서비스업에 대한 투자확대를 희망하고 있다.

　셋째는 중국 투자의 지속가능성에 관련된 사항이다. 중국의 자원투자는 개발지역의 환경파괴를 야기해 현지 주민공동체와 사회적 충돌이 발생하고 있다. 따라서 유엔중남미경제위원회는 중국 투자가 지속가능하게 이루

---

283 Boston Univ. Global Development Policy Center, China-Latin America Economic Bulletin, 2019 Edition.

어지기 위해서는 중국 투자가들의 환경보호 이슈에 대한 관심을 높여야 하고 동시에 사회적 충돌을 줄이기 위한 방편으로 현지문화에 대해 깊고 진중한 이해가 필요하다고 주장하고 있다.

3. 주요국별 경제협력 사례

가. 아르헨티나

중국과 아르헨티나의 경제관계는 대두와 석유 가스 관계로 상징되고 있다. 중국은 아르헨티나의 가장 큰 대두 수출국이고 아르헨티나는 중국의 석유 가스자원 확보를 위한 전략적 지역이다.

다른 남미 국가에서와 같이 중국은 무역부문에서 단기간에 브라질 다음으로 규모가 큰 국가로 등장했다.[284] 중국은 대두와 대두유를 수입하고 공산품을 수출하는데 이는 중국이 중남미 무역관계 설정기준인 '양자교역 기본방식(standard pattern of bilateral trade)'의 범주에 속한다.

투자부문의 교류는 무역부문보다 늦은 2010년부터 시작되었다. 1990-2009년 중 중국의 아르헨티나 직접투자 규모는 누계기준으로 143 백만 불에 불과했다. 그러던 것이 2010년 중국해양석유총공사(CNOOC)가 아르헨티나 석유회사인 브리다스 사(Bridas Corp.) 지분 50%를 3,100 백만 불로 인수하면서 규모가 늘어났다.[285] 중국석유화공(SINOPEC)도 2010년 아르헨티나에서 활동하고 있는 미국 옥시덴탈 페트로리엄(OXY)의 석유사업을 2,450 백만 불, 스페인 렙솔 브라질(Repsol Brasil) 석유사업을 7,100

---

284 1995년 중국은 아르헨티나 수출의 17위, 수입의 8위 이었으나 2010년에 각각 2위로 올랐다.
285 https://www.reuters.com/article/us-cnooc-idUSTRE62D0OF20100314, CNOOC to buy stake in Argentina's Bridas for $3.1 billion

백만 불에 인수하였다.[286] 중국은 이를 통해 아르헨티나 정부의 석유가스개발 사업에 참여하기 시작했다.

아르헨티나는 석유와 천연가스를 자급자족 해왔으나 석유는 1990년대 중반 그리고 천연가스는 2000년대 중반 이후 소비증가로 수입국가가 되었다. 아르헨티나는 국영석유공사(YPF)를 통해 자국의 석유가스 개발사업을 추진하고 있기 때문에 중국 석유회사들은 아르헨티나 석유공사와 직간접적인 협력관계를 유지하며 사업을 추진해야 한다. 중국은 아르헨티나 정부가 역점을 두고 있는 네우켄(Neuquén)주 소재 바카 무에르타(Vaca Muerta) 세일 오일 및 가스전 개발 프로젝트에 큰 관심을 가지고 있다.

중국과 아르헨티나의 무역투자부문 관계강화는 양국 모두에게 긍정적 측면이 많지만 한편 이로부터 나타나고 있는 부정적 영향에 대해 아르헨티나는 중국의 개선을 촉구하고 있다.

첫째 아르헨티나 국내기업들은 중국산 공산품이 국내산업에 부정적인 영향을 주고 중남미 역내 시장에서도 아르헨티나 공산품의 위치를 위협하고 있다고 판단하며 중국산 공산품의 불공정 행위에 대한 수정을 요구하고 있다.

둘째 중국산 제품의 국내시장 범람으로 인해 아르헨티나 기업이 도산해 실업문제가 발생하였다. 이러한 상황에서 노동조합이 중심이 된 노동계의 중국에 대한 반감이 커지고 정부에 대한 압력이 되었다.

셋째 환경과 노동단체는 중국의 관계 확대로 환경이 파괴되고 노동환경이 악화되고 있음을 주장하고 있다. 특히 대두 수출을 위한 경작지 확대는 수자원 환경을 악화시키고 있다고 주장하고 있는데 이 문제는 앞으로도 계속 논란이 불가피한 이슈이다.

---

286 https://www.reuters.com/article/us-occidental-sinopec-argentina China's Sinopec buys Occidental's Argentin assets/https://www.reuters.com/China's Sinopec buys Repsol Brazil stake for $7.1 billion

넷째 중국기업은 대부분 국영으로 분쟁이 발생하면 정치적 문제로 비화될 수 있다는 것이다.

다섯째 중국의 아르헨티나에 대한 관심은 주로 자원개발에 집중되어 있는데 자원과 환경의 지속적인 이용에서 앞으로의 방향을 점검해야 한다는 논란이 커지고 있다.

나. 브라질

중국과 브라질은 2000년대 들어 급격하게 확대된 경제관계 외에도 국제 정치에서 브릭스(BRICs)[287] 회원국가로서의 유대감도 크다.

중국은 브라질의 소비 인구 규모, 광물 및 식량자원, 막대한 석유 에너지, 통신, 도로교통 인프라 건설수요에 관심을 가지고 2000년대 들어 다차원적으로 교류를 확대했다. 이 결과로 중국은 단기간에 브라질 수출입 비중에서 2위를 차지했고 식량 및 광물자원, 인프라 등 투자진출에서도 상당한 성과가 있었다.

그러나 중국의 브라질 시장 비중확대는 국내산업의 피폐와 환경파괴를 가져왔다. 중국 공산품의 범람으로 오래 동안 보호무역주의 우산 속에서 혜택을 받아왔던 브라질 제조업은 국내 및 수출시장에서 경쟁력을 잃었는데 이 상황은 양국 간 무역 분쟁의 원인이 되었다.

브라질이 중국에 수출하고 있는 품목들은 대부분 식량, 목재, 광물자원이다. 그런데 중국의 수요증대로 수출규모가 커지자 국내외적으로 환경파괴

---

287 매경시사용어, BRICs, 2000년대를 전후해 빠른 경제성장을 거듭하고 있는 브라질·러시아·인도·중국 등 신흥경제 4국을 일컫는 경제용어이다. 브릭스는 브라질(Brazil)·러시아(Russia)·인도(India)·중국(China)의 영문 머리글자를 딴 것으로 이들 4개국을 합치면 세계 인구의 40%가 훨씬 넘는 27억 명(중국13억, 인도 11억, 브라질 1억7000만, 러시아 1억 5000만)이나 된다. 따라서 막대한 내수시장이 형성될 수 있고, 노동력 역시 막강하다. 경제 전문가들은 2030년 무렵이면 이들이 세계 최대의 경제권으로 도약할 것으로 보고 있다.

에 대한 우려가 부각되기 시작했다. 즉 대두와 소고기 수입증가는 대두 경작지와 소 목축지 확보를 위한 아마존 열대우림 파괴로 이어졌다.

대두 경작지와 소 목축지는 대부분 브라질 중서부 지역에 위치해 있는 마토 그로소(Mato Grosso) 주에 위치하고 있다. 마토 그로소 중북부 지역은 '브라질 법정 아마존지역(Brazilian Legal Amazon, BLA)'[288]에 포함되어 있는 열대우림지역이다.

처음에는 소 목축지 확보를 위해 열대 우림이 파괴되었으나 현제는 대두 경작지를 확보하기 위해 같은 일이 벌어지고 있다. 소위 지방주의자(Ruralist)라고 불리는 지역 내 대토지소유자들이 대두 경작지를 늘려 중국시장에 진출하고자 탈법과 편법을 동원해 열대우림을 파괴하고 있다. 또한 이들은 기존 목축지를 대두 경작지로 전환하고 새 목축지를 찾아 점점 아마존 열대우림 깊숙한 곳까지 들어가고 있는데 이 결과 마토 그로소 주 북쪽의 파라(Pará) 주에까지도 목축지와 대두 경작지가 확대되었다.

대두 경작지가 확대되면 이에 따른 내륙 운송로 확보가 중요하다. 운송로 확보를 위해 열대우림에 고속도로가 건설되고 칭구(Xingu) 강 등 아마존 강 지류에 항구가 건설되었다. 이는 열대우림 생태계와 아마존 원주민 삶의 터전을 훼손했다.

중국이 수입하고 있는 목재와 알루미늄, 철 합금(iron alloys) 등 광물이 이 지역에서 생산되고 있다. 중국 광업회사들[289]은 브라질 최대 광업회사인 발레(Vale)와 함께 합작투자를 해 생산된 알루미늄과 철 합금을 자국에 수출했다. 목재는 열대우림을 목축지나 대두경작지로 만들면서 그 부산물로 생산되었지만 알루미늄은 알루미나와 철강을 처리해 괴와 합금을 만들

---

288 Wilipedia, Brazil's Legal Amazon or BLAis the largest socio-geographic division in Brazil, containing all nine states in the Amazon basin. The region was created in 1948 based on studies of the Brazilian government on how to plan the economic and social development of the Amazon region.

289 Alumina Brasil-China(ABC), Aluminium Corporation of China Ltd.

어야 하는데 이 과정에 많은 유연탄과 전력에너지가 필요하다. 따라서 브라질 정부는 '법정 아마존 지역' 전력개발을 위해 아마존 강 지류 곳곳에 수력발전소 건설과[290] 석탄채굴을 했는데 이 또한 아마존 열대우림과 생태계 파괴의 원인이 되었다. 참고로 파라 주 알타미라(Altamira) 근처 징구 강에 건설된 벨로 몬테 댐(Belo Monte Dam)은 중국 광업회사가 알루미늄 제련에 필요한 전력을 공급받기 위해 건설된 것이었다.

당시 브라질 국내에서는 아마존 열대우림 개발이 국내 경제발전을 위해 불가피한 선택이라고 주장하는 지방주의자와 이를 옹호하는 정부 그리고 환경과 자급자족 농업을 보호해야 한다는 환경단체와 농민계층이 다양한 형태로 사회적 충돌을 하며 첨예한 대립을 했다. 여기에 중국시장 확대라는 요소가 더해지며 대립은 더 첨예화 되었다. 이는 앞으로 중국이 브라질에서 지속가능한 경제협력을 하기 위해 타협과 조정이 필요한 영역이다.

다. 칠레 ─────────────────────────

중국은 칠레의 1위 수출국가이며 2위 수입국 이다. 주요 수출상품은 구리와 구리광 등 광산제품이 80% 정도를 차지하고 그 외 목재펄프 등 일차산품이 대부분이다. 반면 수입품목은 기계류, 전자제품, 섬유원단, 의류, 가구, 일상용품 등 공산품이다.

중국은 2006년 10월 칠레와 자유무역협정을 체결하고 발효시켰다. 이는 중국이 아시아권을 벗어나 체결한 최초의 자유무역협정으로서 그 의미가 크다. 2010년 8월에는 서비스협정이 추가되었고 2014년 2월에는 투자협정이 부속협정으로 포함되었다. 2015년 이후부터는 예외품목을 제외한 모

---

290 브라질 정부는 2011-2020년 기간 중 법정 아마존 지역에 30개의 수력발전 댐 건설을 추진하고 있다. 이 댐 건설에도 중국의 금융자금이 지원되고 있다.

든 상품의 무관세화가 실시되고 있다.

중국이 칠레에 관심을 가지고 있는 부문은 구리 수입과 태양광 패널(PV Panel) 수출이다. 중국의 태양광 패널 산업은 2000년 초부터 시작했지만 급격하게 성장해 세계시장을 장악했다. 이는 중국이 국내 청정에너지를 확보하기 위한 내수보다는 수출시장을 목표로 산업성장을 유도했기 때문이다.

중국은 패널 수출을 위해 태양광 패널의 생산에 필요한 전후방 산업이나 금융지원을 포함하고 있는 일괄적 플랜트건설 프로젝트(EPC)까지 추진하였다. 이는 중국이 태양광 패널 세계 수출시장을 장악하겠다는 목표도 있지만 본질은 국내 과잉생산의 문제를 해결하기 위한 것으로 분석되고 있다.

한편 칠레 전력산업은 1982년 전기법(Electricity Law)에 따라 발전, 송전, 배전이 분할되어 민영화 되었다. 칠레 국토는 폭이 좁고 길이가 남북으로 4,300 킬로미터가 뻗어 있는 특성을 가지고 있기 때문에 발전, 송전, 배전이 4개 지역으로 분할되어 독립적으로 운영된다. 이중 중부전력시스템(SIC)과 북부전력시스템(SING)이 각각 76%, 33%를 차지하고 있다.

발전부문은 수력 33%, 석유 13%, 가스 30%, 석탄 20%로 구성되어 있다. 2007년부터 시작된 발전용 가스 부족으로 재생가능 청정에너지에 대한 관심이 높아졌다. 칠레는 특히 북부지역 광활한 아타카마 사막의 태양광을 이용한 발전에 관심을 두고 국내외 투자를 유인하였는데 중국은 이 과정에서 태양광 패널 수출을 위해 많은 노력을 하며 성과를 거두었다.

칠레 태양광 발전사업은 북부전력의 산업용 발전과 중부전력의 가정과 소규모 사업장용 발전 등 두 가지로 진행되고 있다. 북부지역은 광산이 많고 지리적으로 고립되어 송배전 거리가 길기 때문에 소규모 태양광 발전이 절실하게 필요한 지역이다. 중부지역은 인구가 많은 지역으로 가정과 비즈니스 사업장 수요가 증가하고 있다.

중국기업들은 이러한 수요특성에 맞춰 칠레업체와 제휴방식으로 시장을 확보하고 있다. 독일, 일본, 미국, 이태리 업체들이 중국산 제품과 경합했으나 가격경쟁력이 부족했다.

라. 콜롬비아

중국은 콜롬비아 전체 수출입에서 2위를 차지하고 있다. 특히 광업부문에서 양국 간 관계가 뚜렷하다. 중국이 콜롬비아와의 경제관계에서 관심을 가지고 있는 것은 석탄이다. 또한 콜롬비아 정부는 채굴산업에서 오는 세금과 로열티로 28% 정도의 재정을 충당하고 있기 때문에[291] 자원가격 상승효과를 직접적으로 받고 있다.

콜롬비아 석탄채굴산업은 중국의 석탄수입이 증가하면서 크게 성장했는데 이는 결과적으로 콜롬비아의 일차산품 주도 경제를 더욱 심화(Repri-marization)시키고 있다는 비판을 받고 있다.

특히 석탄은 부가가치 생산 없이 수출되기 때문에 고용확대 등 국내경제 활성화에 대한 기여도가 낮다. 여기에 대부분의 석탄광이 노천광이기 때문에 해당 지역공동체와 환경파괴 문제로 사회적 충돌이 발생하고 있다.

석탄산업은 전체 경제에서의 차지하고 있는 비중이 낮기 때문에 정부의 관심도가 높지 않다. 석탄산업은 1990년대 이후 민영화가 진행되었지만 석유산업과 달리 정부는 직접적인 참여를 하지 않고 있다. 현재 BHP Billiton(영국), Anglo American(남아공), Glencore(스위스), Xtrata(호주), Drummond(미국) 등이 석탄을 채굴하고 있다. 참고로 석유는 국영석유회사(ECOPETROL)를 통해 정부가 원유생산에서부터 정유까지 참여하고 있다.

콜롬비아 석탄광은 대부분 세사르(Cesar)주와 과히라(Guajira)주에 위치해 있으며 화력 발전용 석탄(thermal coal)이 생산되고 있다. 중국에 대한

---

291 Guillermo Rudas Lleras and Mauricio Cabrera Leal, Colombia and China: Social and Environmental Impacts of Trade and Foreign Direct Investment

수출은 2010년 이후 급격하게 증가하고 있지만 중국이 석탄개발에 직접 참여하고 있지는 않다. 다만 중국의 수입증가가 생산 확대를 가져오고 결국 환경에 부정적 영향을 끼친다는 것이다. 석탄채굴은 주 정부 경제성장에는 기여하지만 환경파괴를 일으켜 지역공동체의 생활의 질을 저하시키는 결과[292]를 가져와 사회적 저항을 일으키고 있다.

중국의 석유부문 직접투자는 Sinopec과 Sinochem을 통해 이루어지고 있으며 점점 증가하고 있다. 2006년 Sinopec은 Mansarovar Energy 콜롬비아 지분을 취득하고 2010년 Hupecol 보유 유전을 구입한 뒤 New Granada Energy Colombia(NGEC)[293]를 설립해 활동하고 있다. Sinochem도 20006년부터 Sinochem Resources UK 자회사 형태로 Emerald Energy를 설립해 석유채굴을 하고 있다.

NGEC가 석유를 채굴하고 있는 지역은 오리노코 강 유역의 습지대로 환경과 생태계 파괴가 우려되고 있는 곳이다. NGEC가 보유하고 있는 4개 유전 중 두 개가 이 곳에 있다.

중국과 콜롬비아 경제관계는 상호 필요에 따라 긴밀한 관계를 유지하고 있다. 그러나 중국은 향후 지속 가능한 관계유지를 위해 점점 문제화되고 있는 환경보호, 고용 확대, 부가가치 생산 확대 등에 대해 관심을 가지고 대응해야 할 과제를 가지고 있다.

마. 페루

중국과 페루의 무역투자 관계는 과도할 정도로 광업부문에 집중되어 있

---

292 석탄 폐기물과 수자원 고갈, 석탄 1톤 채굴을 위해 약 178 리터의 물이 사용된다. 기타 노천 광으로부터 발생하는 석탄 먼지로 인한 공기오염

293 NGEC는 콜롬비아 남동부지역 평원인 Casanare 주 Paz de Ariporo에 거점을 두고 활동을 하고 있다.

다. 그런데 페루는 광업개발부문에서 역내 다른 국가들보다 더 잘 대처하고 있다. 우선 채굴산업 투명성 이니셔티브(EITI:Extraction Industry Transparency Initiative)에 가입했고 다음 국제노동기구(ILO) 결의 169호를 국내법에 편입한 역내 최초 국가가 되었다.

이에 따라 페루에 투자한 중국광업회사들도 페루 정부가 추진하고 있는 채굴산업 투명성 이니셔티브에 합류하는 등 페루정부가 요구하고 있는 표준을 충실하게 이행한다는 입장을 가지고 있다.

전체적으로 볼 때 중국광업회사들의 현지 투자활동을 성공이나 실패 등 한 가지 방향으로 평가할 수는 없다. 다만 이들도 다른 외국인투자회사들이 경험한 도전과제들을 피해가지 못했는데 투자 초기 현지의 사회적 그리고 환경적 표준 충족에 실패했다.

이는 중국회사들이 투자 초기에 그 중요성을 간과했고 관리감독을 해야 할 페루 정부도 적절한 조치를 취하지 않은 것에 그 이유가 있는 것으로 분석되고 있다. 페루 정부와 중국회사들은 이러한 시행착오를 경험한 뒤 상호 협조하며 상황개선을 위한 노력을 계속하고 있다.[294]

중국의 페루 수출입 규모는 미국에 이어 2위를 차지하고 있다. 페루의 중국 수출품목은 구리, 철, 납, 어분 등 1차 산품이 주종이다. 중국과 페루의 교역은 1990년대에는 어분 등 수산 제품이 주종이었는데 2000년대에는 광산 제품 교역이 급증하였다.[295] 이 결과 중국은 페루의 최대 광산제품 수입국가로 부상했다.

한편 중국의 수출규모도 괄목할 만큼 커졌는데 중국산 신발, 섬유, 의류, 금속제품 수출이 확대되며 페루 기업들과 경합이 되었다. 그럼에도 불구하

---

294 중국광업회사의 토로모초(Toromocho) 광산의 석탄산수(acid water) 방류 건과 관련 페루 정부의 간섭과 시정요구 그리고 이후 중국 광업회사협회가 페루 환경부(MINAM)에 환경기준에 관한 종업원 훈련을 요청한 사례

295 1997년 페루의 중국수출 상품구조는 어분 등 수산제품이 80%, 광업제품이 16% 이었다. 현재는 이 비중이 역전되었다.

고 당시에는 중국산 공산품 수입확대가 산업공동화(deindustrialization)로 이어지는 부정적인 측면보다는 중국산 저렴한 중간재를 활용해 최종 소비재를 생산한다는 긍정적 측면이 더 강했다.

페루는 중국이 역내에서 브라질에 이어 두 번째로 광업투자를 많이 했는데 주로 구리와 철광 채굴에 투자가 집중되어 있다. 중국 투자는 최근에 이루어졌기 때문에 오랜 투자 역사를 가지고 있는 미국, 유럽 국가들의 누적 투자규모에 비교하면 상대적으로 작다. 그럼에도 불구하고 페루 입장에서 중국 투자가 매력적인 것은 투자규모가 크고 장기적인데다가 채굴 광산물 수출시장도 중국이라는 것이다.

중국의 직접투자는 1992년 Shougang Corp이 철광채굴 그리고 1993년 CNPC가 탈라라(Talara)와 피우라(Piura)지역 석유가스개발에 투자한 것이 최초였다. 이후에 소강상태를 보이다가 2005년 CNPC가 마드레 데 디오스(Madre de Dios) 석유가스개발에 참여한 것을 시작으로 Chinalco, Zijin Mining Group, Beijing Rich Gold, China Minmetals Corp., Junefields Co.Ltd., Nanjinzhao Group, Baiyin Nonferrous Group 등이 구리, 알루미늄, 비철금속, 금의 개발수입을 위해 다양한 프로젝트에 직접투자 했다. CNPC도 석유가스 개발사업을 계속 확장했다. 2010년에는 중국은행(Bank of China)과 중국산업무역은행(ICBC)이 금융부문에도 진출했다.

중국광업회사들은 현지 개발 프로젝트를 진행하는 과정에서 노동단체 및 지역공동체와 충돌하는 등 많은 시행착오를 경험했다. 특히 China Minmetals Corp.이 2014년에 투자한 라스 밤바스 구리광산(Las Bambas Copper Mine) 개발과 관련해 지역공동체와 벌린 분규는 2015년 시작되어 현재까지 진행되고 있는데 사상자가 나오는 등 페루 정부, China Minmetals Corp, 지역공동체 모두에게 상처를 남긴 대표적인 투자분규

사례가 되었다.[296]

중국과 페루는 무역투자 장벽을 제거하기 위해 자유무역협정을 2008년 11월 마무리하고 2010년 3월1일 발효시켰다. 자유무역협정의 발효로 양국 간 무역투자관계는 더욱 견고하게 제도적 지지를 받게 되었다.

바. 베네수엘라

1998년 차베스(Hugo Chávez) 대통령이 집권한 이후 중국과 베네수엘라 관계는 매우 빠르게 긴밀해졌다. 양국은 에너지부문을 시작으로 농업, 과학, 기술, 인프라 부문에서 협력 관계가 크게 증가했다.

중국과 베네수엘라의 관계는 역내 다른 국가들과 비교해 차이가 있다. 이는 베네수엘라가 보유한 막대한 원유와 차베스 정권의 극진 좌파적 성향 때문인 것으로 분석되고 있다.

중국은 베네수엘라 원유에 대한 관심을 가지고 점진적으로 관계를 강화하는 전통적 외교방식에 따라 접근했다. 특히 차베스 정권이 미국 등 서방 국가 및 역내 국가와 벌리고 있는 외교적 분쟁과는 거리를 두며 국내문제를 돕는 형태로 차베스 정권을 지지했다. 한편 차베스 정권은 외교적 고립과 국제금융시스템으로 부터의 이탈을 보완하기 위해 중국의 금융지원 역량을 활용했다.

중국과 베네수엘라는 1974년에 외교관계를 수립했다. 1981년에는 베네수엘라 에르레라 캄핀스(Luis Herrera Campins) 대통령이 최초로 중국을 방문했다. 1998년 집권한 차베스 대통령은 2013년 3월 사망할 때까지 6회에 걸쳐 중국을 방문했다.[297] 중국도 2001년 장쩌민 주석이 베네수엘라

---

296 Wikipedia, 2015 Peruvian protests against Las Bambas mining project
297 2001년, 2004년, 2006년, 2008년, 2009년, 2011년, China-Latin America Relations:

를 최초 방문한 뒤 2005년과 2009년에 쩡칭훙, 시진핑 부주석이 베네수엘라를 방문하였다. 시진핑 주석은 2014년 베네수엘라를 다시 방문하였다.

21세기 들어 양국 수뇌부의 상호 방문은 무역투자와 함께 농업, 산업, 인프라 등에서 협력관계가 폭발적으로 늘어나는 계기가 되었다. 무역규모는 2001년 589 백만 불에서 2010년 10,260 백만 불로 증가했는데 중국은 원유, 철광, 알루미늄, 철제품 등을 수입하고 베네수엘라는 기계, 전기전자제품, 컴퓨터 등 디지털 기술제품, 통신제품을 수입했다.

양국은 2001년 전략적 개발협력 동반자 관계를 수립하고[298] '고위급 대화협의체'를 구성했다.[299] 이 협의체를 중심으로 정치, 경제, 과학, 기술, 문회, 사회 등 각 분야에서 다양한 협력 프로젝트들이 만들어져 실행되었다. 특히 양국 대화협의체가 잘 운영된 배경에는 사회주의, 다자주의, 국내정치 불간섭 등 비슷한 정치이념과 중국의 막대한 금융자본이 있다.

2008년 세계 금융위기는 중국이 베네수엘라에 석유차관(loans for oil)을 추진하는 중요한 계기가 되었다. 중국은 급증하는 국내 에너지 수요를 충족시키기 위한 원유 확보가 절실했고 베네수엘라는 미국 등 전통시장의 정치적 압력을 회피하기 위해 중국 등 비전통시장의 지원이 필요했다.

세계 금융위기를 맞아 베네수엘라가 석유수입 감소와 외국인투자 부진으로 외환부족 상황에 이르자 중국은 2008년 5월 베네수엘라와 중국-베네수엘라 공동기금(Chinese Venezuelan Joint Fund: Fondo Conjunto Chino Venezolano)을 설립해 베네수엘라에 금융지원 창구를 마련해주었다.

이 공동기금은 석유차관 제공 창구로서 베네수엘라는 이 기금을 활용하여 농업과 산업, 주택, 도로, 철도 등 인프라, 복지확대 등 다양한 경제사회

Review and Analysis, 사회과학문헌출판사

298 Strategic Partnership of Collaborative Development

299 China – Venezuelan Memorandum of Understanding on Establishing High-level Mixed Committee, 2001, April

개발 프로젝트를 실행했다. 중국은 차관 원금과 이자를 원유로 지불받았다.

2013년부터 시작된 유가하락과 생산규모 감소로 인해 중국의 베네수엘라 금융지원 규모는 늘어나 500억 불을 상회하게 되었다. 한편 중국은 공동기금 금융으로 추진되는 각종 경제사회적 개발프로젝트에 독점적으로 참여하여 여기에 필요한 물자와 인력을 수출할 수 있었다.[300]

그러나 중국과 베네수엘라 관계가 확대되고 강화되는 만큼 중국 측 딜레마도 깊어지고 있다. 첫째는 중국이 베네수엘라에 제공한 석유차관의 규모이다. 이는 차베스 정권 초기에 시작되어 마두로 정권까지 계속 이어지고 있는데 사회주의 정권이 몰락할 경우 신정권이 과거 정권의 중국관계를 부정해버릴 수도 있다는 것이다. 둘째 오리노코 유전지대(Orinoco Oil Fields)에서 생산되고 있는 원유는 중질유로 중질유 정유시설은 전 세계적으로도 충분하지 않아 일정규모를 넘어선 베네수엘라 원유 확보는 중국에 부담이 된다는 것이다. 중국은 이 문제들을 향후 도전과제로 인식하고 출구전략을 모색하고 있다.

사. 볼리비아

중국은 중남미 국가들과 관계 강화를 추진하는 과정에서 무역, 투자, 차관 등 시장경제적인 방식과 함께 다양한 형태의 협력(cooperation)이라는 수단도 활용했다. 이러한 협력은 다극주의, 다자주의, 불간섭원칙, 실용주의 등 정치사회적 이념에 따라 연대한다는 의미를 가지고 있다. 중국의 이러한 접근방식은 볼리비아와 관계에서도 적용되었다. 중국과 볼리비아는 400여 개에 달하는 협력협정을 맺었다.

---

[300] 베네수엘라에 거주하고 있는 중국인 규모는 40만 명에 이르고 있다.

중국의 직접투자는 주석(tin)과 리튬(lithium)등 광물자원 부문에서 이루어지고 있다. 중국의 Jungie Mining Industry Co는 주석개발에 투자 진출했다. 그러나 수자원 과다 사용과 오염 문제로 지역공동체와 심각한 충돌이 야기되면서 활동이 일시 중지되었다. 이후에 지역공동체와 사전협의, 지역조합과[301] 합작투자, 신기술 도입, 지역공동체 요구사항 수락 등을 통해 채굴활동을 계속하고 있다.

중국이 관심을 집중하고 있는 자원은 리튬이다. 리튬은 세계 매장량의 80%가 '리튬 삼각지대(Lithium Triangle)'이라고 불리는 칠레 아타카마 소금사막(Salar de Atacama), 볼리비아 유유니 소금사막(Salar de Uyuni), 아르헨티나 옴브레 무에르토 소금사막(Salar de Hombre Muerto)에 부존되어 있다. 칠레 아타카마 사막 리튬이 볼리비아 유유니 사막 리튬보다 품질이 더 좋으나 매장량은 유유니 사막이 더 많이 가지고 있는 것으로 평가되고 있다.

전지의 원료인 리튬은 세계 주요 자동차용 전지 생산국가 들의 개발투자 대상이 되고 있으나 볼리비아 정부는 가공되지 않은 원자재 수출보다는 부가가치를 부여해 수출하려는 입장을 가지고 있다.

이에 따라 볼리비아 정부는 리튬 산업화 전략을 수립해 실행하고 있다. 이 전략은 시험공장(Pilot Plan)-산업생산(Industrial Production)-이온 리튬전지 생산(Production of Ion Lithium Batteries)의 3단계 사업으로 구성되어 있다.

2012년 한 중국회사가[302] 볼리비아 정부와 계약을 한 뒤 리튬 시험공장을 설립해 운영하고 있다.[303] 중국의 볼리비아 직접투자는 앞으로도 이 부

---

301 the mining cooperative Alto Canutillos under Resolution 4295TH/2010, with the support of COMIBOL

302 Lin Yi Dake Trade Company Ltd.

303 총 투자액 약 370만 미불, 일당 1,000개의 핸드폰 전지와 40개의 자동차용 전지 생산

문에 집중될 것으로 예상된다.

4. 중국과 라틴아메리카·카리브 국가공동체(CELAC)

가. 라틴아메리카·카리브 국가공동체(CELAC) ─────────

라틴아메리카·카리브국가공동체는 2010년 2월 23일에 설립된 중남미 역내 최대 정치경제블록이다. 2010년 2월 22~23일 멕시코 플라야 카르멘 (Playa de Carmen)에서 리오그룹(Rio Group)[304]과 라틴아메리카·카리브국가정상회담(CALC)[305]이 동시 개최된 기회에 회원국 정상들은 양 기구를 통합해 라틴아메리카·카리브 국가공동체(CELAC) 설립에 합의하였다. 2011년 12월 베네수엘라 카라카스에서 차베스 대통령의 주도로 창설 정상회담을 개최하였다. 2013년 칠레 산티아고에서 제1차 정상회담을 개최한 뒤 2014년 쿠바 아바나(2차), 2015년 코스타리카(3차), 2016년 에콰도르(4차), 2017년 도미니카공화국(5차)까지 5번 개최되었다.

회원국은 미주 대륙 35개 독립국가 중 미국과 캐나다를 제외한 33개 국가로 이루어졌다. 미국 주도로 1948년에 창설된 미주기구(OAS) 회원국이 미국과 캐나다를 포함한 35개 국가라는 것을 감안한다면 이 기구는 미국의 중남미에 대한 정치 외교적 영향력을 배제하고 중남미 자체의 집단적 이익을 추구하고 대변할 목적으로 설립되었음을 부정할 수 없다. 특히 이 시기

---

304 1986년 12월 18일 브라질 리오 데 자네이로(Rio de Janeiro) 콘타도라 그룹(Contadora Group: 멕시코, 콜롬비아, 파나마)과 콘타도라 지원 그룹(Contadora Support Group: 아르헨티나, 브라질, 페루, 우루과이, 베네수엘라) 합동회의에서 설립된 역내 정치기구로서 당초 8개 국가로 출발했으나 2011년 라틴아메리카·카리브 국가공동체로 대체될 때는 23개 회원국으로 증가했음

305 브라질 주도로 이루어진 역내 국가 정상회담으로 2008년 12월 16~17일 브라질 바히아(Bajia)주 Costa do Sauipe에서 1차 정상회담이 개최되었고 2010년 멕시코에서 2차 정상회담이 개최된 뒤 라틴아메리카·카리브 국가공동체로 흡수됨

는 중남미 정치에서 좌파정권 영향력이 강했던 시기였다.

나. 중국과 관계강화

2000년대 들어 중국은 중남미 교역비중에서 유럽연합을 제치고 미국에 이은 2위를 차지했다. 그러나 중국의 급격한 교역증가는 몇 가지 역풍을 맞이했다.

첫째는 중남미 경제가 다시 일차산품 경제로 회귀(Re-primarization) 하게 된 것이다. 2003년부터 시작된 중국과 주요 국가들의 일차산품 수요 증가는 가격상승을 가져왔고 이는 다시 중남미 국가들의 교역조건 개선으로 이어졌다.

이 결과로 역내 국가들의 경제상황은 크게 개선되었지만 국가경제에서 일차산품의 비중이 커지자 우려감이 일었다. 특히 중국을 과거 미국과 서방 국가들에 이어 새롭게 등장한 자원수탈 제국주의 국가라는 분위기가 조성되기 시작했다.

둘째 중국의 중남미 공산품 수출확대는 역내 제조업을 위협하였고 세계 및 역내시장에서도 부정적인 영향을 받자 중국에 대한 저항감이 커졌다.

셋째 2010년 이후 중국이 자원과 인프라에 대한 투자를 늘리며 야기한 환경파괴와 함께 현지 지역공동체와의 충돌이 증가하며 중국에 대한 반감이 크게 증가했다.

이러한 상황발생은 중국이 그동안 추진해 온 중남미 진출정책에 대한 평가의 필요성을 불러일으켰다. 더구나 역내 정부와 시민들의 반중정서의 태동과 확산은 중국이 추진하고 있는 일대일로정책을 중남미에서 성공적으로 추진하기 위해서 반드시 해결해야 할 도전과제가 되었다.

이를 의식한 중국 정부는 2015년 1월 7~8일 베이징에서 제1차 중국-라틴아메리카·카리브국가공동체 장관급 포럼을 개최하고 양 지역 간 중기적 협력 발전방안을 논의한 뒤 베이징 선언을 채택했다. 중국은 라틴아메리카·카리브국가공동체를 매개로 역내 개별국가들과 장관급 포럼을 제도화하고 협력선언 채택을 통해 국가 이미지와 위상을 재설정하는 기회를 마련할 수 있게 되었다.

이 포럼은 장관급 협의체, 개별국가 조정관 협의체, 외교장관 대화협의체, 각종 하위포럼[306] 등으로 구성되어 있으며 이를 통해 정치, 경제, 외교, 과학, 교육, 문화 등 모든 부문에서 방대하고 공격적인 우호관계를 증진하고 있다.

중국-라틴아메리카·카리브 국가공동체 제2차 장관급회의는 2018년 1월 22일 칠레 산티아고에서 열렸다. 왕이 중국 외교부장은 이 회의에서 '양 지역 간 광범위한 협력관계를 새로운 단계로 발전시켜야 한다'고 강조했다.[307]

다. 2015~19년 협력 프로그램[308] ───────────

2015년 1월 7~8일 베이징에서 제1차 중국-라틴아메리카·카리브국가공동체 장관급 포럼에서 참가 국가들은 2015~19년 중국-라틴아메리카·카리브국가협력계획을 채택했다.

이 협력계획은 정책과 안전, 국제문제, 무역투자금융, 중국-중남미 비즈

---

306 China –LAC Agricultural Minister's Forum, China-LAC Scientific and Technological Innovation Forum, China-LAC Business Summit, China-LAC Think-Tanks Forum, China-LAC Young Political Leaders' Forum, China-LAC Infrastructure Cooperation Forum, China-Latin America and Caribbean Region People-to-People Friendship Forum, China-CELAC Political Parties Forum

307 신화 Net, 2nd ministerial meeting of China-CELAC Forum opens up new cooperation areas, 2018-01-23 17:12:37|Editor: Xiang Bo

308 www.chinacelacforum.org/eng/zywj_3/t1230944.htm, China-Latin American and Caribbean Countries Cooperation Plan(2015~2019)

니스 서밋 운영지원, 인프라와 수송, 에너지와 자원, 농업, 산업, 과학기술, 항공우주, 교육 및 인적자원 훈련, 문화스포츠, 언론, 미디어, 출판, 관광, 환경보호, 재난 위험관리 및 축소, 빈곤 퇴치와 보건, 국민우의증진, 계획이행 등 총 14개 부문에서 양 지역 간 협력의 내용을 정하고 있다.[309]

이 협정에서 알 수 있는 것은 중국의 세계화 전략에서 중국의 중남미에 대한 관심은 그 폭이 매우 넓고 깊으며 중장기 비전을 가지고 있다는 것이다.

특히 무역투자 및 금융 부문에서 향후 10년 동안 양 지역 간 교역은 5,000억 불, 누적기준 투자는 2,500억 불로 확대한다는 목표를 제시하였으며 구체적 실행방안으로 '1+3+6 프로그램'을 마련하였다.

여기에서'1'은 중국-라틴아메리카·카리브국가공동체 협력 프로그램을 의미하고 '3'은 이를 실현하기 위한 동력으로 무역, 투자, 금융협력을 뜻한다. '6'은 중국이 관심을 가지고 있는 협력분야를 의미하며 에너지와 자원, 인프라 건설, 농업, 제조업, 과학 및 기술 혁신, 정보기술 등이다.

유엔중남미경제위원회(ECLAC)는 중국의 중남미 이니셔티브에 대해서 우호적으로 평가하며 무역투자 및 금융협력을 충실하게 이행해 줄 것을 요청하고 있다. 또한 역내국가 정부가 중국과 연관된 경제개발협력 프로그램을 개발하고 실행하도록 독려하고 있다.

라. 중남미와 일대일로 이니셔티브 ──────────

일대일로(OBOR: One Belt, One Road) 프로젝트는 2013년 시진핑 주석이 처음 발표한 중국의 글로벌 개발전략이며 외교정책이다. 세계 70여개 국가가 이 프로젝트의 인프라 개발투자에 연관되어 있다.

---

309 China-Latin American and Caribbean Countries Cooperation Plan(2015~2019)

일대일로 이니셔티브는 중남미에 상대적으로 늦게 인지되었다. 2018년 1월 22일 칠레 산티아고에서 열린 중국-라틴아메리카·카리브 가공동체 제 2차 장관급회의에서 왕이 중국 외교부장은 '일대일로 이니셔티브가 중국과 라틴아메리카·카리브국가 간 포괄적 협력동반자 관계에 활력을 주고 새로운 가능성을 열어줄 것'이라고 주장하며 중남미 국가의 적극적 참여를 독려했다.

그러나 2013년 일대일로 프로젝트가 시작된 이후 말레이시아, 스리랑카, 파키스탄, 아프리카와 중앙아시아 국가에서 발생하고 있는 부작용과 부패 사건을 인지하고 있는 중남미 국가들의 입장은 다소 절제되어 있다.

일대일로 이니셔티브 이슈 이전부터 투자와 차관으로 중국과 관계가 강화된 베네수엘라, 볼리비아, 에콰도르 등 남미 국가와 중미 카리브의 작은 국가들은 일대일로 이니셔티브에 대체적으로 우호적인 입장을 취하고 있지만 멕시코, 브라질, 아르헨티나, 페루 등은 유보적 입장을 가지고 있다.

중국의 관심은 중남미에서 생산되어 수입하고 있는 광물과 에너지 자원 그리고 식량자원의 신속하고 저렴한 수송에 있다. 중남미는 대서양과 태평양을 양쪽에 두고 있는 대륙으로 중국의 일대일로 이니셔티브 프로젝트 추진에 있어서 매우 중요한 해로를 구성하고 있다. 따라서 이를 위한 논의는 일대일로 이니셔티브가 공식적으로 추진되기 이전부터 중미와 남미국가에서 수송 인프라 개발 프로젝트 부문에서 이루어졌다.

페루와 브라질이 연계된 태평양-대서양 횡단철도(Bi-Oceanic Railway) 건설, 니카라과 운하 건설, 브라질 텔레 피레스 댐(Tele Pires Dam) 건설, 칠레의 중국과 칠레를 잇는 환태평양 광케이블 망 건설, 아르헨티나의 벨그라노-카르가스 철도(Belgrano-Cargas Railway) 궤도갱신 프로젝트 등이 중국이 관심을 가지고 있는 몇몇 개발 프로젝트들이다.[310]

310 Foreign Policy research Institute, The Belt, the Road, and Latin America, June Teufel Dreyer, Jan.16,2019

그러나 중남미 국가들은 스페인 식민시대 부터 현재에 이르기까지 서구와 미국으로부터 다양한 형태의 제국주의적 프로젝트를 경험했기 때문에 중국의 프로젝트에 대해서도 의심의 눈초리를 거두지 않고 있다. 이 부문은 중국이 극복해야할 중요한 도전과제이다.

5. 중국의 약진과 미국관계

역사적으로 볼 때 중남미는 미국의 '뒷마당'으로 불릴 정도로 미국의 정치 외교 경제적 영향력이 강한 지역이었지만 냉전이 종식되며 미국의 대외정책 관심지역이 유라시아 지역으로 옮겨졌다. 특히 9,11 사태 이후 이러한 경향은 더욱 강해졌다.

중국은 이러한 기회를 적절하게 활용하여 2000년대부터 중남미 진출을 강화해 현재는 미국의 독점적 지위를 턱 밑에서 위협하는 수준까지 이르렀다. 미국도 중국의 도전에 대응하기 위하여 대외정책을 수정하기도 했지만 큰 성과를 보지 못했다.

여기에 트럼프 행정부의 중남미 정책이 과거 행정부보다 비우호적으로 변하자 역내 국가들은 미국에 실망하고 앞으로 미국을 의식하지 않고 독자적 대외정책을 취할 수 있는 구실을 갖게 되었다. 구체적으로는 미국을 대체할 수 있는 국가로 중국을 선택하고 관계를 증진할 수 있는 공간을 만들었다.

한편 중국은 중남미와 역사적으로 매우 긴 우의를 가지고 있으며 같은 개발도상국가로 경제개발을 성취하기 위한 공동목표가 있음을 강조하고 있다. 이에 따라 중국은 중남미 국가들에게 부족한 에너지, 전력, 교통, 교육 등 인프라 확충에 투자와 금융협력을 집중하였다.

중국이 영향력을 크게 확대하던 시기는 역내 좌파 정권이 세력을 크게 확대하고 있던 시기와 일치하고 있다는 것은 주목할 만 하다.

중국과 미국이 중남미에서 대치하고 있는 상황을 경제적 관점에서 조관해 보면 미국식 시장주도 경제개발과 중국식 국가주도 경제개발이 맞서고 있는 형국이다. 20세기 말 미국 주도 신자유주의 경제정책의 폐해를 경험한 중남미 국가들에서 국가주도 경제개발의 최근 성공사례인 중국의 등장과 영향력 확대는 미국 주도 경제정책에 대한 반동으로도 평가되고 있다.

중국의 2008~16년 국가정책서(China Policy Paper)에서 일관성 있게 언급되고 있는 중남미정책방향은 '평등, 상호이익, 공동개발을 위한 포괄적 협력과 동반자관계 설립을 목적'으로[311] 한다는 것인데 바로 이 부분이 중남미 국가들이 동의하는 관점으로 미국의 접근방식과 차별화되는 지점이다.

중남미에서 중국과 미국의 주도권 확보를 위한 보이지 않은 경쟁은 앞으로도 계속될 것으로 전망되고 있으며 중남미 국가들의 경제개발 방향에 영향을 줄 것이다.

---

311 Foreign Policy research Institute, The Belt, the Road, and Latin America, June Teufel Dreyer, Jan.16,2019, 'goal of establishing a comprehensive and cooperative partnership featuring equality, mutual benefit and common development with Latin American and Caribbean countries'

CHAPTER 16

쿠바와 미국

쿠바는 멕시코 걸프 만에 동서로 위치한 길이 1,192 킬로미터(745 마일) 폭 최대 144 킬로미터(90 마일)의 도서 국가이다. 미국 플로리다(Florida) 주 최남단으로부터 144 킬로미터 그리고 도미니카공화국과 아이티가 위치한 히스파뇰라 섬과는 54 킬로미터 떨어져 있다.

국토 면적은 113,232 평방킬로미터(44,217 평방마일)로 구릉이 많고 비옥하다. 서쪽에는 오르가노스 산맥(Sierra de Organos) 그리고 동쪽에는 마에스트라 산맥(Sierra de Maestra)이 있으며 국토의 1/6이 열대우림이다.

기후는 아열대 지역으로 덥고 습하며 계절적 변화가 거의 없다. 7~10월 중 허리케인이 통과한다.

인구는 11,333천명(2019년)인데 수도 아바나에 210만 명이 거주하고 있다. 인종별 구성은 조사기관에 따라 차이가 있어 혼란스러운 측면이 있다. 예를 들어 자국 인구조사에서는 백인 비중이 65%이지만 마이애미대학교 쿠바연구소(University of Miami Cuban Institute)는 아프리카계 쿠바인 비중을 62%로 파악하고 있다. 그러나 전체적으로 볼 때 물라토(Mullatto, 백인과 흑인 혼혈) 51%, 백인 37%, 흑인 11%, 기타 1% 정도이다.[312] 공용어는 스페인어이다.

쿠바는 1492년 콜럼버스가 도착한 이후 1898년까지 스페인 식민지이었으며 남미와 유럽 간 교역로 상에 위치한 전략요충지이었다. 멕시코의 베라 크루스와 콜롬비아의 카르타헤나에서 각각 출발한 스페인 상선들은 일단 아바나에 입항한 뒤 스페인 군함의 호위를 받으며 대서양을 건너갔으며 올 때도 역순으로 아바나에 입항 한 뒤 각자 베라크루스와 카르타헤나

---

312 The World Today Series 2019-2010, Latin America, Cuba, 53rd Edition, William H. Beezley, Stryker-Post Publications

로 들어갔다.

19세기 초 대부분의 스페인 식민지가 독립했음에도 불구하고 쿠바는 19세기 말 미서전쟁(1898.4~8)때까지 식민지 상태를 벗어나지 못하다가 1902년 5월 독립했다. 미서전쟁이 끝난 뒤 독립 때까지 미국의 통치를 받았다.

쿠바는 1958년 12월 31일 피델 카스트로(Fidel Castro)가 비정규전으로 바티스타 정권을 축출하고 정권을 잡을 때까지 미국의 영향력 범위 내에 있었다. 카스트로 정권은 냉전시기 소련의 배후지지 속에서 공산주의 혁명을 수출하는 등 미국과 대립각을 세웠다. 양국 간 대립관계는 현재까지 60년 넘게 지속되며 많은 정치 외교적 이슈를 만들고 있다.

2. 역사적 유산

쿠바는 1492년 콜럼버스가 발견한 뒤 1511년까지 정복이 완료되었다. 이 과정에서 원주민은 거의 저항하지 못했고 정복자들이 부과한 고된 노동과 전염병(epidemic)으로 매우 빠르게 인구가 감소했다. 16세기 말까지 소수 부족이 산악지대에 거주하다 소멸했다.

쿠바는 금과 은을 원한 스페인 정복자들에게 매력적이지 못했다. 다만 걸프 만 입구에 위치한 관계로 당시 카리브에서 활약한 해적을 퇴치할 수 있는 전략적 요충지였다는 것이 중요했다.

1762년에는 영국이 해적을 앞세워 아바나를 점령하고 2년 정도 지배하였다. 이에 놀란 스페인은 아바나를 요새화했는데 지금도 그 유적이 견고하게 남아있다. 상업적 교역이 활발했고 인근의 자메이카와 아이티를 상대로 밀무역도 이루어졌다.

16세기 담배가 유럽에 유입되어 이용이 확산되자 쿠바는 부를 창출하는 식민지로 주목받기 시작했다. 담배는 스페인 정복자들이 섬에 들어오기 이전에 원주민들이 기호, 건강, 종교행위 목적으로 사용해왔다.[313]

유럽에 소개된 담배는 초기에 통증 완화를 위한 의료용으로 사용되다가 점점 기호제품이 되며 늦어도 16세기 말까지는 중요한 교역상품으로 등장하였다. 이후 담배 씨앗은 유럽, 아시아, 아프리카 등으로 퍼져나가 재배되었지만 쿠바 산 담배가 가장 질이 좋아 선호되었다.

1799-1801년 아이티 독립전쟁으로 설탕산업이 피폐해지자 기후와 토양이 비슷한 쿠바가 이를 이어받아 황금의 기회를 맞이했다. 쿠바는 이후부터 30년 동안 사탕수수 재배면적을 크게 늘려 최대 생산지가 되었다. 사탕수수 재배에 필요한 노동력으로 많은 아프리카인들이 노예상태로 쿠바에 이주했다. 이러한 과정을 통해 설탕과 담배는 쿠바의 주종 산업이 되었다.

쿠바 독립운동은 1867년 마누엘 세스페데스(Carlos Manuel de Céspedes)가 최초로 주도해 10년 동안 스페인 정부군과 싸웠으나 실패했다. 그 이후 소강상태를 유지하다가 1895년 민족주의자인 마르티(José Marti)[314]를 중심으로 다시 독립전쟁이 시작되어 1898년까지 이어졌다. 쿠바 독립전쟁에 개입할 구실을 찾고 있었던 미국은 1898년 아바나에 정박한 미 해군 전투함이 원인 모를 이유로 폭침되자 미국은 이를 스페인의 행위로 간주하고 선전포고를 했다.

1898년 4월부터 시작된 미서전쟁은 8월까지 진행되었고 미국이 승리했다. 이는 남북전쟁을 끝내고 북미 대륙 개척에 몰두하던 미국이 그 힘을 바탕으로 먼로주의에 입각한 제국주의정책을 실행한 상징적 사건이었다.

미서전쟁 후 쿠바는 미국의 군정을 받게 되지만 이 기간 중 헌법을 제정하

---

313 파이프 형태로 연기를 흡입하거나 가루로 만들어 코로 흡입했다. 또 담배 잎을 삶아 음용하고 씹기도 했다. 잎을 으깨어 피부에 발라 상처 치료용으로도 활용했다.

314 호세 마르티(1853-1895), 쿠바 해방을 위해 활동한 애국지사로 독립운동을 조직하고 통합하여 싸우다 전쟁터에서 죽었다. 작가로서 아메리카의 독립과 통일을 주제로 한 산문 및 매우 간결하지만 진실이 담긴 시로 유명하다. '우리들의 아메리카(Nuestra America, 1881)'란 글이 많이 알려져 있다.

고 1902년 공식적으로 독립하였다. 그러나 미국은 쿠바 신헌법 부칙에 일명 '플랫 수정안'[315]을 삽입해 관타나모(Guantanamo) 해군기지를 영구임차하고 외교권을 박탈했다.

이 결과 쿠바는 독립이후 1958년 말까지 미국의 압도적인 정치경제적 영향력 밑에 놓이게 되었다. 미국은 쿠바 사탕수수 산업에 대한 막대한 투자를 통해 쿠바 경제를 지배했고 정치는 친미정권을 앞세워 간섭했다. 이러한 친미정권들은 부패하고 권위주의적이며 독재정권으로 민족주의자들의 저항을 받았다.

1952년 쿠데타로 집권한 뒤 대통령으로 취임한 바티스타(Fulgencio Batista)는 이 측면에서 매우 상징적인 인물이다. 바티스타 대통령은 집권 후 대학, 언론, 의회 등을 통제하고 헌법을 정지시키며 부패를 통해 막대한 부를 축적하다가 카스트로 게릴라 군에 패했다. 그는 1958년 12월 30일 망명했고 카스트로 게릴라군은 12월 31일 아바나에 입성하였다.

3. 카스트로 정권과 미국 관계(1959~현재)

가. 쿠바 혁명

피델 카스트로와 그의 추종자들인 '7·26운동(26th of July Movement)'[316] 지도자들은 쿠바 국민에게 헌법회복, 부패척결, 표현의 자유보장, 18개월 이내 선거 실시 등을 약속하였다.

---

315 플랫 수정안(Platt Amendment): 미서전쟁 이후 쿠바에 주둔하고 있는 미군의 철수를 명기하고 있다. 1934년 프랭클린 루스벨트 대통령이 미국의 대 중남미 선린외교정책의 일환으로 관타나모 해군기지 영구 임차 건을 제외하고 이 조항을 폐기할 때까지 미-쿠바 외교관계를 형성하는 기본 틀이 되었다.

316 1959년 피델 카스트로의 주도 아래 실시된 혁명운동으로 7·26이란 이름은 1953년 7월 26일 피델 카스트로를 중심으로 한 일련의 조직이 산티아고 육군병영에 대한 공격을 기념하여 붙여졌다.

7·26운동은 1955년 카스트로가 바티스타 정권에 의해 멕시코로 추방된 뒤 게릴라 조직을 결성하며 공식적으로 시작되었다. 이 운동은 농민에게 토지분배, 공공부문의 국유화, 산업화, 대중교육 등의 개혁정책을 제시했다.

　1956년 카스트로는 쿠바에 돌아와 마에스트라(Maestra) 산맥을 중심으로 바티스트 정부군과 게릴라 투쟁을 전개했다. 또 같은 시기에 아바나 등 도시에서는 '시민저항' 단체들이 바티스타 정권에 대한 저항운동을 이끌었다. 많은 중산계급들과 전문인들도 카스트로를 측면 지원했다.

　1958년 7·26운동은 도시의 저항단체들과 함께 쿠바 사회주의 혁명통합당(United Party of Cuban Socialist Revolution)을 만들었다. 쿠바 사회주의 혁명통합당은 1965년 쿠바공산당(Communist Party of Cuba)이 되었다.

　카스트로는 혁명 이후 여러 가지 정치적 사건을 겪은 뒤 마르크스-레닌주의 정치경제체제 노선을 선언하고 바르샤바 조약으로 결합된 동유럽 국가들을 모델로 국가개조를 시작했다. 우선 개인 토지를 몰수하고 민간회사를 국유화 하였다. 이 과정에서 미국의 다국적 회사가 가지고 있는 쿠바 내 자산이 몰수되었고 수출품에 고율관세가 적용되었다.

　카스트로 정권의 반미정책이 노골화하자 미국 아이젠하워 행정부는 즉각 사탕수수 수입을 축소하는 등 무역보복을 실행했으며 이어진 케네디 행정부도 1961년 피그만 침공(Bay of Pigs invasion)을 일으켰다.

　미국의 피그만 침공을 극복한 카스트로 정권은 노골적으로 소련에 경사되는 입장을 취했다. 특히 쿠바는 소련의 사탕수수 구매와 원조제공을 대가로 쿠바 내에 미국을 겨냥한 소련의 미사일기지 건설을 허가했다. 이러한 조치는 1962년 미국과 소련 간에 발생한 쿠바 미사일 위기(Cuban Missile Crisis)의 원인이 되었다.

나. 혁명이후 미-쿠바 관계

1) 아이젠하워[317] 행정부 초기 무역제제와 외교단절

미국은 카스트로 쿠바혁명 이전 바티스타 정권시기인 1958년 3월 14일 무기금수 조치를 실시했다. 이 시기는 바티스타 정권이 카스트로 게릴라 군과 전투를 하던 때로 결과적으로 볼 때 미국의 조치는 카스트로 게릴라 군에 유리한 것이었다.

이 조치는 1947년에 협정된 미주상호협력조약(리오조약)에 따라 무기가 역내에서 적대행위에 사용되기 위해 수출되어서는 안 된다는 원칙에 따른 것이다. 카스트로는 집권 후 여러 차례 무기구매 의향을 미국에 전달했으나 아이젠하워 행정부는 이를 거부했다. 오히려 미국은 내부적으로 최단 기간 내에 카스트로 정권을 전복할 계획을 가지고 있었다.

카스트로 정권은 1960년 5월 소련에서 무기를 구입했다. 또한 앞으로도 정기적으로 구입하겠다고 발표하였다. 이에 대해 미국은 1947년 설탕법에 근거해 쿠바 흑당에 대한 수입쿼터를 부과하는 것으로 보복했다. 한편 소련은 미국 수출을 제한당한 흑당을 수입하는 것으로 쿠바를 지지하였다.

1960년 10월 아이젠하워 행정부는 다시 쿠바에 석유수출을 전면 금지했다. 카스트로 정권은 미국의 조치에 대응해 소련으로부터 원유를 수입하고 국내에서 정제하고자 하였다. 그러나 당시 쿠바에 있는 3개의 정유회사는 모두 미국 회사로 소련산 원유 정제를 거부하자 카스트로는 즉각 이들 3개사를 보상 없이 국유화했다. 아이젠하워 행정부는 이에 대해 식료품과 의약품을 제외한 모든 제품의 쿠바 수출을 금지하는 금수조치(Trade

---

317 제34대 미국 대통령(1953~1961)

Embargo)로 보복했다.[318]

카스트로 정권도 이에 지지 않고 쿠바 내 모든 미국 회사와 그 자산을 보상 없이 국유화하며 저항했는데 미국은 쿠바의 2차 국유화 조치 후 1961년 1월 모든 외교관계를 단절했다.

2) 케네디 행정부 피그만 침공과 통상금지 조치

피그만 침공은 1961년 4월 17~20일 기간 중 카스트로 쿠바혁명에 반대하는 미국 거주 쿠바 망명자들로 조직된 약 1,400명의 민병대가 쿠바 남서부 피그 만에 상륙해 쿠바 정부군과 벌인 실패한 군사작전이다. 피그만 침공 실패는 미소냉전이 깊어지고 있던 시기에 미국, 소련, 쿠바 등 3국 관계에서 중요한 전환점이 되었다.

침공계획은 당초 아이젠하워 행정부 말기에 입안되었는데 케네디 행정부가 이를 받아 실행했다. 이 작전은 미국 중앙정보국(CIA)의 은밀한 지원이 있었던 것으로 알려지고 있다. 2506 여단(Brigade 2506)이라고 불리는 쿠바 망명자 무장집단은 미중앙정보국(CIA)의 지원 아래 과테말라와 니카라과에서 군사훈련을 받고 5개 보병대와 1개 공수부대를 구성해 보트로 피그만에 상륙했다.

그러나 쿠바 정부군은 이들의 침공정보를 사전에 입수해 퇴치하는데 성공했다. 케네디 행정부는 당초 공군 지원을 하기로 계획했으나 결과적으로 지원하지 않은 것이 패인으로 지적되고 있다.

쿠바 정부군은 1.202명의 민병대를 포로로 잡았는데 이 중 1,113명은 1962년 12월 5,300만 불에 상당하는 식량과 의약품을 교환조건으로 미국

---

318 이는 1917년에 제정된 미국의 Trading with the Enemy Act에 따른 것이다.

으로 송환되었다. 포로 중 일부는 반역죄나 살인 등으로 처형되거나 장기간 투옥되었다.

이 사건을 시작으로 미국과 쿠바는 군사적으로 적대관계가 되었다. 특히 카스트로는 쿠바가 마르크시스트 사회주의 정권임을 천명하고 소련 추종을 공식화했다. 미국 의회는 이에 대응하여 1961년 9월 4일 대외원조법(Foreign Assistance Act)을 제정해 대통령에게 쿠바 수출금지 권한을 부여하였다.

또한 케네디 행정부는 1961년 1월 쿠바의 미주기구 회원 자격을 정지시켜 축출하고 2월에는 행정명령으로 쿠바의 모든 상품에 대한 수입금지 조치를 실시했다. 여기에는 제3국에서 조립되고 생산되는 것도 포함된다.

1962년 8월 3일에는 대외원조법을 개정해 쿠바에 도움을 주는 어떤 국가에도 원조를 제공하는 것을 금지했다. 이어서 9월 7일 케네디 행정부는 쿠바와 식품과 의약품을 제외한 모든 교역을 금지한다는 무역금수 조치를 발표했다. 미국은 이후 쿠바 여행금지 조치도 취하면서 쿠바에 타격을 가하기 시작했다. 한편 카스트로 정부는 미국의 조치를 내부의 반혁명 분위기를 잠재우는 구실로 활용하고 미국을 자본주의적 제국주의 국가로 매도하며 냉전체제에서 미국과 대치하고 있는 소련과 밀착하기 시작했다.

3) 쿠바 미사일 위기(Cuban Missile Crisis)

쿠바 미사일 위기는 쿠바에 배치된 소련의 탄도 미사일 철수를 놓고 1962년 10월 16~28일 중 계속된 미국과 소련의 군사적 대립이다. 이 대립은 냉전이 깊어가고 있던 때에 양국 간 핵전쟁에까지도 이를 수 있었던 심각한 외교 군사적 충돌이었다.

문제의 배경은 1961년 미국 케네디 행정부의 피그만 침공과 미국 주피터

탄도 미사일의 터키와 이태리 배치 사건이었다. 카스트로는 1962년 7월 소련을 방문하고 후루시쵸프(Nikita Khurshchev) 서기장에게 미국의 쿠바 침공을 방어하기 위해 쿠바에 탄도 미사일 기지 설치를 요청했다. 소련도 미국이 터키와 이태리에 미사일 기지를 설치한 것에 대응해야 한다는 의도가 있던 차에 카스트로 요청에 따라 쿠바에 미사일 기지 설치를 시작했다.

미국은 U-2 스파이 비행기 촬영으로 이를 알아차리고 10월 22일 쿠바 해상을 봉쇄하고 미사일의 쿠바 반입을 저지했다. 동시에 소련에 이미 설치된 미사일의 철수를 요청했는데 이것이 양국 간 군사적 대립의 직접적 원인이 되었다.

미국과 소련은 극단적 군사적 대립 속에서도 협상을 진행해 미국은 쿠바를 침공하지 않고 동시에 터키와 이태리에 배치된 미사일 기지를 철수하는 대신 소련도 유엔 감시 하에 쿠바 미사일 기지를 철수하기로 합의하며 미사일 위기를 외교적으로 극복하였다. 미국은 11월 21일 해상 봉쇄를 해제하였다. 미국과 소련은 이 사건을 계기로 양국 간 빠르고 효율적인 협상을 위한 직통선의 필요성을 절감하고 1963년 6월 워싱턴-모스크바 직통통신선 개설협정을 체결하고 8월에 개설하였다.

쿠바는 소련이 쿠바 동의 없이 미국과 일방적 협상을 통해 위기를 종식시켜 버리자 배신감을 가지고 이후 몇 년 간 소련과 소원한 관계를 유지하였다. 특히 카스트로는 협상내용에 미국의 관타나모 기지 반환 건을 포함시키지 않은 것에 대한 불만이 컸다. 그러나 미국의 침공으로부터 보호받을 수 있는 장치가 마련된 것은 큰 외교적 성과이었다.

4) 여행금지 강화

1977년 1월 20일 취임한 민주당의 카터(Jimmy Carter) 대통령은 그 해

3월 19일 미국 시민의 쿠바여행과 미화사용 제한을 해제했다. 당초 쿠바 여행 제한은 매 6개월마다 갱신해왔는데 카터 행정부는 이를 갱신하지 않았다.

그러나 공화당의 레이건(Ronald Reagan) 대통령은 1982년 4얼 19일 카터 행정부 조치를 다시 원상 복귀했다. 이는 1963년 7월 8일 미국 재무부가 공표한 쿠바자산통제규정(Cuban Assets Control Regulation)에 따른 것인데 2003년 6월 30일 개정되었다.

5) 쿠바민주화법(Cuban Democracy Act)

쿠바민주화법은 입안자인 미 하원의원 로버트 토리첼리(Robert Torri-celli)의 이름을 따서 일명 토리첼리법(Torricelli Law)라고도 불린다. 이 법은 1992년 쿠바의 특별시기(Special Period) 기간 중인 1992년에 만들어졌다.

이 법은 미국의 해외법인이 쿠바와 거래하는 것을 금지하고 미국 시민의 쿠바여행과 가족송금을 금지하였다. 법의 취지는 쿠바에 재제를 가함으로서 쿠바가 점진적으로 평화스럽게 민주화의 길을 가도록 한다는 것이었다.

이 법에 의하면 상품 및 서비스 교역을 위해 쿠바 항구에 들른 선박은 향후 180일 간 미국항구에 입항하지 못하도록 규정했다.

6) 헬름스-버튼법(Helms-Burton Act)

헬름스-버튼법의 정식 명칭은 쿠바자유민주연대법(Cuban Liberty and Democratic Solidarity Act)이다. 1996년 제정된 연방법으로 입안자의

이름을 사용하여 표제와 같이 부르고 있다.[319]

이 법은 쿠바에 대한 금수조치를 외국회사까지 확대한 것인데 혁명 이후 쿠바 정부가 몰수한 미국 자산을 운용하고 있는 쿠바 회사와 거래하는 외국 회사를 제재하는 것이 주요 내용이다.

여기에서 언급되는 미국자산 범위는 몰수 당시 미국 정부와 민간 자산은 물론이고 혁명 이후 쿠바를 탈출하여 미국 시민이 된 쿠바 이주민들이 과거 쿠바에서 보유하고 있었던 자산까지 포함하고 있다.

당초 법안은 1995년 말 공화당 소속 제시 헬름스 상원의원과 댄 버튼 하원의원이 공동 발의해 의회에 상정되었으나 민주당의 필리버스터로 통과되지 못했다. 그러나 1996년 2월 쿠바 전투기가 마이애미에 기지를 두고 활동하고 있던 미국의 민간 해난구조 비행기 2대를 격추해 버리는 사건이 발생하자 이에 자극을 받아 이 법안은 재상정되어 의회를 통과하였다.

헬름스-버튼법의 목표는 '쿠바의 대의민주주의와 시장경제로의 평화적 전환(a peaceful transition to a representative democracy and market economy in Cuba)'이다. 이 법은 쿠바와 연계를 가지고 있는 미국과 외국기업 그리고 개인을 강력하게 제재하는 경제금융제재법이다.

유럽의회와 EU 회원국, 캐나다, 멕시코, 아르헨티나 등은 이 법이 국제법 위반과 함께 주권을 해친다고 강력하게 항의하며 적절한 국내적 대응조치를 마련해 실행하였다. 특히 EU는 이 사안을 세계무역기구에 제소해 분쟁 해결을 시도하였고 국제인권기구들도 이 법이 결과적으로 무고한 쿠바인 들에게 어려움을 준다며 실시를 반대했다.

이에 따라 법률을 공표한 클린턴 대통령과 그 뒤를 이은 부시, 오바마, 트럼프 대통령은 이 법률에 포함된 몇몇 규정의 실행을 사실상 유보하고 있다.

---

[319] 이 법은 노스캐롤라이나(North Carolina)주 Jesse Helms 공화당 상원의원과 인디애나(Indiana)주 Dan Burton 공화당 하원의원이 공동 발의하였다. 이 법안은 1966년 3월 6일 제 104차 미국 의회에서 통과되었고 3월 12일 빌 클린턴(Bill Clinton) 대통령이 공표하였다.

7) 오바마 행정부의 재제완화

2009년 4월 13일 오바마 대통령은 쿠바계 미국 시민들이 쿠바 방문을 자유롭게 할 수 있도록 여행금지정책을 완화했다. 또한 2011년 1월 14일에는 학생들과 종교인들이 일정한 제한 속에서 쿠바에 여행할 수 있도록 허용하였다. 이러한 일련의 상황은 쿠바에 대한 오바마 행정부의 유화정책의 단초로 분석되었다.

2012년 7월 16일에는 1962년 금수조치 이후 50년 만에 처음으로 종교단체, 자선기관, 쿠바계 시민들이 쿠바 내 가족과 친지 그리고 시민들에게 보내는 의약품과 식량을 실은 선박[320]이 마이애미에서 아바나로 직항할 수 있도록 허가되었다.

오바마 행정부는 2014년 쿠바와 관계설정을 다시 할 수 있다는 의도를 보인 후에 2015년 1월에 미국 시민의 쿠바여행 제한을 완화했다. 2015년 4월 12일 파나마 시티에서 개최된 미주정상회담에서는 오바마 대통령과 라울 카스트로 국가평의회의장은 공식회담을 가지고 긴장완화를 위한 대화를 하였다. 이 회담은 양국의 60년 넘은 적대관계를 고려할 때 역사적 사건으로 평가되었다.

미국은 2015년 5월 페리선 운항업체들이 미국과 쿠바를 왕래할 수 있는 운항허가권을 부여했고 같은 해 9월 21일 미국 상무부과 재무부는 오바마 대통령의 쿠바 재제 완화정책에 따라 재제 예외를 허가하기도 했다.

2016년 2월에는 앨라배마 소재 회사가 약 1,000대의 소형트랙터를 쿠바에서 조립할 수 있도록 하는 투자를 허가했다. 이 투자 허가는 1959년 이후 미국이 허가한 최초의 쿠바 투자이었다.

---

320 Ana Cecilia Cargo Ship, 볼리비아 국적선임

8) 외교관계 개설

2014년 12월 미국과 쿠바 양국은 간첩혐의로 쿠바에 구금되어 있는 미국 개발원조처(AID) 직원 그로스(Alan Gross)와 미국에 역시 간첩혐의로 구금된 쿠바인 5명을[321] 인도적으로 상호 교환하였다. 이어서 쿠바는 2015년 1월 53명의 정치범을 석방하고 적십자사와 유엔 인권조사관의 쿠바 입국도 허가하는 등 대미 유화조치를 취했다.

2014년 12월 17일 오바마 대통령과 라울 카스트로 의장은 양국 외교관계 개설을 동시에 발표했다. 아울러 경제 및 여행 재제를 완화하는 여러 가지 정책도 발표되었다. 2015년 5월 29일에는 쿠바를 테러 국가 리스트에서 제외했다.

2015년 7월 20일에는 양국 대사관이 공식적으로 설립되어 활동에 들어갔다. 이에 따라 쿠바 내 미국 이익대표부 활동은 종료되고 대사관의 외교활동이 재개되었다. 참고로 쿠바와 미국 외교관계는 1961년에 단절된 뒤양국 간 필요에 따라 1977년 9월 1일 아바나에 미국이익대표부가 설치되었다.

다. 쿠바 정치와 경제 ————————————————

쿠바는 1902년 독립이후부터 1959년 카스트로 정권이 들어오기까지 미국의 강력한 영향력 속에 있었다. 정치외교는 그 특성상 양국 간 다소 굴곡이 있었지만 경제는 바티스타 군사독재정권이 무너지기 전까지 미국에 완전히 예속되어 있었다. 미국의 투자는 계속 장려되었고 쿠바 정부에 의해

---

321 일명 'Cuban Five' 또는 'Miami Five'로 불린다. 쿠바 정보부 요인으로 마이애미에서 활동 중 1998년 9월 간첩혐의로 체포되어 구금되었다.

충분하게 보호되고 있었다.

미국과 쿠바 간에는 쿠바 정치사회 상황이 변해도 미국 투자나 미국인 관광시설은 교란시키지 않는다는 불문의 양해사항이 존재했다. 이는 많은 쿠바인의 분노를 일으켰다.

20세기 초기 2~30년 동안 미국인들은 쿠바가 퇴폐행위를 할 수 있는 낙원이라는 부정적 인식을 가지고 있었다. 카지노와 나이트클럽이 성업 중이었고 미국의 조직범죄단[322]이 그 뒤를 봐주고 있는 등 범죄와 부패행위가 만연하였다. 미국 관광객들은 퇴폐적 관광을 하기 위해 쿠바 투어 프로젝트를 만들어 널리 홍보하기도 했다. 제2차 세계대전이 종료된 뒤 쿠바 여행수요가 많아지면서 범죄와 퇴폐행위도 근절되지 않고 계속 증가했다.

카스트로 혁명 이전 바티스타 정권은 미국의 기득권을 보호하는 등 노력했으나 카스트로 군대와 전투를 하기 위해 필요한 무기구매도 승인받지 못할 정도로 미국의 신뢰를 받지 못했다.

1) 바티스타 정권 시기

바티스타(Fulgencio Batista)는 군 장교 출신으로 1940~44년과 1952~59년 두 번에 걸쳐 대통령을 역임했다. 그러나 그의 쿠바 통치는 실질적으로 1933년 그가 주도한 하사관들의 반란(1933 Revolt of the Sergeants)으로부터 시작되었다. 그는 당시 마누엘 세스페데스(Carlos Manuel de Céspedes) 임시정부를 무너뜨리고 꼭두각시 대통령을 앞세워 실질적으로 국가를 통치하다가 1940년 대선에서 대중영합주의에 기대 대통령에 당선되었다.

---

322 이 중 가장 유명한 조직범죄 두목은 Meyer Lansky(1902-1983)로 라스베가스, 쿠바, 바하마, 런던 등에서 카지노 등 대규모 도박장(gambling house)을 운영하였다.

1차 대통령 재임 시기 중 그는 시장경제를 보호하고 친미정책을 유지했다. 또한 노동법을 개정하는데 노동조합을 지원하며 공산당의 지지를 받아내는 등 정치적 수완을 보여주기도 했다. 그러나 1944년 대선에서 본인이 지명한 후계자[323]가 패배하자 일단 미국 마이애미로 퇴거했다.

1948년 바티스타는 그라우(Ramón Grau) 대통령의 허가로 미국에서 돌아와 정당을 만들고 1952년 대선에 나섰다. 그는 대선에서 열세가 확인되자 군부 후원을 받아 선거 3개월 전 1952년 3월 10일 쿠데타를 일으켜 프리오 소카라스(Carlos Prío Socarrás) 정부를 무너뜨리고 임시대통령에 취임했다. 미국은 3월 27일 바티스타 정부를 공식적으로 승인했다.

바티스타 정권은 1940년 헌법을 정지하고 파업 등 모든 정치적 자유를 폐지했다. 그럼에도 불구하고 그는 대규모 사탕수수 농장과 제당공장을 소유한 국내와 미국자본가를 옹호하고 쿠바의 모든 호텔과 도박장을 장악하고 있는 미국 마피아를 보호해주며 부정부패를 저질렀다. 이 결과 쿠바 내 사탕수수 경작지의 70%가 미국자본가의 수중에 들어가며 빈부격차가 더욱 커졌다. 정권에 반대하는 모든 사회적 저항은 체포, 구금, 고문, 공개처형 등을 통해 공식 또는 비공식적으로 강력하게 탄압했다.

카스트로는 1953년 몬카다 병영 무장공격으로 부터 시작해 바티스타 정권에 대항하다 멕시코로 추방되었다. 그는 7·26운동을 조직하고 1956년에 투쟁지역을 멕시코에서 마에스트라 산맥(Sierra de Maestra)으로 옮겨 바티스타 정부군과 게릴라 무장투쟁을 전개했다.

1958년 12월 31일 바티스타 정권은 카스트로 게릴라 군대에 무너지고 바티스타 본인과 가족은 1959년 1월 1일 도미니카공화국으로 망명했다. 카스트로와 그의 군대는 1959년 1월 8일 아바나에 입성했다. 바티스타는 그 후 포르투갈로 망명해 1973년 8월 6일 리스본 근교 에스토릴(Estoril)

---

323 카를로스 살라드리가스 자야스(Carlos Saladrigas Zayas)

에서 심장마비로 사망했다. 일설에 의하면 그는 카스트로가 파견한 암살단이 도착하기 이틀 전에 사망했다고 한다.

2) 피델 카스트로 시기

카스트로는 1926년 스페인 이주민 가정에서 출생해 2016년 11월 25일 90세의 나이로 사망했다. 그는 쿠바 공산주의혁명 정치인, 마르크스레닌주의자, 민족주의자로 쿠바공산당 제1서기(1965~2011), 수상(1959~1976), 국가평의회 및 내각의장(1976~2008), 쿠바혁명군 총사령관 등의 직위를 가지고 쿠바혁명 이후 사망할 때가지 직간접적으로 쿠바를 이끌어 왔다.

카스트로는 2008년 2월 건강문제로 국가평의회 의장과 쿠바혁명군 총사령관직을 공식적으로 사임 후 은퇴하였으나 쿠바공산당 제1서기직은 유지하며 영향력을 행사하였다. 2011년에 쿠바공산당 제1서기도 최종적으로 사임하고 야인으로 돌아갔으나 쿠바의 유일한 신문이자 당 기관지인 그란마(Granma)에 글을 기고하며 쿠바의 혁명이념이 후임자들에 의해 쇠퇴하지 않도록 경계했다.

가) 쿠바 혁명과 공산주의 국가 건설

카스트로는 바티스타 정권을 무너뜨린 후 권력을 공고화하는 과정에서 많은 국내외 도전을 받았다. 그의 이념은 학창시절부터 반제국주의와 민족주의적 성향이 강했다. 그러나 그가 당시 공산주의 이념을 가지고 있었는가는 다소 논란이 있다. 그가 미국의 냉대와 정권전복 음모에 맞서다 보니 소련에 의지할 수밖에 없었고 결국 그의 민족주의적 반제국주의 성향에 공산주의가 덧칠해져 지금의 쿠바 공산주의 혁명이념이 생성되었다는 것이다.

카스트로는 과거 기득권 세력을 제거하고 권력을 공고화하기 위해 토지재분배, 생산시설 국유화 등 혁명적 조치를 취했다. 이러한 조치로 형성된 미국과의 적대관계는 결과적으로 미국의 피그만 침공, 카스트로의 사회주의 쿠바(Socialist Cuba) 선언(1961-1962), 미주기구(OAS)에서 쿠바 축출, 쿠바 미사일 위기, 사회주의체제 강화(1962-1968), 쿠바혁명 수출(1960-현재)[324], 미국의 쿠바경제 봉쇄 등 많은 정치외교 및 경제적 사건으로 이어졌다. 한편 카스트로는 반미와 반제국주의 투쟁을 앞세워 정적을 제거하고 국내 정국을 완전하게 장악한 뒤 친소정책을 강화할 수 있었다.

카스트로는 1965년 그가 이끌었던 7·26 운동, 기존의 인민사회당, 학생운동조직 등을 통합해 쿠바공산당을 창당했다. 1975년에 아바나에서 개최된 제1차 쿠바공산당대회에서 그는 공산주의를 쿠바의 국가노선으로 명확하게 설정하고 공산주의 방식으로 정치, 경제, 행정 및 관료체제 구축을 완료했다.[325]

아울러 카스트로는 국제외교 무대에서 소련을 후원을 받아 국제적 명성을 확보하고 제 3세계에 공산주의혁명 수출을 위해 다양한 역할을 수행했다.[326]

쿠바 경제는 사탕수수라는 단일 경작물에 의존하고 있기 때문에 그 생산규모, 국제가격, 수출상황에 굴곡이 많아 국민들의 삶이 평탄하지 못했다. 그럼에도 불구하고 공산주의 혁명이념을 완수한다며 교육, 의료, 주거, 도로건설 등 공공개발사업에 막대한 투자를 했다. 이 결과 과거 가난한 다수의 생활수준이 상대적으로 높아지고 카스트로에 대한 국민의 지지도 높아졌다.

---

324 체 게바라(Che Guevara)의 볼리비아, 페루, 아르헨티나의 공산주의 혁명 게릴라군 건설을 위한 안데스 프로젝트, 아프리카 국가 좌파 반정부군 지원을 위한 군대 및 의료진 파견, 쿠바 내 게릴라 훈련소 운영 등

325 쿠바 공산당 대회는 1975년 1차 대회 이후 1980, 1986, 1991, 1997, 2011, 2016년 7차까지 개최되었고 2021년 4월 16~19일 제 8차 대회가 예정되어 있다.

326 일례로 카스트로는 1979년 비동맹운동(NAM)총회를 아바나에서 개최하고 의장으로 지명되어 1983년까지 활동하며 영향력을 행사했다.

나) 특별시기(Special Period)

1980년 사탕수수 국제가격의 하락과 1979년 수확량 감소로 쿠바경제가 어려워지자 쿠바인들이 보트를 타고 미국으로 불법입국하기 시작했다. 아바나 소재 페루대사관에는 일만여 명에 달하는 쿠바인이 난입한 뒤 미국 망명을 요청해 이 중 3,500여 명에 미국 입국이 허용되는 사건이 일어나기도 했다.

카터 행정부는 초기에 이러한 상황을 부추기기도 했다. 카스트로는 카터 행정부의 분위기를 이용하고자 오히려 불법이민을 조장하고 여기에 더해 국내의 범죄자, 정신이상자, 마약중독자 등을 모두 체포해 불법이민자 속에 포함시켜 미국에 보냈다. 이러한 사실이 알려지자 카터 행정부는 정치적 어려움에 처했다. 이 시기 중 약 12만 명의 쿠바인이 미국으로 이주했다.

1981년에 들어온 공화당의 레이건(Ronald Reagan) 행정부는 카터 행정부와 다르게 쿠바에 강경한 정책을 구사하기 시작했는데 공공연하게 카스트로 정권의 전복을 언급하였다.

카스트로도 1981년 말 국내 뎅기열 확산은 미국의 생물무기공격이라는 주장, 포크랜드 전쟁(Falkland war)[327]에서 아르헨티나 지지, 그레나다(Grenada) 좌파정부와 니카라과 산디니스타(Sandinista) 게릴라 지원활동 등을 하며 레이건 행정부에 대한 외교적 공격을 멈추지 않았다.

한편 1985년 소련 고르바초프(Mikhail Gorbachev) 당서기장이 글라스노스트(glasnost)와 페레스트로이카(perestroika) 정책으로 실용개방주의 노선을 취하자 쿠바와 소련 관계가 악화되기 시작했다.

---

[327] 다음백과, 아르헨티나는 19세기 초부터 포클랜드가 자국의 영토임을 주장했지만, 1833년 이후 이 제도를 점령·통치한 영국은 아르헨티나의 영유권 주장을 계속해서 묵살했다. 1982년 4월 2일 아르헨티나 군대는 포클랜드 제도를 공격하여 사우스조지아·사우스샌드위치를 장악했다. 대처 총리가 이끄는 영국 정부는 포클랜드 주변 해역을 전쟁지역으로 선포했다. 영국 보병대는 5월 31일 포클랜드 제도의 수도인 스탠리를 포위했다. 6월 14일 아르헨티나 수비대가 항복하자 사실상 포클랜드 전쟁은 종결되었으며, 6월 20일 영국군은 사우스샌드위치 섬을 점령했다. 전쟁 중 사망자수는 아르헨티나군 약 700명, 영국군이 약 250명이었다. 전쟁에서의 완패로 신임을 잃은 아르헨티나의 군사정권은 1983년 민간정부로 대체되었다.

고르바초프 서기장은 1989년 4월 쿠바 방문 시에 카스트로 의장에게 소련의 쿠바에 대한 경제 원조를 종식한다고 통보했다. 또한 1991년 소련에 쿠데타가 발생하고 이어진 옐친(Boris Yeltsin) 정권이 같은 해 12월 소련공산당을 해체하자 쿠바는 그 동안의 소련 지원으로부터 완전히 배제되었다.

동구권 소련 위성국가들도 무너지면서 코메콘(Comecon)[328]을 중심으로 움직여온 쿠바교역도 붕괴하였다. 여기에 소련의 저렴한 원유공급 중단은 쿠바경제에 매우 심각한 악영향을 주었다.

이 결과 쿠바경제는 1990~91년 2년 동안 국내총생산의 40%가 감소할 정도로 극심한 어려움에 처했다. 카스트로는 이 시기를 '특별시기(Special Period in Time of Peace)'로 선포하고 긴축정책과 함께 외화확보를 위해 부분적 시장개방과 관광진흥정책을 실시했다.

카스트로는 우선 자본주의 국가와 관계강화를 위해 서방 정치인과 투자가의 쿠바 방문을 환영하고 영국 마거릿 대처(Margaret Thatcher) 수상이 취한 신자유주의 경제정책에 대한 찬사를 보내기도 했다. 정치적으로도 외국의 반정부군조직에 대한 지원을 하지 않고 1995년에는 멕시코 정부와 사파티스타 반군 간 협상을 촉구하는 성명을 내는 등 유화적 행태를 보였다.

1991년 10월 쿠바 산티아고에서 개최된 제4차 쿠바 공산당대회에서 카스트로는 내각의장을 사임하고 그 직책에 행정 관료인 라헤(Carlos Lage)를 임명했다. 그러나 공산당 제1서기와 쿠바혁명군 총사령관 지위는 유지했다.

또한 제4차 쿠바 공산당대회는 경제난국을 돌파하기 위해 농산물 자유시장과 소규모 개인영업 허용, 미화 사용 허가, 이민 완화, 의회의원 직접선출 등의 조치를 승인했다. 이 결과 관광산업이 특히 성과를 거두었는데 1995

---

328 소련을 비롯한 사회주의 국가들의 경제협력기구를 말한다. 러시아어로는 '경제상호원조협의회'라는 뜻이며 영어로는 'Council for Mutual Economic Assistance(CMEA)'라고도 부른다. 코메콘은 1980년대 후반 회원국들이 소련의 통제에서 벗어나 시장경제를 받아들임에 따라 역할과 활동이 축소되었고, 결국 1991년 6월 28일 공식적으로 해체되었다.

년 관광산업 수입이 당해 년 사탕수수 수출로 벌어들인 수입규모를 초과했다. 이 특별시기는 2000년까지 지속되었다.

다) 핑크 타이드(Pink Tide) 시기

핑크 타이드는 1990년 대 말부터 시작된 중남미 좌파정권 등장의 현상을 말한다. 이 시기에 남미 12개 국가 중 콜롬비아와 파라과이를 제외한 10개 국가에서 좌파정권이 집권했다. 그 시작은 베네수엘라에서 반미와 반제국주의를 외친 사회주의자 차베스의 집권으로 이러한 흐름은 2014년 말까지 계속되었다.

새로운 역내 국제정치 환경에서 경제적 난국에 처한 쿠바를 도운 것은 베네수엘라 차베스 대통령이었다. 그는 역내 좌파운동을 주도해온 카스트로를 잇기 위해 카스트로를 스승 또는 아버지라고 부르는 등 긴밀한 교류를 유지하며 쿠바에 대한 경제지원을 했다.

카스트로는 차베스 대통령이 가난한 다수(The Poorest Majority)인 서민층에 대한 복지정책 실행에 필요한 의료진, 교사 등 전문 인력을 파견하였고 베네수엘라는 이에 대한 대가로 쿠바가 절실하게 필요한 원유를 장기저리 조건의 특혜가격으로 공급해 주었다. 베네수엘라의 원유공급은 쿠바 경제 회복에 큰 기여를 하였다.[329]

쿠바는 특히 베네수엘라에 정보 및 군사부문 전문 인력을 파견해 차베스 정권이 추진하고자 했던 사회주의 개혁 프로젝트를 기획하는 등 그의 장기집권을 지원했다.

또한 카스트로는 차베스와 함께 미국이 주도한 미주자유무역지대(FTAA) 설치계획에 적극적으로 반대하며 이에 대응하는 '우리 미주 인민을 위한

---

329 2000년 쿠바와 베네수엘라는 의료-원유 교환협정을 체결했다. 쿠바는 베네수엘라에 25,000명의 의사 등 의료 인력을 파견하고 베네수엘라는 일당53,000 배럴의 원유를 받는 것을 주 내용으로 하는 것이었다. 이 협정은 2004년 상향되어 40,000명의 의료진과 일당 90,000 배럴의 원유공급으로 바뀌졌다.

볼리바르 연대(Bolivarian Alliance for the Peoples of Our America, ALBA)'을 독자적으로 창설했다. 그리고 2010년에는 미국이 주도하고 있는 미주기구(OAS)에 맞서 차베스가 주도한 라틴아메리카-카리브 국가공동체(CELAC)[330]를 창설하도록 적극 지원했다.

이 기간 중 쿠바는 핑크 타이드 라는 새로운 환경과 남미국가들의 우호적 분위기를 바탕으로 미국과 첨예한 대립상황은 만들지 않았다. 오히려 카스트로는 2001년 9월 11일 사태가 발생하자 미국에 연대감을 표시하며 알카에다를 강력하게 비난했고 필요하다면 미국 항공기가 쿠바공항을 사용해도 된다는 제안을 하기도 했다.

미국도 2001년 미첼 허리케인 때 쿠바에 정기적인 식량구매를 허용하고 2002년 카터 전 대통령이 쿠바를 방문하는 등 미약하나마 관계개선에 대한 움직임을 보여 주었다.

현상적으로 볼 때 카스트로는 베네수엘라 차베스 대통령을 앞세워 역내 반미와 반제국주의정책을 이끌어 가면서 정작 자신은 미국과의 관계개선을 도모한 것으로 볼 수 있다. 그럼에도 불구하고 미국과 쿠바는 기간 중에 쿠바 인권문제를 가지고 끊임없이 대립과 긴장관계를 지속했다.

3) 라울 카스트로(Raúl Castro) 시기

2006년 7월 31일 카스트로는 장출혈 수술을 받은 뒤 건강상 이유로 국가평의회 의장직을 동생인 라울 카스트로에게 위임한다고 발표했다. 그 이후에도 직무를 수행할 정도로 건강을 회복하지 못하자 2008년 2월에는 국가

---

330 2010년 2월 23일 리오그룹-카리브공동체 합동 정상회담(Rio Group-Caribbean Community Unity Summit)에서 설립을 결의하고 2011년 12월 3일 베네수엘라 수도 카라카스에서 정식으로 창설되었다. 회원국은 미주 대륙에서 미국과 캐나다를 제외한 32개 국가이다.

평의회의장(국가원수)과 쿠바혁명군 총사령관을 사임했다. 이에 따라 2월 28일 쿠바국회(National Assembly of People's Power)는 라울 카스트로를 국가평의회 의장으로 공식 선출했다.

카스트로는 2011년 4월 11일 그가 마지막까지 가지고 있던 쿠바 공산당 당제1서기를 사임하고[331] 라울 카스트로가 이를 이어받았다. 이로서 라울 카스트로는 쿠바 정치, 행정, 군사 등 모든 부문에서 최고 지도자로 등장했다.

라울 카스트로는 1931년 생으로 형인 카스트로와 함께 게릴라 투쟁을 한 쿠바혁명 1세대로 2006년 카스트로를 대신해 국가평의회의장 대행을 수행하다가 2008년 2월 24일 정식으로 의장에 선임되었다. 그는 카스트로를 이은 쿠바의 막강한 통치자로 군림했다.

2018년 4월 19일 제7차 공산당대회에서 그는 국가평의회의장을 사임하고 디아즈 카넬(MIguel Diaz-Canel)에게 이양했다. 다만 공산당 제1서기는 유지하며 막후에서 정치력을 행사했지만 이 직책도 2021년 제8차 공산당대회에서 디아즈 카넬에게 이양되었다.

라울 카스트로는 집권한 뒤 '구조적이고 개념적인 변화(structural and conceptual changes)'가 필요한 시점임을 주장하며 개혁개방의 소신을 표명했다. 구체적으로는 1994년 특별시기에 카스트로가 취했던 민간기업 설립 및 운영에 대한 규제를 완화하고 2008년 구스타브(Gustav)와 이케(Ike) 허리케인 피해복구를 위해 개인영농 경작면적을 확대했다.[332] 또한 민간인의 인터넷 접속 허용과 휴대폰 보유 허가 등의 조치도 취했다.[333]

그러나 그가 국가원수로서 취할 수 있는 개혁개방은 여러 가지 이유로 한계가 있었다. 첫째는 카스트로가 유지해온 마르크스레닌주의에 입각한 공

---

331 공산당 중앙위원회를 사임함으로서 당연하게 제1서기 직에서 물러난다.
332 경작지 면적을 13헥타르 늘려 40 헥타르 까지 경작이 가능하도록 했다.
333 개인이 가정에서 허가 없이 컴퓨터로 인터넷에 접속하는 것은 금지된다.

산주의혁명 이념으로 이를 포기하지 않는 한 어떠한 개혁개방정책도 공산주의혁명의 기술적 수단에 머물 수밖에 없다는 것이다. 현실적으로도 카스트로는 공산당 기관지이며 쿠바 내 유일한 신문인 그란마(Granma)에 기고를 하면서[334] 정책적 훈수를 하고 있었기 때문에 라울 카스트로 의장도 카스트로가 유지하고자 하는 이념적 장벽을 넘어설 수가 없었다.

둘째는 쿠바 헌법과 관료체제이다. 쿠바 헌법은 어떠한 가치도 공산주의 이념을 우선하지 않는다는 것을 명백하게 규정하고 있고 어떠한 개혁개방도 공산주의혁명을 위한 수단에 지나지 않는다는 것을 명시하고 있다. 여기에 혁명이후 신진 기득권 계층으로 등장한 군부와 관료체제가 자신들의 기득권을 보호를 위해 개혁개방정책에 대한 견제와 감시를 하고 있다.

또한 미국의 쿠바에 대한 외교정책의 목표는 자유민주주의와 시장경제의 회복인데 바로 이 지점에서 쿠바는 미국과 전혀 타협할 여지가 없다. 즉 쿠바 정권은 정치경제와 사회체제 본질에 영향을 주는 변화는 결코 허용할 수 없기 때문이다.

셋째 쿠바 군부의 개혁개방정책에 대한 경계심이다. 그런데 현실적으로 볼 때 라울 카스트로가 최소한으로 허용한 경제부문 개혁개방정책의 최대 수혜자는 군부이었다. 특히 라울 카스트로는 1959년부터 2008년까지 국방장관을 역임했고 그 이후 국가원수이자 군통수권자로 군부가 그의 권력 기반이었다. 따라서 그가 실행한 개혁개방정책의 대부분은 군부가 과점하며 경제를 이끌어 왔다.

그럼에도 불구하고 군부는 과도한 개혁개방정책이 자신들의 기득권을 붕괴할 수 있다는 우려를 하고 있기 때문에 미국과 서방세계가 요구하는 수준

---

334 피델 카스트로는 그란마에 'Reflections' 이란 칼럼으로 기고를 하며 사실상 정치에 간섭하였다, 예를 들어 국가평의회 부의장을 지냈고 한 때는 피델 카스트로 후계자로도 지목되었던 카를로스 라헤(Carlos Lage)와 라헤 다음으로 젊은 세력을 대표해 정치적 위상이 커가던 펠리페 페레스 로케(Felipe Pérez Roque) 외무장관이 피델 카스트로가 칼럼을 통해 비판하자 다음날 반성문을 쓰고 사직했다.

의 개혁개방을 결코 받아들일 수 없다는 것이다.

4. 라울 카스트로 정권의 개혁개방정책

가. 쿠바경제의 특성과 한계 ────────────────

쿠바경제는 식민지 시대부터 특별시기가 시작되는 1989년까지 사탕수수와 담배 등 농산물 의존 경제를 탈피하지 못했다.[335] 그러던 중 특별시기를 맞아 출구전략으로 관광시장을 개방하고 이를 위해 필요한 인프라 확충을 위해 식당, 숙박, 소매 부문에서 매우 제한적으로 자영업을 허용했다.

제조업은 매우 취약하다. 이는 미국의 금수조치, 생산과 분배를 정부가 통제하는 사회주의 경제체제, 높은 인건비와 강력한 노동자 보호정책, 열악한 전력, 도로, 통신 인프라, 관료주의, 전후방 연관 산업 부재 등에 기인하고 있다. 다만 바이오, 의약품 산업 등은 유럽과 아시아 국가들의 주목을 받고 있다.

여기에 미국의 금수조치가 쿠바 경제회복에 결정적인 한계선을 설정하고 있다. 농업, 제조업, 관광서비스업, 금융업 등 모든 산업은 금수조치로 인해 부정적 영향을 받고 있고 글로벌 생산사슬에서 완전히 배제되어 있다. 이 결과 외국인의 제조업 직접투자는 매우 제한적일 수밖에 없었다.

더구나 라울 카스트로 정권은 쿠바경제에 시장주의 요소를 도입하더라도 이는 다만 전술적인 것이고 사회주의 경제체제 근간을 훼손하는 것은 매우 경계하고 있다. 쿠바 정권의 이러한 입장은 모든 개혁정책의 전제조건으로서 정책문건에 명시되어 있다.

───────────────────────

[335] 쿠바는 1898년 독립이후 사탕수수 농업을 기반으로 하여 미국(1898~1961년), 소련(1962~1990), 베네수엘라(1998~현재)에 의존하는 경제를 운용해 왔다.

나. 라울 카스트로의 경제개혁조치

쿠바 정권은 베네수엘라의 차베스 등장과 이어진 핑크 타이드의 국제정치 환경 속에서 관광산업 진흥을 통해 1990년대 특별시기를 이겨냈다. 2010년에는 카스트로도 라울 카스트로가 추진하는 개혁에 동조하고 과거 소비에트 방식에 따른 중앙집권적 경제운용은 이제 가능하지 않다는 것을 인정했다.

이에 따라 라울 카스트로는 쿠바경제의 병폐인 경제부문 간 왜곡과 비효율을 개선하기 위해 2011년 4월 18일 제6차 공산당대회에서 새로운 경제시스템 도입을 제안하고 승인받았다. 새로운 경제시스템에서 가장 중요한 내용은 경제부문에서 정부의 역할축소를 위해 사회주의적 조합기업의 설립과 자영업을 제한적으로 허용하는 것이었다.

2013년 3월 차베스 사망 후 베네수엘라 정치경제 상황이 급격하게 악화하자 라울 카스트로는 베네수엘라 이후를 대비하는 출구전략이 필요했다. 따라서 그는 대외적으로 미국과 적대관계를 완화하고 대내적으로 경제와 관련된 각종 입법을 통해 외국인직접투자를 유인하는 환경을 조성했다.

우선 경제성장을 유도할 수 있는 시장주의 경제요소를 도입했다. 숙박, 식당, 농업부문에서 개인기업을 계속 허용하고 세법, 외국인투자법, 노동법, 이민법, 마리엘 특구법의 개정과 제정 등을 통해 우호적인 투자환경을 조성했다.[336]

첫째 법률 113(Law No.113, 2013.1.1)로 불리는 세법을 만들어 법인세, 개인과 기업소득세, 소비세, 서비스세 등 각종 세금부과에 과거보다 강한 시장주의 요소를 포함시켰다.

둘째 2014년 1월 17일 노동법을 개정을 통해 노동조합 결성 조항을 포

---

[336] 이러한 쿠바의 경제사회 개혁은 2011년 6차 공산당전당대회를 통해 발표된 "쿠바 경제사회 개혁안"을 기반으로 하고 있다.

함시켰고 파업을 불법으로 규정하는 등 나름대로 유연한 노동환경 조성 의도를 보여 주었다.

셋째 법률 118(Law No.118)로 신외국인투자법을 공표했다. 이 법은 1995년에 제정된 외국인투자법을 개정한 것으로 2014년 3월 29일 발효되었는데 특히 외국인 투자자산 몰수금지 조항 등을 포함하고 있다. 이는 쿠바혁명 초기에 미국 투자자산을 몰수한 것에 대해 외국인 투자가들이 가지고 있는 부정적 이미지를 불식시키기 위한 것이었다.

넷째 마리엘 특구법이다. 마리엘 특구는 아바나 서쪽 30마일 지역에 소재한 465.4 평방미터의 일종의 자유무역지대이다. 이 법은 투자관련 쿠바정권이 부여하는 각종 인센티브들을 명기하고 있다.

다섯째 2012년 10월 11일 이민법을 개정했다. 이 법 개정으로 그동안 제한되어 왔던 쿠바인의 여행자유가 허용되었다.

여섯째 부동산과 차량 매매, 자영업을 위한 금융시장 형성, 배급제 축소, 임금현실화, 이중화폐 단일화 등을 도모했다.

라울 카스트로 정권의 개혁조치에도 불구하고 쿠바는 경제자유도가 낮은 국가에 속했다. 2010년 쿠바 경제자유지수는 26.70이었는데 2014년과 2015년에도 각각 28.70, 29.30 으로 그 수준은 거의 개선되지 못했다.[337] 따라서 그가 추구했던 외국인 직접투자 유치는 성과를 내지 못했다.

5. 카스트로 사망과 대미관계

카스트로는 2016년 11월 25일 90세를 일기로 사망했다.[338] 공식적 사망

---

337 경제자유지수는 The Heritage Foundation과 The Wall Street Journal이 1995년부터 공동으로 측정하는 지표이다. 2020년 쿠바 경제자유지수는 26.9로 세계에서 북한(4..2), 베네수엘라(25.2)에 이어 3번째로 낮은 수준을 보여 주었다.

338 사망 후 익일 화장되어 산티아고 데 쿠바(Santiago de Cuba)시 소재 산타 이피헤니아(Santa

원인은 발표되지 않았다. 쿠바 정부는 카스트로 사망 이후 건물, 도로, 공원 등 모든 장소에 카스트로 이름 사용을 금지하였는데 이는 개인숭배를 원하지 않는 카스트로 유언에 따른 것으로 알려지고 있다.

카스트로에 대한 평가는 그가 살아 있을 때와 같이 찬양과 비판으로 극명하게 나뉘고 있다.[339] 카스트로는 그의 통치 기간 중 제 3세계 국가 중 가장 좋은 교육과 의료체제를 운용해 나름대로 평등이라는 사회정의를 실현한 것으로 평가받고 있다. 또한 그의 강력한 카리스마가 국제정치에서 눈부신 존재감을 보여주며 쿠바의 국제적 위상도 함께 높아졌다. 그러나 미국 등 서방세계와 인권기구들은 카스트로를 언론과 인권을 탄압하고 무장혁명을 수출한 전체주의적 독재자로 비판하고 있다.

라울 카스트로 정권 시기 중 미국 관계는 카스트로의 암묵적인 동의하에 제한적으로 개선이 이루어졌다. 그러나 트럼프 행정부가 들어오자 다시 경직된 관계로 변화했다. 이 과정 속에서 라울 카스트로는 공식적인 정부수반과 공산당 제1서기 직책을 행정관료 출신인 디아스 카넬(Miguel Diaz-Canel)에게 이양하였다.

카스트로 사망이라는 새로운 정치 환경 속에서 향후 쿠바와 미국 관계는 미국 행정부의 움직임, 라울 카스트로를 포함한 기득권층 이해관계, 변화를 갈망하고 있는 대다수 쿠바 국민들의 욕구 분출 등의 요소가 어떻게 조합되는가에 따라 다양한 결과가 예상된다.

쿠바가 추진하고 싶은 변화모델은 기득권층 이익을 보호할 수 있는 중국 또는 베트남 모델로 추정되고 있는데 그 전제조건으로 미국과의 관계개선

Ifigenia) 공동묘지에 안장되었다.

339 Wikipedia, Fidel Castro, The London Observer stated that he proved to be "as divisive in death as he was in life", and that the only thing that his "enemies and admirers" agreed upon was that he was "a towering figure" in world affairs who "transformed a small Caribbean island into a major force in world affairs". The Daily Telegraph noted that across the world he was "either praised as a brave champion of the people, or derided as a power-mad dictator.

이 필수적이다.

　미국과 실질적이고 새로운 관계개선 시기는 쿠바혁명세대의 마지막 권력자인 라울 카스트로가 퇴장하고 혁명 이후 세대들이 정권의 실질적인 담당자로 등장할 때이다. 그리고 그 수준은 새로운 권력자들이 카스트로 형제의 혁명유산을 어떻게 받아들이는가에 따라 결정될 것이다.

CHAPTER 17.

한국

가. 재외동포 현황 ————————————————

외교부 재외동포현황(2021)[340]에 따르면 중남미 재외동포 규모는 90,289명으로 세계전체 재외동포 규모인 7,325,143명에서 차지하는 비중은 1.23%이다. 이 규모는 2015년의 105,243명(1.44%)보다 15,000명 정도가 감소한 것이다. 특히 2019년의 103,617명(1.38%)과 대비해 12.86%가 감소했다.

중남미 국가별 재외동포 규모는 브라질 36,540명(40.47%), 아르헨티나 22,847명(25.3%), 멕시코11,107명(12.3%), 과테말라 5,629명(6.23%), 파라과이 4,833명(5.35%), 칠레 2,402명(2.66%), 페루 1,654명(1.83%), 콜롬비아 793명(0.88%), 니카라과 730명(0.81%), 에콰도르 653명(0.72%), 볼리비아 557명(0.62%), 도미니카공화국 551명(0.61%), 파나마 426명(0.47%), 코스타리카 405명(0.45%) 순이며 이외에도 우루과이, 엘살바도르, 온두라스, 베네수엘라, 아이티, 자메이카 등 28개국에 분포해 있다.

거주 자격별 현황은 재외국민 50,430명, 외국국적동포 39,859명이며 재외국민은 다시 영주권자 41,200명, 일반체류자 8,910명, 유학생 320명이다.

외국국적동포가 많은 국가들은 브라질 30,170명, 아르헨티나 8,113명, 멕시코 990명으로 전체의 98.5%를 차지하고 있다.

영주권자가 많은 국가들은 아르헨티나 14,485명, 멕시코 5,978명, 브라

---

340 외교부, 재외동포현황 2021

질 5,913명, 과테말라 4,719명, 파라과이 4,319명, 칠레 2,052명, 페루 728명, 에콰도르 479명, 콜롬비아 317명, 코스타리카 181명, 파나마 178명, 온두라스 129명, 우루과이 108명 순으로 75.6% 비중을 가지고 있다.

일반체류자가 많은 국가들은 멕시코 3,991명, 페루 918명, 과테말라 897명, 콜롬비아 451명, 브라질 436명, 파라과이 330명, 칠레 265명, 아르헨티나 246명, 도미니카공화국 239명, 파나마 218명, 코스타리카 175명, 에콰도르 148명, 아이티 138명 등으로 90.3%를 차지하고 있다. 이들은 대체적으로 대사관 등 정부기관 직원, 한국기업 현지지사 및 법인 파견 직원 등으로 구성되어 있다.

중남미 재외동포현황에 몇 가지 특징적 현상을 지적해 볼 수 있다. 우선 우리나라 전체 재외동포 다수가 거주하는 30개 국가 중 브라질(12위), 아르헨티나(16위), 멕시코(24위)가 포함되어 있다는 것이다. 이는 중남미 재외동포 비중이 전체의 1.23%에 불과하다는 점을 고려하면 재외동포들이 이들 3개 국가에 집중적으로 거주하고 있음을 알 수 있다.

둘째 재외동포 거주 자격별 구성을 보면 국가별 특성이 잘 나타나 있다. 그 특성은 브라질, 아르헨티나, 멕시코 등을 비교하면 명료하다. 우선 외국국적 취득자 비중은 브라질이 82.5%인데 아르헨티나와 멕시코는 각각 35.5%, 8.9%에 불과하다. 영주권자 비중은 브라질의 16.1%인데 아르헨티나와 멕시코는 각각 63.4%, 53.8%이고 일반체류자 비중은 브라질의 1.1%에 비해 아르헨티나와 멕시코는 각각 1.0%, 35.9%이다. 이러한 현상은 해당 국가의 이민정책, 정치 및 경제사회적 안정성, 우리 기업의 진출상황 등에 영향을 받고 있기 때문에 이를 통해 비즈니스 환경을 조관해 볼 수 있다.

셋째 과테말라, 코스타리카, 엘살바도르, 온두라스, 도미니카공화국, 아이티 등 중미 카리브 국가들의 재외동포 구성은 남미국가와 차이를 보여주고 있다. 중미 카리브 국가 전체 재외동포 8,416명의 자격별 구성은 영주권자 6,186명(73.1%), 일반체류자 2,031명(24.1%), 외국국적취득자 237명

(2.8%)으로 이루어졌다. 이는 한국 기업의 중미 카리브지역 직접투자에 따른 이주민의 증가에 따른 것으로 대부분의 영주권자와 일반체류자는 한국 기업의 대미우회 수출을 위한 현지 공장운영과 관련되어 있다.

중미 카리브지역에 대한 한국 기업의 투자는 1980년대에 미국이 카리브연안 국가들을 대상으로 실시한 카리브연안특혜제도(Caribbean Basin Initiative, CBI)[341]와 연관되어 있다. 이 시기 이후 한국기업은 섬유, 의류의 대미 우회수출을 위해 이 지역에 많은 직접투자를 했으며 현재까지 이어지고 있다.

나. 한인 중남미 이민 역사

1) 이민 시기 구분

한인의 중남미 이민 시기는 1905년 멕시코 이민을 시작으로 1921년 쿠바로 재이주한 제1기(1903~21), 1920년대 소수의 일본국적 조선인들이 일본인 이민자들에 섞여서[342] 이민 온 것과 1956~57년 반공 포로들이 브라질과 아르헨티나로 이민 온 제2기(1922~56), 1963년 브라질 농업이민을 시작으로 아르헨티나, 파라과이, 볼리비아 등으로 집단이민이 시작된 제3기(1963~71), 1971년 브라질 정부의 한인 이민 억제정책으로 공식이

---

341 1983년 7월 미국 의회에서 통과된 카리브지역 경제회복법(CBERA)에 의해 95년 9월 30일까지 효력을 지닌 계획. 미국이 카리브 해 지역에서 쿠바로부터 비롯된 사회주의 세력의 확대를 막고 중미·카리브지역 국가들의 경제건설을 촉진하여 체제를 안정시키기 위한 특혜무역정책이다. 미국이 지정하는 CBI 수혜국에서 35% 이상 부가가치가 붙어 생산된 제품에 대해서 미국은 수입관세를 붙이지 않고 사들여 준다. CBI 수혜대상에서 제외된 품목은 섬유 및 의류, 가죽·고무 또는 플라스틱 장갑류, 신발류, 여행용 가방·지갑류, 참치 통조림, GSP(일반특혜관세) 대상에서 제외된 가죽의류, 공산주의 국가에서 생산된 시계 및 시계부품 등이다. 수혜국의 범위는 중미와 카리브 지역 27개 국가로 한정됐다. 매경시사용어사전

342 장승조, 김수조 등

민이 중단되고 서독 파견 광부나 간호사와 베트남 파견 계약노동자들이 불법 입국해 체류한 제4기(1972~80), 1980년 이후 가족초청, 투자이민 등으로 중남미 한인사회가 새로운 성장단계를 맞게 된 제5기(1981~현재)로 구분된다.[343]

제1기 이민은 1905년 4월4일 1,033명의 한인들이 인천항을 떠나 멕시코 유카탄 반도 메리다(Mérida) 지역의 에네켄(Henequén)[344] 농장에 4년 기한의 계약노동자로 이주한 것이 그 시작이다. 이들은 20개의 농장에 분산되어 노동자일을 했는데 노예와 같은 생활을 한 것으로 알려지고 있다. 기록에 따르면 계약기간 중에 140명이 농장을 탈출하고 49명이 사망했다.

4년 계약기간이 끝난 뒤 일부는 미국으로 갔거나 조선으로 귀국했지만 대부분은 멕시코 각 지역으로 흩어져 어려운 생활을 꾸려나갔다. 생활고에 시달리던 이들 288명은 쿠바 마나티 지역의 사탕수수 농장에서 일하기 위해 1921년 3월 다시 집단이주 했다. 1910~20년 시기 중 쿠바는 사탕수수 산업의 번창으로 부족한 노동력을 보충하기 위해 외국인 노동자들을 적극적으로 받아들였다. 그러나 공교롭게도 이들이 쿠바에 도착하면서 국제설탕 가격이 급락해 당초 예정된 사탕수수 농장에서 제대로 노임도 받지 못해 일을 할 수 없었다. 이들은 다시 쿠바 내 마탄사스 지역에 소재한 엘 볼로(El Bolo)[345]로 불리는 에네켄 농장에서 일자리를 찾아 이주하였는데 결국 이곳을 중심으로 이민생활을 이어나갔다.

제2기 이민은 이민이라고 보기에는 규모가 작아서 본격적인 제3기 이민의 디딤돌이라고 볼 수 있다. 1920년대에 일본 국적으로 8명의 한인들이

---

343 국가기록원, 재외한인의 역사, 중남미 한인

344 애니깽은 선인장과에 드는 열대성 식물로 어업용 밧줄 원료이다. 19세기 제국주의적 식민지 쟁탈전이 치열하게 벌어지면서 선박 운송량이 늘어나자 에네켄은 필리핀 마닐라삼과 더불어 세계 밧줄시장을 양분했다. 그러나 20세기 들어 인조섬유가 개발되면서 애니깽 농장은 문을 닫아야 했다.

345 마탄사스(Matanzas)는 쿠바 수도 아바나에서 동북쪽으로 80Km 정도 떨어진 지역이며 엘 볼로 농장은 마탄사스 중심시내에서 3Km 떨어진 곳으로 지금은 덤불만 우거진 상태이다.

브라질에 이민을 왔다. 이들 중 김수조는1963년 브라질 집단농업이민을 중개하는 역할을 하기도 했다. 이어서 1956년에 한국전쟁의 반공포로들이 브라질(50명)과 아르헨티나(7명)를 선택해 이주하였다. 이 시기에 이주한 한인들은 서로 교류하지 않고 현지사회에 묻혀 생활했다고 한다.

　제3기 이민은 1960년대 한국정부가 최초로 기획해 실행한 집단농업이민이었다. 한국정부는 1962년 해외이주법을 제정해 잉여인구를 외국으로 내보내 인구 압력을 줄이고자 했고 브라질과 아르헨티나는 광대한 농토를 개발해 경제발전을 도모하고자 했다. 따라서 농업이민은 송출국과 수용국 간 이해관계가 일치해서 시작된 기획이민이었다.

　1962년 12월 제1차 브라질 이민단이 부산항을 출발해 다음 해 2월 산토스항에 도착했다. 이후에 브라질 이민은 1966년 5차 이민단까지 총 193세대가 입국했다. 아르헨티나 이민은 1962년 리오네그로 주 라마르께 지역의 400 헥타르에 달하는 개간지를 무상임대 받는 형식으로 진행되었다. 1965년 8월 라마르께 영농 이민단 1진 13세대 78명이 부산항을 출발해 1965년 10월 부에노스아이레스에 도착했다. 파라과이 농업이민은 한국의 이민사업가가 당시 파라과이 정부의 실권자와 개인적 친분을 활용해 150명의 이주허가를 받아낸 것으로부터 시작되었다. 1965년 2월 농업이민 1진 30세대 95명이 부산항을 출발해 부에노스아이레스를 항을 경유 4월 아순시온 항에 도착했다.

　브라질, 아르헨티나, 파라과이 농업이민자들은 대부분 농업에 대한 경험과 기술을 가지지 못한데다가 당초 배정된 개간지가 황무지여서 생활자체가 어렵다는 것을 깨닫고 상파울루, 부에노스아이레스, 아순시온 등 대도시로 재이주 했다. 이들은 의류봉제 사업에 종사하며 이민생활의 기반을 마련했다.

　1971년 정부의 공식이민정책이 중단되고 서독 파견 광부와 간호사 그리고 베트남 파견 계약노동자 중심의 중남미 불법입국이 있었던 제4기 이민

시기를 거친 뒤 1980년대 후반기부터 중남미 투자이민의 제5기 이민시기가 시작되었다. 투자이민들은 자본과 기술력을 가지고 들어와 한인 의류산업의 질적 성장을 가져왔으며 이를 기반으로 전문 의류상가로의 진출이 본격적으로 이루어졌다. 아르헨티나에서는 원단제조, 봉제, 도매업과 소매업이 모두 한인들이 담당하며 수직적 그리고 수평적 통합을 이루었고 이 것이 한인 의류산업의 경쟁력이 되었다. 브라질에서도 한인 상인들이 브라질 의류생산의 40%를 담당하며 의류산업을 주도하였다.

1980년대 후반기부터 1990년대 전반기에 멕시코가 중남미 한인사회의 중심지로 부상했다. 멕시코 정부가 실시한 무역자유화에 따른 긍정적 영향으로 한국기업의 멕시코 지사가 증가하기 시작했고 의류, 신발, 장신구 등을 수입하는 소규모 무역이 활성화되었다. 특히 1994년 북미자유무역협정 발효로 한국기업의 멕시코 투자가 크게 증가하고 미국의 관세해택으로 멕시코 경제가 활성화되자 2000년대 초기에는 아르헨티나, 브라질, 파라과이 등에 거주하는 한인들이 멕시코로 대거 이주하는 상황이 발생하기도 했다. 이 시기는 이들 국가의 경제가 위기상황에 처해 있었기 때문에 더욱 그 정도가 심했고 기존 이민사회와 경쟁관계에 놓이기도 했다. 그러나 2003년부터 브라질과 아르헨티나 경제가 회복하면서 멕시코로 유입되는 한인들의 수는 줄어들고 반대로 유출인구가 증가하기 시작했다.

2) 멕시코 이민

19세기 말~20세게 초 멕시코 유카탄 반도에서 에네켄을 재배하는 농장들은 극심한 노동력 부족 문제에 직면하고 있었다. 당시 에네켄 농장에서 일했던 노동자들은 인디오 원주민들이었는데 유카탄 반도의 마야족과 멕시코 북부 소노라 주에서 강제로 끌려 온 야키(Yaqui)족이었다. 이들은 체격이 작고 체질도 약해 무더위 속의 중노동을 견디지 못하고 많은 사람들이 죽어갔다.

멕시코 농장주들은 부족한 인력을 충원하기 위해 아시아에 눈을 돌리고 중국 노동자들을 데려왔다. 그러나 중국 노동자들이 농장에서 가혹한 대우를 받고 있다는 것을 인지한 중국 정부가 중국인의 멕시코 이민 송출을 전면적으로 금지하자 멕시코 농장의 영국 출신 이민 브로커 마이어스(John G. Mayers)는 그 대안으로 한국에서 노동자를 유입시키기로 계획하였다.

그는 1904년 일본 이민회사인 대륙식민합자와 공동으로 한국에서 4년 계약 이민을 모집하는데 성공하여 1905년 4월4일 1,033명의 한인들이 인천항을 떠나 멕시코 유카탄 반도 메리다에 도착했다. 한인 노동자들의 멕시코 농장에서의 생활은 매우 처참했던 것으로 기록되고 있다.

4년 계약기간이 끝난 뒤 대부분의 한인들은 멕시코 각 지역으로 흩어져 어려운 생활을 꾸려나갔다. 새로운 환경에 적응하지 못한 한인들은 다시 유카탄 반도의 메리다로 되돌아가기도 하고 1921년에는 288명의 한국인들이 쿠바로 재이주 하는 등 정착에 어려움을 겪었다. 1950년대에는 초기 한인 노동자들과 그 후손들이 티후아나로 이주해 제화점, 양복점, 잡화상 등 상업에 종사했다.

특기사항은 초기 한인 이민자들은 현지 정착의 어려움 속에서도 1909년 메리다 대한국민회를 설립하고 1910년 한일합방 규탄시위를 벌였으며 군사학교, 한국어학교 등을 세워 독립운동을 했다는 것이다. 메리다 대한국민회는 1960년대까지 명맥을 지속하다가 1980년대 이후 메리다 한인회로 그 활동이 이어지고 있다. 한편 1950년대부터 초기 한인과 그 후손들로 인구가 늘어난 티후아나에서도 1968년 한인회가 조직되어 운영되고 있다.

그러나 1960년대까지 멕시코에 들어왔던 사람들은 이민이라고 부르기에는 수적으로 너무 적었고 그 구성원의 성격을 고려해 볼 때 한인사회를 형성하기에는 아직 일렀다. 1964년 멕시코와 한국이 수교하면서 대사관 직원, 소수의 유학생, 상사 직원들이 들어와 초기 한인사회를 형성했다.

한국인들이 멕시코 이민으로 들어와 본격적으로 활동하던 시기는 1980년대라고 할 수 있다. 이 시기 초기에는 소자본을 가지고 온 사람들이 식당을 열거나 자영업 또는 가내공장을 하고 있었다. 또한 유학을 왔다가 현지 한국 상사에 취직해 정착을 했던 사람들과 현지 바이어나 공급업자를 끼고 한국에서 천이나 원단, 의류 등을 수입하거나 한국에서 의류, 신발, 문방구류를 가지고 와서 팔던 소위 '보따리 장수'라고 불리는 사람들이 주류를 이루고 있었다.

이 시기 멕시코에서는 브라질, 파라과이, 아르헨티나 등 다른 남미 국가들에서 보는 한인사회가 형성되지 않았다. 이는 여러 가지 이유가 있겠지만 우선 한국인들이 하나의 조직을 구성해 세력을 형성할 정도의 충분한 인원이 없었고 이에 수반되어야할 경제력도 없었기 때문이다. 여기에 멕시코 정부가 자국 산업 보호를 위해 취한 이민규제 등 사회주의 성향의 정책이 한국인들에게 장애가 되었다는 점도 부인할 수 없다.

멕시코 이민을 본격적으로 논하게 되는 시기는 1990년대로서 특히 멕시코가 미국, 캐나다와 북미자유무역협정(NAFTA)을 체결한 1990년대 중반 이후이다. 이 시기와 맞물려 한국에서는 IMF 사태가 벌어졌고 많은 사람들이 해외로 이주를 고려하게 되는데 캐나다 등 이민이 까다로운 국가보다는 상대적으로 이민이 수월했고 또 투자가치가 있었던 멕시코가 좋은 이민 대상국가로 떠올랐다.

이 때 들어온 한국인 이민들이 종사하는 업종이나 규모는 다양해졌다. 이들은 한국에서 가져온 자본과 기술을 가지고 제조업에 진입하기도 했고 섬유, 의류 등을 가지고 현지 상업에도 진출했다. 또한 통신 및 첨단 오락기구 등 벤처기업들도 멕시코로 진출해 사업영역이 다양해졌다. 여기에 1980년대 중반에 단 한 개 있었던 한국식당이 20여개가 넘어가고 노래방, 피시방 등, 의원 등 다양한 서비스 부문에도 사업이 확대되었다.

특히 북미자유무역협정이 원활하게 가동되면서 미국과 멕시코 국경지역을 중심으로 한국의 마킬라도라(Maquiladora) 기업들이[346] 많이 진출하였고 한국의 유수한 건설업체들[347]이 대규모 건설프로젝트를 수행하면서 멕시코 한인사회는 규모가 커졌다.

2001년 아르헨티나 금융위기 발생으로 인해 아르헨티나와 인근의 브라질, 파라과이에 거주해온 한국인들이 멕시코로 재이주하면서 멕시코 한인사회는 그 규모가 크게 늘었다. 그러나 아르헨티나, 브라질, 파라과이 경제가 안정을 찾으면서 이들이 다시 돌아가자 멕시코 한인 규모는 다시 원래 수준으로 돌아갔다. 2021년 기준 멕시코 한인 수는 11,000명 수준이다.

3) 브라질 이민

브라질에 거주하는 한인 규모는 36,540명(2021)으로 중남미 거주 전체 한인 규모인 90,289명의 40%를 차지하고 있다.[348] 그러나 브라질 한인 규모가 그동안 계속 5만 명 수준을 유지해왔던 것을 고려해보면 2021년 한인 규모는 크게 감소한 것이다.

산술적으로 볼 때 2021년 중남미 한인 규모는 90,289명으로 2015년의 105,243명보다 14,954명이 감소했는데 같은 기간 중 브라질 한인 규모

---

346 A maquiladora (Spanish: [makilaˈðoɾa]), or maquila (IPA: [maˈkila]), is a company that allows factories to be largely duty free and tariff-free. These factories take raw materials and assemble, manufacture, or process them and export the finished product. These factories and systems are present throughout Latin America, including Mexico, Paraguay, Nicaragua, and El Salvador. Maquiladoras date back to 1964, when the Mexican government introduced the Programa de Industrialización Fronteriza ('Border Industrialization Program').[1]Specific programs and laws have made Mexico's maquila industry grow rapidly. Wikipedia

347 삼성건설과 SK건설

348 외교부, 재외동포현황 2021

감소 규모는 13,878 명으로 브라질 한인 규모 감소가 중남미 전체 한인 규모 감소에 결정적으로 영향을 미쳤다. 비교 기간 중 중남미 역내 국가별 한인 규모는 기술적인 증감이 있었을 뿐으로 큰 변동이 없었다.

브라질 한인 규모의 급격한 감소 원인은 세밀한 연구조사가 필요하겠으나 과거 역내 사례에 비추어 볼 때 기간 중 브라질 정치경제 및 사회적 불안상황의 지속에 따른 것으로 추정된다.

한인들의 브라질 공식 이주는 1963년의 농업이민 송출로부터 시작되었지만 그 이전에 서로 다른 계기를 통해 한인들의 브라질 이주가 있었다. 첫 번째는 일제 강점기 중 일본 국적으로 귀화한 한국인들이 일본인 브라질 이주 시에 함께 들어간 것으로 그들 스스로가 한국인인 것을 밝히지 않아 그 규모를 정확하게 파악할 수 없지만 이들 중 장승호, 김수조 등은 나중에 들어간 이민자들의 브라질 정착에 긍정적인 역할을 하였다. 두 번째는 1956년 한국전쟁으로 인해 브라질에 이주한 50여 명의 반공포로들이었다. 이후 1963년부터 브라질 공식이민이 추진되었다.

브라질 한인 이주 역사를 시기적으로 구분함에 있어 국내 학자와 전문가들의 다양한 견해가 있다. 이를 살펴보는 것은 브라질 한인 공동체를 이해할 수 있게 하는 안목을 제공할 수 있다.[349]

최금좌(2007)는 브라질 한인 이민사를 '전 공식 이민단계(1910~56)', '준 공식적 이민단계(1961~62)', '공식적 이민단계(1963~71)', '불법 이민단계(1972~80)', '연쇄 이민단계(1980~90)'로 구분한다. 이후에 한인 이민 60주년을 맞은 브라질 한인 사회가 직면한 세계화 현실을 반영하여 '브라질 도착과 적응시기(1963~89)', '정착과 동화시기(1990~2009)', '위기와 분열의 시기(2010년 이후)'로 구본하기도 했다.

후속연구(2016)에서는 신자유주의 시대에 따른 브라질 한인사회의 변화

---

349 정기종(한국외대 국제지역학 박사 수료), 브라질 한인 이민사의 시대구분, 남미복음신문, 2019.8.15

에 주목하여 양국의 경제교류 측면에서 여성의류 제조업을 기반으로 경제적 터전을 마련한 '첫 번째 시기(1963~89)', 한국과 브라질 간의 교역확대로 한인 사회가 계층화 및 다변화를 겪으며 2008년 세계금융위기가 발생하기 직전까지 성장을 거듭한 '두 번째 시기(1990~2009)', 2010년 상파울루 시정부가 봉헤치루를 코리아 타운으로 지정하고 2013년 브라질 한인사회가 세계이민 역사상 경제적으로 가장 성공한 그룹으로 평가받기도 한 '세 번째 시기(2010~13)', 브라질 경제 침체와 새로운 경쟁자인 중국과 볼리비아 이민자로부터 상권을 지켜내기 위해 '한류'를 활용해 문화전쟁에 참여하는 '네 번째 시기(2014년 이후)'로 구분하고 있다.

문소라는 의류제품업의 태동과 번성을 가능하게 한 상파울루의 지리적 조건에 주목하면서 브라질 한인 이주 특징에 따른 이민 유형을 '공식이민 이전의 이민(1918~62)', '공식적 집단 영농 이민(1963~66)', '기술자 초청 이민(1970~73)', '경유 이민(1965~80)', '연쇄 이민 및 산발적 이민(1980년대 이후)'으로 분류하고 있다.

신형진(2016)은 한인들의 이민 시기와 정착과정의 관련성을 중심으로 '비공식 이민(1962년 이전)', '공식 이민(1963~71)', '불법 이민(1972~79)', '연쇄 이민(1980~90)', '글로벌 이민(1990년대)', '사업투자 이민(2000년대)'으로 구분했는데 이 연구에서 주목할 만 한 것은 인구사회학적 측면에서 이주동기와 정착을 국제이주이론의 관점으로 바라본다는 것이다.

중남미에서 규모가 가장 큰 브라질 한인 사회의 특성을 몇 가지 측면에서 보면 다음과 같다.[350]

첫째 인구학적 측면에서 볼 때 한국인들의 브라질 이주가 지속되었음에도 불구하고 전체 한인 규모가 5만 명 내외로 정체되어 있다는 것이다. 그 근본적 원인은 한인들이 브라질을 거쳐 더 부유한 국가인 미국과 캐나다 등

---

350 최금자, 한국외대교수, 한국-브라질 수교 60주년:양국 경제 및 문화협력과 향후 나아가야 할 방향

북미 국가로 이주했기 때문이다. 참고로 2021년 브라질 시민권자 규모는 30,170명으로 브라질 전체 재외동포 규모의 83%를 차지하고 있다.

둘째 경제사회 및 문화적 측면으로 브라질은 1986년 군정에서 민정으로 이양되었고 또한 민정은 신자유주의 경제정책을 본격적으로 받아들이기 위해 1990년에 시장을 개방하였다. 브라질 시장개방은 1959년 한국과 외교관계를 수립한 이후 처음으로 양국 관계가 정치적 측면에서 경제적 측면으로 전환된 직접적 원인이 되었다. 그동안 여성 의류 제조업에 종사하던 브라질 한인 사회는 이를 계기로 한국과 무역을 통해 브라질에서 경제사회 및 문화적 측면에서 활동범위를 확대하고 있다.

셋째 심리 및 정서적 측면인데 2002년 한-일 월드컵 대회개최는 브라질의 한인사회에 대한 시각을 긍정적으로 바꾸어 놓는 계기가 되었다. 브라질 언론은 2004년 브라질 한인들을 '새로운 상파울루 주민(Neo-Paulitano)'이라고 인정하며 '브라질 사회가 가장 닮고 싶은 소수민족'으로 정의했다. 그리고 한국 기업의 활발한 진출로[351] 브라질 언론은 다시 '한인들은 브라질에 단순히 살기 위해 온 사람들이 아니라 브라질을 변화시키러 온 사람들'이라고 칭송했다.

4) 아르헨티나 이민

아르헨티나 한인 규모는 22,847명(2021)으로 중남미 전체 한인의 25.3%를 차지하고 있어 브라질 다음으로 한인이 많이 거주하고 있는 국가이다. 1980년대 외채위기를 극복하고 신자유주의 경제정책이 실시되며 현지

---

[351] 동국제강과 포스코가 브라질의 발리 두 히우 도시(Vale du Rio Doce)와 3:2:5로 합작투자(총 투자금액 55억 불) 하여 브라질 북동부 세아라(Ceará)주에 세계 최대 생산능력을 갖춘(연간 생산량 300만 톤) '뻬셍 제철소(CSP-Companhia Siderugica do Pecém)을 2017년에 완공함

화 강세가 계속되었던 1990년대 후반기에 3만 명 수준을 넘기기도 했으나 2001년 외환위기 이후 경제침체 상황을 맞이해 그 규모가 15,500명 (2003) 수준으로 감소하기도 했다. 그 이후 아르헨티나 경제가 회복되며 인근 국가로 재이주 했던 한인들이 돌아오며 2만 명 이상의 규모를 계속 유지하고 있다.

한인들의 아르헨티나 공식 이주는 1962년 해외이주법이 발효된 뒤 시작된 농업 이민 이었다. 아르헨티나 이주를 추진하는 일단의 민간인들이 국내 해외이주법의 허용 범위 내에서 아르헨티나 지방정부 당국과 교섭을 통해 이주허가를 받은 뒤 1965년 10월 13가구가 아르헨티나에 도착한 것이 농업 이민의 시작이었다. 이 당시 이민 형태는 아르헨티나에 농장 부지를 확보한 뒤 아르헨티나 지방정부 당국과 교섭을 통해 농업이주에 대한 허가를 받아 국내에서 이주희망자 모집을 한 뒤 이주를 하는 것이었다.

최초의 농업 이민은 리오네그로 주의 라마르께 농장을 시작으로 이후 루한 농장, 산 로렌소 농장, 야다마우까 농장, 이스까야꾸 농장, 산 하비에르 농장 등을 중심으로 이루어졌다. 농업 이민은 성과를 보지 못하고 여기에 참여한 대부분의 구성원들은 농장을 이탈해 부에노스아이레스를 포함한 대도시로 나와 상업에 종사하거나 북미 국가로 재이주 하였다. 농업 이민의 실패는 아르헨티나 농업방식에 대한 몰이해와 이민 추진 개인과 단체의 사전준비 부족 그리고 농업이민 구성원들의 농업에 대한 의지와 이해 부족이 지적되고 있다.

그러나 아르헨티나에는 농업이민이 공식적으로 시작되기 이전에 이미 법적 절차와는 상관없이 밀입국해 거주하는 사람들이 적지 않게 있었다. 우선 1960년 대 이전 시기에 아르헨티나에는 멕시코 초기 이민자들의 아르헨티나로 재이주 흔적이 보이는 가운데 1940년대 일본 이민단에 포함된 소수의 한국인들이 있었고 1957년 5월에는 10명의 반공포로들이 아르헨티나에 도착하였다.[352] 이들은 한국전쟁에서 연합군이 포로로 잡았던 북한군인들로서 포로교환 시에 제3국을 선택한 사람들이었다.

여기에 1964~65년 기간 중 아르헨티나에 밀입국한 한국인들이 있는데 이들은 모두 파라과이와 볼리비아로 이민을 허가받았던 사람들이었다. 당시 볼리비아와 파라과이로의 초청장 이민이 이미 진행되고 있었는데 이에 따라 이들 국가로 가던 사람들이 부에노스아이레스를 경유해 가던 중 이탈했거나[353] 현지에 도착한 뒤 다시 아르헨티나로 불법 월경해 정착하였다.

1985년에 외무부 발행 재외국민현황을 보면 1965년 당시 아르헨티나 한국인 규모는 169명이다. 같은 해 파라과이는 1,223명, 볼리비아는 282명이었다. 이들이 정착지로 삼았던 곳이 후일 '백구(109)'[354]로 알려진 난민구호 동네이다. 이 백구 동네가 후일 법적 근거를 가지고 농업 이민으로 들어오기 시작한 한국 이민자들이 살아가는 중심지역이 되었다. 1965년 10월 최초 농업 이민 선발대가 도착하기 직전까지 부에노스아이레스에 거주하고 있던 한국인들은 약 100세대에 이르렀다.[355]

1971~77년 기간 중에는 200여 가구의 신규 이민자들이 항공편으로 아르헨티나에 도착했는데 이 시기에 온 사람들은 남북대치의 전쟁위협에서 벗어나고자 했던 계층으로 중산층, 자영업자가 주류였다.

1985년에는 한국과 아르헨티나 간 투자이민협정이[356] 체결되었다. 이를 배경으로 투자이민자가 급증했는데 이 결과 경제적으로 여유가 있고 자본

---

352 아르헨티나에 입국한 반공포로들은 12명이었는데 이중 2명은 중국인이었다.

353 1965년 4월부터 거의 한달 간격으로 파라과이로 가는 한국 이민자들을 실은 선박이 부에노스아이레스 항구의 레띠로 부두에 정박했다. 파라과이 아순시온을 향하는 배들은 부에노스아이레스를 끼고 있는 라쁠라따 강을 거슬러 올라가야 한다.

354 백구의 원지명은 '바리오 쁘레지덴떼 리바다비아(Barrio Presidente Rivadavia)'인데 이 곳이 109번 시내버스 종점이었기 때문에 한국 이민들 사이에서 백구라고 불렸다.

355 전경수(서울대, 인류학), 아르헨티나의 한국이민:형성과정과 분포경향 참고

356 한국인이 아르헨티나에 이주하고자 할 때는 먼저 합당한 정착계획서를 제출해 아르헨티나 정부당국의 승인을 받아야 하고 이주계획이 승인되면 정착자금으로 미화 3만 불을 아르헨티나 당국이 지정하는 외국은행에 예치해야 했다.

을 가지고 있는 계층이 많이 이주해 왔다.[357]

한국 이민자들은 백구를 중심으로 소규모 봉제업과 의류제조 및 판매로 기반을 잡아나가기 시작했으며 모두 가족노동을 기초로 하는 노동집약적 생산방식을 운용했다. 1980년대 투자 이민이 확대되어 자본과 기술을 가진 계층이 더해지면서 한인 이민들은 섬유원단, 봉제, 의류유통까지 진출하고 상권도 부에노스아이레스의 전통적 상업지구인 온세(Once)와 아베쟈네다(Avellaneda)에까지 넓혀나갔다.

2000년을 전후하여 한인사회는 아르헨티나 경제가 침체하고 볼리비아와 페루 인들이 신흥 경쟁세력으로 등장하며 사업 및 상업환경이 악화되자 멕시코, 브라질 등 인근 국가로 재이주하는 등 변화가 있었다. 그러다가 2003년 말부터 한국과 아르헨티나 간 무비자협정의 체결로 새로운 이민, 관광객, 유학생이 늘어났고 인근 국가로 갔던 한인들이 다시 돌아오면서 그 규모가 회복되었다.

5) 파라과이 이민

파라과이 한인 규모는 4,833명(2021)으로 중남미 전체 한인의 5.3%를 차지하고 있어 브라질, 아르헨티나, 멕시코, 과테말라 다음으로 한인이 많이 거주하고 있는 국가이다.

그러나 파라과이가 브라질, 아르헨티나와 같이 초기 농업 이민이 계속 추진되어 한인 이민 역사가 매우 긴 국가임에도 불구하고 거주 한인 규모가 4~5천명 수준에 머물고 있는 것은 파라과이 국가 특성과 관련이 있다.

즉 파라과이는 인구 720만 명(2022년 추정)의 내륙국으로 역내에서의 정

---

357 서성철(재외동포재단), 라틴아메리카와 한국인 이민, 아르헨티나 한인사회와 현지적응

치 경제적 입지가 약하다. 여기에 전통적인 농업국가인데다가 브라질과 아르헨티나 등 역내 강대국과 국경을 마주하고 있고 내륙국인 관계로 경제 지리적 입지도 불리해 제조업 투자여건이 불리하다.

이러한 여건 때문에 파라과이에 들어왔던 초기 농업 이민들은 다시 브라질과 아르헨티나로 재이주를 하였고 아울러 투자이민들의 이주도 제한적이었기 때문이다.

파라과이 이민은 1965년 4월 22일 95명의 한국인 이민자가 부산을 출발한 보이스벤(Voiceven) 호를 타고 아순시온 항구에 도착한 것이 시작이었다. 초기에 들어온 이민자 수는 1,200명가량이었으며 나중에 3만 여명까지 늘어났다. 이들은 주로 파라과이의 지방에서 농업에 종사하지만 이 분야에 대한 경험 부족으로 실패를 겪으면서 점차 상업 활동에 종사하게 되었거나 미국, 브라질, 아르헨티나 등 다른 국가로 재이주를 했다.

현재 잔류한 한인들은 수도인 아순시온과, 페드로 후안 카바에로, 시우닷델 에스테(브라질 접경지역), 엔카르나시온(아르헨티나 접경지역) 등에 거주하고 있다. 한인들은 주로 의류봉제 생산과 소매 사업에 특화되어 있으며 기타 일상용품을 판매하는 상업에 종사하고 있다.

파라과이 내 한국인의 의류봉제업은 1970년대 들어 저가 전략, 방문 판매, 할부 판매 등을 통해 중산층과 하류층 간 격차를 좁히는데 크게 이바지했다. 그리고 1970년대 이후부터 한국인 공동체가 형성되어 정착되기 시작했는데 이는 이민 1.5세대와 2세대의 기여가 크다. 이 시기에는 한국 이민자들이 초기에 겪었던 언어 문화적 환경을 극복함으로서 현지에 적응하게 되고 일자리를 창출하는 합법적인 이민자 집단으로 두각을 나타내었다.

특히 1.5세대 또는 2세대로 불리는 초기 이민자들의 후손들은 대부분 초기 이민자들의 주된 삶이었던 상업 활동에 전적으로 종사하지 않고 있다. 이는 한국인 공동체가 정체되어있지 않다는 것을 보여주고 있는데 젊은 세대는 의사, 언론인, 회계사, 관리인, 건축가등 전문직 영역에 진출하

고 있다.[358]

2. 무역관계

가. 한국과 중남미 무역 ————————————

한국과 중남미 무역은 2000년대 들어서 약진했다. 2000년 한국의 중남미 무역규모는 12,631 백만 불이었다. 이중 한국은 수출 9,368.7 백만 불, 수입 3,262 백만 불, 6,106 백만 불의 흑자를 보여주었다.

2004년 한국의 중남미 수출은 11,571 백만 불로 최초로 100억 불을 초과했으며 무역규모도 18,223 백만 불로 2000년 대비 44% 증가했다. 그러나 한국의 중남미 수입도 6,651 백만 불로 증가해 흑자 규모는 4,920 백만 불로 오히려 축소했다.

이어 한국의 중남미 수출은 2006년 20,590 백만 불, 2008년 33,266 백만 불, 2011년 40,131 백만 불로 크게 증가했다. 2010과 2011년 무역수지도 각각 21,542 백만 불, 19,722백만 불로 대폭적인 흑자를 보여주었다. 그러나 2011년을 정점으로 한국의 수출은 계속 감소되어 2015년 30,681 백만 불, 2020년에는 19,507 백만 불로 하락세를 보여주었다. 한편 수입 규모는 끊임없이 증가해 2007년 11,323 백만 불로 100억 불을 최초로 넘긴 후 2011년에는 20,165 백만 불로 늘어났다.

한국과 중남미 무역에서 가장 특징적인 것은 한국이 전통적으로 중남미 무역에서 흑자를 지속해왔는데 이러한 상황이 2020년에 역전되었다는 것

---

358 기에르모 F. 멜가레호(Guillermo F. Melgarejo), 파라과이 한국인 이민 50주년과 양국관계, 기에르모 멜가레호는 파라과이 아순시온 태생으로 1997년부터 파라과이 외무부에 재직했으며 2013년부터 주 파라과이 한국대사관에 무역문화담당관으로 근무하고 있다.

이다. 2020년 한국의 중남미 수입은 20,385 백만 불로 878 백만 불의 적자를 기록했다. 이는 2019년의 6,003 백만 불 흑자에서 매우 크게 하락한 것이다. 2021년에는 수출 25,823 백만 불 수입 28,441 백만 불로 적자 규모는 2,617 백만 불로 더 크게 확대되었다.

2000~21년 기간 중 한국의 중남미 수출은 538,745 백만 불이었으며 수입은 303,162 백만 불로 무역수지는 한국이 235,583 백만 불의 흑자를 기록했다.

국가별 수출실적을 보면 2000년 이후 금액기준으로 볼 때 대체적으로 멕시코, 브라질, 칠레, 콜롬비아, 페루, 아르헨티나 순으로 수출이 많이 이루어졌다. 그러나 한국의 중남미 수출이 정점이었던 2011~12년 중에는 그 순위가 브라질, 멕시코, 칠레, 콜롬비아, 페루 아르헨티나 순이었다. 이는 기간 중 브라질 수출이 각각 11,821 백만 불과 10,286 백만 불로 단일 국가 수출액으로는 처음으로 100억 불을 넘어선 것에 기인한다.

2020년 들어 코로나 펜데믹 유행으로 중남미 수출은 크게 하락한 19,507 백만 불을 기록했다. 그러나 2021년에는 이보다 다소 회복한 25,823 백만 불을 수출했는데 이를 주요 국가별로 보면 멕시코 11,290 백만 불, 브라질 4,666 백만 불, 칠레 1,574 백만 불, 콜롬비아 898 백만 불, 페루 793 백만 불, 아르헨티나 390 백만 불 순이었다.

국가별 수입실적을 보면 2000년 이후 금액기준으로 볼 때 대체적으로 브라질, 칠레, 멕시코, 아르헨티나, 페루, 콜롬비아 순으로 수입이 많이 이루어졌다. 그러나 한국의 중남미 수입이 정점이었던 2011~12년에는 그 순위가 브라질, 칠레, 멕시코, 페루, 아르헨티나, 콜롬비아 순이었다. 이 기간 중 브라질로부터의 수입은 각각 6,342 백만 불, 6,085 백만 불로 최대를 기록했다.

중남미로부터의 수입은 2019년 최대 수준으로 20,345 백만 불에 달했는데 이 추세는 2020~21년 중에도 그대로 이어져서 기간 중 각각 20,385

백만 불과 28,441 백만 불을 수입했다. 2021년 중남미 국별 수입은 멕시코 6,366 백만 불, 브라질 4,237 백만 불, 페루 2,756 백만 불, 아르헨티나 893 백만 불, 칠레 866 백만 불, 콜롬비아 593 백만 불이었다.

상품별 주요 국가 수출실적을 보면 2021년 기준 소비재는 멕시코 801 백만 불, 칠레 455백만 불, 브라질 166 백만 불, 콜롬비아 130 백만 불, 페루 130 백만불, 아르헨티나 19 백만 불이었다. 원자재는 멕시코 4,388 백만 불, 브라질 1,554 백만 불, 칠레 565 백만 불, 콜롬비아 522 백만 불, 페루 429 백만 불, 아르헨티나 184 백만 불이었다. 자본재는 멕시코 6,099 백만 불, 브라질 2,944 백만 불, 칠레 552 백만 불, 콜롬비아 245 백만 불, 아르헨티나 185 백만 불이었다.

상품별 주요 국가 수입실적을 보면 소비재는 브라질 1,674 백만 불, 멕시코 712 백만 불, 칠레 563 백만 불, 페루 357 백만 불, 콜롬비아 175 백만 불, 아르헨티나 132 백만 불이었다. 원자재는 5,404 백만 불, 브라질 4,856 백만 불, 칠레 4,291 백만 불, 페루 3,092 백만 불, 아르헨티나 1,690 백만 불, 콜롬비아 526 백만 불이었다. 자본재는 멕시코 1,771 백만 불, 브라질 91 백만 불, 칠레 4 백만 불, 콜롬비아 2백만 불이었다.

나. 자유무역협정

자유무역협정은 둘 또는 그 이상의 국가들이 상호간에 수출입 관세와 시장점유율 제한 등의 무역장벽을 제거하기로 약정하는 협정의 한 형태로 경제통합단계에서 두 번째로 낮은 단계이다. 경제통합은 특혜무역협정(PTA), 자유무역협정(FTA), 관세동맹(Customs Union), 공동시장(Common Market), 완전경제통합(Single Market) 단계가 있다.

특혜무역협정은 특정 국가로부터 특정 상품에 대한 우선적 접근을 허락하는 협정으로 이는 관세를 줄여 주지만 완전한 폐지를 하지 않는다. 자유무역협정은 회원국 간 관세철폐가 중심사항인데 북미자유무역협정(NAFTA)이 그 대표적 사례이다. 관세동맹은 역외국가에 대한 공동관세율을 적용하고 있는데 남미공동시장(MERCOSUR)이 이에 해당된다. 공동시장은 과거 유럽공동시장(EEC)과 같이 회원국 간 생산요소의 자유로운 이동이 가능한 상태이다. 완전경제통합은 단일통화, 회원국의 공동의회 설치와 같은 정치와 경제적 통합을 이룬 경우로 유럽공동체(EU)가 유일하다.

세계무역기구(WTO)가 다자주의와 호혜평등주의에 입각한 무역이라면 자유무역협정은 양자주의와 특혜평등주의에 입각한 무역정책이다. 세계무역기구의 도하개발어젠다(DDA)가 지지부진하면서 세계 각국은 세계무역기구를 무시하고 개별 국가끼리 무역협상을 하는 게 더 빠르다고 생각했다. 그래서 주요 무역 국가들은 빠르게 자유무역협정을 체결하기 시작했다.

한국은 2004년 4월 칠레를 시작으로 2006년 3월 싱가포르, 9월 유럽자유무역연합(EFTA), 2008년 11월 동남아시아국가연합(ASEAN), 2010년 1월 인도, 2011년 8월 페루, 2012년 3월 미국, 2013년 5월 터키, 2014년 12월 호주, 2015년 1월 캐나다, 12월 중국, 유럽연합(EU), 뉴질랜드, 베트남, 2016년 7월 콜롬비아, 2019~2021년 3월 중미 5개국, 2021년 1월 영국과 자유무역협정을 체결했다. 2022년 2월에는 역내포괄적동반자협정(RCEP)에 가입했다. 여기에 더해 한국은 이스라엘과 인도네시아와 자유무역협정을 타결하고 비준을 기다리고 있으며 다양한 국가 및 지역공동체와 자유무역협정체결을 위한 협상을 진행하고 있고 공동연구를 실행하고 있다.

특히 중남미에서는 에콰도르, 남미공동시장(MERCOSUR)과 협상을 진행 중이며 멕시코와는 공동연구를 실행 중이다.[359]

---

359 외교부 홈페이지

1) 한-칠레 자유무역협정

한-칠레 자유무역협정은 1999년 12월 칠레 산티아고에서 1차 협상이 개시된 이후 2003년 2월 서울에서 협정 서명을 하고 2004년 4월 1일 발효되었다.

이 협정은 한국이 체결한 최초의 자유무역협정으로 남미권역과 자유무역협정 체결을 추진하고 있는 아시아 각 국가 중 첫 성공 사례로 한국은 남미 시장 진출의 교두보를 마련했고 칠레는 아시아 시장 확대를 위한 중요한 계기가 되었다.

칠레는 일정수준의 경제적 효과를 도모하면서 동시에 양자 간 무역자유화가 한국 산업에 끼치는 영향을 적절하게 관리할 수 있는 규모의 중견 국가이다. 과감한 개혁정책으로 개방적이고 투명하며 안정적이 경제제도를 구축하고 있는 잠재력이 크며 최근 디지털 경제로의 급속한 전환, 한류문화의 확산 등으로 한국의 IT와 문화 산업 등의 진출이 유망한 시장이다.

2) 한-페루 자유무역협정

한-페루 자유무역협정은 2005년 11월 아시아 태평양 경제협력체(APEC) 계기 정상회담 시 톨레도(Alejandro Toledo) 대통령이 자유무역협정 체결을 제안 한 뒤 협상이 시작되었다. 2010년 8월 협정이 타결되고 2011년 3월 서울에서 서명된 뒤 같은 해 8월 1일부로 발효되었다.

페루는 안정적 경제성장을 하고 있는 개방형 국가로 자원이 풍부하며 지정학적으로도 중남미 시장진출의 교두보 역할이 가능한 국가이다. 특히 한-칠레 자유무역협정 이후 남미에서 두 번 째로 자유무역협정을 체결한 국가로 한국의 남미진출확대를 위한 중요한 교두보임과 동시에 천연자원을 안정적으로 확보할 수 있는 전략적 지역이다.

페루는 은(부존량 2위), 아연(세계 3위), 동(부존량 3위), 금(부존량 9위) 등 천연자원이 풍부하며 이들 자원의 탐사, 개발, 생산 및 수출이 경제활동의 주축을 형성하고 있기 때문에 자원의 안정적 확보가 가능하다.

특히 한국은 페루와 자유무역협정을 체결함으로서 자동차 수출에서 일본과 유리한 경쟁을 할 수 있는 여건을 마련했다.

3) 한-콜롬비아 자유무역협정

한-콜롬비아 자유무역협정은 2008년 11월 아시아 태평양 경제협력체(APEC) 계기 한-콜롬비아 정상회담에서 한-콜롬비아 자유무역협정 공동연구 추진을 합의하고 7차 협상 후 2012년 6월 협정을 타결했다. 이 협정은 2013년 2월 서명되었고 2013년 4월 비준된 뒤 2016년 7월 15일에 발효되었다.

콜롬비아는 인구규모 중남미 3위 경제규모 중남미 4위 시장으로 안정적인 경제성장을 하고 있다. 특히 중남미 4위 석유 생산국으로 기타 천연가스, 석탄, 니켈 등 에너지 자원이 풍부하다. 여기에 콜롬비아는 대서양과 태평양에 걸쳐있는 지정학적 위치로 북중미와 남미를 연결하는 전략적 교두보이다.

한국의 콜롬비아 수출은 자동차, 전자 및 전기제품 등 기술과 자본집약적 상품인데 콜롬비아 수출 품목은 커피, 석유, 광물 등 일차산품으로 양국 간 상호 보완적 경제구조를 가지고 있다.

4) 한-중미 자유무역협정

한-중미 자유무역협정은 2010년 10월 공동연구를 개시한 뒤 7차 협상을 하고 2016년 11월 협정이 타결되었다. 이 협정은 2018년 2월 정식 서명되고 2019년 10월 부분 발효 된 뒤[360] 2021년 3월 1일 전체 발효되었다.

한-중미 자유무역협정의 발효로 중미시장에서 수입수요는 많지만 관세장벽 때문에 수출이 상대적으로 부진했던 한국의 주요 공산품이 특혜관세의 혜택을 받으며 시장점유율을 높이게 될 것이다. 코스타리카로는 알로에 음료, 자동차, 공기조절기 등의 수출이 유망하며 엘살바도르로는 축전기, 자동차, 직물 등이 수출시 혜택을 볼 것으로 보인다. 온두라스로는 화물차용 타이어, 자동차 및 부품 등의 수출이 증가하고 니카라과로는 알로에 음료, 섬유, 플라스틱 제품에 대한 현지 수요가 늘어날 것이다.

5) 기타

한국과 남미공동시장 간에 자유무역협정 체결을 위한 협상이 계속되고 있다. 남미공동시장 회원 국가는 브라질, 아르헨티나, 파라과이, 우루과이, 베네수엘라로 대부분 대서양 연안 국가들이다. 2004년 대통령 남미 순방 시 브라질과 아르헨티나 정상과 공동연구 개시를 합의한 뒤 2021년까지 7차 협상을 진행하고 있다.

한국과 에콰도르 간에 전략적 경제협력협정(SECA) 체결을 위한 협상을 계속하고 있다. 2012년 민간공동연구를 실시한 뒤 2016년까지 5차 협상을 한 뒤 정체되어 있다.

---

360 니카라과와 온두라스 2019.10.1. 발효, 코스타리카 2019.11.1. 발효, 엘살바도르 2020.1.1. 발효

가. 한국과 중남미 투자 ────────────

한국의 중남미 직접투자는 1970년대부터 시작되었지만 크게 진전된 것
은 2000년대 이후이다. 1990년대 한국의 중남미 직접투자액은 11억 불이
었다. 그러던 것이 2000년대에는 42억 불로 4배 증가했고 2010~18년 중
에는 165억 불에 달해 1990~2018년 직접투자 전체 누적규모는 220억 불
이었다. 2008~18년 기간 중 직접투자액은 연평균 17억 불로 한국의 전체
직접투자규모의 5.2%를 차지했다.[361]

한국기업의 중남미 직접투자에 대한 관심도가 크게 높아졌다. 이는 직접
투자고지(FDI Announcement) 추이에서 나타나고 있는데 2004~18년
중 80%가 증가했다.

한국의 중남미 직접투자는 멕시코와 브라질이 대부분을 차지하고 있는 가
운데 그밖에 남미 국가들과 카리브 및 중미 국가들을 포함한 총 29개 국가
에서 이루어졌다. 이를 시기별 국가별 비중으로 보면 2000~09년 중에는
브라질 33%, 파나마 24%, 멕시코 18%, 페루 15%, 중미 5%, 기타 남미 4%,
카리브 5% 이었다. 그러나 2010~18년 중에는 다소 변화한 형태를 보여주
고 있는데 브라질 40%, 멕시코 26%, 파나마 11%, 페루 11%, 칠레 4%, 아
르헨티나 3%, 기타 남미 3%, 카리브 2%, 중미 1% 미만 이었다.

업종별 투자구성은 2010~18 기간 중 제조업 38%, 광업 31%, 비즈니스
서비스 7%, 운송보관 5%, 도소매 4%, 건설 4%, 전기 및 가스 4%, 금융보

---

361 ECLAC, Korean FDI in Latin America and the Caribbean, Cecillia Plottier and Yuri
Park, 2020

험 4%, 기타 3% 이었다. 그러나 이 구성 비중도 시기별로 변화했다. 그 추세를 보면 2010~12년 기간 중에는 제조업 36%, 광업 28%, 비즈니스 서비스 8%, 운송보관 7%, 금융보험 7%, 전기 및 가스 5%, 도소매 2% 이었는데 2013~15년 기간 중에는 제조업 38%, 광업 40%, 비즈니스 서비스 11%, 도소매 3%로 변화 했고 2016~18년 기간 중에는 제조업 38%, 광업 22%, 건설 15%, 운송보관 7%, 전기 및 가스 6%, 도소매 6% 이었다.

제조업 직접투자의 세부 업종을 보면 2007~17년 기간 중 자동차 및 트레일러 42%, 일차금속 28%, 전자부품 및 통신장비 9%, 기계 및 장비 9%, 섬유 및 의류 3%, 기타 9% 이었다.

2005~18년 기간 중 한국기업들이 고지한 직접투자 누계규모는 272억 불에 달했다. 자동차 및 부품, 소비자 가전, 금속, 석탄 및 석유가스 산업이 주종을 이루었는데 그 비중은 자동차 및 부품 355, 소비자 가전 14% 이었다. 참고로 기간 중 중남미가 접수한 소비자 가전 투자고지 누계규모 중 한국의 비중은 38% 이었다.

나. 주요 국가별 현황 ─────────────────────

한국의 해외직접투자는 미미한 증가세를 보여주다가 2006년 이후 급증하기 시작했다. 2000년 5,413 백만 불, 2005년 7,426 백만 불이던 것이 2006년 12,018 백만 불, 2008년 24,311 백만 불, 2011년 29,644 백만 불로 크게 늘어났다. 이러한 증가 추세는 계속 이어져서 2019년에는 64,476 백만 불로 성장했다. 2021년에는 이보다 감소한 45,282 백만 불이었다.[362]

중남미 직접투자는 2000년 1,510 백만 불, 2005년 655 백만 불, 2006

---

362 수출입은행 해외직접투자통계, www.stats.koreaexim.go.kr

년 1,333 백만 불 등 미미했으나 2008년 2,217 백만 불로 배증한 후 점진적인 증가세를 나타냈다. 2013년 3,711 백만 불, 2014년 4,415 백만 불, 2016년 6,291 백만 불, 2018년 8,315 백만 불을 거쳐 2019년에는 10,842 백만 불에 이르렀다. 이후에 감소하기 시작해 2021년에는 6,725 백만 불을 기록했다.

한국의 해외직접투자에서 중남미가 차지하는 비중은 2005년 8.8%, 2008년 9.1%, 2011년 9.0% 수준이었으나 이후부터 증가하기 시작해 2019년 16.8%, 2021년 14.8%를 차지했다.

주요국별 최근 연도별 투자금액과 신규법인 수를 보면 멕시코는 투자금액이 2012년 551 백만 불로 급증한 후 증가세를 이어가 2015년 1,034 백만 불로 정점을 이룬 후 감소하기 시작했다. 2019년 549 백만 불, 2020년 300 백만 불을 나타냈다. 투자에 따른 신규법인수도 2005~13년 중 8~23개 이었던 것이 2014년 34개, 2015년 72개로 늘어났다. 그러나 이후부터 감소하기 시작해 12~30개 수준을 보여 주었다.

브라질은 2004년까지 미미한 투자를 보여주다가 2005년 투자금액이 175 백만 불을 나타낸 후 조금씩 늘어나기 시작했다. 2007년 265 백만 불을 기록한 후 2008년 635 백만 불, 2010년 1,064 백만 불, 2011년 1,169 백만 불로 크게 증가했다. 2012년 979 백만 불을 시작으로 이후에 감소세를 나타냈지만 2015년 767 백만 불, 2016년 742 백만 불의 견고한 수준을 보였다. 2021년에는 539 백만 불이었다. 신규법인 수는 2005~09년 중 10~21개사 이었으나 2010~13년 중에 26~33개 수준으로 늘어났다. 그러나 2014~21년 중에는 크게 감소한 2~13개에 머물고 있다.

아르헨티나는 중남미 역내 국가 규모에 비해 한국의 투자규모가 미미한 수준에 있는 국가이다. 2017년까지 투자는 무의미할 정도의 수준에 있다가 2018년 398 백만 불의 투자가 이루어졌다. 그 이후에 다시 투자규모가 급격하게 감소했는데 2019년 26 백만 불, 2020년 32 백만 불에 불과했다.

칠레는 2011년 146 백만 불, 2017년 184 백만 불, 2018년 105 백만 불, 2020년 69 백만 불 정도의 수준을 보여주었다. 2012~16년 중에는 15~44 백만 불 이었다.

페루는 한국의 광업투자가 이루어졌던 국가로 2013년 이후 투자금액이 크게 증가했다. 2000~12년 중에는 투자규모가 연평균 60 백만 불 이었는데 2013년에 269 백만 불로 늘어난 이후 2014년 403 백만 불, 2015년 284 백만 불, 2016년 287 백만 불로 크게 증가했다. 2017년에 100 백만 불로 일시 감소했으나 다시 2018~21년 중 211~275 백만 불로 그 증가세가 다시 회복되었다.

콜롬비아에 대한 투자는 2011년 53백만 불, 2012년 92 백만 불, 2013년 61 백만 불을 제외하고는 그 실적이 미미한 수준이다.

Part 00.
참고문헌

서적(Books)

- Brian W. Blouet, Olwyn M. Blouet, (2010), Latin America and The Caribbean, A Systematic and Regional Survey, 6th Edition, John Wiley & Sons. Inc.
- Fernando Robles, Nila M. Wiese, Gladys Torres-Baumgarten, Business in Emerging Latin America, (2015), Routledge, Tayor & Francis Group
- Neil M. Coe, Philip F. Kelly, Henry W.C.Yeung, Economic Geography, A Contemporary Introduction, (2007), Blackwell Publishing
- Javier A. Reyes and W. Charles Sawyer, Latin American Economic Development, (2011), Routledge, Tayor & Francis Group
- Tulio Halperin Donghi, (2002), The Contemporary History of Latin America, Duke University Press
- Ralph B. Edfelt, (2010), Global Comparative Management, A Functional Approach, SAGE Publications, Inc.
- Patricio Franko, (2007), The Puzzle of Latin American Economic Development, Rowman & Littlefield, Publishers, Inc.
- Jose Antonio Ocampo, Jaime Ros, (2011), The Oxford Handbook of Latin American Economics, Oxford University Press
- Robert N. Gwynne and Cristobal Kay, (2004), Latin America Transformed, Globalization and Modernity, Arnold, Hodder Headline Group London
- Howard J. Wiarda and Harvey F. Kline, (2014), Latin American Politics and Development, Westview Press, Perseus Books Group
- Peter H. Smith, (2008), Talons of The Eagle, Latin America, The United States and The World, Oxford University Press
- Robert T. Buckman, The World Today Series, Latin America, 46th
- 48th 51st 53rd(2019-2020), Edition, Stryker-Post Publications
- David L. Clawson, (2006), Latin America and the Caribbean, Lands and Peoples, 4th Edition, Oxford University Press
- Terri Morrison and Wayne A. Conaway, (2006), Kiss, Bow, or Shake Hands, 2nd Edition, Adams Media, a division of F+W Media, Inc.
- Vitor Bulmer-Thomas, (2008), The Economic History of Latin America since Independence, 2nd Edition, Cambridge University Press
- Jan Knippers Black, Latin America, Its Problems and Its Promises, A Multidisciplinary Introduction, 5th Edition, Westview Press, a member of Perseus Books Group
- Axel Lopez, (2014), How to do successful business in Latin America, American Business Links Inc.
- Stephen B. Kaplan, (2013), Globalization and Austerity Politics in Latin America, Cambridge University Press
- Il Sakong and Youngsun Koh, La Economia Coreana Seis décadas de crecimiento y desarrollo, Cepal, KDI, KCLAC

- Thomas C. Holt and Peter Wade, (2003), Race and Nation in Latin America, North Carolina University Press
- Edward L. Jackiewicz and Fernando J.Bosco, (2012), Placing Latin America, 2nd Edition, Rowman and Littlefield Publishers, Inc.
- Eduardo Galeano, Open Veins of Latin America, 25th Edition
- Thomas E. Skidmore, Peter H. Smith, James N. Green, (2010) Modern Latin America, 7th Edition, Oxford University Press
- William Ascher and Natalia MIrovitskaya, (2012), Economic Development Strategies and the Evolution of Violence in Latin America, Palgrave macmillan
- Jeffry Friedman, Manuel Pastor Jr., Michael Tomz, (2000), Modern Political Economy and Latin America, Westview Press, a member of Perseus Books Group
- Henryk Sztajfer, (2013), Economic Nationalism and Globalization, Lessons from Latin America and Central Europe, Haymarket Books
- Robert H. Holden and Eric Zolov, (2011), Latin America and the United States, A Documentary History, Oxford University Press
- Charles H. Blake and Stephen D. Morris, (2009), Corruption and Democracy in Latin America, University of Pittsburgh Press
- Joseph S. Tulchin and Ralph H. Espach, (2000), Woodrow Wilson Center Press
- Clifford L. Staten, (2003), The History of Cuba, Palgrave macmillan
- Kevin Michael Diran, (2009), How to Say It: Doing Business in Latin America, A Pocket Guide to the Culture , Customs and Etiquette, Prentice Hall Press, Penguin Books Ltd.
- Rosemary Thorp, (1998), Progress, Poverty and Exclusion, An Economic History of Latin America in the 20th Century, Johns Hopkins University Press for Inter-American Development Bank
- Ernesto Stein, Mariano Tommasi, Koldo Echebarria, Eduardo Lora, Mark Payne, (2006), The Politics of Policies, Economic and Social Progress in Latin America, Inter-American Development Bank
- Fernando Robles, Francoise Simon, Jerry Haar, (2002), Winning Strategies for the New Latin America, Pearson Education
- Kurt Weyland, Raul L. Madrid, Wendy Hunter, (2010), Leftist Governments in Latin America, Successes and Shortcomings, Cambridge University Press
- Lawrence W. Tuller, (2008), An american's Guide to Doing Business in Latin America, Adams Media, a division of F+W Media, Inc.
- Ade Asefeso, (2014), CEO Guide to Doing Business in Mexico, AA Global Sourcing Ltd.
- Ade Asefeso, (2014), CEO Guide to Doing Business in Brasil, AA Global Sourcing Ltd.
- Julia E. Sweig, (2009), Cuba, What Everyone needs to know, Oxford University Press
- Aviva Chomsky, Barry Carr, and Pamela Maria Smorkaloff, (2003), The Cuba Reader, History, Culture, Politics, Duke University Press
- Fernando Calderon and Manuell Castells, (2020), The New Latin America, Polity Press

- Patrick O' Brien, (2010), Atlas of World History, 2nd Edition, Oxford University Press
- Robert L. Scheina, (2003), Latin America's War, The Age of the Caudillo, 1791-1899, Potomac Books, Inc.
- Robert L. Scheina, (2003), Latin America's War, The Age of the Professional Soldier, 1900-2001, Potomac Books, Inc.
- John E. Spillan, Nicholas Virzi, and Mauricio Garita, (2014), Doing Business in Latin America, Cjallenges and Opportunities. Routledge
- Alfredo Behrens, (2009), Culture and Management in the Americas, Stanford Business Books, Stanford University Press
- Robert B. Kent, (2016), Latin America, Regions and People, 2nd Edition, The Guilford Press
- Javier A. Reyes and W. Charles Sawyer, (2011), Latin American Economic Development, Routledge
- Alfredo Toro Hardy, (2018), Understanding Latin America, A Decoding Guide, World Scientific
- James Petras and Henry Veltmeyer, (2011), Social Movements in Latin America, Neo Liberalism and Popular Resistance, Palgrave macmillan
- Richard Stahler, Henry E. Vanden and Glen David Kuecker, (2008), Latin American Social Movement in the Twenty-First Century, Resistance, Power, and Democracy, Rowman & Littlefield Publishers, Inc.
- Gary Prevost, Carlos Oliva Campos, and Harry E. Vanden, (2012), Social Movements and Leftist Governments in Latin America, confrontation or co-optation?, Zed Books
- Daniel Mendez Moran, (2018), 136:El Plan de China en America Latina
- Rebecca Ray, Kevin Gallagher, Andres Lopez and Cynthia Sanborn, (2017), China and Sustainable Development in Latin America, The Social and Environmental Dimension, Anthem Press
- Shuangrong(CASS), (2011), China-Latin America Relations, Review and Analysis, Paths International Ltd.
- Alex E. Fernandez Jilberto and Barbara Hogenboom, (2010), Berghahn Books
- Steven Topik, Carlos Marichal, and Zephyr Frank, (2006), From Silver to Cocaine, Latin American Commodity Chains and the Building of the World Economy, 1500-2000, Duke University Press
- Paul A. Haslam and Pablo Heidrich, (2016), The Political Economy of Natural Resources and Development, From neoliberalism to resource nationalism, Routledge, Taylor and Francis Group
- Barbara Stallings, (2020), Dependency in the Twenty-First Century? The Political Economy of China-Latin America Relations, Cambridge University Press
- Carlos Parodi Trece, (2019), Los Laberintos de America Latina, economia y politica, 1980-2016, Fondo Editorial, Universidad del Pacifico
- Maristella Svampa, (2019), Neo-Extractivism in Latin America, Socio-environmental Conflicts, the Territorial Turn, and New Political Narratives, Cambridge University Press

- Daniel M. Brinks, Steven Levitsky and Maria Victoria Murillo, (2019), Understanding Institutional Weakness, Power and Design in Latin American Institutions, Cambridge University Press
- John Luke Gallup, Alejandro Gaviria, and Eduardo Lora, (2003), Is Geography Destiny?, Lessons from Latin America, Inter-American Development Bank
- Deborah J. Yashar, (2018), Homicidal Ecologies, Ilicit Economies and Complicit States in Latin America, Cambridge Press
- Tim Marshall, (2016), Prisoners of Geography, Endbooks
- Nicola Foote, Michael Goebel, (2016), Immigration and National Identities in Latin America, University Press of Florida
- Matteson Ellis, (2016), The FCPA in Latin America, Common Corruption Risks and Effective Compliance Strategies for the Region
- Leslie Holmes, (2015), Corruption, Oxford University Press
- Daniel C. Hellinger, (2011), Comparative Politics of Latin America, Democracy at Last?, Routledge, Taylor & Francis Group
- Scott B. Macdonald and Georges A. Fauriol, (2017), Fast Forward, Latin America on the Edge of the 21st Century, Routledge, Taylor & Francis Group
- Thomas H. Becker, (2011), Doing Business in the New Latin America, Key to Profit in America's Next-Door Markets, 2nd Edition, Praeger
- Jorge I. Dominguez and Rafael Fernandez de Castro, (2010), Contemporary U.S.-Latin American Relations, Cooperation or Conflict in the 21st Century?, Routledge, Taylor & Francis Group
- Peter N. Stearns, (2001), Cultures in Motion, Mapping Key Contacys and Their Imprints in World History, Yale University Press
- George Anderson, Mexican Drug War, Wikifocus Book International
- Peter Kingstone, (2011), The Political Economy of Latin America, Reflections on Neoliberalism and Development, Routledge, Taylor & Francis Group
- Sebastian Edwards, (2010), Left Behind, Latin America and the False Promise of Populism, The University of Chicago Press
- Frank C. Newby, (2011), Mexico, Drug Merchant to the World, The Border Reporter.Com
- Teresa A. Meade, (2010), A History of Modern Latin America, 1800 to the Present, Wieley-Blackwell, A John Wiley & Sons, Ltd., Publications
- Charles A. Mills, (2010), U.S. Intervention in Latin America 1898-1948
- Thomas L. Pearcy, (2006), The History of Central America, Greenwood Press
- A Journal of Contemporary World Affairs, Latin America, Feb. 2011
- Jerrry Langton, (2012), Gangland, The Rise of the Mexican Drug Cartels from El Paso to Vancouver, Wiley, John Wiley & Sons Canada Ltd.
- Francis Fukuyama, (2010), Falling Behind, Explaining the Development Gap between Latin America and the United States, Oxford University Press

- Rosanna Zaza, (2010), Argentina 2001-2009 From the financial crisis to the present
- Lael Brainard, Leoardo Martinez-Diaz, (2009), Brazil as an Economic Superpower? Brookings Institution Press
- Todd L. Edwards, (2008), Argentina, A global Studies Handbook, ABC-CLIO, Inc.
- Hal Weitzman, (2012), Latin Lessons, How South America Stopped Listening to the United States and Started Prospering, Wiley, John Wiley & Sons Canada Ltd.
- Gian Luca Gardini, (2012), Lati America in the 21st Century, nation, regionalism, globalization, Zed Books
- Robert H. Holden and Rina Villars, (2013), Contemporary Latin America, 1970 to the Present, Wiley-Blackwell, A John Wiley & Sons, Ltd. Publications
- Sylvia Longmire, (2011), Cartel, The Coming Invasion of Mexico's Drug War, Palgrave macmillan
- Rene de la Pedraja, (2013), Wars of Latin America, 1948-1982, The Rise of the Guerillas, McFarland & Company, Inc., Publishers
- Rene de la Pedraja, (2013), Wars of Latin America, 1982-2013, The Path to Peace, McFarland & Company, Inc., Publishers
- Gabriela Castro-Fontoura, (2012), Doing Business with Latin America, A Brightword book, Harriman House Ltd.
- Ondina E. Gonzalez and Justo L. Gonzalez, (2008), Christianity in Latin America, Cambridge University Press
- Duncam Green, (2013), Faces of Latin America, 4th Edition, Monthly Review Press
- Roger Burbach, Michael Fox, and Federico Fuentes, (2013), Latin America's turbulent transitions, the future of twenty-first century socialism, Zed Books
- Luis Fleischman, (2013), Latin America in the Post-Chavez Era, Potomac Books
- CIA, CIA World Factbook 2012-13, 50th Anniversary Edition
- John Forrest and Julia Porturas, (2006), Peru, the essential guide to customs & culture, Kuperard, an imprint of Bravo Ltd.
- Russel Maddicks, (2012), the essential guide to customs & culture, Kuperard, an imprint of Bravo Ltd.
- Elizabeth Lokey, (2009), Renewable energy Project Development under the Clean Development Mechanism, A Guide for Latin America, Earthscan
- Howard J. Wiarda and Harvey F. Kline, (2014), Latin American Politics and Development, 8th Edition, Westview Press, A Member of the Perseus Books Group
- Malcom Beith, (2011), El Ultimo Narco, Penguin Books Ltd.
- Victor Alarcon Miovich, (2004), Una Propuesta para el Peru, Perugrafica SAC
- Arthur Noll, History of Mexico, From the Aztecs to Porfirio Diaz
- Jeffrey J. Schott, Barbara Kotschwar, and Julia Muir, (2013), Understanding the Trans-Pacific Partnership, Peterson Institute for International Economics
- Peter A. Petri, Michael G. Plummer, and Fan Zhai, (2012) The Trans-Pacific Partnership and

Asia-Pacific Integration: A Quantitative Assessment, Peterson Institute for International Economics

- Luis Aberto Romero, (2014), A History of Argentina in the Twentieth Century, Updated and Revised Edition, The Pennsylvania State University Press
- Frederick Stirton Weaver, Latin America in the World Economy, Mercantile Colonialism to Global Capitalism, Westview Press, A Member of the Perseus Books Group
- S. Tamer Covusgil, Pervez N. Ghauri, and Ayse A. Akcal, (2008), Doing Business in Emerging Markets, SAGE
- Ricardo Hausman and Francisco Rodriguez, (2014), Venezuela before Chavez, Anatomy of an Economic Collapse
- Henry Veltmeyer and James Petras, (2014), The New Extractivism, A Post-neoliberal Development Model or Imperialism of the Twenty-First Century? Zed Books
- Dora Iakova, Luis M. Cubeddu, Gustavo Adler, and Sebastian Sosa, (2014), Latin America: New Challenges to Growth and Stability, IMF
- Vito Tanzi, (2007), Argentina: An Economic Chronicle, How one of the richest countries in the World lost its wealth, Jorge Pinto Books Inc.
- Mauro Guillen, Faquiry Diaz Cala, and Gustavo Arnavat, (2015), The Road to Cuba, The Opportunities and Risks for US Business, Wharton Digital Press
- Sinerlex, (2014), Foreign Investment in Cuba
- Hill Krishnan, Bully from the North, A brief Overview of US Foreign Policy in Latin America
- Gary Clyde Hufbauer and Barbara Kotschwar, (2014), Economic Normalization with Cuba, A Roadmap for US Policymakers, Peterson Institute for International Economics
- Miguel Tinker Salas, (2015), Venezuela, What Everyone Needs to Know, Oxford University Press
- Dennis Gilbert, (2017), The Oligarchy and the Old REgime in Latin America, 1880-1970, Rowman & Littlefield
- John A. Booth, Christine J. Wade, and Thomas W. Walker, (2015), Understanding Central America, Global Forces, Rebellion, and Change, Westview Press, A Member of the Perseus Books Group
- Victoria Jones, (2010), Doing Business in South America, DK, the Penguin Group
- Sergio Guerra Vilaboy and Roberto Gonzalez Arana, (2015), Cuba a la Mano, Universidad del Norte
- Kevin P. Gallagher, (2016), The China Triangle, Latin America's China Boom and the Fate of the Washington Consensus, Oxford University Press
- Luis Bertola and Jose Antonio Ocampo, (2013), El Desarrollo economico de America Latina desde la Independencia, Fondo de Cultura Economica
- Speedy Publishing LLC, (2014), Nations of South America
- Richard E. Feinberg, (2016), Open for Business, Building the New Cuban Economy, Brookings Institution Press

- Henry Freeman, (2016), The History of Cuba in 50 Events
- Margaret Myers and Carol Wise, (2017), The Political Economy of China-Latin America Relations in the New Millenium, Routledge
- David Cameron, (2016), Against Corruption, www.gov.uk
- Matteo Grazzi and Carlo Pietrobelli, (2016), Firm Innovation and Productivity in Latin America and the Caribbean, The Engine of Economic Development, Palgrave macmillan
- Fabio de Castro, Barbara Hogenboom, and Michiel Baud, (2016), Environmental Governance in Latin America, Palgrave macmillan
- Gullermo Capriles, (2017), Venezuela, Su verdadera y breve historia, Ediciones de La Parra
- David B.H. Denoon, (2017), China , the United States, and the Future of Latin America, New York University Press
- Lawrence A. Clayton, Michael L. Conniff, and Susan M. Gauss, (2017), A New History of Modern Latin America, 3rd Edition, University of California Press
- Margit Ystanes and Iselin Asedotter Stronen, (2018), The Social Life of Economic Inequalities in Contemporary Latin America, Decades of Change, Palgrave macmillan
- Felipe Korzenny, Cindy Chapa, and Betty Ann Korzenny, (2017), Hispanic Marketing, The Power of the New Latino Consumer, 3rd Edition, Routledge, Taylor & Francis Group
- Jonathan M. Harris and Brian Roach, (2018), Environmental and Natural Resources Economics, A Contemporary Approach, 4th Edition, Routledge, Taylor & Francis Group
- Barry C. Field, (2016), Natural Resources Economics, An Introduction, 3rd Edition, Waveland Press, Inc.
- Roberto Dominguez, (2015), EU Foreign Policy towards Latin America, Palgrave macmillan
- Benjamin Lessing, (2018), Making Peace in Drug Wars, Crackdowns and Cartels in Latin America, Cambridge University Press
- Marcelo Bergman, (2016), Drogas, narcotrafico y poder en America Latina, Fondo de Cultura Economica
- Bruce M. Bagley and Jonathan D. Rosen, (2017), Drug Trafficking, Organized Crime, and Violence in the Americas Today, University Press of Florida
- Eduardo Cavallo and Tomas Serebrisky, IDB, (2016), Saving for Development, How Latin America and the Caribbean can save more and better, Palgrave macmillan
- Iselin Asedotter Stronen, (2017), Grassroots Politics and Oil Culture in Venezuela, The Revolutionary Petro-State, Palgrave macmillan
- Peter Chalk, (2011), The Latin American Drug Trade, Scope, Dimensions, Impact, and Response, Prepared for the US Air Force by RAND Corp.
- Peter J. Montiel, (2011), Macroeconomics in Emerging Markets, 2nd Edition, Cambridge University Press
- Marta M. Elvira and Anabella Davila, (2005), Managing Human Resources in Latin America, Routledge Taylor & Francis Group
- Tom Long, (2015),, Latin America Confronts The United States, Asymmetry and Influence, Cambridge University Press

- CRS Report for Congress/Prepared for Members and Committees of Congress:
- Mexico's Drug Trafficking Organization:Source and Scope of the Rising Violence: June S. Beittel Analyst in Latin American Affairs (September 7, 2011)
- Latin America and the Caribbean: Key Issues for the 113th Congress(February 9, 2013)
- Latin America and the Caribbean: Fact Sheet on Leaders and Elections: Julissa Gomez and Mark P. Sullivan(September 21, 2011)
- Trafficking in Persons in Latin America and the Caribbean: Clare Ribando Seelke(September 9, 2011)
- Venezuela: Issues for Congress: Mark P. Sullivan(March 11, 2011)
- Latin America and the Caribbean: Illicit Drug Trafficking and U.S. Counterdrug Programs: Clare Ribando Seelkee, Liana Sun Wyler, June S. Beittel(January 25, 2011)
- U.S.-Latin America Trade: Recent Trends and Policy Issues: J.F. Hornbeck(February 8, 2011)
- Peace Talks in Colombia: June S. Beittel(March 1, 2013)
- The Dominican Republic/Central America/United States Free Trade Agreement(CAFTADR): Developments in Trade and Investment: J.F.Hornbeck(April 9, 2012)
- Peru in Brief: Political and Economic Conditions and Relations with the United States: Maureen Taft-Morales(October 19, 2012)
- Gangs in Central America: Clare Ribando Seelke(November 26, 2012)
- Hugo Chavez's Death: Implications for Venezuela and U.S. Relations: Mark P. Sullivan(March 8, 2013)
- Latin America: Terrorism Issues: Mark P. Sullivan and June S. Beittel(April 5. 2013)
- Argentina's Defaulted Sovereign Debt: Dealing with the "Holdouts": J.F.Hornbeck(February 6, 2013)
- Colombia: Background, U.S. Relations, and Congressional Interest: June S. Beittel(November 28, 2012)
- Ecuador: Political and Economic Conditions and U.S. Relations: June S. Beittel(July 3, 2013)
- Latin America and the Caribbean: Fact Sheet on Economic and Social Indicators: Daniel Robinson and Barbara Salazar Torreon(May, 30, 2013)
- Trans-Pacific Partnership(TPP) Countries: Comparative Trade and Economic Analysis: Brock R. Williams(June 10, 2013)
- ECLAC(Economic Commission for Latin America and the Caribbean:
- Latin American Economic Outlook 각 년도
- Social Panorama of Latin America 각 년도
- International Trade Outlook for Latin America and the Caribbean 각 년도
- Foreign Direct Investment in Latin America and the Caribbean 각 년도
- Anuario Estadistico de America Latina y El Caribe 각 년도
- Opciones para la convergencia entre La Alianza del Pacifico y el MERCOSUR en facilitacion del comercio, Dec. 2021 등 다수

문서(Documents)

- David R. Mares. Ph.D. Resource Nationalism and Energy Security in Latin America: Implications for Global Oil Supplies, January 2010
- GAN Business Portal, Corruption Report, 2018
- Woodrow Wilson International Center for Scholars, Drug Trafficking and Organized Crime in the Americas, Major Trend in the Twenty-First Century, August 2012 등 다수

웹 사이트(Websites)

- 미주개발은행(www.iadb.org)
- 국제통화기금(www.imf.org)
- 중남미개발은행-안데스개발공사(www.caf.com)
- 유엔중남미경제위원회(www.cepal.cl)
- 유엔마약범죄사무소(www.unodc.org)
- 국제투명성기구(www.transparency.org)
- 경제협력개발기구(www.oecd.org)
- EIU(www.eiu.com)
- LANIC(www.lanic.utexas.edu)
- statista(www.statista.com)
- 브리타니카(www.britanica.com)
- 중남미경제포털-경제개발기구(www.latameconomy.org)
- 위키피디아(www.wikipedia.org)
- 파이낸셜 타임즈(www.ft.com)
- 다음 포털(www.daum.net) 등 다수